Der Bräutigam

Benjamin Wiater

Der Bräutigam

SAGA Egmont

Originalausgabe

Ritterstraße 26, 10969 Berlin

Dieses Werk wurde vermittelt durch die Langenbuch & Weiß
Literaturagentur.

Covergestaltung: Covergestaltugn: Wildes Blut – Atelier für Gestaltung
Stephanie Weischer unter Verwendung mehrerer Bildmotive
von © shutterstock / shutterstock AI
Satz aus der Minion Pro: Karol Kinal, Warschau
Druck und Bindung Mazowieckie Centrum Poligrafii, Marki

ISBN 978-3-98750-072-5

SAGA Egmont www.saga-books.com

Dieser Titel erscheint auch als E-Book und Hörbuch.

Produktsicherheit: safety@egmont.de

FSC
www.fsc.org
MIX
Paper | Supporting
responsible forestry
FSC® C208702

Für Anna

Ich liebe dich bis zum Mond und zurück

Prolog

Der Hochzeitstag war gekommen. Er half ihr, das Brautkleid anzuziehen. Eigentlich durfte er sie nicht sehen. Das brachte Unglück. Aber das Kleid war zu groß, und mit ihren zitternden Händen schaffte sie es nicht, die Riemen zu schnüren. Auch das Schminken musste er übernehmen. Das störte ihn nicht. Im Gegenteil. Es steigerte seine Vorfreude, sie für die Trauung herzurichten.

„Du siehst wunderschön aus“, sagte er, als sie fertig war.

Vor dem Spiegel straffte er sein Jackett und rückte die Fliege zurecht. Er machte in dem schwarzen Anzug keine schlechte Figur. Sie würden das perfekte Brautpaar abgeben.

Er verhüllte ihr Gesicht mit einem Schleier, der nach Mottenkugeln roch. Fast verdeckte er die Angst in ihren Augen.

„Aufgeregt zu sein, ist normal“, sagte er. „Keine Sorge, bei mir bist du in guten Händen.“

Er reichte ihr ein Bouquet aus weißen Rosen. Zum Hochzeitsmarsch traten sie vor den Altar. Feierlich vollzog er die

Zeremonie. Sie weinte, und er musste laut sprechen, um sie zu übertönen. Er nahm es ihr nicht übel. Der ergreifende Moment rührte auch ihn.

„Willst du mich zu deinem rechtmäßig angetrauten Ehemann nehmen, mich lieben und ehren in guten wie in schlechten Zeiten, bis dass der Tod uns scheidet?"

Sie bekam die Worte nicht heraus. Er musste noch einmal fragen. Nachdrücklich.

„Ja", stieß sie hervor. „Ich will."

Der Ring war zu eng. Sie schrie, als er ihn auf ihren Finger schob. Der eingravierte Name war nicht ihrer. Es war der Name einer Toten.

„Hiermit erkläre ich uns zu Mann und Frau."

Er schlug den Schleier zurück. Ihr Gesicht war nass von Tränen, das Make-up zerlaufen. Er zog sie an sich und küsste seine Braut.

Auf der Treppe mussten sie achtgeben, nicht auf den Saum des Kleids zu treten. Er machte einen Scherz darüber. Nach der Hochzeit war er immer aufgekratzt. Sie lachte nicht, ging wackelig, er musste sie festhalten, damit sie nicht stürzte. Oben hob er sie auf. Sie wand sich in seinen Armen. Er unterband das. Traditionen waren wichtig. Vorsichtig, damit sie sich nicht den Kopf stieß, trug er sie ins Schlafzimmer. Sie wehrte sich nicht mehr, als er sie auf das Ehebett legte.

Die Rosen stellte er in die Blumenvase auf dem Nachttisch. Um die Vase lagen verwelkte Blütenblätter vom letzten Mal. Der Schleier, den er ihr jetzt abnahm, war an mehreren Stellen eingerissen. Auf dem Brautkleid prangten verwaschene Blutflecke, die er nicht rausgekriegt hatte. Sorgsam zog er es ihr aus und hängte es an einem Kleiderbügel an die Schranktür. Es sollte nicht zerknittern. Er wusste nicht, wann er es wieder brauchte.

Er streifte das Jackett ab, knöpfte das Hemd auf und stieg aus den Schuhen. Dabei summte er. Seine Frau wandte sich ab, als er sich zu ihr legte. Ihre Schultern bebten. Wimmernd krümmte sie sich zusammen und schlang die Arme um ihren nackten Körper. Sanft, aber bestimmt drehte er sie zu sich um.

„Bitte nicht", schluchzte sie. „Bitte nicht."

Er streichelte ihr Haar, küsste ihre Wange.

„Sei nicht traurig", flüsterte er ihr ins Ohr. „Es ist doch unsere Hochzeitsnacht."

1

„Goldene Hochzeit. Wow!"

Noras Ausruf, verstärkt vom Mikrofon, hallte durch den Saal mit seinen holzgetäfelten Wänden und der hohen Balkendecke.

„Fünfzig Jahre Ehe, fünfzig Jahre gemeinsame Erlebnisse, fünfzig Jahre Vertrautheit und Verbundenheit."

Ihre Großeltern, er im dunkelblauen Anzug, sie im beigefarbenen Kleid, saßen Hand in Hand unter dem Banner, auf dem ihre Namen, Joseph und Lydia, in goldenen Buchstaben glänzten.

„Städte, in denen ihr gelebt, Reisen, die ihr unternommen, Abenteuer und Herausforderungen, die ihr miteinander gemeistert habt. Begegnungen, Bekanntschaften, Freundschaften und Familie."

Mit einem Schwung des Mikrofons wies Nora auf die Frauen, Männer und Kinder, die einen Halbkreis um sie und die Jubilare bildeten. Wie Nora in ihrer saphirblauen Anzughose und Satinbluse hatten sich alle in Schale geworfen.

„Der ganze Siegel-Clan ist froh und dankbar, mit euch diese prall gefüllten fünfzig Jahre zu feiern. Jetzt würde ich euch bitten, diese Feier mit dem ersten Tanz zu eröffnen."

Unter donnerndem Applaus erhoben sich Joseph und Lydia und umarmten Nora. Ihr Großvater lehnte sich zum Mikrofon.

„Vielen Dank, liebe Nora. Das war eine wunderschöne Rede. Wir sind auch ungeheuer froh, euch bei uns zu haben. Danke, dass ihr gekommen seid."

Seine Frau legte einen Arm um ihn.

„Dann los, Schatz. Schwingen wir die künstlichen Hüften."

Mehr Beifall und Gelächter begleiteten sie auf die Tanzfläche. Der DJ, ein stämmiger Typ mit rekordverdächtigem Schnauzbart, legte *Dancing Queen* von ABBA auf. Noras Großeltern, beide über achtzig, machten dem Song alle Ehre. Leichtfüßig fegten sie über das Parkett, drehten Pirouetten, warfen lachend die Köpfe mit den silbergrauen Haaren zurück. Es dauerte nicht lange, bis sich Paare und einzelne Tänzerinnen und Tänzer zu ihnen gesellten.

Nora reichte dem DJ das Mikrofon. Jemand drückte ihr ein Sektglas in die Hand. Abseits der Tanzfläche standen Gäste in kleinen Gruppen zusammen, tranken, aßen vom Büfett und plauderten. Immer wieder stieß jemand mit Nora an und dankte ihr für die gelungene Feier. Als Architektin, die nicht nur Wohnhäuser, sondern auch Firmenzentralen, Museen und Theater plante, galt sie in der Familie als erste Anlaufstelle, wenn etwas Größeres organisiert werden musste. Sie hatte die Aufgabe gern übernommen. Mit ihren Großeltern verband sie ein besonderes Verhältnis. Nach der

Scheidung ihrer Eltern hatten sie mit ihrer unzerrüttbaren Ehe für Nora immer ein Stück heile Welt bedeutet.

Nach gründlicher Recherche hatte sie das Landhotel *Waldlicht* in der Nähe von Jork gefunden, Zimmer für das lange Wochenende reserviert, einen DJ und einen Cateringservice aufgetrieben. Seit dem Eintreffen ihrer zahlreichen Verwandtschaft war sie Ansprechpartnerin für alle Angelegenheiten, hatte allerlei Probleme behoben und dafür gesorgt, dass von den Ausflügen bis zum Kaffeeklatsch alles reibungslos lief. Die gute Stimmung entschädigte sie für die Anstrengung. Ihre Großeltern glücklich tanzen zu sehen, war jede Mühe wert.

„Irgendwann sind wir das."

In ihrer Ergriffenheit hatte sie nicht bemerkt, wie Steffen zu ihr getreten war.

Er wies mit einer Flasche Pils auf Opa Joseph und Oma Lydia. „Grau und runzelig und immer noch bis über beide Ohren verliebt."

Nora lachte. „Klar. Sechs Monate, bis wir heiraten. Danach sind es bloß noch schlappe fünfzig Jahre."

„Ach, die werden wie im Flug vergehen."

„Hast du es so eilig, alt zu werden?"

Es fiel ihr schwer, sich Steffen als Greis vorzustellen, seine sportliche Statur gebeugt, sein rötliches Haar weiß und schütter, sein Lächeln mit dritten Zähnen. Auch sie selbst hatte nur wenige Falten um die dunkelbraunen Augen und noch keine grauen Strähnen in ihrem haselnussbraunen Haar, das sie zum heutigen Anlass hochgesteckt trug. Um einen Seniorenausweis brauchte sie sich mit Ende zwanzig in absehbarer Zeit jedenfalls nicht zu kümmern.

„Wenn ich das mit dir tun kann." Er legte einen Arm um sie und küsste ihre Schläfe. „Ich freue mich darauf, mit dir Enten im Park zu füttern, Kaffeefahrten zu unternehmen und Falschparker anzumeckern."

„Klingt traumhaft." Nora hob ihr Sektglas. „Auf Enten und Falschparker!"

„Prost!"

Sie stießen an. Fünfzig Jahre. Nora zweifelte nicht, dass sie es schaffen würden. Sie liebten einander über alles, waren seit sieben Jahren ein starkes Team. Sie verdienten anständig in soliden Jobs, sie selbstständig, er als Projektleiter in einem IT-Unternehmen. Optimale Voraussetzungen, um eine Familie zu gründen. Nora war überzeugt, dass sie eine lange und glückliche Ehe führen würden.

Im Gegensatz zu ihren Eltern. Sie hatten es bloß bis zur Porzellanhochzeit gebracht, bevor sie sich getrennt hatten. Gerade noch rechtzeitig, dachte Nora. Sonst hätte keiner von ihnen diese Ehe überlebt. Obwohl die Scheidung zwölf Jahre zurücklag und trotz der zwei Kinder, die sie miteinander hatten, hatten sie niemals Frieden geschlossen. Wie üblich bei solchen Zusammenkünften hielten sie Abstand voneinander, ihre Mutter, schrill und laut in buntem Kleid, auf der einen Seite des Saals, ihr Vater, düster brütend im schwarzen Jackett, auf der anderen.

„Was ist denn da los?", fragte Steffen. „Ach, Andi. Wer sonst?"

Auf der Tanzfläche brach ein Tumult aus. Noras Großeltern gönnten sich eine Pause. Dafür sprang Andi, Noras Cousin, wild zu *It's My Life* von Dr. Alban herum. Der braune Anzug schlotterte an dem Schlaks. Sein blondes Zottelhaar wippte, während er stockbesoffen headbangte und herumhampelte, sodass alle vor seinen wirbelnden Gliedmaßen in Deckung gingen. Manche lachten. Andere schüttelten den Kopf. Auch verärgerte Rufe wurden über der Musik laut. Überrascht, dass Andi über die Stränge schlug, war niemand.

„In fünfzig Jahren", sagte Steffen, „ist vielleicht sogar er ein bisschen gesetzter."

„Da würde ich nicht drauf wetten. Auf unserer Hochzeit sollten wir ihn zu Mineralwasser und Saft verpflichten." Nora seufzte. „Ich erteile ihm besser Tanzverbot, bevor jemand ernsthaft verletzt wird."

„Warte, das brauchst du nicht. Sofie regelt das."

Aus dem Kreis, der sich um die Tanzfläche gebildet hatte, trat eine junge Frau in sonnengelbem Kleid. Ihr braunes Haar, etwas heller als Noras, fiel ihr hüftlang auf den schlanken Rücken. In ihren kornblumenblauen Pumps näherte sie sich Andi und fischte seine fliegenden Hände aus der Luft. Verdutzt hielt er inne. Sie sprach mit ihm. Er lächelte und nickte. Sofie hielt ihn fest, als sie wieder in den Tanz einstiegen, verhinderte, dass er andere Leute anrempelte, stürzte oder das Büfett umriss. Die Tanzfläche füllte sich wieder. Die heitere Stimmung kehrte zurück.

„Bestens geregelt", sagte Steffen.

„Darin war Sofie immer gut", sagte Nora. „Sie könnte selbst einen tobenden Gorilla dazu bringen, friedlich am Daumen zu nuckeln."

In ihrem leuchtenden Gelb stach Sofie aus der Menge heraus. Nora fühlte sich beim Tanzen steif und ungeschickt. Sofie hingegen hüpfte fröhlich mit Andi herum, sodass ihr das Haar ins Gesicht schlug, und sang aus voller Kehle mit. Beim Anblick ihrer kleinen Schwester musste Nora an Cinderella denken. Ein Druck breitete sich in ihrer Brust aus, als wollte jemand ihr Herz in der Faust zerquetschen.

„Quäl dich nicht länger", sagte Steffen. „Rede mit ihr. Es wird schon gut gehen."

Nora war dankbar, in Steffen ihren Seelenverwandten gefunden zu haben, der sie besser kannte als jeder sonst und immer wusste, was in ihr vorging. Gerade passte ihr das gar nicht.

„Ich weiß nicht", wand sie sich. „Ich meine, das werde ich. Ich warte auf den richtigen Zeitpunkt."

Das tat sie schon die ganzen letzten Tage. Zumindest sagte sie sich das. In Wahrheit hatten ihr die vielen Erledigungen als willkommene Ausrede gedient, um sich davor zu drücken. Je länger Nora es aufgeschoben hatte, desto schwerer war es geworden. Dabei lief ihr die Zeit davon. Nach der Goldhochzeit würden Monate, vielleicht Jahre vergehen, bis sie Sofie wiedersah. Diese Angelegenheit war nichts, was sie telefonisch klären konnte.

„Ich verstehe, wie schwierig das für dich ist." Steffen drückte ihre Hand. „Und dass du auf den richtigen Zeitpunkt warten möchtest. Aber warte nicht, bis du ihn verpasst hast."

„Du hast recht", gab sie zu. „Es ist nur … das war wirklich schlimm damals. Was, wenn sie mir nicht verzeihen kann?"

„Das wird sie ganz sicher. Falls nicht, hast du es wenigstens versucht."

Das stimmte zwar. Allerdings zweifelte Nora, ob sie den Mut dafür fand.

2

Nora brauchte eine Stunde und zwei weitere Gläser Sekt, bis sie bereit war. Die Party hatte Fahrt aufgenommen. Der Bartender, ein schmales Bürschchen und viel zu jung für seine Halbglatze, entkorkte Flaschen am laufenden Band. Auf der Tanzfläche herrschte dichtes Getümmel. Gesang und Gelächter mischten sich mit der Musik. Der DJ jagte einen Hit nach dem nächsten in die Menge. Die Scheinwerfer seiner Lichtanlage flackerten blau, grün, gelb und rot durch den Saal. Dazu trieb er die Gäste an wie ein Kirmesansager.

„Jawoll, Herrschaften! Schwingt die Hüften, schwingt die Beine, zusammen oder auch alleine!"

Nora hielt nach Sofie Ausschau. Sie hatte die Tanzfläche verlassen. Nora entdeckte sie am anderen Ende des Saals inmitten einiger jüngerer Cousinen und Cousins. Sie schwatzten, scherzten, warfen sich für Handyfotos in Pose. Jeder wollte ein Erinnerungsbild mit Sofie, bevor sie demnächst ins Ausland ging. Nachdem sie ein Freiwilliges Soziales Jahr in einer integrativen Betreuungseinrichtung für Jugendliche absolviert hatte, würde sie in ein paar Tagen nach Bolivien fliegen, um für eine Wohltätigkeitsorganisation beim Aufbau einer Schule in einer ländlichen Gegend zu helfen. Anschließend würde sie nach Brasilien reisen.

Nora fasste sich ein Herz. Sofie und sie waren Schwestern. Was immer zwischen ihnen stand, konnten sie aus der Welt räumen.

Als sie sich durch die Menge wühlte, fiel ihr auf, dass noch jemand Sofie nicht aus den Augen ließ. Einer der Kellner, ein durchtrainierter Typ mit schwarzem Haar, hielt sich beharrlich in ihrer Nähe. Während er auffällig langsam leere Gläser einsammelte und benutztes Geschirr auf seinem Tablett stapelte, schielte er immer wieder zu ihr rüber. Das wunderte Nora nicht. Sofie war eine attraktive junge Frau, deren lebenslustige Art sie noch anziehender machte. Aber dieses Verhalten war nicht nur unpassend, weil er einen Job zu erledigen hatte. Er war auch mindestens zwanzig Jahre älter als Sofie.

Kurz bevor Nora die Gruppe erreichte, drehte sich der Kellner um und steuerte den Durchgang zur Küche an. Da er dabei erneut zu Sofie rüberschaute, prallte er beinahe mit Nora zusammen. Es fehlte nicht viel, und das Tablett samt Gläsern und Tellern wäre auf den Boden gekracht.

„'tschuldigung." Er wollte sich an ihr vorbeidrücken.

Nora stellte sich ihm in den Weg.

„Vielleicht sollten Sie sich auf Ihre Arbeit konzentrieren, statt junge Frauen anzuglotzen." Dass er ausgerechnet ihre kleine Schwester ins Visier nahm, reizte sie zusätzlich. „Dafür werden Sie schließlich nicht bezahlt."

Seine breiten Schultern spannten das weiße Hemd, das er unter einer schwarzen Weste trug. An den Armen, die das schwere Tablett hielten, wölbte sich der Bizeps. Sein Seitenscheitel war so streng wie der Rest seines Gesichts. Seine blaugrauen Augen, kühl und hart, taxierten Nora. Sie hielt seinem Blick stand. Nach ihrer Kindheit und Jugend mit einem jähzornigen Vater hatte sie beschlossen, sich nie wieder von einem Mann einschüchtern zu lassen. Außerdem hatte sie durch ihre Arbeit auf Baustellen reichlich Übung darin, sich gegen Typen zu behaupten, denen Anweisungen von Frauen gegen den Strich gingen. Sie wappnete sich für ein Wortgefecht. Doch der Kellner hatte offenbar keine Lust, sich mit ihr anzulegen.

„Wie Sie meinen."

Er schob sich an ihr vorbei und verschwand im Gewühl.

„Arschloch", murmelte Nora.

Wenn der Kerl seine Unverschämtheiten weitertrieb, würde sie sich bei der Hotelleitung beschweren. Jetzt ging es erst mal um Sofie und sie.

Als sie zu den Cousinen und Cousins stieß, war Sofie nicht mehr da.

„Habt ihr meine Schwester gesehen?", fragte Nora.

Sie schüttelten die Köpfe oder zuckten mit den Schultern.

„Ich glaub, sie ist da rüber", meinte eine mit vager Geste.

Nora konnte Sofie weder auf der Tanzfläche noch an der Bar oder am Büfett ausmachen. Wahrscheinlich war sie auf die Toilette gegangen. Dahin würde Nora ihr nicht folgen. Vielleicht war eine Aussprache auf der Feier sowieso keine gute Idee. Es war besser, am nächsten Tag mit Sofie zu reden, nüchtern, ganz unter sich. Nach dem Abschlussfrühstück, wenn der erste Gästeschub das Hotel verlassen hatte, würden sie bestimmt ein wenig Zeit und Ruhe füreinander finden.

Nora brauchte eine Pause von dem Trubel. Sie holte ihren Blazer, den sie über einen Stuhl gehängt hatte, sagte Steffen, dass sie frische Luft schnappen ging, und verließ den Saal.

3

Durch den rückseitigen Ausgang des Hotels gelangte Nora in den Garten. Das mattgelbe Licht der Laternen beleuchtete Bäume, Sträucher und Blumenbeete, die Stühle und Liegen, auf denen die Hotelgäste tagsüber ausspannen konnten. Jetzt war niemand hier. Die Musik und die Stimmen drangen aus dem Festsaal herüber. Mit jedem von Noras Schritten wurden sie leiser. Bald waren sie bloß noch ein fernes Gemurmel in der Stille des Gartens.

Eine hüfthohe Mauer aus Feldsteinen umschloss ihn. Die Nachtluft duftete nach feuchtem Gras und reifen Äpfeln. Im Dunkeln jenseits der Mauer erstreckte sich die Weite des Alten Landes, seine Obstwiesen und Wälder, Flüsse, Deiche und Moore.

Von hier, der Marsch südlich der Elbe, stammten ihre Großeltern. In kleinen Dörfern waren sie aufgewachsen, hatten einander kennengelernt und geheiratet. Bald nach ihrer Hochzeit hatte es sie nach Hessen und später nach Bayern verschlagen. Es war zwischen ihnen abgemacht gewesen, dass sie irgendwann in ihre Heimat zurückkehren würden.

Bis zum Rentenalter hatte Josephs Arbeit in einem Farbenwerk sie daran gehindert, danach seine Darmkrebserkrankung. Erst vor Kurzem hatten sie nach seiner erfolgreichen Chemotherapie endlich übersiedeln können. So feierten sie mit ihren Verwandten diese Tage nicht nur ihre Goldhochzeit, sondern auch Josephs Genesung und ihre lang erwartete Rückkehr ins Olland.

Dieser plattdeutsche Name, den ihre Großmutter immer mit so viel Liebe und Sehnsucht ausgesprochen hatte, besaß für Nora seit ihrer Kindheit einen magischen Klang. Sie liebte es, ihre Oma in dieser Mundart reden zu hören, die sie bald gut verstand, ohne sie sprechen zu können.

Einmal war Nora hier gewesen, als kleines Mädchen mit ihren Eltern und Großeltern. Daran erinnerte sie sich kaum. In den vergangenen Tagen hatte sie das Alte Land neu für sich entdeckt. Auf Radtouren durch die herrliche Landschaft besuchten sie und ihre Verwandten mehrere Gehöfte entlang der Obstroute. Sie bewunderten die mit Tiersymbolen und Segenssprüchen verzierten Prunkpforten der Höfe, die Bauernhäuser im Altländer Buntmauerfachwerk, die kunstvollen Brauttüren, die traditionell nur zu zwei Anlässen geöffnet wurden – um die Braut hinein- oder Verstorbene hinauszutragen. Während sie Äpfel und Kirschen aus den Hofläden gegessen hatten, hatten Nora und Steffen darüber gescherzt, auch ihre Kölner Wohnung mit einer auszustatten. Auf jeden Fall würden sie sich eine der Hochzeitsbänke fertigen lassen, die versehen mit den Namen der Eheleute und dem Datum ihrer Heirat vor den Häusern standen. Dieses Denkmal ihres Festtags würden sie allerdings auf den Balkon stellen müssen. Einen Garten mit alten Obstbäumen hatten sie leider nicht. Aber vielleicht, dachte Nora, während sie die Ruhe und die Düfte der Nacht in sich aufnahm, werden auch wir eines Tages im Alten Land ansässig.

„Na, keinen Bock mehr auf die Party?"

Nora fuhr zusammen. Zum einen, weil sie nicht allein war, wie sie geglaubt hatte. Zum anderen, weil ausgerechnet Sofie nahebei auf der Mauer saß.

4

Das Halbdunkel des Gartens verbarg Sofie. Aber unterhalb der Jacke, die über ihren Schultern hing, schimmerte ihr gelbes Kleid. Nora hätte sie bemerkt, wenn sie nicht so in Gedanken vertieft gewesen wäre.

„Ich musste mal durchatmen", sagte sie.

Sofie trank aus der Bierflasche, die sie in der Hand hielt. „Ich auch. Witzig, dass wir uns in dem Riesengarten genau die gleiche Stelle ausgesucht haben. Muss schwesterliche Telepathie sein."

Sofie ließ locker die Beine von der Mauer baumeln. Doch Nora merkte auch ihr die Befangenheit an, die ihr den Magen zusammenkrampfte. Ein Teil von ihr wollte zurück ins Hotel flüchten. Andererseits war das die Gelegenheit, auf die sie gewartet hatte.

„Sagt man das nicht über Zwillinge?"

Zwillinge waren sie nicht. Dass sie Schwestern waren, sah man dagegen auf den ersten Blick. Beide hatten sie die braunen Augen ihres Vaters und die längliche Gesichtsform ihrer Mutter. Manchmal konnte Nora nicht anders, als in Sofie eine jüngere und wildere Version von sich selbst zu erkennen, die sich schon mal knallbunte Strähnen in die Haare färbte oder eine Weile ein Piercing in der Nase getragen hatte. Nora hatte sich gefragt, ob Sofie dadurch einen deutlichen Unterschied zwischen ihnen schaffen wollte, damit sie bloß niemand verwechselte.

„Ach, klar. Zwillinge." Sofie stellte die Flasche auf die Mauer. „Wahrscheinlich haben wir so was deshalb nicht."

„Eine Zeit lang hatten wir etwas Ähnliches", sagte Nora.

Trotz ihrer sechs Jahre Altersunterschied waren sie als Kinder unzertrennlich gewesen. Sofie lief Nora überallhin nach, wollte alles tun, was sie tat. Nora war stolz, eine große Schwester zu sein, baute mit Sofie Bauklotztürme, schaukelte mit ihr auf dem Spielplatz, las ihr vor. Selbst in der Pubertät verstanden sie sich gut, auch wenn sie sich in völlig andere Richtungen entwickelten. Sofie fuhr Skateboard und feierte auf Hiphop-Partys. Nora war im Badmintonverein und ging ins Theater. Während sie zielstrebig aufs Architekturstudium zusteuerte, blieb Sofie ein Freigeist. Ihre schwesterliche Verbundenheit überstand selbst die ersten Jahre nach der Scheidung. Über Hunderte Kilometer hielten sie per Telefon, E-Mail und WhatsApp Kontakt. Doch letzten Endes hatte das Zerbrechen ihrer Familie auch sie auseinandergerissen.

„Ja", sagte Sofie. „Eine Zeit lang."

Sie fielen in Schweigen. Trotz ihres Blazers fröstelte Nora in der Herbstkälte. Sofie, obwohl leichter angezogen, schien sie nichts auszumachen. Sie kramte eine Schachtel Lucky Strike aus der Jackentasche und zündete sich eine an. Die Flamme des Feuerzeugs beleuchtete ihr Gesicht. Das Gesicht einer jungen Frau, die nach Südamerika gehen, Abenteuer erleben, sich fern der Heimat großen Herausforderungen stellen würde. Gleichzeitig, dachte Nora, immer noch das Gesicht eines Mädchens.

„Ich wusste nicht, dass du rauchst." Sich als große Schwester aufzuspielen, war keine gute Fortsetzung. Aber etwas Besseres fiel Nora nicht ein.

Sofie nahm einen tiefen Zug und stieß den Rauch in einer Wolke aus.

„Nur dann und wann beim Feiern." Sie hielt Nora die Zigarette hin. „Willst du?"

Nora rauchte nicht. Doch bei dem, was sie besprechen mussten, teilten sie besser schon vorher die Friedenspfeife. Nora nahm die Zigarette, setzte sich neben Sofie auf die Mauer und zog, ohne zu inhalieren. Sie gab Sofie die Lucky zurück, die ihr dafür die Bierflasche reichte. Vom Hotel waberten die Geräusche der Feier herüber. Vor ihnen lagen die Dunkelheit und Stille von Wiesen und Wald.

„Echt schön, die Goldhochzeit", sagte Sofie. „Hast du super hingekriegt. Oma und Opa sind voll happy."

In den letzten Jahren hatte es wenig mehr als Small Talk zwischen ihnen gegeben, sicheres Terrain, auf dem sie tun konnten, als wäre zwischen ihnen alles in bester Ordnung.

„Ja, sie freuen sich riesig, uns alle um sich zu haben."

Nora trug eine Perlenkette, Ohrringe und ihren Verlobungsring. Sofies Schmuck bestand aus geflochtenen bunten Bändern um ihr Handgelenk und einem Mondamulett, das an einer schlichten Kordel um ihren Hals hing. Auf ihrem

Unterarm formten die feinen Linien eines Tattoos einen Vogel mit ausgebreiteten Flügeln.

„Sogar unsere Eltern reißen sich zusammen", sagte Nora.

Sofie runzelte die Stirn. Das war kein sicheres Terrain mehr. Nora war überrascht, als ihre Schwester darauf einging.

„Ausnahmsweise." Sie drückte die Zigarette auf der Mauer aus. „Die meiden einander zwar wie zwei Leprakranke, die Schiss haben, sich beim anderen anzustecken. Wenigstens springen sie sich nicht an die Gurgel."

„Stimmt. Eine nette Abwechslung."

Sie konnten es dabei belassen, einfach hier sitzen und die Ruhe genießen. Warum riskieren, dass die dünne Verbindung zwischen ihnen brach?

Weil das Thema, dachte Nora, sonst immer zwischen uns stehen wird.

„Hör mal, Sofie. Ich wollte mir dir über etwas reden. Etwas, über das wir längst hätten reden sollen."

„Oh-oh. Was kommt denn jetzt?"

Sofies Schultern verspannten sich, widersprachen ihrem lässigen Tonfall.

„Wir haben nie darüber geredet, wie das nach der Scheidung gelaufen ist."

Sofie rutschte unbehaglich auf den Mauersteinen hin und her. „Und?"

„Als die Ältere hätte ich das ansprechen müssen. Aber ich wusste nicht, wie ich es anstellen sollte. Darum habe ich es ständig aufgeschoben. Das will ich nicht mehr, wo du bald fortgehst."

„Ich verschwinde ja nicht auf Nimmerwiedersehen. Ich komme wieder."

Es war ein Angebot, ihnen einen weiteren Aufschub zu gewähren, am besten einen so langen, bis alles vergessen war.

„Schon."

Es würde nie vergessen sein. Wenn Nora es aus der Welt schaffen wollte, war das der einzige Weg. Es lag nicht allein daran, dass Sofie ins Ausland reisen würde, sondern auch an ihrer bevorstehenden Hochzeit. Es hätte sich nicht richtig angefühlt, eine neue Familie zu gründen, ohne die Probleme ihrer alten bereinigt zu haben. Ihre Eltern konnte sie nicht wieder zusammenbringen. Vielleicht konnte sie sich wenigstens mit ihrer Schwester versöhnen.

„Es ist nur … Ich will nicht, dass du nach Südamerika fliegst, ohne zu wissen …"

„Was?"

Nora gab sich einen Ruck. „… wie leid es mir tut, was damals gelaufen ist. Angefangen damit, dass ich mit Mutter gegangen bin und du bei Vater bleiben musstest."

Es war erleichternd, es auszusprechen, und gleichzeitig beängstigend. Wie würde Sofie es aufnehmen?

„Hm."

Sofie stützte sich mit beiden Händen auf die Mauer und stieß die Hacken gegen die Feldsteine.

„Du warst ein Teenie. Klar, dass du aus Hochfeld rauswolltest. Außer einer miefigen Dorfkneipe hatte das Kaff nichts zu bieten, erst recht nicht für Jugendliche. Kein Club, keine Konzerte, nicht mal ein Kino. Als ich später in dem Alter war, habe ich es da auch kaum ausgehalten.

Alles so eng und spießig. Wenn mir jemand die Chance gegeben hätte, stattdessen in Berlin oder einer anderen Großstadt zu wohnen, hätte ich mich genauso darauf gestürzt."

Nora hatte sich nicht nur deshalb aus ihrem Heimatort rausgesehnt, sondern vor allem wegen ihrem Vater. Heute hatte sie ein abgeklärtes Verhältnis zu ihm. Damals war er für sie eine Schreckgestalt gewesen. Geschlagen hatte er sie nie. Dafür unterdrückte er sie mit Leistungsansprüchen und Forderungen, denen sie nicht gerecht werden konnte, mit cholerischen Anfällen über schlechte Noten oder sonstige Verfehlungen. Nora fühlte sich wie eine Gefangene in ihrem Elternhaus. Sein Umgang mit ihr war einer der Gründe für die Scheidung. Nora empfand sie als Befreiung. Für sie stand sofort fest, dass sie mit ihrer Mutter die Stadt wechseln würde.

Dass sie Sofie mitnahmen, duldete ihr Vater nicht. Nora war die Tochter gewesen, die er statt des erwünschten Sohns gekriegt hatte, eine Enttäuschung, die sie mit den besten Noten nicht aufwiegen konnte. Sofie hingegen war sein Goldschatz. Nicht ein einziges Mal erhob er ihr gegenüber die Stimme, nicht einmal nach einer Mathe-Fünf und wenn sie beim Schuleschwänzen erwischt worden war. Wenn er wütend war, brauchte sie ihn nur zu umarmen und auf die Wange zu küssen, und er war besänftigt. Manchmal verübelte Nora ihr diese Bevorzugung. Dabei wusste sie, es war nicht Sofies Schuld. Ohne sie umzuziehen, fühlte sich an, als würde sie Sofie ihrem Vater ausliefern. Sie fürchtete, sein Zorn könnte sich nun auch gegen sie richten. Doch Nora hatte für sich keinen anderen Weg gesehen.

Sie drehte die Bierflasche in den Händen. „Ich wollte dich nicht im Stich lassen."

„Ach Quatsch."

Nora versuchte, ihr ins Gesicht zu sehen. „Du warst nicht sauer auf mich?"

Sofie zuckte mit den Schultern. „Am Anfang schon. Aber auch nicht so richtig. Ich wusste ja, dass es so das Beste für alle war. Dad hätte dir sonst das Leben noch mehr zur Hölle gemacht. Oder ihr hättet euch die Köpfe eingeschlagen. Für mich ging es."

Sie rieb ein Stück ihres Kleids zwischen den Fingern. Nora wartete, dass sie weitersprach.

„Ich meine, easy war es nicht", sagte Sofie schließlich. „Er hat Mom für alles Schlechte in seinem Leben die Schuld zugeschoben. Als ihr weg wart, war er auch nicht glücklich. Im Gegenteil ist er noch ärger verbittert. Seine Wut hat mich nicht direkt getroffen. Trotzdem war sie da." Sie seufzte. „Ich schätze, das war für uns alle eine schwierige Zeit."

„Das war sie. Aber so schwierig es war, so weit hätte es nicht kommen müssen. Nicht bis zur Eskalation."

Trotz Telefonaten, Nachrichten und E-Mails hatte ihre Beziehung unter der Entfernung gelitten. Noras Einstellung zu ihrem Vater verhärtete sich, während Sofie ihm gegenüber verständnisvoll blieb. Bei einem Familientreffen gerieten sie darüber in einen gewaltigen Streit. Danach herrschte jahrelang Funkstille zwischen ihnen. Erst durch ihre Beziehung und die Gespräche mit Steffen wurde Nora klar, dass sie als Ältere die größere Verantwortung an dem trug, was zwischen ihnen schiefgelaufen war. Sie gratulierte Sofie wieder zum

Geburtstag, schickte ihr Weihnachtsgrüße. Wenn sie sich sahen, wechselten sie wenigstens wieder ein paar Worte. Wirklich eng war ihr Verhältnis nie wieder geworden. Nora hatte Sofie eine Einladung zu ihrer Hochzeit geschickt. Sofie hatte nicht geantwortet. Jetzt wo feststand, dass sie an jenem Tag nicht in Deutschland sein würde, spielte das keine Rolle mehr. Zumindest konnten sie ihren Konflikt beilegen, bevor Sofie abreiste.

„Das war alles meine Schuld", sagte Nora. „Ich hätte das anders handhaben müssen. Reifer."

„Geh nicht so hart mit dir ins Gericht. Du darfst auch mal überfordert sein und nicht alles perfekt hinkriegen."

„Trotzdem. Ich hätte mich besser um dich kümmern, für dich da sein müssen." Nora nahm ihre Hand.

Sofies Finger zuckten, doch sie zog sie nicht weg.

„Du bist meine kleine Schwester." Nora hatte Mühe, die Worte an dem Kloß vorbeizudrängen, der ihr den Hals verstopfte. „Aber erst war das alles so viel, dann habe ich mich nicht getraut, das anzusprechen. Ich hatte Angst, du würdest mich hassen."

Sofie drückte ihre Hand.

„Ich könnte dich nie hassen. Ich meine, wir sind vielleicht keine Zwillinge", sie lehnte den Kopf an Noras Schulter, „dafür immerhin Schwestern."

Nora legte einen Arm um sie und drückte sie an sich. Tränen flossen über ihre Wangen. Auch Sofie weinte.

„Ich wünsche dir von ganzem Herzen eine tolle Zeit in Bolivien", sagte Nora. „Schade nur, dass du nicht bei unserer Hochzeit dabei sein wirst."

„Also eigentlich“, sagte Sofie, „brauche ich ja bloß ins Flugzeug zu springen.“

„Das würdest du tun?“

„Auf jeden Fall. Welchen besseren Grund könnte ich für einen Heimaturlaub haben?“

„Das würde mich ungeheuer freuen.“

Nora drückte Sofie so überschwänglich, dass sie fast von der Mauer gefallen wären.

„Hey, Vorsicht!“, rief Sofie und lachte über Noras Übermut.

Während sie einander umschlungen hielten, keimte in Nora eine Idee. Eine Idee, die bisher außerhalb des Möglichen gelegen hatte, sich jetzt jedoch richtig anfühlte.

„Weißt du, was mich sogar noch mehr freuen würde?“, fragte sie.

„Was denn?“

„Wenn du meine Brautjungfer wärst.“

Sofie sprang von der Mauer. „Echt jetzt?“

Nora stand ebenfalls auf. „Willst du?“

„Bist du irre?“ Sofie fasste sie an den Händen. „Logisch will ich. Ich als Brautjungfer, voll krass.“

Im Hotel tobte das Fest. Aber nichts hätte für Nora feierlicher sein können als diese neu erwachte Verbundenheit mit ihrer Schwester. Sie hatten so viel aufzuholen.

„Wie sieht es eigentlich bei dir in Sachen Liebe aus?“, fragte Nora. „Gibt es jemand Besonderen?“

Sofie winkte ab. „Vor den Altar trete ich in nächster Zeit jedenfalls nicht. Ich verstehe, warum dir das wichtig ist, Hochzeit und Kinder kriegen. Ist nicht mein Ding.“

Nach dem Scheidungsdesaster wunderte das Nora nicht. Für sie selbst war es anders. Zum einen, weil sie Steffen liebte und unbedingt eine Familie mit ihm wollte. Zum anderen, weil sie schaffen wollte, was ihren Eltern nicht gelungen war.

„Hier und da läuft mal was“, fuhr Sofie fort. „Nichts Ernstes. Ich will noch so viel erleben, fremde Länder sehen, Kulturen kennenlernen. Ich hab keinen Bock, meine Freiheit für irgendjemanden aufzugeben. Keine Ahnung, ob ich das überhaupt mal will.“

„Vielleicht musst du erst dem Richtigen begegnen.“

Sofie verzog das Gesicht. „Ach, komm mir nicht mit dem Märchen. Ich find das ja derbe romantisch mit dir und Steffen, nur …“

Neben ihnen raschelte es im Gebüsch.

„Hast du das gehört?“, fragte Sofie. „Was war das?“

Nora konnte im Dunkeln nichts entdecken. „Ein Hase?“

„Das klang zu groß für einen Hasen.“ Sofie nahm Noras Arm. „Lass uns lieber wieder reingehen.“

Nora hatte sich die ganzen Tage in dieser Gegend sicher gefühlt. Jetzt fand sie es leichtsinnig, dass sie sich so weit vom Hotel, dem Licht und den Leuten entfernt hatten. Wer wusste, wer sich zwischen den Bäumen und Büschen verbarg? Hilferufe hätten ihre Verwandten bei der lauten Musik wahrscheinlich nicht gehört.

„Okay, gehen wir.“

Kaum hatten sie einen Schritt gemacht, als unter wilden Schreien eine Gestalt aus dem Busch sprang.

5

Die Gestalt stürzte auf sie zu. In der Hand hielt sie eine Keule, zum Schlag erhoben. Nora stellte sich vor Sofie, bereit, auf den Angreifer einzuschlagen, einzutreten, alles zu tun, um ihn von ihr fernzuhalten.

Zum Glück war das nicht nötig. Er stolperte über seine eigenen Füße, ruderte mit den Armen und ging zu Boden. Mit gackerndem Gelächter wälzte er sich im Gras.

Verdutzt beugte Nora sich über ihn. „Andi?"

Sofie schüttelte den Kopf über ihren betrunkenen Cousin. „Scheiße, du bist so ein Spinner."

Andi klopfte sich vor Lachen auf die Schenkel. Seine blonden Zotteln hingen ihm ins Gesicht. „Oh Mann, war das geil. Eure Gesichter! Der absolute Knaller."

„Das war überhaupt kein Knaller", sagte Nora. „Du hast uns zu Tode erschreckt."

„Seid froh, dass ich das war."

Andi rappelte sich auf. Schwankend zerrte er an seiner Krawatte. Sein Anzug war zerknittert und voller Gras- und

Erdflecke. Blätter und Ästchen hatten sich in seinem Haar verfangen. Die Keule war in Wahrheit eine Sektflasche.

„Es ist verdammt gefährlich hier draußen", sagte er, ein Lallen in der Stimme. „Vor allem für Frauen."

Fast zerdepperte er die Flasche, als er sie in Richtung der Feldsteinmauer und der dahinterliegenden Dunkelheit schwenkte.

„Wisst ihr nicht, dass im Alten Land ein Irrer umgeht?"

„Doch, wissen wir", sagte Sofie. „Er steht direkt vor uns."

„Haha. Superwitzig. Nein." Andi kippte einen Schluck Sekt. „Gegen den bin ich harmlos." Er lehnte sich ihnen zu und flüsterte: „Hier treibt ein Mörder sein Unwesen."

„Schwachsinn", sagte Sofie.

„Kein Schwachsinn. Habt ihr noch nichts vom Bräutigam gehört?"

„Bräutigam?", fragte Nora. „Klingt nach einer Gruselgeschichte."

„Stimmt", sagte Sofie. „Hast du dir die extra für die Goldhochzeit aus den Fingern gesogen?"

„Keine Geschichte", sagte Andi mit der Vehemenz, mit der Betrunkene auf ihrem Standpunkt beharren. „Den gibt es wirklich. Seit Jahren verschwinden in dem Landstrich Frauen."

Der Sekt schwappte in der halb vollen Flasche, als er sie ansetzte und einen langen Zug in sich hinein gurgelte. Es fiel Nora schwer, ihn ernst zu nehmen. Selbst nüchtern war Andi, der sich gern bekifft auf obskuren Websites herumtrieb, nicht unbedingt eine zuverlässige Informationsquelle. Im Vollrausch umso weniger.

„Das hätte ich mitgekriegt. In den Nachrichten kam nichts, und als ich für das Fest recherchiert habe, bin ich darauf auch nicht gestoßen."

Andi schaffte es, gleichzeitig zu rülpsen und spöttisch zu lachen.

„Denkst du, das verbreiten die auf den Tourismusseiten, zusammen mit ihren Obstfesten, ihren Bauernhäusern und dem ganzen anderen Kram?", lallte er. „Das ist keine Attraktion, mit der man für Familienurlaube wirbt. Die Zeitungen und Fernsehsender berichten natürlich über ihn, wenn er zuschlägt. Nach ein paar Wochen ist die Sensation verbraucht, und die Aufregung legt sich. Vor allem, wenn die Ermittlungen schnell einschlafen, was jedes Mal so war. Deshalb gibt es überregional nur hin und wieder Berichte. Das rutscht einem schnell durch."

Neben seinen anderen merkwürdigen Neigungen hatte Andi eine Vorliebe für True Crime, je makabrer, desto besser. Am liebsten gab er seine Kenntnisse zu den unpassendsten Gelegenheiten zum Besten, ungefiltert beim Abendessen oder am Kaffeetisch.

„Bisher sind dem Bräutigam vier Frauen in den letzten fünf Jahren zum Opfer gefallen. Er schnappt sie sich auf großen Feiern." Er deutete mit der Flasche zum Hotel. „Feiern wie diese. Geburtstagspartys, Schützenfeste und so."

„Red keinen Müll", sagte Sofie. Es sollte verächtlich klingen. Aber sie schlang die Arme um ihren Körper und rückte näher an Nora.

„Ist alles wahr", sagte Andi. „Der letzte Fall war Anfang des Jahres in einem Ort bei Hamburg."

Noras Zweifel an Andis Geschichte schwanden. Am Hamburger Hauptbahnhof, wo sie und Steffen umgestiegen waren, hatte sie ein Vermisstenplakat mit dem Foto einer braunhaarigen Frau gesehen. An ihren Namen konnte sie sich nicht erinnern. Jetzt fragte sie sich, ob es diese Frau war, von der Andi sprach. Das letzte Opfer des Bräutigams.

„Hat die Polizei eine Ahnung, wer der Typ ist?", fragte Sofie.

Bei Andis Kopfschütteln wackelte sein Zottelhaar. „Er begeht seine Verbrechen weit verstreut im Alten Land. Niemand hat den leisesten Schimmer, wer er ist oder wohin er die Frauen verschleppt. Bei den ganzen kleinen Dörfern und abgelegenen Gehöften – er könnte überall sein. Die Bullen können nur mit Gewissheit sagen, dass es in allen Fällen derselbe Kerl ist."

„Woher wollen die das wissen?", fragte Sofie. „Überhaupt, dass das Entführungen sind? Die Frauen könnten einfach durchgebrannt sein."

Andi trank von seinem Sekt. Er genoss es sichtlich, dass er sie mit seiner Erzählung am Haken hatte.

„Wie jeder Serienmörder, der was auf sich hält, hat er eine Visitenkarte." Er wartete, damit sie nachfragten.

Nora tat ihm den Gefallen. „Was für eine Visitenkarte?"

„Zieht euch das rein", sagte Andi. „Nachdem eine Frau verschwindet, erscheint im *Elbkurier*, so einem regionalen Käseblatt, eine Hochzeitsanzeige. Darin kündigt er seine bevorstehende Heirat mit der Vermissten an. Die Anzeige sieht immer gleich aus, mit zwei Eheringen, und es steht immer das Gleiche drin, nur die Frauennamen wechseln.

Dadurch kann die Polizei ihn zuordnen, daher hat er auch seinen Spitznamen."

„Klingt nach einem Vollpsycho", sagte Sofie.

„Man muss doch zurückverfolgen können, wer diese Inserate aufgegeben hat", sagte Nora.

„Schön wär's. Die gehen anonym ein, ohne Hinweis darauf, von wem. Bestimmt ist er ein Leser dieser Zeitung oder sogar Abonnent. Der *Elbkurier* wird im ganzen Alten Land vertrieben. Da kommen also Tausende infrage. Die kann man nicht alle überprüfen, zumindest nicht ohne Verdacht. Den gibt es halt nicht. Der Typ ist ein Phantom. Die Behörden sind genauso ratlos wie die Bevölkerung und die Medien. Die Frauen verschwinden und tauchen nie wieder auf. Nicht mal ihre Leichen."

Sofie schaute zum Hotel. Nora spürte, dass es ihre Schwester wie sie selbst zurückzog zu ihrer Familie im Saal. Sofie hatte jedoch offenbar die Neugier gepackt.

„Woher weiß man dann überhaupt, dass sie tot sind? Vielleicht hält er sie ja jahrelang gefangen und holt sich zwischendurch neue dazu."

Nora schauerte bei der Vorstellung, sich so lange Zeit in der Gewalt eines Wahnsinnigen zu befinden. Der Tod kam ihr da fast vor wie eine Erlösung.

„Ganz einfach", erklärte Andi. „Irgendwann nach der ersten Annonce erscheint eine zweite. Eine Traueranzeige, in der ein untröstlicher Ehemann den Tod seiner geliebten Frau verkündet. Hammer, was?"

„Krankes Schwein", sagte Sofie.

„Das kannst du laut sagen. Jetzt schnallt ihr, warum die Bullen von einem Serienmörder ausgehen. Einem verdammt cleveren. Er stammt aus der Gegend und schnappt sich die Frauen auf den Feiern. So viel steht fest. Der Rest, sein Motiv, seine Identität, sein Aufenthaltsort, seine Vorgehensweise, ist ein Rätsel."

„Scheiße, Andi." Sofie knuffte ihm die Schulter. Er geriet aus dem Gleichgewicht und hätte sich beinahe wieder auf den Hosenboden gesetzt. „Wenn hier ein Verrückter unterwegs ist, wäre eine kurze Warnung nett gewesen. ‚Vorsicht, frei laufender Serienmörder' oder so."

Andi zuckte mit den Schultern. „Außer mir hatten noch ein paar andere von uns das auf dem Schirm. Die haben mich voll gestresst, das bloß für mich zu behalten, damit ich nicht die Stimmung runterzieh. Außerdem hättet ihr mich eh nicht für voll genommen, und selbst wenn: Das Fest hättet ihr auf keinen Fall abgeblasen."

Nora musste zugeben, dass das stimmte. Sie hätte es als wirre Story abgetan, mit der er sich wichtigmachen wollte. Selbst wenn sie es ihm abgekauft hätte, hätte sie die Goldhochzeit nicht abgesagt oder verlegt. Schließlich hatten sich ihre Großeltern gewünscht, im Alten Land zu feiern. Außerdem fanden in der Gegend garantiert etliche solcher Veranstaltungen statt. Wie wahrscheinlich war es, dass es ausgerechnet ihre traf?

„Warum kommst du uns jetzt damit?", fragte sie.

Andi grinste und prostete ihnen mit der Sektflasche zu. „Alk lockert die Zunge. Es hat mir die ganze Zeit unter den Nägeln gebrannt. Weil es der letzte Abend ist, dachte ich, scheiß drauf, ich hau das Ding raus. Ist doch cool, an einem Ort zu sein, wo so was Düsteres abgeht."

Nora war anderer Meinung. Auf einen solchen Nervenkitzel hätte sie gut verzichten können.

Andi spähte um sich. „Vielleicht ist er hier und hat euch im Auge. Keine Sorge, ich beschütze euch."

Da er durch den Sekt noch weiter in Schräglage geraten war, war das ein leeres Versprechen.

„Pass lieber auf, dass du nicht hackedicht in den Blumenbeeten landest", sagte Sofie.

Sie lachte. Aber es klang verunsichert. Auch Nora fand es hier draußen zunehmend beklemmend. Die Dunkelheit jenseits der Mauer kam ihr noch finsterer vor, die Kälte eisig.

„Mörder hin oder her", sagte sie. „Lasst uns endlich wieder reingehen."

„Gute Idee." Sofie hakte sich bei Nora ein.

Sie marschierten durch den Garten zurück zum Hotel.

„Hey, wartet auf mich." Andi torkelte hinter ihnen her. „Ich hab keinen Bock, dass der Mörder mich holt."

Nora warf ihm einen Blick über die Schulter zu. „Meinst du, du bist sein Typ?"

„Die Chance, dass er dich mit einer heißen Schnalle verwechselt", sagte Sofie, „ist selbst im Dunkeln ziemlich gering."

„Man weiß ja nie. Ich bin jedenfalls zu gern Junggeselle, um mich von einem Durchgeknallten zwangsverheiraten zu lassen."

Zurück im Saal, bei den vielen Menschen und der Musik, holten sie sich frische Drinks. Der Tumult, der Nora vorhin zu viel gewesen war, tat ihr nun gut. Sie war nach wie vor nicht zum Tanzen aufgelegt. Kurzerhand zogen Sofie und Andi sie mit sich. Bald hatte Nora die Mördergeschichte vergessen. Mitten im lauten Getümmel waren solche Verbrechen ewig weit entfernt.

Irgendwann tauchte Steffen neben ihr auf. „Wo warst du? Ich habe dich überall gesucht."

„Oh, tut mir leid. Ich war …"

Sie wies auf Sofie, die zur Bar gegangen war, um Nachschub zu holen. In jeder Hand ein Glas, unterhielt sie sich mit einem Mann. Ein heißer Schub durchfuhr Nora, als sie den unheimlichen Kellner erkannte. Sofie reckte den Kopf zu ihm hinauf und sagte ihm etwas ins Ohr.

„Der verfluchte Drecksack!", sagte Nora.

Sie kämpfte sich zu Sofie durch und zog sie von dem dreisten Kerl weg. Über die Schulter warf sie ihm einen grimmigen Blick zu, den er mit starrer Miene hinnahm.

„Hey!", rief Sofie, inzwischen auch deutlich angeheitert. Gin Tonic schwappte aus den Gläsern. „Ich komme ja schon, Schwesterherz!"

Sie reichte ihr einen der Longdrinks.

„Mein Gott, hast du so einen Brand?"

„Halt dich von dem fern", sagte Nora. „Der ist mir nicht geheuer."

Sofie lachte und schaute zu dem Kellner, der sie durch die Menge hindurch im Auge behielt.

„Keine Sorge, ich steh nicht auf ältere Typen." Sie riss in gespieltem Schrecken die Augen auf. „Oder glaubst du, das ist der Bräutigam? Fahr runter, Nora. Der ist ein bisschen creepy. Aber er wird mich schon nicht von der Feier weg entführen. Zumindest nicht, bevor er uns was zum Knabbern gebracht hat. An der Bar sind die Salzbrezeln aus."

Sie gesellten sich zu Steffen.

„Hey, künftiger Schwager." Sofie hob ihr Glas. „Herzlichen Glückwunsch! Falls Nora es dir noch nicht erzählt hat, ihr habt eine neue Brautjungfer. Die coolste Brautjungfer ever."

Steffens Unmut wich. „Im Ernst? Das ist ja super. Das heißt, ihr beiden habt euch ausgesprochen?"

Nora nickte.

„Logisch." Sofie schmiegte sich an Nora und küsste sie auf die Wange. „Wir sind doch die Superschwestern. Zusammen kriegen wir alles hin. Jetzt lasst uns diese Party rocken."

Johlend hüpfte sie zurück auf die Tanzfläche.

Steffen drückte Noras Hand. „Ich freue mich für dich."

Sofie drehte sich so schnell im bunten Scheinwerferlicht, dass der Saum ihres Kleids aufwirbelte. Sie winkte ihnen zu.

„Steht nicht da rum!", rief sie. „Kommt schon!"

Sie folgten ihr auf die Tanzfläche. Während Nora versuchte, im Rhythmus zu bleiben, lehnte sie sich Steffen zu.

„Ich freue mich auch riesig!", rief sie über das Wummern der Musik. „Endlich habe ich meine Schwester wieder. Ich merke jetzt erst, wie sehr ich Sofie vermisst habe, und bin froh, sie nie wieder vermissen zu müssen."

6

Ein Platz am Tisch blieb frei. Am Morgen nach dem Fest hatten sich alle Verwandten zum Familienfrühstück im Speisesaal eingefunden. Einzig Sofie fehlte. Einige mutmaßten, sie schlafe ihren Rausch aus, nachdem sie gestern Nacht so übermütig gefeiert und getrunken habe. Cousinen und Cousins munkelten, sie sei vielleicht mit jemandem vom Personal abgestürzt und gönne sich statt Kaffee und Marmeladenbrötchen einen aufregenderen Start in den Tag.

Noras Großeltern nahmen es gelassen. Sie konnten ihrer Lieblingsenkelin sowieso nichts übelnehmen. Noras Eltern waren weniger versöhnlich gestimmt.

„Typisch Sofie", sagte Noras Mutter an ihren Ex-Mann gewandt. „Unpünktlich und unzuverlässig. Du hast ihr immer zu viel durchgehen lassen. Da hat sie das her."

„Du mit deinen ständigen Jammereien", gab er über den Tisch zurück. „Das ist kein Grund, einen Aufstand zu veranstalten."

„Ha! Als hättest du jemals einen Grund für einen Aufstand gebraucht. Bei jeder Kleinigkeit rastest du aus. Nur wenn es um Sofie geht …"

„Hört auf, in Ordnung?“, unterbrach Nora sie. „Beim Frühstück brauchen wir nun wirklich keinen Streit. Bald könnt ihr wieder getrennte Wege gehen. Seid so nett und reißt euch noch solange zusammen.“

Ihre Mutter schnitt eine Grimmasse. Ihr Vater murmelte etwas und biss grimmig in sein Schinkenbrötchen.

„Wenn Sofie ein bisschen später dazustößt“, sagte Nora, „ist das kein Weltuntergang.“

Doch je länger ihre Schwester ausblieb, desto ungeduldiger wurde sie selbst. Schließlich war es das letzte große Beisammensein, bevor sich die Familie wieder in alle Ecken des Landes zerstreute. Oma Lydia und Opa Joseph war es wichtig, diese Stunden mit ihren Lieben zu verbringen.

„Glaubst du, sie schläft wirklich noch?“, flüsterte Nora Steffen zu, der mit einer Schale Müsli vom Büfett zurückgekehrt war.

„Das oder sie kämpft mit dem Kater, den sie garantiert hat.“ Er schnitt einen Apfel in die Haferflocken, Nüsse und Rosinen. „Ich brauchte zwei Aspirin heute morgen, und ich habe nicht so stark gebechert. Wenn sie so weit ist, wird sie eintrudeln.“

Andi, auf der anderen Seite des Tisches, hing schlaff in seinem Stuhl. Mit gelblichem Gesicht und tiefen Augenringen kippte er, statt zu essen, nur schwarzen Kaffee in sich hinein. Als er Noras Blick einfing, deutete er auf Sofies Platz, machte eine Krepiergeste und grinste.

„Gib nichts auf den Idioten“, sagte Steffen. „Oder sein Geschwätz.“

Nora hatte ihm gestern Nacht vom Bräutigam erzählt. Steffen hatte ebenfalls nichts davon gehört und wusste nicht, wie er die Story einschätzen sollte. Dass Andi selbst auf einer Goldhochzeit die Grenzen des guten Geschmacks überschritt, hatte ihn nicht überrascht.

„Selbst wenn da was dran ist, muss noch lange nichts passiert sein."

Das war richtig. Bloß weil Nora vom Bräutigam erfahren hatte, hieß das nicht, dass Sofie entführt worden war.

„Er geht mir nur auf die Nerven mit seinem kindischen Schwachsinn." Sie zog ihr Handy hervor. „Ich schreibe Sofie mal, damit sie in die Gänge kommt."

Auf WhatsApp sah sie, dass Sofie zuletzt vor mehreren Stunden online gewesen war, mitten in der Nacht. Auch das musste nichts bedeuten. Wahrscheinlich hatte sie ihr Handy ausgeschaltet, oder ihr Akku war leer. Das würde erklären, warum ihr Wecker nicht geklingelt und sie verschlafen hatte.

Nora versuchte, sich auf die Gespräche am Tisch zu konzentrieren. Aber sie konnte nicht anders, als immer wieder auf ihr Handy zu schauen.

Keine Antwort von Sofie. Sie hatte Noras Nachricht nicht einmal abgerufen.

„Wenn es dich so beschäftigt, geh nach oben und sieh nach ihr", sagte Steffen. „Ich halte die Stellung."

Nora wollte nicht die bevormundende Schwester markieren. Doch dass Sofie das ganze Frühstück schwänzte, ging wirklich nicht. Außerdem war es der einzige Weg, ihre Unruhe loszuwerden. Sie stand auf.

„Okay. Vielleicht hat Sofie inzwischen geduscht und sich angezogen. Dann bringe ich sie gleich mit."

Sie verließ den Speisesaal, durchquerte die Hotellobby und stieg die Treppe hinauf. Nachdem sie sich gerade erst versöhnt hatten, würde Sofie hoffentlich nicht sauer sein, wenn Nora sie aus den Federn holte. Sie würde Sofie von ihren Gedanken an den Bräutigam erzählen, und sie würden sich darüber kaputtlachen.

An Sofies Zimmertür hing das *Bitte-nicht-stören*-Schild. Das hieß, Sofie musste gestern Nacht hineingegangen sein und das Schild an die Klinke gehängt haben. Oder hatte sie das tagsüber getan und das Schild einfach hängen lassen? Nora konnte sich nicht erinnern, ob sie es vor der Feier gesehen hatte. Sie klopfte. Keine Antwort, kein Geräusch auf der anderen Seite der Tür. Nora klopfte noch einmal, fester.

„Sofie? Bist du wach? Tut mir leid, wenn ich dich wecke. Aber alle warten auf dich. Wir würden uns freuen, wenn du zum Frühstück dazukämst."

War da etwas im Zimmer? Das Rascheln einer Bettdecke? Stimmen?

„Falls du Gesellschaft hast, verstehe ich, dass ihr für euch sein wollt. Nur würden Oma und Opa gern noch Zeit mit dir verbringen, bevor du abreist."

Langsam kam sie sich blöd vor. Bei dem Krach, den sie veranstaltete, hätte sie Sofie selbst aus dem Tiefschlaf reißen müssen. Sie rief sie an, lauschte auf das Handyklingeln hinter der Tür. Nichts.

Eine Reinemachfrau schob einen Wagen mit Putzmitteln, Handtüchern und Klopapier über den Gang. Nora überlegte. Es gehörte sich nicht, in Sofies Zimmer einzudringen.

Und auf keinen Fall wollte sie in ein Techtelmechtel platzen. Doch da sich Sofie nicht meldete, nahm ihre Anspannung zu. Sie musste wissen, ob mit ihr alles in Ordnung war.

„Entschuldigung", sprach sie die Frau an. „Das ist das Zimmer meiner Schwester. Sie öffnet nicht und antwortet nicht. Wären Sie so nett, mir aufzuschließen, damit ich nachschauen kann, ob sie da ist?"

Die Frau wies auf das Schild an der Klinke. „Na, wenn sie da ist, will sie wohl nicht gestört werden. Außerdem kann ich nicht einfach Leute in fremde Zimmer lassen."

„Bitte. Ich mache mir Sorgen."

Sie konnte ihr schlecht die Mördergeschichte auftischen. Obwohl sie als Einwohnerin des Alten Landes bestimmt über den Bräutigam Bescheid wusste, hätte sie Nora wahrscheinlich für verrückt gehalten.

„Meine Schwester hat gestern ziemlich viel getrunken. Ich habe Angst, dass sie gestürzt ist und sich verletzt hat."

Die Reinemachfrau seufzte und kramte ihre Generalschlüsselkarte aus der Tasche. „Sollte sich jemand beschweren, reden Sie mit der Hotelleitung."

Sie entriegelte die Tür und zog mit ihrem Wagen weiter.

„Sofie? Bist du da?" Nora trat ein. „Wenn ja, bist du allein?"

Nichts regte sich im Zimmer. Die Vorhänge waren aufgezogen. Morgensonne schien hinein. Das Bettzeug war zerwühlt. Niemand lag darin. Sofies Trekkingrucksack lehnte am Schrank. Klamotten quollen heraus, verwaschene Jeans, Cargohosen, ein Kapuzenpulli und T-Shirts mit den Logos von Indiebands. In einer Ecke ballte sich ein Berg Schmutzwäsche. Auf dem Nachttisch stand eine halb volle Flasche

Club Mate neben einem Reiseführer für Südamerika und einem Spanisch-Lehrgang. Ein weiteres Buch lag aufgeschlagen neben dem Kopfkissen. *Das Ende der Ehe.* Trotz ihrer Sorge musste Nora schmunzeln. Passende Lektüre für eine Goldhochzeit.

Die Tür zum Bad war offen, das Licht darin aus. Nirgendwo ein Anzeichen, wann Sofie zuletzt hier gewesen war und wo sie sich aufhielt.

Nora eilte wieder nach unten. Auf dem Rückweg in den Speisesaal hielt sie an der Rezeption.

„Haben Sie heute Morgen zufällig meine Schwester gesehen?", fragte sie den jungen Mann hinter dem Tresen. „Sie sieht ungefähr aus wie ich, nur jünger."

Er schüttelte den Kopf. „Ich glaube nicht. Ganz genau kann ich es nicht sagen, weil ich zwischendurch hinten im Büro beschäftigt war."

„Okay, danke."

Es konnte noch immer eine ganz normale Erklärung geben. Vielleicht hatte Sofie das Hotel mit jemandem verlassen, weil sie keine Lust auf einen One-Night-Stand in der Nähe ihrer Familie hatte. Wenn ja, mit wem?

„Eine Frage noch. Hier war gestern ein Kellner, mit dem meine Schwester zwischendurch gesprochen hat. Durchtrainiert, dunkles Haar, Seitenscheitel. Ich hatte das Gefühl, dass er ein Auge auf sie geworfen hat."

„Wir legen höchsten Wert auf professionelles Betragen aller Angestellten während ihrer Schichten", sagte der Rezeptionist. „Für das, was sie in ihrer Freizeit tun, übernehmen wir keine Verantwortung."

„Mir geht es nicht um eine Beschwerde. Ich dachte, dass er etwas darüber wissen könnte, wo sie nach der Feier hin ist. Ich weiß auch nicht, ob er bei Ihnen arbeitet. Vorher habe ich ihn jedenfalls nicht gesehen."

Der Rezeptionist schien erleichtert, dass der Ruf des Hotels nicht in Gefahr war.

„Zu unseren Festangestellten gehört er nicht", sagte er. „Die kenne ich alle persönlich. Für größere Veranstaltungen wie Ihre beschäftigen wir Aushilfskräfte. Vorzugsweise Leute, von denen wir wissen, dass sie zuverlässig sind. Natürlich kommen auch neue dazu. Jemanden, auf den Ihre Beschreibung zutrifft, kann ich nicht nennen. Fragen Sie mal beim Cateringservice nach."

„Danke", sagte Nora.

Die Sorge, Sofie könnte etwas zugestoßen sein, konnte sie nicht mehr verdrängen. Sofie hing an ihren Großeltern. Selbst wenn sie die Nacht mit einem Liebhaber verbracht hatte, würde sie die beiden nicht am letzten Tag versetzen. Schon gar nicht, ohne sich zu melden. Der Kellner wurde noch verdächtiger dadurch, dass er im Hotel unbekannt war. Hatte sich Sofie trotz ihrer Beteuerungen auf ihn eingelassen, nachdem Nora und Steffen zu Bett gegangen waren? Oder hatte er ihr etwas in den Drink gemischt? Nora machte sich Vorwürfe. Sie hätte achtgeben müssen, dass Sofie heil in ihr Zimmer kam. Obwohl Sofie kein Kind mehr war, fühlte Nora sich verpflichtet, auf ihre kleine Schwester aufzupassen.

Sie rief Sofie noch einmal an.

Nichts.

Mit hastigen Schritten erreichte sie den Speisesaal. Am Tisch lehnte sie sich zu Steffen hinab, der sich gerade frischen Kräutertee eingoss.

„Hast du die Prinzessin aus ihrem Schlummer gerissen?", fragte er.

„Sie war nicht in ihrem Zimmer." Nora sprach leise. Sie wollte niemanden beunruhigen, erst recht nicht ihre Großeltern, solange nicht feststand, dass tatsächlich etwas passiert war. „Der Rezeptionist hat sie nicht gesehen. Ich habe keine Ahnung, wo sie sein könnte."

„Das muss nichts heißen", sagte Steffen in seiner besonnenen Art. „Vielleicht ist sie früh raus, ohne dass es jemand mitgekriegt hat."

„Wo sollte sie hingehen? Wenn sie einen Spaziergang unternommen hätte, wäre sie längst zurück. Wir sollten nach ihr suchen."

Steffen pustete in seinen Tee. „Hältst du das wirklich für nötig?"

Aber er musste spüren, wie ernst es Nora war.

„In Ordnung." Er schlürfte einen Schluck und stand auf. „Wie ist der Plan?"

„Wir gehen das Hotel und den Garten ab", sagte Nora, dankbar, nicht auf sich allein gestellt zu sein. „Wenn wir sie da nicht finden, schauen wir uns in der Umgebung um."

„Klingt gut."

„Nora, ist etwas nicht in Ordnung?", fragte ihre Großmutter.

„Alles gut, Omi. Wir wundern uns nur, dass Sofie nicht da ist. Wir machen uns mal auf die Suche nach ihr."

„Tut das. Es wollen sich ja auch Leute von ihr verabschieden."

Andi trat zu Nora und Steffen.

„Was ist los?", raunte er. „Ist Sofie abgehauen oder so?"

Er roch nach Alkohol, den er aus jeder Pore ausschwitzte.

„Wir wissen nicht, wo sie steckt, und sie geht nicht an ihr Handy", sagte Nora.

„Scheiße." Seine unpassende Geste am Tisch bereute er jetzt offenbar. „Ich helfe euch."

Nora nickte. „Okay, dann los."

Sie teilten sich auf, blieben über Handy in Kontakt. Doch sie fanden Sofie weder im Garten noch im Fitnessstudio, am Pool oder sonst wo im Hotel. In der umliegenden Gegend, die sie mit dem Auto erkundeten, stießen sie ebenfalls auf keine Spur von ihr. Telefonisch erreichte Nora sie trotz etlicher Versuche nach wie vor nicht. Nachrichten blieben unbeantwortet.

Steffen und sie fuhren bis nach Jork, klapperten die Cafés und Geschäfte ab. Ohne Erfolg. Ratlos und aufgewühlt kehrten sie zum Hotel zurück. Inzwischen waren auch Noras Eltern und Großeltern besorgt. Sofie klinkte sich gern mal aus. Dass sie wie vom Erdboden verschluckt war, zumal am Tag der Abreise, passte nicht zu ihr. Es ließ sich nicht länger beschönigen. Irgendetwas war passiert. Es blieb ihnen nichts weiter, als die Polizei zu verständigen.

7

Sie kamen zu zweit. Ein Mann und eine Frau. Im ersten Moment irritierte es Nora, dass sie keine Uniformen trugen, sondern zivil gekleidet waren und statt in einem Streifenwagen in einem blauen BMW mit Hamburger Kennzeichen vorfuhren. Die Erkenntnis, dass sie keine gewöhnlichen Polizisten waren, machte schlagartig alles noch ernster, bedrohlicher. Als wäre bereits entschieden, dass es sich bei Sofies Verschwinden nicht um einen harmlosen Zwischenfall handelte.

Nora und Steffen erwarteten sie vor dem Hotel.

„Frau Siegel? Margot Lasker von der Kriminalpolizei Hamburg. Mein Kollege Joachim Reckert."

Nora schüttelte ihnen die Hand. Lasker war klein und schmal, strahlte jedoch eine unbeugsame Autorität aus. Reckerts wacher Blick verriet, dass man sich von seiner körperlichen Erscheinung mit Bierbauch und hängenden Schultern nicht täuschen lassen sollte.

„Das ist Steffen Forster, mein Verlobter."

Vor dem Hoteleingang hatten sich einige ihrer Verwandten versammelt. Die meisten waren inzwischen abgereist, weil sie am nächsten Tag wieder arbeiten und ihre Kinder in die Schule mussten. Diejenigen, die noch vor Ort waren, hatten beschlossen, dass Nora stellvertretend für die Familie mit der Polizei reden sollte.

„Sie haben angerufen, weil Sie nicht wissen, wo sich Ihre Schwester aufhält", sagte Lasker.

„Das stimmt. Seit gestern Nacht haben wir Sofie nicht mehr gesehen."

„Erzählen Sie uns alles im Einzelnen", bat Reckert.

Nora schilderte ihnen das Fest, ihre Begegnung mit Sofie und später mit Andi im Garten, ihre Verabschiedung von Sofie, ihre wachsende Sorge am nächsten Morgen und ihre vergebliche Suche.

„Wegen dem, was mein Cousin erzählt hat, habe ich es mit der Angst gekriegt." Nora wies auf Andi.

Er ging hinter zwei Cousinen in Deckung. So gern er sonst im Mittelpunkt stand, auf die Aufmerksamkeit der Polizei legte er offenbar keinen Wert.

„Ich meine die Sache mit dem Serienmörder, der im Alten Land Frauen entführt und tötet", fuhr Nora fort. „Der Bräutigam. Ich will den Teufel nicht an die Wand malen, bloß geht mir das nicht aus dem Kopf."

Sie fürchtete, die beiden würden ihre Ängste als übertrieben abtun, ihr erklären, Sofie sei eine erwachsene Frau, dürfe gehen, wohin sie wolle, fortbleiben, solange sie wolle, und überhaupt sei es zu früh für eine Vermisstenanzeige und eine groß angelegte Suchaktion.

„Wir leiten eine Mordkommission in Hamburg", sagte Lasker stattdessen, „die mit diesem Fall betraut ist. Nach den bisherigen Entführungen sind wir extrem wachsam. Wenn in dieser Gegend etwas vorfällt, das nur ansatzweise Übereinstimmungen mit den vorherigen Ereignissen aufweist, nehmen wir das sehr ernst. Deshalb wurde Ihre Meldung direkt an uns weitergeleitet."

Nora wurde schwindelig. Das Hotel, die Bäume und Autos, die ganze Erde bebte. Dass die gleiche Befürchtung, die Nora gepackt hatte, die Beamten hergeführt hatte, ließ die schlimmste aller Möglichkeiten furchtbar real erscheinen.

Nora tastete nach Steffens Hand.

„Sieht Ihre Schwester Ihnen ähnlich?", fragte Reckert.

„Sie trägt ihre Haare länger." Nora brauchte all ihre Konzentration, um die Fassung zu bewahren, seit die Welt ins Wanken geraten war. „Sie ist sechs Jahre jünger als ich, etwas kleiner und schmaler. Ansonsten, ja, sie sieht mir ähnlich."

Reckert und Lasker wechselten einen Blick, als hätte Nora die Antwort gegeben, die sie vorausgeahnt hatten.

„Wir brauchen ein aktuelles Foto von ihr", sagte Reckert.

„Wir haben gestern Selfies gemacht." Nora öffnete die Fotos auf ihrem Handy und reichte es ihm.

Er hielt es so, dass auch Lasker die Bilder sehen konnte.

„Wir wollen Sie nicht zusätzlich beunruhigen", sagte sie. „Aber alle bisherigen Entführungsopfer weisen die gleichen äußerlichen Merkmale auf. Ihre Schwester entspricht dem Typ Frau, auf den der Täter es abgesehen hat. Wir können daher ein Verbrechen nicht ausschließen."

Das Beben nahm zu, wollte Nora von den Beinen reißen und das Hotel zum Einsturz bringen.

Reckert tippte auf Noras Smartphone. „Wenn es für Sie in Ordnung ist, schicke ich mir die Fotos zu."

Nora nickte. Sie krampfte ihre Finger um Steffens Hand.

„Außerdem möchten wir uns Sofies Zimmer ansehen, und wir brauchen ihre Nummer für eine Handyortung."

Alles drehte sich um Nora. Zu dem Beben kam ein Donnern, als würde der Himmel zerbersten.

„Sie ist in meinen Kontakten gespeichert."

Reckert gab Nora das Handy zurück.

„Wir werden unsere Kolleginnen und Kollegen sofort auf die Suche nach Sofie ansetzen", sagte Lasker. „Wir werden alles unternehmen, um Ihre Schwester zu finden."

Was Ihnen bei den anderen Frauen nicht gelungen ist, dachte Nora. Doch sie behielt den Gedanken für sich.

„Hören Sie", sagte sie. „Ich weiß nicht, ob das wichtig ist."

„Jede Kleinigkeit kann bedeutsam sein", sagte Lasker.

„Da war so ein Kellner gestern, den ich merkwürdig fand. Ich glaube, er hat Sofie beobachtet."

„Gehörte er zum Hotel?", fragte Reckert.

„Nein, er war entweder einer von den Aushilfen oder beim Cateringservice beschäftigt."

Wieder trafen sich die Blicke der Ermittler.

„Was?", fragte Nora.

„Entschuldigen Sie, Frau Siegel", sagte Lasker. „Das betrifft ermittlungsinterne Belange. Zu diesem Zeitpunkt können wir Ihnen darüber keine nähere Auskunft erteilen."

„Soll das ein Witz sein?", fuhr Nora auf. „Meine Schwester ist verschwunden, möglicherweise entführt. Da kommen Sie mir mit ‚ermittlungsinternen Belangen'?"

Reckert hob beschwichtigend die Hand. „Beruhigen Sie sich, Frau Siegel."

„Den Teufel werde ich tun!" Ihre Empörung half ihr, sich gegen das Beben zu stemmen. „Sie werden mich auf keinen Fall außen vor lassen. Ich bestehe darauf, in alles so weit wie möglich eingebunden zu sein. Ansonsten werde ich bei Ihren Vorgesetzten einen Riesenaufstand veranstalten. Haben wir uns verstanden?"

Lasker seufzte, sichtlich genervt, nicht nur eine vermisste Person suchen, sondern sich auch noch mit deren Familienangehörigen herumschlagen zu müssen.

„Eine gute Zusammenarbeit ist uns so wichtig wie Ihnen, Frau Siegel. Wir werden uns bemühen. Bitte haben Sie Verständnis, wenn wir Ihnen trotzdem nicht alles mitteilen können."

„Das habe ich", sagte Nora. „Allerdings nicht dafür, dass Sie mich mit Floskeln abspeisen. Zumal es kein Geheimnis ist, dass sich der Täter seine Opfer auf solchen Feiern holt. Er ist wohl kaum einer meiner Verwandten. Er muss zum Personal gehören."

„Davon gehen wir auch aus", sagte Reckert, der Notizen in sein Handy tippte.

„Wir werden alle befragen, die gestern hier waren", sagte Lasker. „Ihre Familie soll das Hotel bitte nicht verlassen. Vielleicht hat jemand etwas mitbekommen. Während wir mit ihr und dem anwesenden Hotelpersonal sprechen, spüren unsere Leute die Übrigen auf. Entschuldigen Sie uns."

Die Beamten gingen auf Abstand, besprachen sich. Reckert hielt sich sein Handy ans Ohr. Lasker zückte ihres.

Während sie telefonierten, blickten sie immer wieder zum Hotel und zu Nora.

„Sie machen einen kompetenten Eindruck", sagte Steffen. „Am besten lassen wir sie ungestört arbeiten."

Nora entzog ihm die Hand. Bei manchen Gelegenheiten war sie dankbar, wenn Steffen ihre Vehemenz mäßigte, ihr half, einen kühlen Kopf zu bewahren. Das war keine davon.

„Glaubst du, ich setze mich auf eine Sonnenliege und drehe Däumchen? Vergiss es. Die werden mich nicht an den Rand schieben, als ginge mich das nichts an."

Sie war laut geworden. Lasker und Reckert unterbrachen ihre Gespräche. Es war Nora egal. Sie sollten ruhig hören, was sie zu sagen hatte.

„So meinte ich das nicht", lenkte Steffen ein. „Wir sorgen dafür, dass sie ihre Erkenntnisse sofort mit uns teilen, und wenn wir irgendetwas unternehmen können, helfe ich dir, so gut ich kann."

Kurz sträubte Nora sich, als er sie an sich drückte. Dann gab sie nach und legte den Kopf an seine Schulter.

„Okay", sagte sie. „Danke."

„Alles wird gut." Steffen strich ihr übers Haar. „Ganz bestimmt."

Nora fiel es schwer, daran zu glauben.

8

Einer von ihnen musste etwas wissen. Vielleicht war sogar einer von ihnen der Entführer. Nora stand mit Lasker und Reckert an der Doppeltür des Festsaals. Das Banner mit den Namen ihrer Großeltern hing noch. Ansonsten zeugte nichts mehr von der Goldhochzeit. Die Reste des Büfetts, Schüsseln, Platten und Warmhaltevorrichtungen waren fortgeschafft, die Gläser weggeräumt, der Boden gesaugt und gewischt, der Geruch von Essen und Bier, von Parfüm und Schweiß ausgelüftet. Statt Tanzenden drängten sich auf dem Parkett die Angestellten des Hotels und des Cateringservices, dazu Lieferanten und andere, die an der Feier beteiligt gewesen waren. Auch der DJ war anwesend. Statt Musik füllte Gemurmel den Saal. Statt ausgelassener Stimmung herrschte nervöse Unruhe.

„Die meisten, die hier gestern tätig waren, haben wir erreicht“, sagte Reckert. „Diejenigen, die fehlen, kriegen heute noch Hausbesuch.“

Während sich die Ermittler in Sofies Zimmer umgesehen und mit ihren Verwandten gesprochen hatten, waren mehrere Streifenwagen eingetroffen, die nun vor dem Hotel parkten. Die Polizei hatte Absperrband gezogen, um die Journalisten fernzuhalten, die sich bald einfanden. Dass als Erste jene vom *Elbkurier* vor Ort waren, lag nicht nur daran, dass alle außergewöhnlichen Vorfälle im Alten Land für das Regionalblatt von Interesse waren. Es war auch die Zeitung, in der die Anzeigen des Bräutigams erschienen. Sollte sich der Verdacht bestätigen, dass es sich bei dem Täter um ihn handelte, war es bloß eine Frage der Zeit, bis die landesweiten Medien aufmerksam wurden.

Der Hotelmanager war ganz und gar nicht begeistert, sein Haus im Zentrum negativer öffentlicher Aufmerksamkeit zu sehen. Da schnelle Aufklärung in seinem Sinne war, hatte er Lasker und Reckert ohne Umschweife die Kontaktdaten der Beschäftigten übermittelt. Vermutlich wäre er weniger entgegenkommend gewesen, hätte er geahnt, dass die Ermittler sie für die erste Runde ihrer Vernehmungen ins Hotel bestellen würden. Es war eben weitaus einfacher, so viele wie möglich hier zusammenzubringen, als die weite Gegend nach ihnen abzuklappern. Die Polizeiwache von Jork bot schlichtweg nicht genügend Platz.

„Wenn es jemand vom Personal ist", sagte Nora, „kann er nicht so schwer zu finden sein."

Während Steffen es übernommen hatte, ihre Familie über die Entwicklungen zu informieren, hatte sie darauf bestanden, bei dieser Versammlung dabei zu sein. Die Diskussion, auf die sie sich eingestellt hatte, war ausgeblieben. Nicht nur, weil Lasker und Reckert erkannt hatten, dass sie sich nicht abwimmeln ließe. Es könnte nützlich sein, erklärten sie, wenn Nora ihnen möglichst detailliert schilderte, wen sie auf der Feier wo gesehen, wer mit Sofie gesprochen hatte oder anderweitig aufgefallen war.

„Wir haben von jeder Veranstaltung, auf der eine der Frauen verschwunden ist, eine Aufstellung über die Beschäftigten vorgenommen und jeden überprüft", sagte Lasker. „Niemand hat auf sämtlichen gearbeitet, auch sonst sticht niemand heraus. Aber wenn Sie denken, dass sich der Bräutigam möglicherweise in diesem Saal befindet, sind wir einer Meinung."

Noras Blick wanderte über die Gesichter der Männer. Schmale Gesichter, breite Gesichter, freundliche, grimmige, ratlose Gesichter. Die Vorstellung, den Drecksack direkt vor der Nase zu haben und nicht zu wissen, wer er war, machte sie rasend. War er nervös, hatte Angst aufzufliegen? Oder lachte er sich ins Fäustchen, weil die Polizei im Dunkeln tappte?

„Wen sollen wir uns als Erstes vornehmen?", fragte Reckert seine Kollegin.

In der Menge entdeckte Nora den unheimlichen Kellner. Er trug Jeans und ein blaues Poloshirt und hielt den Kopf gesenkt. Nicht mehr kühl wie gestern, sondern verstohlen lugte er zu ihr rüber und schob sich weiter nach hinten.

„Ihn!"

Bevor Lasker oder Reckert sie aufhalten konnten, bahnte sich Nora einen Weg zu dem Kellner. Die übrigen Frauen und Männer wichen verwirrt auseinander. Ihr war klar, dass es nicht das Vorgehen war, das die Ermittler gewählt hätten. Aber sie konnte nicht anders. Endlich konnte sie etwas unternehmen. Die Anspannung, die sie umschlossen hielt, brach auf wie eine Kruste. Wut platzte daraus hervor. Nora war dankbar dafür. Wut war besser als Angst und Verzweiflung.

„Sie haben meine Schwester gestern Nacht die ganze Zeit angeglotzt!“, fuhr sie den Kellner an.

Die Gespräche im Saal verstummten. Alle Aufmerksamkeit konzentrierte sich auf die beiden.

Der Kellner hob die Hände. „Ich habe niemanden angeglotzt. Ich habe mich nur um meine Arbeit gekümmert.“

„Klar!“, rief Nora. „Wenn Ihre Arbeit darin besteht, junge Frauen zu stalken. Später haben Sie sich an sie herangemacht.“

„Nein, wirklich.“ Muskelprotz hin oder her, die Dreistigkeit war ihm vergangen. „Ich habe …“

„Erzählen Sie keinen Schwachsinn. Wenn Sie irgendetwas darüber wissen, wo Sofie ist, spucken Sie es gefälligst aus.“

„Beruhigen Sie sich, Frau Siegel.“ Lasker fasste sie an den Schultern.

Reckert schob sich zwischen sie und den Kellner. „Das ist nicht die richtige Art, diese Angelegenheit zu klären.“

„Dann klären Sie sie auf die richtige Art.“ Nora stieß mit dem Zeigefinger in Richtung des Kellners. „Wenn sich auf der Feier jemand verdächtig verhalten hat, war er es.“

„In Ordnung“, sagte Reckert. „Wir reden als Erstes mit ihm. Kommen Sie bitte mit.“

Der Kellner schaute sich um. Niemand kam ihm zu Hilfe. Mit einem Seufzen schloss er sich ihnen an. Draußen wies Lasker zwei Streifenpolizisten an, die Leute im Saal im

Auge zu behalten. Die beiden Kommissare brachten Nora und den Kellner zu einem Besprechungsraum, den der Hotelmanager ihnen zur Verfügung gestellt hatte. Reckert schloss die Tür.

Lasker deutete auf die Stühle, die um einen runden Tisch aufgestellt waren. „Setzen Sie sich. Alle beide."

Der Kellner suchte sich einen Stuhl möglichst weit von Nora entfernt.

„Ich stehe lieber", sagte Nora.

„Setzen Sie sich, Frau Siegel." Laskers Tonfall duldete keinen Widerspruch.

Nora nahm dem Kellner gegenüber Platz und starrte ihn feindselig an.

Reckert lehnte sich gegen die Tür. „Das ist im Rekordtempo schiefgelaufen."

Der Kellner fuhr sich mit den Händen übers Gesicht. „Das kannst du laut sagen."

„Was?" Nora schaute verwirrt von einem zum anderen. „Was soll das heißen?"

„Eines muss ich Ihnen lassen, Frau Siegel", sagte Lasker. „Ein gutes Gespür haben Sie." Sie legte dem Kellner eine Hand auf die Schulter. „Das ist Martin Beuss. Einer unserer Kollegen."

Beuss hob die Hand. „Angenehm."

Nora schüttelte ungläubig den Kopf. „Bitte was?"

„Die Todesanzeige des letzten Entführungsopfers ist vor einigen Monaten erschienen", erklärte Lasker. „Daher sind wir davon ausgegangen, dass der Bräutigam bereits nach der nächsten Frau Ausschau hält."

„Wir schleusen Beamte undercover auf größeren Feiern ein“, sagte Reckert, „um Hinweise zu finden und weitere Verbrechen zu verhindern.“

„Auf der Goldhochzeit“, sagte Beuss, „habe ich Sie und Ihre Schwester aufgrund Ihres Aussehens als potenzielle Opfer des Bräutigams ausgemacht und Sie beide im Auge behalten, so gut ich konnte.“

„Heute hat sich Kriminaloberkommissar Beuss unter das Personal gemischt, um unauffällig Fragen zu stellen, Gespräche zu belauschen, Informationen zu sammeln“, sagte Reckert.

„Das können wir jetzt vergessen“, sagte Lasker. „Nachdem Sie ihn ins Rampenlicht gestellt haben, Frau Siegel, werden die anderen ihm gegenüber misstrauisch sein.“

„Jetzt mal ganz langsam.“ Nora legte die Hände flach auf den Tisch und atmete durch. „Damit ich das richtig verstehe: Sie haben damit gerechnet, dass dieser durchgeknallte Mörder auf unserer Feier zuschlägt?“ Es brodelte in ihr, und sie musste sich beherrschen, nicht zu schreien. „Um das zu verhindern, schicken Sie einen Polizisten im Kellnerkostüm? Einen einzigen?“

„Wir hatten ja keine Gewissheit, dass er auf der Goldhochzeit Ihrer Großeltern auftauchen würde“, sagte Reckert. „Das war nur eine von mehreren großen Feiern, die gestern Abend im Alten Land stattfanden.“

„Wir überwachen so viele wie möglich“, sagte Lasker. „Leider können wir nicht über Wochen, vielleicht Monate flächendeckend präsent sein, schon gar nicht mit so viel Personal, wie wir uns das wünschen würden.“

„Das ist keine Entschuldigung“, sagte Beuss.

Er saß vorgebeugt, die Finger auf dem Tisch ineinander verschlungen. Trotz seiner kräftigen Statur wirkte er schwach und angreifbar, so mitgenommen, wie sich Nora fühlte.

„Ich war vor Ort. Es lag in meiner Verantwortung, auf Sie und Ihre Schwester aufzupassen. Das ist mir nicht gelungen. Es gab noch andere Frauen, bei denen ich ein Risiko gesehen habe. Deswegen habe ich mich nicht ausreichend um Ihre Schwester gekümmert. Das war ein Fehler, der mir ungeheuer leidtut, Frau Siegel.“

Nora glaubte ihm seine Reue. Ein Trost lag darin nicht.

„Warum haben Sie uns nicht gewarnt?“, fragte sie. „Wollten Sie uns als Lockvögel missbrauchen?“

„So etwas würden wir niemals tun“, sagte Lasker.

„Aber wir können nicht jede Frau, die infrage käme, damit ängstigen, dass vielleicht ein Serienmörder hinter ihr her ist“, sagte Reckert. „Oder vor jedem Geburtstags- oder Familienfest eine Durchsage machen. Es darf ja niemand erfahren, dass die Polizei verdeckt auf diesen Partys ermittelt. Mehr als beobachten und aufpassen können unsere Kolleginnen und Kollegen nicht.“

„Frau Siegel“, Beuss streckte eine Hand über den Tisch, als wollte er Noras greifen, doch er hielt sich zurück, sie zu berühren, „ganz gleich, was mit Ihrer Schwester geschehen ist, ob der Bräutigam sie entführt hat, was ja noch nicht feststeht, oder sie einen Unfall hatte, ich fühle mich nicht nur als Polizist, sondern auch persönlich verpflichtet, alles zu tun, was in meiner Macht steht, damit Sofie wohlbehalten zu ihrer Familie zurückkehrt.“

Nora verschränkte die Arme vor der Brust. Sie wusste, dass Beuss keine Schuld traf. Bloß änderte das nichts.

„Wie geht es jetzt weiter?", fragte sie.

„Wir führen die Vernehmungen durch", sagte Reckert. „Derweil läuft die Suche in der Umgebung."

„Auch ohne eindeutigen Hinweis", sagte Lasker, „stufen wir Sofies Verschwinden als oberste Priorität ein. Kriminalhauptkommissar Reckert und ich koordinieren das weitere Vorgehen mit den restlichen Mitgliedern der Mordkommission. Kollege Beuss wird als Ihr Ansprechpartner fungieren."

Die Familie des mutmaßlichen Opfers zu betreuen und somit ins Abseits gestellt zu werden, musste für einen Polizisten eine wenig verlockende Pflicht sein. Wahrscheinlich war es eine Strafmaßnahme, weil ihm erst eine Frau unter der Nase weg verschwunden und er dann auch noch aufgeflogen war. Beuss trug es mit Fassung.

„Vorausgesetzt, das ist für Sie in Ordnung, Frau Siegel", sagte er.

Es klang nicht wirklich, als hätte sie ein Mitspracherecht. „Von mir aus."

Beuss stand auf. Sosehr ihn sein Versagen mitnahm, so begierig schien er, es wiedergutzumachen.

„Ich werde Ihnen über sämtliche Vorgänge und Erkenntnisse Bericht erstatten", sagte er. „Falls Sie Fragen haben oder Ihnen noch etwas einfällt, können Sie sich jederzeit an mich wenden." Er schrieb etwas auf eine Visitenkarte und reichte sie Nora. „Wenn ich nicht im Hotel sein sollte, erreichen Sie mich unter dieser Nummer. Tag und Nacht." Er versuchte ein Lächeln. „Unsere Kleine zahnt gerade und gönnt meiner Frau und mir nicht viel Schlaf. Sie brauchen also keine Sorge zu haben, mich zu wecken."

Die hätte Nora ohnehin nicht gehabt.

„Falls ich Fragen habe?" Länger stillzusitzen, hielt sie nicht aus. Sie stand auf, stützte die Hände auf den Tisch und schaute in die Runde. „Ich habe nur eine einzige Frage: Wo, zum Teufel, ist meine Schwester?"

9

Auf diese Frage erhielt sie auch in den nächsten Tagen keine Antwort. Sofie kehrte nicht zurück, rief nicht an. Der letzte Zweifel, ob sie aus freien Stücken fortblieb, zerfiel. Vermisstenplakate verbreiteten ihr Gesicht und ihren Namen im gesamten Alten Land.

Aufrufe über die Medien sorgten für zahlreiche Meldungen bei der eingerichteten Hotline. An verschiedenen Orten war Sofie angeblich gesichtet worden, mitunter an mehreren zur selben Zeit. Die Polizei ging allen Hinweisen nach, ohne dass sich einer davon bestätigte oder zu einer weiteren Spur führte.

Die Vernehmungen ergaben ebenfalls nichts. Noras Verwandte, ebenso wie die Angestellten und Aushilfskräfte, hatten Sofie feiern, trinken und tanzen sehen. Ungewöhnliches hatten sie nicht bemerkt. Einige hatten mitgekriegt, wie sie in den Garten gegangen war, einmal um die Zeit, als Nora sie draußen getroffen hatte, und später noch einmal. Ob und wann sie wieder hereingekommen war, konnten sie nicht mit Gewissheit sagen. Ebenso konnte keiner Auskunft darüber geben, ob sie sich mit jemandem auffallend lange unterhalten oder gar mit ihm den Saal verlassen hatte.

Niemand verstrickte sich in Widersprüche oder lenkte anderweitig den Verdacht auf sich. Unter dem Personal gab es ein paar mit Vorstrafen. Aber es handelte sich nur um geringfügige Vergehen wie kleine Diebstähle oder Vandalismus, nicht genug, um einen Durchsuchungsbeschluss für Häuser oder Wohnungen zu erwirken.

Da andere Möglichkeiten neben einer Entführung nicht ausgeschlossen werden konnten, überprüfte die Polizei sämtliche Krankenhäuser in der Gegend. Vielleicht hatte Sofie bei einem nächtlichen Spaziergang außerhalb des Hotelgeländes einen Unfall gehabt. Doch sie war nirgendwo eingeliefert worden, auch keine unbekannte Frau, auf die ihre Beschreibung passte. Natürlich war denkbar, dass ein Autofahrer nach einem Zusammenstoß Fahrerflucht begangen hatte und Sofie irgendwo verletzt, bewusstlos oder tot am Straßenrand oder in einem Graben lag. Bei dem großen Suchaufwand war es allerdings unwahrscheinlich, dass sie so lange unentdeckt blieb.

Lasker und Reckert zogen alle Register. Sofies Besitztümer waren sichergestellt, ihr Zimmer nach Spuren durchsucht worden, die auf ein Eindringen oder die Anwesenheit anderer Personen schließen ließen. Vergeblich.

Hundertschaften liefen die umliegenden Wiesen, Felder und Wälder ab. Sie fanden weder ein Kleidungsstück noch Sofies Handtasche oder ihr Handy. Orten konnte die Polizei es nicht. Der letzte feststellbare Standort befand sich im Hotel. Selbst der Einsatz eines Hubschraubers mit

Wärmebildkamera lieferte keinerlei Erkenntnisse. Suchhunde schlugen lediglich im Hotel und im Garten an, abseits des Geländes verlor sich die Fährte.

Beuss hielt sein Versprechen, blieb eng mit Nora in Kontakt und informierte sie über alle polizeilichen Vorgänge. Aber es gab eben nichts Hilfreiches zu berichten. Das machte Nora wahnsinnig. Immer wieder fuhren sie und Steffen im Auto über die Landstraßen und durch die Orte, erkundeten auf Fahrrädern die Felder und streiften durch Teile der Wälder, die anders nicht zugänglich waren. Wenn es auch eine Beschäftigung bot, kehrte Nora von jedem dieser erfolglosen Ausflüge umso niedergeschlagener ins *Waldlicht* zurück.

Der Hotelmanager berechnete ihnen nichts für Unterkunft und Verpflegung. Abgesehen von Nora und Steffen, ihren Eltern und Großeltern waren nur noch Noras Onkel, seine Frau und Andi geblieben.

Als eine Gemeinschaft der Elenden saßen sie im Speiseraum bei den Mahlzeiten zusammen. Sie sprachen wenig, spürten die teils neugierigen, teils mitfühlenden Blicke der übrigen Gäste, die natürlich Bescheid wussten. Nora brachte kaum einen Bissen herunter, obwohl Steffen sie ermahnte, sie müsse bei Kräften bleiben. Vor ihren Eltern und ihren Großeltern versuchte sie, Stärke und Fassung zu zeigen.

Ihr Vater und ihre Mutter standen unter Strom. Statt sich in der Sorge um ihr Kind zusammenzuschließen, ließen sie ihre Anspannung in Anfeindungen raus. Immerhin konnte Nora verhindern, dass sie in Streit ausarteten. Ihre Oma und ihr Opa waren vollkommen aufgelöst. Das Schlimmste war bisher nicht eingetreten. Sie hatten Sofie nicht gefunden, doch sie hatten sie eben auch nicht tot gefunden. Sie durften noch hoffen, dass sie am Leben war und bald wieder bei ihnen wäre.

Sosehr sich Nora bemühte, ihnen Mut zuzusprechen, sie hatte selbst kaum welchen übrig. Ohne Steffen wäre sie verloren gewesen. Obwohl ihm die Torturen ebenso anzusehen waren, gelang es ihm, für Nora da zu sein. Er tröstete sie, hielt sie, wenn sie abends in ihrem Zimmer in seinen Armen lag und sich ihrer Verzweiflung und Angst um Sofie hingab. Falls sie hinterher schlafen konnte, dann unruhig und wenig.

Auch in anderer Form forderte die Belastung ihren Tribut. Misstrauen nistete sich in Nora ein. War das ein höhnisches, ja, wissendes Lächeln, mit dem dieser übergewichtige Mann ein paar Tische weiter sie angaffte? Dieser Kellner, der unnötig oft um sie herumstrich, dieses Zimmermädchen, das auffällig lange bei ihr und Steffen aufgeräumt hatte – waren sie alle so unschuldig, wie sie taten? Wussten sie etwas über Sofie? Oder versuchten sie bloß, etwas über sie in Erfahrung zu bringen, womit sie sich bei ihren Freunden wichtigmachen oder das sie an die Reporter verkaufen konnten, die das Hotel in wachsender Schar belagerten?

Einige hatten sich sogar, als Gäste getarnt, Zugang zum Speiseraum verschafft. Steffen hatte sie vertrieben. Aber wenn Nora und er sich nicht im Hotel verbarrikadieren wollten, war es unmöglich, ihnen zu entgehen. Sobald sie einen Fuß nach draußen setzten, richteten sich zahlreiche Kameras, Fotoapparate und Handys auf sie, wurden sie von jenseits der Absperrung mit tausend Fragen bestürmt.

Beuss hatte der Familie geraten, nicht darauf einzugehen, geschweige denn ein Interview zu geben, bevor sie Näheres wussten. Die Zeitungen und Fernsehsender waren nützlich, um die Bevölkerung zur Mithilfe zu bewegen. Den Medienzirkus weiter anzuheizen, galt es zu vermeiden. Dementsprechend ließen Lasker und Reckert in Pressekonferenzen einzig verlautbaren, dass nicht feststehe, was passiert sei, und die Polizei in verschiedene Richtungen ermittele. Dass es sich bei Sofie Siegel um das nächste Opfer des Bräutigams handele, könnten sie nicht bestätigen. Das sei nicht die richtige Zeit für Spekulationen.

Nur waren Spekulationen das Einzige, was Nora ihren eigenen brennenden Fragen entgegensetzen konnte. Qualvolles und sinnloses Rätselraten, mit dem sie sich aufrieb, bis am vierten Tag nach Sofies Verschwinden ihre schlimmsten Befürchtungen wahr wurden.

10

Die Zeitung zitterte in Noras Händen. Die Buchstaben verschwammen vor ihren Augen. Sie kniff sie zusammen, hoffte, es wäre ein schlimmer Traum, aus dem sie erwachte, sobald sie wieder hinsah.

„Lass es nicht wahr sein", murmelte sie. „Bitte lass es nicht wahr sein."

Aber da stand es schwarz auf weiß, zwischen Geburtsanzeigen, Stellengeboten und Partnergesuchen.

Hiermit verkünde ich, ein glücklicher Bräutigam, meine baldige Vermählung mit meiner innig geliebten Braut Sofie Siegel. Voller Freude sehen wir dem Tag entgegen, an dem wir unsere ewige Bindung eingehen.

Jeden Morgen hatte Nora voller Angst die neueste Ausgabe des *Elbkurier* aufgeschlagen, die im Speisesaal des Hotels auslag. Jeden Morgen war sie erleichtert gewesen, wenn sie statt auf die Hochzeitsannonce bloß auf eine weitere Meldung über die *Vermisste junge Frau* gestoßen war. Jetzt sprang sie ihr von dem grauen Papier entgegen, versehen mit zwei ineinander verschlungenen Eheringen. Verzweifelt hatte Nora auf ein Lebenszeichen ihrer Schwester gehofft. Dieses fühlte sich an wie Sofies Todesurteil.

„Heilige Scheiße!", sagte Andi, der ihr über die Schulter schaute. „Er ist es wirklich. Der Bräutigam hat Sofie."

Seine Stimme klang dumpf im Speisesaal. Die Tische waren gedeckt. Doch zu dieser frühen Stunde, lange bevor das Frühstück serviert wurde, hielt sich hier außer Nora, Steffen und ihm niemand auf.

„Sei still", raunte Steffen.

„Ich meine ja nur ..."

„Halt einfach die Klappe, okay?"

Er legte eine Hand auf Noras Schulter. Nora hatte versucht, sich auf diesen Schlag gefasst zu machen. Jetzt musste sie erkennen, dass das unmöglich war. Es fühlte sich an, als würde die Erde unter ihr einbrechen und sie in einen bodenlosen Abgrund reißen, in dem sie fiel und fiel, ohne jemals aufzuschlagen.

„Frau Siegel?"

Martin Beuss stürmte in den Speisesaal. Falls er in der letzten Nacht überhaupt geschlafen hatte, musste er aus dem Bett sofort ins Auto gesprungen sein. Sein Haar war ein Vogelnest. Braungelbe Flecke, wahrscheinlich Babybrei, sprenkelten sein schief geknöpftes Hemd.

„Frau Siegel, haben Sie ...?"

Nora wandte sich mit der Zeitung halb zu ihm um.

„Verdammt, ich hatte Sie gebeten zu warten." Er sagte es weniger verärgert als enttäuscht, weil er einmal mehr nicht rechtzeitig zur Stelle gewesen war.

Am Abend zuvor war Nora so erschöpft gewesen, dass Steffen sie genötigt hatte, sich hinzulegen. Bevor sie in den wirren Schlaf fiel, zu dem zwei Gläser Rotwein ihr verhalfen, beauftragte sie ihn, das Handy zu überwachen. Er stellte es auf Vibration, damit es sie nicht weckte. Nicht lange danach übermannte auch ihn die Müdigkeit. Als Nora weit vor Morgengrauen zu sich kam, zeigte es vier verpasste Anrufe von Beuss an. Nora rief ihn sofort zurück.

„Ich will nicht am Telefon darüber sprechen", sagte er über das Motorrauschen seines Wagens. „Ich bin gleich am Hotel und werde Ihnen alles erklären. Bitte unternehmen Sie nichts bis dahin. Verlassen Sie am besten nicht einmal Ihr Zimmer."

Nora war klar gewesen, dass sie Sofie nicht gefunden hatten. Beuss hätte keinen Grund gehabt, das für sich zu behalten. Ihr schwante, was geschehen war.

„Ich konnte nicht." Sie hob Beuss die Zeitung entgegen. „Ich musste es sehen."

„Es tut mir ungeheuer leid."

Nora fragte sich, was er meinte: dass Sofie in der Hand eines Mörders war, dass sie es nicht von ihm, sondern aus der Zeitung erfahren hatte oder dass er beides nicht hatte verhindern können.

„Mich hat gestern Nacht jemand vom *Elbkurier* angerufen und berichtet, dass die Anzeige per Brief eingegangen sei", sagte Beuss. „Wahrscheinlich haben sie schon darauf gelauert. Auch wir haben damit gerechnet. Leider können wir die Post der Redaktion nicht im Vorhinein prüfen. Wir sind auf ihre Kooperation angewiesen. Der Chefredakteur meinte, sie hätten den Brief spät geöffnet, weshalb er mich erst jetzt kontaktiert habe. Ich vermute eher, dass sie bis nach Redaktionsschluss darauf gesessen haben, damit keine der anderen Zeitungen davon Wind kriegt und sie als Erste und heute Morgen Einzige darüber berichten können. Bei dem Anruf war die Zeitung längst im Druck."

Falls Beuss mit seinem Verdacht richtiglag, wäre es skrupel- und rücksichtslos, solche wichtigen Informationen und Beweismittel zurückzuhalten. Nora beschloss, mit niemandem vom *Elbkurier* auch nur ein Sterbenswort zu reden.

Beuss zog sich einen Stuhl heran. „Nachdem ich mit meinen Vorgesetzten gesprochen habe, bin ich zur Redaktion, um den Brief abzuholen. Danach haben wir uns zu einer Krisensitzung getroffen und die nächsten Schritte eingeleitet. Zwischendurch habe ich mehrfach versucht, Sie anzurufen. Ich hätte Sie gern darauf vorbereitet."

„Warum lassen Sie überhaupt zu, dass die weiter seine Anzeigen drucken?" Steffen schlug mit der flachen Hand gegen die Zeitung.

„Dieses Schmierblatt macht sich zum Handlanger eines Schwerkriminellen, um sich anschließend mit seinen Exklusivberichten zu brüsten. Erst hinterher mit ihrem Wissen rauszurücken, ist doch Behinderung von Ermittlungen."

Beuss hob die kräftigen Schultern. „Wir können die Presse in bestimmten Belangen um Mitwirkung bitten. Verbieten können wir ihnen nichts. Selbst wenn, würden wir es nicht tun. Diese Anzeigen stellen die einzige Spur dar, die der Täter uns liefert. Wenn wir Glück haben, können wir sie zurückverfolgen."

„Bisher“, sagte Andi, „haben Sie das nicht auf die Reihe gekriegt.“

Sein Faible für True Crime hielt an. Doch hatte seine Begeisterung für das Genre spürbar nachgelassen, seit seine eigene Cousine in ein Verbrechen verwickelt war.

„Wie stehen die Chancen, dass Sie diesen Fall knacken?“

Der Gedanke, dass Sofie jetzt ein „Fall“ geworden war, schnitt wie ein Messer durch Noras Verstand. Ein Entführungsfall. Vielleicht bald ein Mordfall.

„So merkwürdig das klingt“, erwiderte Beuss. „Die Chancen stehen besser als gestern. Weil wir jetzt Gewissheit haben, dass er es ist, und etwas in der Hand haben.“

„Seinen Brief“, sagte Nora.

„Genau. Der Bräutigam folgt immer dem gleichen Muster. Er schickt die Anzeigen in einem Umschlag mit aufgedruckter Empfängeradresse, logischerweise ohne Absender. Der Poststempel stammt mal aus diesem, mal aus jenem Ort im Alten Land. In dem Umschlag ist ein Blatt Papier mit der vorgestalteten Anzeige, dazu die Anweisung, sie in der nächsten Ausgabe zu drucken. Das Geld liegt bar bei.“

„Wenn er so vorsichtig ist“, meinte Andi, „wird er garantiert keine Fingerabdrücke hinterlassen oder DNA, Haare, Kleidungsfasern oder Speichel auf der Briefmarke.“

„Er trägt offenbar Handschuhe, wenn er die Briefe fertig macht“, sagte Beuss, „befeuchtet die Marken mit Wasser, gibt acht, dass nichts in oder an den Umschlag gelangt, was ihn verraten könnte. Bisher sind wir nicht fündig geworden. Was nicht heißt, dass das so bleibt. Unser Labor untersucht alles akribisch. Mit jeder neuen Nachricht gibt es die Möglichkeit, dass er gepatzt hat."

„Der treibt seit fünf Jahren sein Unwesen", sagte Andi. „Er scheint mir nicht der Typ, der patzt."

Beuss schnaubte.

„Dieser Mann ist nicht übermächtig. Er ist nicht unantastbar, er ist nicht unauffindbar. Er ist ein Krimineller, und wenn uns die Erfahrung eines gelehrt hat, dann das." Er stach mit dem Zeigefinger so fest auf den Tisch ein, dass die Messer an den Tellern klirrten. „Irgendwann begeht jeder Kriminelle einen Fehler."

Andi lachte bitter. „Scheiße, kommen Sie uns gleich noch mit dem Märchen, dass sich jeder Psychopath in Wahrheit danach sehnt, gefasst zu werden? Der Bräutigam ist da wohl nicht so scharf drauf."

Nora hatte dem Schlagabtausch zugehört, ohne den Blick von der Zeitung zu nehmen. Sie konnte es noch immer nicht glauben, wollte es nicht glauben und musste es dennoch glauben: Der Bräutigam hatte ihre Schwester. Das hieß nicht nur, dass ein Serienmörder sie in seiner Gewalt hatte. Es hieß auch, dass die Zeit lief.

„Wie lange bleibt ihr?", fragte sie. „Wie lange wird er sie am Leben lassen?"

Beuss machte eine ratlose Geste. „Die Zeitabstände von den Heirats- zu den Todesanzeigen schwanken. Mal sind es ein paar Monate, manchmal ein paar Wochen, in einem Fall waren es wenige Tage. Warum das so ist, wissen wir nicht."

Wenige Tage? An Zeitbomben in Filmen tickte die Frist in roten Ziffern herunter, bis die Heldin oder der Held im letzten Moment den richtigen Draht durchschnitt. Sie hingegen wusste nicht, wie lang der Countdown war, der die Stunden, Minuten und Sekunden bis zu Sofies Tod herunterzählte.

Eine Familie, Vater und Mutter mit zwei Kindern, betrat den Speisesaal. Sie spürten die angespannte Atmosphäre und setzten sich an einen weit entfernten Tisch. Die Kinder waren zwei Mädchen, zwölf oder dreizehn Jahre alt. Sie schauten neugierig zu ihnen herüber, steckten die Köpfe zusammen und tuschelten. Nora versetzte es einen Stich ins Herz.

„Wie können wir helfen?", fragte sie.

„Indem Sie sich um Ihre Familie kümmern", sagte Beuss. „Sie müssen füreinander da sein, um durch diese schwierige Zeit zu kommen."

Nora hatte keine Ahnung, wie sie ihren Eltern und Großeltern die grausigen Neuigkeiten vermitteln sollte. Vor allem, da sie selbst unter Schock stand.

„Wir machen das gemeinsam", sagte Steffen. „Ich bin da, was immer du brauchst."

„Danke", sagte Nora.

„Wenn Hauptkommissarin Lasker und Hauptkommissar Reckert es als sinnvoll erachten", sagte Beuss, „können Sie und Ihre Familie ein Fernsehinterview geben. Dadurch ziehen wir noch stärker die Aufmerksamkeit auf den Fall. Außerdem können Sie sich dabei direkt an den Entführer wenden, ihm von Sofie erzählen. Das kann dafür sorgen, dass er sie als Mensch, nicht mehr als seinen Besitz wahrnimmt und dadurch gehemmt ist, ihr etwas anzutun. Für ein solches Interview müssen wir allerdings den richtigen

Zeitpunkt bestimmen und Sie gründlich darauf vorbereiten." Er richtete sich in seinem Stuhl auf, schaute Nora durchdringend an. „Ich verstehe, wie unerträglich die Lage für Sie ist. Insbesondere dieses Gefühl der Hilflosigkeit. Aber ich muss Sie bitten, keine eigenmächtigen Schritte zu unternehmen."

„Echt jetzt?", fragte Andi. „Wir sollen schön stillhalten, während der Irre Sofie in irgendein Loch sperrt?"

Nora krallte ihre Hände um die Zeitung. Das dünne Papier riss unter ihren Fingern.

„Wer weiß, was der mit ihr treibt", fuhr Andi fort. „Wie soll seine bescheuerte Psychohochzeit überhaupt aussehen, hm? Der kann mit Sofie ja schlecht in eine Kirche spazieren. Scheiße, vielleicht benutzt er eine zerfallene Kirchen- oder Klosterruine."

„Keine schlechte Idee", sagte Steffen.

Beuss schüttelte den Kopf. „Alle Örtlichkeiten, die auch nur ansatzweise infrage kämen, haben wir überprüft. Nichts dort weist auf den Bräutigam hin."

„Dann nimmt er halt seinen Keller." Andi hatte sich in Fahrt geredet. „Er stellt tausend Kerzen auf und vollführt irgend so ein obskures Ritual, bei dem er seine Bräute nackt auf dem Altar festbindet und mit Blut Pentagramme auf den Boden malt und satanische Gesänge von sich gibt und Hühner opfert, bevor er die Frauen …"

„Andi", sagte Steffen, „das reicht."

Auch Nora wollte es nicht hören. Andis Vorstellungen mochten schlechten Filmen entspringen. Es gab jedoch keinen Zweifel, dass der Entführer Sofie unaussprechliche

Dinge antun würde. Nora wollte nicht daran denken. Sie durfte es nicht. Es hätte sie um den Verstand gebracht.

„Ich mein ja nur", sagte Andi. „Ist doch kacke, wie der uns auf Abstellgleis schieben will."

„Das will ich ganz und gar nicht", erwiderte Beuss. „Ich will Sie einbinden, Frau Siegel. Ich möchte lediglich darauf hinweisen, dass wir uns in einer fragilen Situation befinden und jeden Schritt genau planen müssen. Unüberlegte Handlungen könnten fatale Konsequenzen nach sich ziehen. Bitte vertrauen Sie mir."

Nora lockerte ihren Griff um die Zeitung. „Wir vertrauen Ihnen."

„Wir sprechen alles mit der Polizei ab", sagte Steffen. „So wie wir erwarten, dass Sie uns weiterhin unverzüglich über jede Entwicklung informieren."

„Selbstverständlich", sagte Beuss.

Nora strich die Zeitung glatt und legte sie auf den Tisch. Die Schlagzeile auf der Titelseite verkündete: *Vermisste Frau in den Fängen des Bräutigams.* Von einem Foto darunter blickte ihr Sofie entgegen. Nora würde es Beuss nicht auf die Nase binden. Aber um nichts in der Welt würde sie im Hotel hocken und abwarten, bis die Polizei Sofie befreite oder sie aus der Zeitung erfuhr, dass der Mörder sie umgebracht hatte. Die Hochzeitsanzeige hatte sie hart getroffen. Die Todesanzeige würde sie nicht verkraften.

11

Vier Frauen. Vier Leben, die der Bräutigam genommen hatte. Und über all dem Sterben und Schrecken, dem Schmerz und der Trauer, die vor Nora ausgebreitet lagen, schwebte die Drohung, dass Sofie das fünfte sein sollte.

„Dieses gottverdammte Schwein!"

Nora stieß ihren Stuhl so heftig zurück, dass er umfiel. Sie wandte sich von dem Tisch ab, auf dem sie und Steffen stapelweise Aktenordner und Mappen verteilt hatten, und stapfte zur nächsten Regalreihe.

„Sch!"

Ein älterer Mann hob den Kopf, den er über einen Reisebildband gebeugt hatte. Auch eine Frau, die beim Regal in einem dicken Wälzer blätterte, warf ihr einen vorwurfsvollen Blick zu. Außer diesen wenigen Besuchern war in der Stadtbibliothek nichts los. Hier herrschte die gleiche Geruhsamkeit wie in ganz Jork mit seinen hübschen Fachwerkhäusern und dem idyllischen Kanal, dem historischen *Gräfenhof* und der pittoresken Windmühle.

Einige Stunden hatten Nora und Steffen in den Cafés und Läden Erkundigungen eingezogen. Manche hielten den

Bräutigam für einen reichen Unternehmer aus Hamburg, andere für einen grantigen Obstbauern oder Erntehelfer aus Osteuropa. Handfeste Hinweise konnte niemand beitragen. Frustriert hatten sich Nora und Steffen in die Bibliothek zurückgezogen. Wenn sie keine frischen Erkenntnisse erlangen konnten, wollten sie sich immerhin mit den bekannten vertraut machen. Es war nicht weniger niederschmetternd.

Nora bemühte sich, ruhig zu atmen. Die Bücher, die vor ihr aufgereiht waren, trugen Titel wie *Auf immer und ewig, Der Treueschwur, Ehe im Eiltempo*.

Natürlich musste sie ausgerechnet an das Regal mit den Schnulzenromanen geraten, in denen glückliche Paare ihre Liebe bei Traumhochzeiten zelebrierten. Vor ein paar Tagen noch hätte sie dabei an Steffen und ihre eigene bevorstehende Hochzeit gedacht. Jetzt konnte sie bloß an den Irren denken, der sich in krankem Wahn mit ihrer Schwester vermählen wollte.

Steffen stellte ihren Stuhl wieder auf, lächelte den anderen Besuchern entschuldigend zu und trat zu Nora.

„Lass uns aufhören", flüsterte er ihr zu. „Das tut dir nicht gut. Es kommt sowieso nichts dabei heraus."

Nach der Entdeckung der Annonce hatte sie ihren Verwandten berichtet, was geschehen war. Ihre Mutter schrie, ihr Vater verstauchte sich die Hand, als er die Faust gegen die Wand schmetterte. Ihr Onkel und ihre Tante brachten keinen Ton heraus. Oma Lydia weinte still. Opa Joseph zitterte kreidebleich. Sie riefen einen Arzt. Nachdem der festgestellt hatte, dass es Joseph gut ging, blieb die Familie zusammen. Einzig Nora, sosehr sie bei ihnen sein wollte, hielt es nicht aus in diesem Zimmer voller Verzweiflung.

Stattdessen redete sie noch einmal mit Beuss, um von ihm mehr über den Bräutigam zu erfahren. Zu ihrem Ärger und ihrer Enttäuschung gab er nichts preis, behauptete, keine Erkenntnisse aus früheren Fällen mit ihr teilen zu dürfen. Für Nora klang es wie eine billige Ausrede. Obwohl er wahrscheinlich Anweisungen folgte, erschütterte seine Weigerung ihr Vertrauen.

Von ihrem Ausflug nach Jork erzählte sie ihm daher gar nicht erst. Schließlich war das sowieso nichts, was die Polizeiarbeit beeinträchtigen konnte. Steffen war von der Idee, eigene Nachforschungen anzustellen, alles andere als begeistert, selbst wenn es sich nur um Recherchen handelte. Nora wusste, mit dem Versuch, ihr das auszureden, wollte er sie schützen vor dem, was sie erfahren und was es in ihr auslösen würde. Sie hatte selbst Angst davor gehabt, eine Angst, die sich jetzt bestätigte.

„Ich will nicht aufhören", sagte sie. „Ich kann nicht. Ich muss alles über ihn wissen."

„Legen wir wenigstens eine Pause ein." Er rieb sanft ihre Oberarme. „Wir schnappen frische Luft und holen uns einen Kaffee, um auf andere Gedanken zu kommen."

„Ich will keinen scheiß Kaffee." Sie schüttelte seine Hände ab. Tränen sammelten sich in ihren Augen. Tränen der Wut darüber, dass sie nichts erreichten. Nora wischte sie weg, bevor sie fließen konnten. „Ich will auch nicht auf andere Gedanken kommen."

Wie sollte sie? Klar, sie könnten sich beim Kaffeetrinken die Herbstsonne ins Gesicht scheinen lassen. Geändert hätte es nichts. Die Schönheit und der Frieden des Alten Landes waren für Nora verdorben. Andere Gedanken gab es nicht mehr, nur die an Sofie und an den Mörder.

„Entschuldige", murmelte Steffen. „Ich wollte nicht …"

„Schon gut." Nora drehte sich zu ihm um. Sie war dünnhäutig, und das war verständlich. Doch es war unfair, das an Steffen auszulassen. „Tut mir leid. Ich wollte dich nicht anfahren."

Sie küsste ihn. Der ältere Mann schaute immer noch kritisch, als wären hier auch Zärtlichkeiten unangemessen.

„Aber wir müssen dranbleiben."

„Bist du sicher?"

„Hundert Prozent."

Sie kehrten an den Tisch zurück.

Der *Elbkurier* gab zwar eine Onlineausgabe raus. Um das digitale Archiv zu nutzen, hätte Nora ein Abo abschließen oder einen Deal mit der Redaktion eingehen müssen. Da die Zeitung das Schreiben des Mörders zurückgehalten hatte, wollte Nora sie weder finanziell unterstützen noch sich durch irgendeine Absprache ausnutzen lassen. Die Bibliothek bewahrte die Druckexemplare seit der ersten Ausgabe auf.

Nora beugte sich wieder über die Zeitungen. Über die vier ausgelöschten Leben.

Mareike Steiner, siebenundzwanzig, Grundschullehrerin in Steinkirchen, die in ihrer Freizeit gern mit ihren Hunden wandern gegangen war. Verschwunden von einem Sommerfest des Schützenvereins.

Carola Eggers, vierundzwanzig, Medizinstudentin in Hamburg, die zum Weihnachtsbesuch bei ihrer Familie in Stade gewesen war. Begeisterte Volleyballspielerin. Verschwunden von einer Silvesterparty.

Doro Kall, dreißig, Betriebsleiterin einer Apfelplantage nahe Dammhausen. Liebte Wassersport. Verschwunden von einer Geburtstagsfeier.

Katharina Frings, achtundzwanzig, Besitzerin einer Modeboutique in Finkenwerder, spielte Klarinette in einem Quartett. Verschwunden nach einem Konzert auf einer Jubiläumsfeier.

Sie hatte Nora auf dem Vermisstenplakat gesehen, vor Sofie die Letzte, die sich der Bräutigam geholt hatte.

Die Zeitungsfotos zeigten vier schlanke Frauen mit braunen Haaren, die Mareike lang und glatt, Katharina lockig, Carola als Bobschnitt und Doro burschikos kurz trug. Katharina hatte offenbar eine Vorliebe für schicke Blusen und modische Röcke gehabt, Carola Jeans und Pullover bevorzugt. Mareike hatte es bunt gemocht, im Stil der Siebzigerjahre, und Doro hatte sich in Cargohosen und T-Shirt am wohlsten gefühlt.

Während Mareike aufgeschlossen in die Kamera lachte, hatte Carola ein verschmitztes Grinsen. Doro schaute ernst. Katharina, am stärksten geschminkt, präsentierte ein verführerisches Lächeln. So stark ihre Gegensätze gewesen waren, in ihren Persönlichkeiten, ihren Berufen und Leidenschaften – für den Mörder hatte es keinen Unterschied gemacht. Ihm hatten wenige oberflächliche Merkmale gereicht, um sie als Opfer auszusuchen.

Mehrmals las Nora die Hochzeitsanzeigen, in denen sich nur die Namen änderten. Sie studierte jedes Wort, das der

Elbkurier über die vier gedruckt hatte, wie sie gelebt, was ihre Familien und Freunde über sie erzählt hatten. Sie las über die Veranstaltungen, von denen sie verschwunden waren, über die Ermittlungen der Polizei, über Suchaktionen, groß angelegt und dennoch vergeblich, über Spuren, die erst Hoffnung geschenkt und doch im Nichts gemündet waren, über Verdächtige, die fast schon überführt waren und letzten Endes wasserdichte Alibis vorweisen konnten. Sie las die Interviews, die Mareikes und später Carolas Eltern dem *Elbkurier* gegeben hatten, in denen sie schilderten, was für wundervolle Menschen ihre Töchter waren und wie sehr alle sie vermissten. Neben ihrem Hilfsgesuch an die Bevölkerung beschworen sie das Mitgefühl des Täters, boten Geld, versprachen ihm Himmel und Erde, wenn er sie nur freigäbe.

„So viel zu dem Thema", sagte Nora. „Mit der Aussicht auf so ein Interview will die Polizei uns vorgaukeln, wir könnten irgendetwas Nützliches tun. Gerettet hat es die Frauen nicht."

Während die Medien erst einmal, dann zum zweiten, dritten und vierten Mal von den entführten Frauen berichtet hatten, während die Ermittlungen ins Stocken geraten waren und sich die Familien in Angst und Verzweiflung aufgerieben hatten, waren Mareike, Carola, Doro und Katharina im Versteck des Bräutigams eingesperrt gewesen. Er hatte sie misshandelt, vielleicht vergewaltigt und auf andere unaussprechliche Arten gequält. Er hatte seine sogenannte Hochzeit mit ihnen gefeiert. Sie hatten gehofft und sich gefürchtet, hatten gebetet und gelitten, hatten um ihre

Freiheit und ihr Leben gefleht, bis der Mörder entschieden hatte, dieses Leben zu beenden.

Die Anzeigen, mit denen er ihren Tod verkündet hatte, hatten etwas Lapidares und zugleich erschütternd Endgültiges.

In tiefer Trauer verkünde ich, ein untröstlicher Ehemann, den tragischen Tod meiner geliebten Frau … Ich werde dich ewig vermissen.

Darüber prangte, das Gegenstück zu den Eheringen, eine schwarze Rose. Auch hier schienen die eingesetzten Namen so austauschbar, wie seine Opfer es für den Bräutigam waren.

Wie sich diese Anzeigen wiederholt hatten, wiederholte sich jetzt auch alles andere. Dieses Mal war es Sofies Foto im *Elbkurier*, versehen mit der Zeile: *Sofie Siegel, 22. Verschwunden von einer Goldhochzeit bei Jork*. So reihte sie sich ein, nein, wurde eingereiht unter die anderen vier. Die einzige Lebende unter diesen Toten. Noch.

Wieder unternahm die Polizei alles, was in ihrer Macht stand. Wieder liefen die Ermittlungen ins Leere. Warum sollte es anders sein? Beim gleichen Vorgehen würden sie zwangsläufig das gleiche Ergebnis erzielen, eine tote junge Frau und eine Anzeige mit einer schwarzen Rose.

Es musste etwas geben, das sie noch nicht versucht hatten. Einen neuen Ansatz. Während Nora mit den Fingerspitzen über die Zeitungsseiten strich, über die Fotos und die Artikel und die nutzlosen Interviews, keimte in ihr eine Idee.

12

„Sind Sie verrückt?“ Beuss, den *Elbkurier* unter dem Arm, stapfte durch den Garten auf Nora und Steffen zu. Mit hochrotem Gesicht hielt er Nora die Zeitung vor die Nase. „Was haben Sie sich dabei gedacht?“

Wenn er gehofft hatte, sie aus der Fassung zu bringen, irrte er. „Ich habe mir gedacht“, sagte Nora, „dass die Polizei bei den ersten vier Opfern nichts erreicht hat. Ich habe mir gedacht, dass das in diesem Fall wahrscheinlich nicht anders sein wird, und ich habe mir gedacht, dass etwas passieren muss, damit meine Schwester nicht stirbt wie die anderen Frauen.“

Von der Titelseite schaute ein Foto von ihr selbst Nora entgegen. *Brisante Kontaktanzeige*, verkündete die Schlagzeile darüber. *Sofies Schwester wendet sich an den Bräutigam.*

„Und da veranstalten Sie so was?“ Beuss schlug die Zeitung auf, wo er einen Finger zwischen die Seiten geklemmt hatte. „Eine so wahnwitzige Aktion?“

Die Redaktion hatte Noras Annonce mittig im Inseratsteil platziert und sie durch einen schwarzen Rahmen hervorgehoben.

Meine liebe Sofie, lieber unbekannter Bräutigam,

von ganzem Herzen gratuliere ich euch zu eurer anstehenden Hochzeit. Es berührt mich tief, dass ihr einander gefunden und beschlossen habt, in den heiligen Stand der Ehe zu treten. Ich wünsche euch dazu alles Glück der Erde und bin zugleich traurig, euch diese Glückwünsche nicht persönlich ausrichten zu können. Ich verstehe, dass es ein besonderer Moment sein wird, in dem ihr einander für immer versprecht, und dass ihr ihn in einer intimen Zeremonie begehen wollt, ganz für euch. Aber es handelt sich doch um eine Familienfeier. Ich wäre so gern dabei, wenn sich meine kleine Schwester und ihr Angetrauter das Jawort geben. Eine offizielle Heirat braucht schließlich eine Zeugin. Und da du, Sofie, meine Brautjungfer sein wirst, möchte ich unbedingt auch deine sein. Ich wäre euch beiden daher unendlich dankbar, wenn ihr mich zu eurer Hochzeit einladen würdet. Ich verspreche, keine ungebetenen Gäste mitzubringen. Ich möchte einfach nur mit euch euer Glück feiern. Du, Sofie, weißt ja, wie ihr mich erreichen könnt. Um mir zu zeigen, dass die Nachricht von dir stammt, erinnere dich an den Film, den du als Kind so geliebt hast.

Ich hoffe, von euch zu hören – und euch ganz bald als Brautpaar in meine Arme zu schließen.

Alles Liebe
eure Nora

„Was sollen wir sonst tun?", fragte Nora. „Was tun Sie denn? Haben Sie inzwischen eine heiße Spur? Haben Sie bei Ihren

Vernehmungen den entscheidenden Hinweis erhalten oder irgendetwas an der Nachricht des Bräutigams gefunden, das ihn überführt?“

Beuss nahm die Zeitung herunter. Ihm war wohl klar geworden, dass er lächerlich aussah, wie ein zu großer und ungewöhnlich kräftiger Zeitungsjunge, der unbedingt sein letztes Exemplar losschlagen wollte. Nora und Steffen hatten sich in eine ruhige Ecke an der Feldsteinmauer zurückgezogen. Vollkommen geschützt waren sie allerdings nicht vor den Blicken anderer Gäste, zumal sich nach Sofies Verschwinden sowieso die allgemeine Neugier auf der Familie Siegel vereinte.

„Wir haben noch nicht alle Vernehmungen ausgewertet“, sagte Beuss, „und nicht alle Hinweise, die über die Hotline reingekommen sind. Das Labor hat an dem Schreiben nichts gefunden. Aber es gibt mehr Tests, die sie durchführen können. Wir brauchen einfach mehr Zeit.“

„Mehr Zeit?“, rief Nora.

Sie standen nicht weit von der Stelle, an der sie in der Nacht des Festes Sofie begegnet war, an der sie sich versöhnt und Sofie eingewilligt hatte, Noras Brautjungfer zu sein. Für Noras Empfinden war das ewig her. Irgendwo jenseits der Mauer, auf der sie gesessen hatten, in der Weite des Alten Landes war Sofie verschwunden, und jede einzelne Sekunde, die sie verschollen blieb, war eine zu viel.

„Mehr Zeit, in der sich meine Schwester in der Gewalt dieses Wahnsinnigen befindet? Von dem wir nicht wissen, wie lange er sie am Leben lässt. Wenn sie nicht längst tot ist. Da reden Sie, verdammt noch mal, von mehr Zeit?“

„Wir sind alle angespannt", sagte Steffen, der an der Mauer lehnte. „Atmen wir einmal tief durch."

Seine Gemütsruhe half Nora, die Nerven zu bewahren, bevor sie Dinge sagte, die sie später bereuen müsste. Schließlich wollten sie es sich nicht vollends mit Beuss verderben. Auch der Polizist sah ein, dass er sich im Ton vergriffen hatte.

„So meinte ich das nicht, Frau Siegel. Sie wissen, wie sehr ich mich um Ihre Schwester sorge. Wie viel mir daran liegt, sie zu finden. Ich meinte, dass wir noch nicht alle ermittlungstechnischen Möglichkeiten ausgeschöpft haben. Vernünftige Möglichkeiten. Das hier", er klopfte sich mit der Zeitung in die flache Hand, „ist alles andere als vernünftig. Das ist einfach nur verrückt."

Nora konnte es nicht abstreiten. Die Anzeige zu schalten, war zweifellos verrückt. Unüberlegt war es nicht. Nachdem Steffen und sie aus Jork zurückgekehrt waren, hatten sie stundenlang in ihrem Zimmer das Für und Wider diskutiert. Steffen versuchte, ihr das Vorhaben auszureden. Keines seiner Argumente überzeugte sie. Seinen Vorschlag, Beuss einzuweihen, schmetterte sie ebenso ab. Da Steffen nicht dazu neigte, nach einer Niederlage zu schmollen, feilte er mit ihr an dem Text. Anschließend riefen sie die Zeitung an. Für die Geheimhaltung gegenüber der Polizei forderte der Chefredakteur ein Exklusivinterview. Nora hatte es verweigert. Sie wusste, er würde sich die Chance auf einen Sensationsbericht so oder so nicht entgehen lassen.

„Vielleicht ist verrückt genau das, was wir gerade brauchen", sagte sie. „Alles andere hat nichts gebracht."

„Das ist ganz und gar nicht, was wir brauchen.“ Beuss sprach jetzt ruhiger, als hätte er sich an seiner eigenen Aufregung erschöpft. „Sie hätten das mit mir absprechen sollen. Ich hatte Sie inständig gebeten, keine Alleingänge zu unternehmen.“

Nora war nicht in Stimmung, sich von Beuss belehren zu lassen. Nach der bisherigen Leistung der Polizei konnte er ihr schwerlich vorwerfen, selbst die Initiative zu ergreifen.

„Wenn wir Ihnen Bescheid gesagt hätten, hätten Sie versucht, es uns auszureden. Oder Sie hätten die Zeitung unter Druck gesetzt, um es zu verhindern.“

„Allerdings hätte ich das. Es lässt sich nicht einschätzen, was Sie damit angerichtet haben.“

„Wir verstehen, dass Sie sich überrumpelt fühlen, Herr Beuss“, sagte Steffen. „Auch dass Sie mit unserer Maßnahme nicht einverstanden sind. Aber überlegen Sie mal. Es ist möglich, dass uns das weiterbringt.“

„Was soll Schlimmes passieren?“, fragte Nora. „Wenn wir nichts unternehmen, wird er Sofie über kurz oder lang sowieso töten. Oder sehen Sie das anders?“

Beuss blickte auf das Gras zu seinen Füßen. „Nein, das sehe ich genauso.“

„Die Interviews der anderen Familien haben überhaupt nichts gebracht. Ich weiß, dass Sie und Ihre Leute sich alle Mühe geben. Doch die Identität des Bräutigams ist und bleibt ein Rätsel. Wie sollen wir ihn finden, wenn wir nicht etwas Neues versuchen? Vielleicht lässt er sich darauf ein, begeht den Fehler, auf den Sie hoffen.“

Beuss legte die Zeitung auf die Mauer und fuhr sich mit den Händen übers Gesicht.

„Wir können diesen Mann nicht einschätzen, Frau Siegel. Dadurch dass Sie mit ihm in Verbindung treten, machen Sie sich ebenfalls zu einem potenziellen Ziel. Er könnte beschließen, auch Sie zu entführen oder Ihnen etwas anzutun."

„Wenn er das versucht", sagte Nora, „sind Sie hoffentlich zur Stelle, um ihn zu schnappen. Dann hätte meine Anzeige den gewünschten Effekt gehabt."

„Nicht, wenn Sie dabei sterben."

Nun da die Zornesröte aus seinen Wangen gewichen war, erkannte Nora, wie mitgenommen er aussah, blass mit Augenringen und Dreitagebart. Wahrscheinlich hatte er in den vergangenen Nächten ebenso wenig geschlafen wie sie, und zwar nicht, weil seine kleine Tochter ihn wach gehalten hatte. Er hatte sich aufgerieben in seinem Einsatz für Sofie. Jetzt hatte Nora ihm eine weitere Sorge bereitet. Abgesehen davon hatten Lasker und Reckert ihm wegen der Anzeige bestimmt den Arsch aufgerissen. Das tat Nora leid. Allerdings nicht so sehr, dass sie ihre Entscheidung bereute.

„So weit wird es nicht kommen", sagte sie.

„Er wird Nora wohl kaum im Hotel attackieren", sagte Steffen, „wo alles voller Presse und Polizei ist."

„Unterschätzen Sie ihn nicht", sagte Beuss. „Durch Ihre Annonce wird alles noch schwieriger für uns. Wir haben ohnehin zu wenig Leute. Jetzt müssen wir welche abzweigen, um auf Sie aufzupassen."

„Das brauchen Sie nicht. Ich passe auf mich selbst auf."

„Und ich bin auch da", sagte Steffen. „Der schafft es nicht bis auf zehn Meter an Nora heran."

Beuss hob die Schultern. „Dieses Risiko können wir, kann ich nicht eingehen. Dazu gibt es ein weiteres, das Sie bei Ihrem Inserat nicht berücksichtigt haben."

„Welches?", fragte Nora.

Beuss spreizte die Hände, die Innenflächen nach oben. „Es kann sein, dass der Täter Ihre Einmischung als Provokation auffasst und Sofie früher etwas antut."

Das gab Nora zu denken. War sie zu leichtfertig gewesen? Hatte sie in ihrem Bemühen, Sofie zu retten, die Zeit verkürzt, die ihr blieb? Nora würde sich das niemals verzeihen.

Steffen musste ihr ansehen, was in ihr vorging.

„Jetzt ist es zu spät", sagte er. „Die Anzeige ist gedruckt. Es ist sinnlos, über mögliche negative Konsequenzen nachzudenken. Bleiben wir optimistisch und hoffen, dass etwas Hilfreiches daraus entsteht."

Nora war ihm dankbar für einen Zuspruch. Und ja, rückgängig machen konnte sie die Aktion nicht.

„Wahrscheinlich wird gar nichts daraus entstehen", sagte Beuss. „Wie Sie sagen, auf alle anderen Bemühungen, mit ihm in Kontakt zu treten, hat er sich nicht eingelassen. Sollte er es wider Erwarten tun, brauche ich den Filmtitel, den Sie in Ihrer Anzeige erwähnen."

„*Die Schöne und das Biest*", sagte Nora. „Den hat Sofie Dutzende Male gesehen, als sie klein war."

„Okay. Sollten Sie etwas von ihm hören, sagen Sie mir sofort Bescheid." Es war keine Bitte, sondern ein Befehl.

„Keine Geheimnistuerei mehr, Frau Siegel. Das ist kein Spiel und kein Abenteuer für Amateurdetektive."

„Ich würde nie mit dem Leben meiner Schwester spielen, und ich tue das hier nicht für den Nervenkitzel."

„Also sind wir uns einig. Keine weiteren Soloflüge. Haben wir uns verstanden?"

„Ja", sagte Nora.

Beuss schaute sie zweifelnd an. Dann nickte er ihnen zu und ging durch den Garten zurück zum Hotel.

„Wir sollten auf ihn hören", sagte Steffen, „und von jetzt an die Polizei einbeziehen. Falls die Anzeige überhaupt etwas in Bewegung bringt."

Nora nahm die Zeitung, die Beuss auf der Mauer liegen gelassen hatte. Sie wusste nicht, was in ihr überwog, die Hoffnung, dass ihre Anzeige etwas auslöste, oder die Angst davor.

13

Auf die Anzeige hin brach eine Sturmflut über Nora, die Polizei und den *Elbkurier* herein. Hatte es bisher nicht an Hinweisen gemangelt, wurden sie in den folgenden Tagen buchstäblich davon überschwemmt. Obwohl Nora ihre Daten nicht in der Zeitung veröffentlicht hatte, gelang es offenbar etlichen Leuten, sich ihre E-Mail-Adresse oder Handynummer zu besorgen. Wie zuvor gaben viele an, Sofie gesehen zu haben, beschuldigten diesen und jenen oder behaupteten, an Ort X oder Y gingen dubiose Machenschaften vor. Nora versprach sich nicht viel davon. Schließlich hatten Anrufer über die Hotline Ähnliches mitgeteilt, ohne dass etwas dahintergesteckt hätte.

Neu war, dass zu denen, die helfen wollten, eine Reihe von Perversen und Spinnern kam, die Nora unmoralische Angebote oder Heiratsanträge schickten, oft versehen mit eindeutigen Fotos. Auch dumme Scherze gab es nicht zu knapp. In welche Kategorie, Witzbold oder Spinner, die zwei Männer gehörten, die sich als Bräutigam selbst ausgaben und ein Geständnis ablegen wollten, war unbestimmbar.

Allerdings war offenkundig, dass sie nichts mit den Entführungen und Morden zu tun hatten.

So wie die Hinweise zunahmen, stiegen die Interviewanfragen, mit denen Zeitungen und Fernsehsender die Siegels, insbesondere Nora, bombardierten. Sie lehnten alle ab. Einerseits, weil Nora keine Lust hatte, sich für nichts und wieder nichts medial ausschlachten zu lassen. Andererseits, weil der Bräutigam bestimmt keinen Wert auf noch mehr Aufmerksamkeit gelegt hätte. Noras Inserat war, wenn auch öffentlich, eine Sache zwischen ihnen beiden. Aus seiner absurden Weltsicht eine Familienangelegenheit.

Keine der Nachrichten erwähnte *Die Schöne und das Biest*. Trotzdem musste Nora alles sichten, bevor sie es an Beuss weiterreichte, der es seinerseits durcharbeitete und den halbwegs glaubhaften Informationen nachging. Dabei wunderte es sie, dass er auffällig schnell mit dem Material fertig war, das sie ihm übermittelte. Jede neue Ladung quittierte er ohne besondere Aufregung oder Erwartung, als wüsste er längst, dass nichts Brauchbares dabei war.

Nora fragte sich, ob die Polizei ihr Handy und ihren E-Mail-Account überwachte, alles ebenso früh las wie sie selbst und Beuss ihr nur etwas vorspielte. Sie hätte es ihm, Lasker und Reckert zugetraut, vor allem, nachdem sie mit der Anzeige so eklatant gegen Beuss' Anweisungen verstoßen hatte. Steffen hielt das ebenfalls für denkbar. Als Nora Beuss darauf ansprach, stritt er es weder ab, noch gab er es zu. Sein Ausweichen bestätigte sie in ihrer Vermutung.

Dazu passte, dass er auf einmal deutlich mehr Zeit auf dem Hotelgelände verbrachte. Er hockte im Foyer über seinen

Akten, trank Kaffee im Speisesaal, wanderte durch den Garten. Dabei verhehlte er nicht, dass er Nora beobachtete. Im Gegenteil wollte er ihr eindeutig zeigen, dass er sie im Auge behielt. Sogar auf einem weiteren Trip nach Jork heftete er sich an ihre Fersen. Als Nora der Kragen platzte und sie ihn konfrontierte, konterte er, er müsse nun einmal auf sie aufpassen. Er wolle nicht dafür verantwortlich sein, dass ihr auch noch etwas zustoße. Aus seinem Tonfall klang heraus, dass er ebenso wenig dafür verantwortlich sein wollte, wenn sie die Polizei ein weiteres Mal mit einer unabgesprochenen Aktion überrumpelte.

„Unverschämt!“, fluchte Nora, nachdem Steffen und sie ins Hotel zurückgekehrt waren. „Was denkt der sich, einen auf Überwachungsstaat zu machen?“

Sie knallte die Tür zu und warf ihre Handtasche aufs Bett. In dem Hotelzimmer fühlte sie sich inzwischen wie in einer Gefängniszelle. Leider war es nicht angenehmer, sich im Speisesaal oder im Garten von den anderen Gästen und dem Personal anglotzen zu lassen. Wenigstens hatte sie hier Ruhe vor Beuss, wobei es sie nicht gewundert hätte, wenn er auf dem Flur Posten bezogen oder auf einer Leiter durchs Fenster gelugt hätte.

„Er meint es gut.“ Steffen setzte sich in einen Sessel. „Er will dich beschützen.“

„Ja, und mindestens genauso wichtig ist ihm, dass ich bloß nicht noch mal aus der Reihe tanze.“ Sie stapfte durch das Zimmer, vom Bett zur Tür und zurück. „Damit verdirbt er vielleicht unseren Plan. Wenn der Bräutigam merkt, dass die Polizei alles mitkriegt, was ich tue, und meine Mails checkt, wird ihn das nicht ermutigen, Kontakt mit mir aufzunehmen."

„Davon muss er sowieso ausgehen. Dafür braucht er kein Hellseher zu sein."

Nora blieb am Fenster stehen. Die Ruhe des Gartens empfand sie als trügerisch, so wie die ganze Idylle des Alten Landes.

„Stimmt", sagte sie. „Aber falls er uns beobachtet, auf eine Gelegenheit wartet, sich mir zu nähern, wird es ihn abhalten, dass Beuss meinen Bodyguard mimt."

„Ich glaube nicht, dass er dir nachstellt", sagte Steffen. „Es wäre ziemlich dumm, dich hier anzugreifen oder anzusprechen. Dafür ist er zu vorsichtig."

Nora zuckte mit den Schultern.

„Er hat keine Scheu, das wissen wir von seinen Taten. Er ist gut darin, sich unbemerkt unter die Leute zu mischen. Wer weiß, ob er nicht die ganze Zeit über hier ist." Ein Gärtner in grünem Overall beschnitt die Obstbäume. Ein paar Gäste saßen in den Liegestühlen. Ein Kellner servierte ihnen Tee. „Es könnte jeder sein. Oder irgendwer könnte mit ihm unter einer Decke stecken. Es ist ja nicht gesagt, dass er allein handelt."

Steffen holte tief Luft und stieß sie in einem langen Seufzer aus.

„Hör zu, Nora", sagte er. „Ich verstehe deine Sorge und deine Angst. Ich fühle ähnlich, auch wenn ich das nicht mit dem vergleichen möchte, was in dir, deinen Eltern und deinen Großeltern vorgeht."

Nora drehte sich zu ihm um. „Aber?"

Steffen hob die Hände und ließ sie auf die Sessellehnen fallen. „Kein Aber. Ich sage nur, dass das logischerweise etwas mit euch macht. Mit dir. Etwas, das keinen guten Verlauf nimmt."

„Das ist mir klar", sagte Nora. „Wir haben nicht die geringste Spur von Sofie, wir haben keine Ahnung, wer dieser Irre ist, und die Idee mit der Anzeige war ein Reinfall. Da brauchst du mir nicht zu erklären, dass das Ganze", sie setzte Anführungszeichen in die Luft, „keinen guten Verlauf nimmt."

„Das meine ich nicht."

Steffen war kurz davor, ebenfalls aufzustehen. Er presste die Fingerspitzen in die Armlehnen des Sessels. „Ich meine deinen Umgang mit alldem. Du darfst dich da nicht so weit reinsteigern, dass du den klaren Blick verlierst. Damit tust du Sofie keinen Gefallen, sondern schadest nur dir selbst."

Nora schüttelte den Kopf. Ein Krampf versteinerte ihre Schultern und ihren Nacken. Hinter ihren Augen schwelte eine Migräne, die jeden Moment auszubrechen drohte.

„Wie soll ich mich nicht da reinsteigern? Ich weiß nicht, wohin mit mir, ich weiß nicht, wohin mit diesen beschissenen Gefühlen. Ich schaffe es halt nicht, dabei so tiefenentspannt zu bleiben wie du."

Steffen erhob sich.

„Tiefenentspannt?", fragte er. „Wirke ich tiefenentspannt auf dich? Ich bemühe mich, Ruhe zu bewahren, dir zuliebe, um für dich da zu sein. Es tut mir leid, dass ich dir nicht besser helfen kann. Aber du hast kein Recht, mich so anzufahren."

Nora wusste, sie war ihm gegenüber unfair. Doch der Frust, der sich in ihr staute, sammelte sich auch in diesem Zimmer, machte die Luft dick und stickig. Es war verlockend, zu explodieren, einfach alles rauszulassen.

Aus Noras Handtasche drang ein Trillern, brach die Spannung zwischen ihnen. Nora nahm ihr Handy aus der Tasche. Eine weitere E-Mail war eingegangen.

„Super, der nächste Schwall Schwachsinn", sagte sie, als sie das Smartphone entsperrte. „Gott, wir hätten diese dämliche Anzeige nie aufgeben sollen."

„Einen Versuch war es wert", sagte Steffen.

„Ach nein." Nora öffnete ihr Postfach. „Das Einzige, was dabei herauskommt, ist Ärger und …"

Das Wort blieb ihr im Hals stecken. Der Absender der Mail war *Ein glücklicher Bräutigam*. Die Betreffzeile lautete: *Die Schöne und das Biest.*

14

Liebe Nora,

wir freuen uns, dass du unser Glück mit uns teilen möchtest. Umso mehr schmerzt es uns, dass dies nicht möglich sein wird. Leider gibt es Menschen, die unserer Verbindung nicht so wohlwollend gegenüberstehen wie du. Menschen, die unsere Vermählung verhindern wollen. Daher haben wir entschieden, unsere Hochzeit in trauter Zweisamkeit zu begehen. So schade wir es finden, es ist das Beste für uns alle. Wir müssen uns damit begnügen, dass du in Gedanken bei uns weilst. Aber auch das, glaube mir, bedeutet uns viel.

Alles Liebe
Sofie und dein baldiger Schwager

Ein heißer Schub durchwallte Nora.

„Was hast du?“, fragte Steffen.

Sie reichte ihm das Handy.

„Er hat sich wirklich gemeldet“, sagte er, nachdem er die E-Mail gelesen hatte.

Die Aufregung, die Nora gepackt hatte, sackte in Enttäuschung zusammen. „Ja, um mir eine Abfuhr zu erteilen."

„Das heißt nicht, dass sich damit nichts anfangen lässt. Wir müssen Beuss die Mail sofort zeigen."

„Wenn er sie nicht schon hat."

Sie verließen das Zimmer, gingen die Treppe runter ins Foyer. Einige Gäste warteten mit Koffern an der Rezeption.

„Entschuldigung." Nora drängte sich zwischen ihnen durch. „Das ist ein Notfall."

Sie glotzten Nora pikiert an, erhoben jedoch keinen Einspruch.

„Wo ist Beuss?", fragte sie den Mann hinter dem Tresen. „Der Kriminalpolizist, der ständig im Hotel ist."

Der Mann wies auf die andere Seite des Foyers. „Dahinten."

Beuss beugte sich in einer Sitzecke über eine Akte. Er hob den Kopf, als Nora und Steffen auf ihn zueilten.

„Frau Siegel." Er stand auf und legte die Mappe beiseite. „Hat sich etwas getan?"

„Ja."

Die Unmenge an Schwachsinn, die Noras Anzeige heraufbeschworen hatte, musste auch Beuss an die Grenze des Erträglichen gebracht haben. Vor allem, da er Sinn und Erfolg dieser Aktion von Anfang an bezweifelt hatte. Mit skeptischer Miene nahm er Noras Handy. Sein Gesichtsausdruck wandelte sich von Unglauben zu Erstaunen.

„Mein Gott!" In seiner Verblüffung fasste er sogar Noras Arm. „Das scheint wirklich von ihm zu sein. Wir müssen den Text natürlich noch mit den anderen abgleichen. Aber …"

„Er ist es", sagte Nora. „Der Filmtitel in der Betreffzeile, die Sprache wie in den Anzeigen. Das ist der Bräutigam."

Beuss nickte. Er gab Nora das Smartphone zurück.

„Das glaube ich auch. Sie haben es tatsächlich geschafft, Frau Siegel. Das hätte ich nicht gedacht." Jetzt erst merkte er, dass er ihren Arm gefasst hatte. „Oh, Entschuldigung." Er zog die Hand zurück. „Ich wollte nicht …"

„Das macht nichts", sagte Nora.

So anstrengend sie Beuss manchmal fand, sie war froh über seine Anteilnahme, die weit über das gewöhnliche Maß eines Kriminalpolizisten hinausging. Allerdings war ihr nicht danach, mit ihm in einen Freudentaumel zu fallen. Schließlich war das hier nicht das Ergebnis vertrauensvoller Zusammenarbeit.

„Wir hätten vielleicht noch mehr erreicht, wenn Sie nicht so an mir geklebt hätten. Dadurch haben Sie ihn von vorneherein gehindert, sich auf meine Bitte einzulassen."

„Das sehe ich auch so", sagte Steffen. „Damit könnten Sie eine große Chance zerstört haben, Sofie zu finden."

„Ich musste auf Sie aufpassen", sagte Beuss. „Das Risiko war zu groß. An diese vermeintliche Chance glaube ich keine Sekunde. Dadurch dass Sie auf ihn und seine absonderlichen Bedürfnisse eingegangen sind, konnten Sie ihn aus der Reserve locken. Aber seine Antwort zeigt, dass er den Kontakt nicht fortführen, geschweige denn ausbauen will."

Das stimmte leider. In dieser Hinsicht war die E-Mail unmissverständlich.

„Sie wirken beinahe froh darüber."

Beuss schüttelte den Kopf. „Das bin ich ganz und gar nicht, Frau Siegel. Ich bin erleichtert, dass er an Ihnen kein weitergehendes Interesse hat. Das sollten Sie auch sein. Dieser Mann liebt es, Menschen zu quälen, Macht über sie auszuüben, damit sie nach seiner Pfeife tanzen. Seien Sie froh, dass er Sie nicht noch tiefer in seine Welt hineinzieht. Glauben Sie mir, das ist keine Welt, die Sie betreten wollen. Sie können zufrieden sein. Sie haben uns einen enormen Schritt vorangebracht. Möglicherweise gelingt es uns, die Mail zurückzuverfolgen."

„Wenn er eine VPN-Umleitung benutzt", sagte Steffen, „wird es unmöglich sein, seine IP-Adresse festzustellen."

„Warten wir es ab. Wir haben Experten, die ich sofort darauf ansetzen werde."

„Weiterzuleiten brauche ich Ihnen die Mail offenbar nicht." Nora konnte sich die Spitze nicht verkneifen. „War der Bräutigam so nett, sie Ihnen auch gleich zu schicken?"

Beuss vermied es, sie anzuschauen. „Worauf immer Sie anspielen, Frau Siegel, ich versichere Ihnen, dass sich sämtliche Vorgänge im Einklang mit den Gesetzen bewegen."

Es wurmte ihn, spürte Nora, dass ihm die E-Mail in der Fülle an Nachrichten durchgerutscht war. Er tippte auf seinem Handy, wahrscheinlich eine Message an Lasker und Reckert. Nora las ein weiteres Mal den Text des Bräutigams. Ja, dachte sie. Sie würde in Gedanken bei ihm und Sofie weilen. Allerdings nicht in freudigen.

„Auch wenn er keinen weiteren Austausch will", sagte sie, „antworten sollten wir trotzdem."

Beuss presste die Lippen zusammen. Nora fürchtete, er würde die Unterhaltung mit dem berühmten Hinweis auf laufende Ermittlungen abbrechen.

„Das werden wir", sagte er stattdessen. Vielleicht hatte er ein schlechtes Gewissen wegen der Überwachung. Oder er sah ein, dass er sie nicht länger mit Phrasen abspeisen durfte, nachdem sie einen so wichtigen Beitrag geleistet hatte. Noch dazu durch eine Aktion, für die er sie hart angegangen hatte.

„Ich verspreche mir nicht viel davon, aber natürlich werden wir versuchen, die Kommunikation aufrechtzuhalten. Im Optimalfall können wir ein Vertrauensverhältnis aufbauen, ihm Informationen entlocken, die zu seiner Ergreifung führen. Ob er sich darauf einlässt, ist fraglich."

„Das sollte ich tun", sagte Nora. „Er schreibt schließlich mir."

Steffen verzog das Gesicht. Einspruch brauchte er nicht zu erheben. Das konnte er Beuss überlassen.

„So was passiert in Fernsehkrimis, Frau Siegel. In der Realität wäre es unverantwortlich, Zivilisten derart eng in Ermittlungen einzubinden, wenn es nicht absolut unerlässlich ist. Das ist hier nicht gegeben. Es handelt sich schließlich nicht um persönliche Begegnungen, nicht einmal um Telefonate. Das kommt uns zugute. Für den E-Mail-Verkehr können wir erfahrene Beamtinnen und Beamte einsetzen, die dazu ausgebildet sind, sich im Netz unter falscher Identität zu bewegen und Kontakt zu Kriminellen aufzunehmen. Wenn Sie mich entschuldigen würden? Ich muss meine Vorgesetzten anrufen. Seien

Sie versichert, dass ich Sie über sämtliche Fortschritte umgehend informieren werde."

Nora stellte sich ihm in den Weg. „Wenn der Bräutigam merkt, dass ihm jemand anders schreibt, ist wieder eine Chance vertan. Das werde ich nicht erlauben. Ich muss diejenige sein, die ihm antwortet."

Beuss betrachtete Nora mit genervter Frustration. Doch darunter zeigte sich ein widerwilliger Respekt. Er kannte ihre Entschlossenheit inzwischen gut genug, um zu wissen, dass er sie mit Warnungen und Erklärungen nicht abhalten konnte. Wenn er sie ausgrenzte, würde sie eigenmächtig handeln.

Er seufzte. „Geben Sie mir einen Moment."

Er entfernte sich ein paar Meter und telefonierte mit gedämpfter Stimme. Ungeduldig wartete Nora, bis er auflegte und zu ihnen zurückkehrte.

„Wir halten es für das Beste, sofort eine Antwort zu schicken. Meine Vorgesetzten haben mir einen Vorschlag durchgegeben."

Sie nahmen in der Sitzecke Platz. Beuss trug Nora und Steffen vor, was die Mitteilung an den Bräutigam enthalten sollte. Nora machte einige Änderungsvorschläge und Ergänzungen, bevor sie schrieb.

Liebe Sofie, lieber unbekannter Bräutigam,

vielen Dank, dass ihr euch meldet. Das freut mich sehr. Ich finde es natürlich sehr schade, dass ich nicht bei eurer Hochzeit dabei sein kann. Aber ich verstehe eure Gründe. Da du, mein künftiger Schwager, bald zur Familie gehören wirst, fände ich es schön, wenn ihr euch hin und wieder bei mir melden würdet. Da ich schon nicht bei euch sein kann, könntet ihr mir vielleicht erzählen, wie die Hochzeit war und wie es euch geht. Könntet ihr euch das vorstellen?

Alles Liebe
eure Nora

Beuss ging den Text noch einmal durch. „Okay, schicken Sie es raus."

15

Wenige Sekunden später trillerte Noras Handy. Es war eine Reaktion auf ihr Schreiben. Allerdings eine enttäuschende.

Diese Nachricht konnte nicht gesendet werden, da die E-Mail-Adresse nicht existiert.

Noras letzte Zuversicht brach zusammen. Sie hätte sich lieber nächtelang gequält und alle paar Augenblicke ihr Handy gecheckt, als direkt ihrer Hoffnungen beraubt zu werden. An die hätte sie sich wenigstens klammern können. Jetzt blieb ihr nichts.

„Verdammt!", sagte Beuss, der sich zu ihr rüberlehnte, um die E-Mail zu lesen. „Er hat die Adresse wohl sofort gelöscht. Das tut mir leid, Frau Siegel."

Sie wusste, es war aufrichtig. Auch wenn sie mit seinen Methoden nicht immer einverstanden war, er war ein guter Polizist, dem Sofies Schicksal wirklich am Herzen lag.

„Danke, Herr Beuss." Nora steckte das Handy ein. „Ich zeige es nicht immer. Aber ich weiß zu schätzen, was Sie für uns tun. Dass Sie für uns da sind."

„Wenn auch etwas öfter und näher, als Ihnen lieb ist, was?"

Nora schaffte ein müdes Lächeln. „Besser als jemand, der um fünf Uhr den Feierabend einläutet. Macht Ihre Frau Ihnen nicht die Hölle heiß, wenn Sie so viel unterwegs sind und sie sich allein um Ihre Tochter kümmern muss?"

„Sie versteht das", sagte Beuss. „Wir sind beide im Alten Land aufgewachsen. Der Scheißkerl treibt sein Unwesen in unserer Heimat. Seit der ersten Entführung bin ich Mitglied dieser Mordkommission. Monika weiß, wie wichtig es für mich ist, ihn zu fassen. Wenn unserer Tochter etwas zustoßen würde, würden wir auch wollen, dass die Polizei Himmel und Erde in Bewegung setzt. Was nicht heißt, dass Monika mir nicht die eine oder andere Extra-Nachtschicht mit der Kleinen aufdrückt."

Obwohl Nora nicht vergessen oder verdrängen konnte, was vor sich ging, tat es ihr gut, für ein paar Minuten über etwas anderes zu sprechen, etwas Schönes.

„Wie heißt sie?", fragte sie.

„Carina."

Auf seinem Handy zeigte er ihnen das Foto einer hübschen Frau, die lächelnd ein Kind auf dem Arm hielt. Das kleine Mädchen hatte die blonden Locken der Mutter und die blaugrauen Augen des Vaters.

„Sie ist achteinhalb Monate. Sie hält uns ganz schön auf Trab."

Der Stolz in seiner Stimme war unüberhörbar. Die Ecken und Kanten seines Gesichts rundeten sich, als durch die Härte des Polizisten auf Mörderjagd der Sanftmut des liebenden Vaters drang. Jedoch nur für einen Augenblick. Dann wurde das Glück seiner Familie wieder vom Unglück einer anderen überschattet.

Er schob das Handy in die Hosentasche. „Ich fahre zurück nach Hamburg, mache unseren IT-Leuten Dampf und bespreche mit der Kommissionsleitung unsere weiteren Schritte. Frau Siegel, wir halten Sie natürlich …"

„… auf dem Laufenden", vollendete Nora den Satz, der für sie jedes Mal hohler klang.

„Es tut mir leid", sagte Beuss. „Mehr kann ich Ihnen gerade nicht bieten."

Er verließ das Hotel. Nora und Steffen blieben sitzen. Nach dem Aufkeimen von Hoffnung hatte sie dieser Rückschlag hart getroffen. Die Abweisung des Bräutigams würde wenigstens dazu führen, dass Beuss sie nicht mehr ungebeten überallhin begleitete. Es war ein schwacher Trost. Wo sollte sie hin? Mit Steffen ziellos in der Gegend rumfahren? Das Versteck des Bräutigams würden sie auf diese Weise nicht finden. Ansonsten waren sie einmal mehr dazu verurteilt, im Hotel herumzuhocken, bis sich irgendetwas tat. Die Vorstellung war niederschmetternd.

„Was jetzt?", fragte Nora.

Sie hasste es, keinen Plan zu haben, keine Optionen.

„Wir besprechen auf unserem Zimmer alles in Ruhe bei einem Tee", sagte Steffen. „Ich schicke die Mail an einen Kollegen in der Firma. Wenn wir Glück haben, findet der etwas heraus." Er fasste Noras Hand. „Wenn uns nichts weiter einfällt, konzentrieren wir uns darauf, für deine Großeltern und deine Eltern da zu sein. Sie brauchen dich, und es würde auch dir guttun, Zeit mit ihnen zu verbringen."

„Ja, vielleicht."

Alles in Nora sträubte sich dagegen, mit ihren Verwandten in Schmerz, Trauer und Angst vereint zusammenzuhocken. Und Hilflosigkeit. Das war das Schlimmste. Aber was blieb ihr übrig?

Steffen küsste sie auf die Stirn. „Ich hole den Tee. Warte ruhig oben, wenn du magst."

Er verließ das Foyer Richtung Speisesaal.

Nora brauchte eine Weile, um sich aus ihrer Niedergeschlagenheit zu reißen. Um sie herum nahm der Hotelbetrieb seinen Gang. Gäste und Angestellte füllten das Foyer mit Schritten, Plaudern und Gelächter. An der Rezeption klingelte ein Telefon. Der Mann hinter dem Tresen ging dran. Nora kam sich fremd vor, abgesondert von dem unbeschwerten Alltag. In ihrem Zimmer würde sie sich auch mies fühlen. Wenigstens könnte sie es in ihrer Privatsphäre tun. Sie stand auf und durchquerte das Foyer. Sie war die ersten Treppenstufen hinaufgestiegen, als der Rezeptionist ihr hinterherrief.

„Frau Siegel?" Er hielt ihr das Telefon entgegen. „Anruf für Sie."

Nora stieg die Treppe wieder hinunter. Hatte die Mordkommission etwas herausgefunden? Sie erwartete keinen Durchbruch. Falls die E-Mail überhaupt irgendwo hinführte, dann bestimmt nicht so schnell. Hatten sie eine andere Spur gefunden, einen Zeugen, irgendeinen neuen Ansatz? Allerdings war es sonderbar, dass sie nicht wie bisher auf Noras Handy anriefen. Sie nahm das Telefon und hielt es sich ans Ohr.

„Siegel."

„Hallo, Nora."

Die dunkle Männerstimme hatte den nordischen Einschlag, der den Bewohnern des Alten Landes eigen war. Sie klang dumpf, mit einem leichten Rauschen unterlegt, als dränge sie durch Stoff. Wahrscheinlich hatte der Anrufer ein Tuch über den Hörer gelegt, um sie zu verfremden.

„Wer ist da?"

„Dein künftiger Schwager. Schön, dich endlich persönlich zu sprechen."

Nora stockte der Atem. Sie öffnete den Mund, brachte jedoch keinen Laut hervor.

„Ich habe mich sehr über deine Nachricht gefreut", fuhr der Anrufer fort, warm und vertraulich, als würden sie einander ewig kennen. „Sofie auch. Bitte entschuldige das kleine Täuschungsmanöver. Ich musste dir erst die Polizei vom Hals schaffen."

Das Telefon zitterte in Noras Hand. Sie musste die Finger darum krallen, um es nicht fallen zu lassen. Sie schaute sich im Foyer um. Ein paar Gäste hatten ihren Check-out abgeschlossen und schleppten ihre Koffer zum Ausgang. Der Rezeptionist war an seinem Computer zugange. Niemand achtete auf sie. Niemand ahnte, dass am anderen Ende der Leitung der Bräutigam war.

„Ist Sofie am Leben? Geht es ihr gut?"

So schwer ihr das Sprechen gerade gefallen war, jetzt platzten die Worte aus ihr heraus. Viel lauter, als ihr lieb war. Sie schirmte Mund und Hörer mit der Hand ab. Niemand durfte merken, mit wem sie redete.

„Sofie geht es bestens. Sie blüht bei mir richtiggehend auf."

„Lassen Sie mich mir ihr sprechen. Bitte."

„Nora, warum so förmlich? Wir duzen uns, oder nicht? Sofie kann gerade nicht. Aber du wirst sie ja bald sehen."

„Heißt das …?"

„Oh ja. Du bist offiziell zu unserer Hochzeit eingeladen. Ich bin sehr gespannt darauf, dich kennenzulernen. Sofie ist auch schon ganz aus dem Häuschen."

Steffen trat aus dem Speisesaal, in den Händen ein Tablett mit einer Teekanne, zwei Tassen und einem Teller Kekse. Er sah Nora an, dass etwas nicht stimmte, wollte auf sie zugehen. Nora bedeutete ihm, Abstand zu halten. Wenn er fragte, was los sei, und der Bräutigam es hörte, war nicht absehbar, wie er reagieren würde.

„Was hast du, Nora?", fragte er. „Du wolltest doch so gern dabei sein. Freust du dich gar nicht?"

Steffen stellte das Tablett auf den Tisch in der Sitzecke. Sorgenvoll schaute er zu Nora.

„Natürlich freue ich mich", sagte sie. „Ich freue mich riesig. Es ist nur, es würde mir viel bedeuten, mit Sofie zu reden. Sie ist bestimmt nervös vor dem großen Tag und …"

„Es geht ihr bestens", fiel der Bräutigam ihr ins Wort. „Glaubst du mir nicht? Vertraust du mir nicht? Bei all der Mühe, die ich auf mich nehme, damit du uns besuchen kannst?"

Seine Freundlichkeit schlug in Ärger um. Nora musste vorsichtig sein. Wenn sie ihn erzürnte, würde er das Gespräch abbrechen und Sofie sicher dafür büßen lassen.

„Entschuldige. Natürlich glaube ich dir. Ich vertraue dir. Ich bin einfach so aufgeregt wegen der Hochzeit."

So schnell, wie er gekommen war, wich der Unmut des Bräutigams.

„Es ist ja auch eine große Sache, für uns alle, Nora. Da wollen wir uns nicht streiten. Schließlich sind wir bald eine Familie, nicht wahr?"

„Ja, das sind wir." Mit unsagbarer Mühe presste Nora die Worte hervor. „Eine Familie."

„Schön", sagte der Bräutigam. „Triff mich heute um Mitternacht an der Alten Eiche. Allein. Dein Verlobter darf nicht dabei sein, und du musst dafür sorgen, dass die Polizei dir nicht folgt. Oder Journalisten. Wenn du sie mitbringst, wissentlich oder nicht, verfällt die Einladung. Dann siehst du deine Schwester nie wieder."

„Ich mache alles, wie du willst", sagte Nora. „Nur bitte tu Sofie nichts."

Als Antwort erhielt sie ein Klicken in der Leitung. Der Bräutigam hatte aufgelegt.

16

Tut sich irgendwas?

Nora hatte Mühe, ihre Antwort auf Steffens Frage zu tippen. Ihre Finger waren klamm von der Kälte und dem Nieselregen, der dünn, aber ununterbrochen auf sie niederging. Außerdem fiel es ihr schwer, das Smartphone in ihren zitternden Händen ruhig zu halten.

Noch immer nichts.

Ihr Zittern lag nicht allein an dem nasskalten Wetter. Es hatte schon auf der Fahrt begonnen. Da hatte sie noch wohlbehalten im Auto gesessen, Steffen neben sich am Steuer, vor sich das Licht der Scheinwerfer auf der Landstraße, wie verlassen zu dieser späten Stunde. Jetzt, mutterseelenallein in der Dunkelheit, Hunderte Meter von Steffen und der Sicherheit des Wagens entfernt, schüttelte es ihren ganzen Körper. Ihre Regenjacke hielt sie mehr schlecht als recht trocken und kaum warm. Das Blätterdach bot ihr ein wenig Schutz, doch immer wieder klatschte ihr der Wind eine feuchte Woge unter die Kapuze.

Der Strahl ihrer Handylampe, ihre einzige Lichtquelle, schwankte, wenn sie ihn um sich durch die Finsternis führte.

Weit reichte er nicht, beleuchtete nur ein paar Meter matschigen Boden, Gras und Gestrüpp, bevor er gegen die Schwärze prallte wie gegen eine undurchdringliche Mauer.

Mitternacht war lange vorbei. Keine Spur vom Bräutigam. Oder war er längst hier, beobachtete sie? Falls ja, worauf wartete er?

Je später es wurde, desto einsamer schien Nora dieser Ort. Sie verstand, warum er ihn gewählt hatte, eine kleine Ansammlung von Bäumen, von denen eine mächtige Eiche alle anderen überragte, weitab der Straße, umgeben von Feldern und Wiesen. Die Wahrscheinlichkeit, dass hier um diese Zeit jemand vorbeikam, ging gegen null.

Ein schmaler, von Wildwuchs gesäumter Pfad hatte Nora vom Wanderparkplatz hergeführt, wo sie das Auto abgestellt hatten. Keine Wohnhäuser in der Nähe, nicht einmal Straßenlaternen, sodass sie sich den Weg mit ihrem Handy hatte leuchten müssen. Mit jedem Schritt, den sie sich vom Auto entfernt hatte, war ihr Bedürfnis gewachsen, umzukehren. Allein der Gedanke an Sofie hatte sie vorangetrieben.

„Das ist nicht dein Ernst, Nora“, hatte Steffen gesagt, als sie nach dem Telefonat in ihrem Zimmer gesessen hatten. „Das kannst du nicht machen.“

Sie tranken den Tee, den Steffen besorgt hatte.

„Ich muss. Es ist unsere einzige Chance, Sofie zu finden.“

„Das ist Wahnsinn. Wir müssen das Beuss melden.“

Nora schüttelte den Kopf. „Dann lässt der Bräutigam das Treffen platzen. Er hat bisher offenbar auch mitgekriegt, dass sie mich überwacht haben.“

„Das kann ein Bluff gewesen sein.“

„Das können wir nicht wissen. Er ist vorsichtig und nicht dumm. So jemand spaziert nicht blindlings in einen Hinterhalt. Er wird aufpassen, dass die Polizei mir nicht folgt oder den Treffpunkt umstellt."

Steffen trank einen Schluck von seinem Tee. „Die Polizei müsste gar nicht unbedingt vor Ort sein. Sie könnten dich über einen Peilsender verfolgen."

„Das geht nicht. Wenn der Bräutigam mich durchsucht und etwas Verdächtiges findet, bin ich erledigt. Abgesehen davon kann es sein, dass er einen Informanten bei der Polizei hat und sofort erfahren würde, dass ich ihn verpfiffen habe."

„Trotzdem, Nora, wir dürfen das nicht im Alleingang durchziehen. Was, wenn sich der Bräutigam nur mit dir trifft, um dich zu ermorden?"

„Was bringt es ihm, mich zu töten?", fragte sie. „Etwas reizt ihn hier dran. Vielleicht will er eine nächste Braut in Reserve haben, und so kommt er leichter und mit niedrigerem Risiko an sie heran als durch eine Entführung. Vielleicht verlockt es ihn tatsächlich, eine Zeugin zu haben, die seine Fantasiehochzeit offiziell macht. Oder er bildet sich ein, dass er quasi zu meiner Familie gehört, und will diese Vorstellung ausleben. Was immer ihn antreibt, er hat mehr mit mir vor, als mich zu ermorden. Außerdem stelle ich keine Bedrohung für ihn dar. Er hat die komplette Kontrolle über die Situation."

„Genau", sagte Steffen. „Ein Serienmörder hat die komplette Kontrolle über eine Situation, in die du dich freiwillig begeben willst. Sagen wir, er tötet dich nicht, bringt dich tatsächlich zu Sofie. Wie geht es dann weiter? Du wirst ihn kaum dazu bewegen, euch freizulassen. Was du gerade beschrieben hast, sind die Fantasien eines verrückten Schwerverbrechers. Du bist keine Psychologin und keine Polizistin. Du kannst keinen Kampfsport. Du bist nicht vorbereitet, um mit so jemandem fertigzuwerden. Also was ist dein Plan?"

Nora musste sich eingestehen, dass sie darüber noch nicht nachgedacht hatte. Sie war nur darauf fokussiert, Sofie zu finden.

„Ich weiß nicht. Wir müssen improvisieren, ihn überwältigen, irgendeinen Fluchtweg finden oder eine Möglichkeit, die Polizei zu alarmieren."

„Keinem seiner bisherigen Opfer ist das gelungen. Wenn er dich in sein Versteck bringt, bist du ihm ausgeliefert. Das Risiko dürfen wir nicht eingehen. Ich bleibe dabei, Nora, wir müssen Beuss hinzuziehen."

Nora sah ihn lange und durchdringend an.

„Steffen, ich liebe dich über alles", sagte sie schließlich. „Ich will dich heiraten, mein Leben mit dir verbringen, Kinder mit dir kriegen. Doch wenn du hinter meinem Rücken Beuss Bescheid sagst und Sofie stirbt, könnte ich dir niemals wieder vertrauen."

Steffen blickte in seine Tasse. Nora sah ihm an, dass er zumindest mit dem Gedanken gespielt hatte.

„In Ordnung", sagte er. „Ich werde Beuss nichts sagen. Aber ich lasse dich auch nicht allein gehen."

„Du kannst nicht mit. Wenn der Bräutigam ..."

„Ich werde nicht am Treffpunkt sein", hatte er sie unterbrochen. „Ich weiß, wie ich dich im Auge behalten kann, ohne dass er es merkt."

Noras Handy vibrierte. Sie hatte es auf lautlos gestellt, damit kein Geräusch ihren Austausch mit Steffen verriet. Wenn der Bräutigam sie beobachtete, wusste er wahrscheinlich trotzdem darüber Bescheid, auch wenn sich Nora bemühte, unauffällig zu tippen. Andererseits brach sie damit keine seiner Regeln.

Meinst du, er hat was gemerkt?, schrieb Steffen.

Kann ich mir nicht vorstellen. Wir waren so vorsichtig.

Nora legte den Kopf in den Nacken, sodass die Tropfen ihr direkt ins Gesicht fielen, kalte Stiche auf ihrer Stirn und ihren Wangen. Über ihr wölbten sich die Baumwipfel, geschüttelt vom Wind. Der Himmel war finster, Sterne und Mond von Regenwolken verdeckt.

Die Drohne war nicht zu sehen.

Während Nora im Hotel geblieben war, falls sich der Bräutigam noch einmal meldete, hatte Steffen sie in Hamburg gekauft. Technisch versiert, wie er war, konnte er damit umgehen. Wegen der beschränkten Reichweite konnte er sie nicht vom Hotel aus steuern. Er musste in Noras Nähe bleiben. Sie brachen zeitig auf, damit sie eine Stunde früher eintrafen als vereinbart. Beuss war nicht im Hotel. Um die Journalisten zu täuschen, liehen sie sich den Wagen von Noras Onkel, einen silbergrauen Volvo. Ihre Kapuzen über den Köpfen, waren sie aus dem Hinterausgang geschlichen und hatten auf der Fahrt Umwege eingelegt, um etwaige Verfolger abzuhängen.

Der Wanderparkplatz sollte weit genug entfernt sein, dass der Bräutigam Steffen nicht bemerkte. Er startete die Drohne. Sie verfügte nicht über eine Wärmebildkamera.

Doch durch das Handylicht war Nora für ihn sichtbar. Sobald der Bräutigam auftauchte, würde Steffen Beuss benachrichtigen. Wenn er mit Nora in ein Auto stieg, würde Steffen mit der Drohne die Fahrtrichtung bestimmen und ihnen in möglichst großem Abstand hinterherfahren. Dabei würde er mit Beuss Kontakt halten, bis es der Polizei hoffentlich gelang, den Bräutigam zu stoppen. Wenn sie ihn gefasst hatten, würden sie auch seinen Wohnort finden und dort hoffentlich Sofie. Falls Beuss nicht schnell genug zur Stelle sein konnte, würde Steffen sie bis zum Versteck des Verbrechers verfolgen und ihm den Standort von dort durchgeben. Es war ein heikler Plan mit etlichen offenen Fragen. Wohl fühlte sich Nora nicht damit. Aber es war das Beste, was ihr eingefallen war.

Regt sich gar nichts um mich herum?, schrieb sie.

Das Unwetter erschwerte es Steffen, zu bestimmen, ob sich jemand auf Nora zubewegte oder sich in ihrer Nähe versteckte. Dafür hatte es den Vorteil, dass die Drohne vom Boden aus nicht zu entdecken war. Außerdem übertönten das Regenrauschen, das Rascheln des Windes in den Bäumen und das Prasseln des Regens ihr Surren.

Zumindest kann ich nichts erkennen.

Dass Steffen sie beobachtete, minderte Noras mulmiges Gefühl. Allerdings war er zu weit weg, um einzuschreiten, falls der Bräutigam sie angriff. Sie hatte keine Waffe, nichts, womit sie sich gegen ihn zur Wehr setzen konnte. Sie könnte nur weglaufen, mit der geringen Aussicht, das Auto und Steffen zu erreichen, bevor ihr der Mörder den Garaus machte. Wie die Kälte kroch diese Vorstellung immer tiefer in sie hinein. Fast bereute sie, Beuss nicht ins Vertrauen gezogen zu haben. Sie könnte ihn immer noch anrufen. Der Gedanke, er käme daraufhin mit Blaulicht und Sirene angerast, hatte etwas Beruhigendes. Andererseits bedeutete es, die Hoffnung aufzugeben, der Bräutigam werde sie zu Sofie bringen.

Vielleicht hat er kalte Füße gekriegt, schrieb Steffen.

Der Typ ist ein sadistischer Serienmörder, antwortete sie. *Der kriegt bestimmt nicht so leicht kalte Füße. Meine sind dagegen total durchgefroren.*

Sie setzte ein Smiley-Emoji dahinter. Dabei war ihr überhaupt nicht nach Lachen zumute. Sie richtete die Lampe auf den Pfad, der sie hergeführt hatte. Würde der Bräutigam von dort kommen oder aus einer anderen Richtung? Wenn er nicht schon da war. Oder überhaupt auftauchte. Hatte er die Drohne bemerkt? Oder war das nichts als ein Spiel, das er mit ihr trieb?

Wieder vibrierte ihr Handy.

Glaubst du wirklich, das bringt noch was?

Das Smartphone zeigte Viertel vor eins. Nora schmerzten die Beine, sie war nass und durchgefroren, und nichts tat sich. Es war verlockend, die Aktion abzubrechen und mit Steffen ins Hotel zurückzufahren. Aber sie musste bleiben. Für Sofie. Außerdem sagte ihre Intuition, dass sie nicht allein war. Sie fühlte sich beobachtet, und zwar nicht nur von Steffen.

„Bist du da?“, rief sie in die Dunkelheit. „Ich habe mich strikt an deine Anweisungen gehalten. Die Polizei weiß nicht, dass wir miteinander gesprochen haben. Also sei so nett und zeig dich. Du hast mich schließlich eingeladen. Es wäre unhöflich, jetzt einen Rückzieher zu machen, findest du nicht? Vor allem, nachdem ich deinetwegen eine Ewigkeit rumgestanden habe."

Die einzige Antwort waren der Wind und der Regen. Offenbar war es mit ihrem Bauchgefühl nicht so weit her.

Ich bleibe noch bis 1 Uhr, schrieb sie Steffen. *Dann gebe ich auf.*

Klingt gut.

Sie meinte, seine Erleichterung in den beiden Worten zu spüren. Sosehr auch er Sofie retten wollte, ihm wäre es das Liebste, wenn der Bräutigam sie versetzte.

Während Nora mit dem Handy die Umgebung ausleuchtete, steckte sie die andere Hand in die Jackentasche und trat von einem Bein aufs andere, um sich ein wenig aufzuwärmen. Die Minuten verstrichen. Die Ziffern auf dem Display schlugen auf ein Uhr um. Noch immer nichts.

Nora wartete bis fünf nach eins. Zehn nach eins. Sollte sie es immer weiter aufschieben, bis der Morgen anbrach? Es lag auf der Hand, dass es vergeblich wäre.

Ich komme zurück, schrieb sie Steffen.

Einmal noch leuchtete sie die Umgebung ab.

„Letzte Chance!", rief sie. „Dann bin ich weg!"

Nichts.

Nora trat unter der Eiche hervor in den Regen. Über den Pfad wanderte sie Richtung Parkplatz. Die ganze Aktion war reine Zeitverschwendung gewesen. Nach dem sinnlosen Herumstehen durfte sie dank dieses Arschlochs jetzt noch eine Viertelstunde durch die Pampa latschen. Der Pfad war uneben und aufgeweicht vom Regen. Sie musste aufpassen, wo sie hintrat. Sosehr sie das Hotelzimmer verabscheute, sie freute sich darauf, sich nach einer heißen Dusche mit Steffen ins Bett zu kuscheln. Sie würden sich ausruhen, schlafen, wenn es Nora gelang, und am nächsten Tag weitersehen.

Sie hatte die Hälfte des Wegs zurückgelegt, als ihr auffiel, dass das Smartphone seit ihrer letzten Nachricht nicht vibriert hatte. Die beiden blauen Häkchen zeigten, dass sie bei ihm eingegangen war. Eine Antwort hatte er nicht geschickt. Sie hatten abgemacht, immer schnellstmöglich zurückzuschreiben. Hielt er es für unnötig, weil sie auf dem Rückweg war? Nora glaubte es nicht. Sein Handy konnte auch nicht leer sein. Sie hatten ihre Akkus vor dem Aufbruch vollgeladen. Eingeschlafen war er wohl kaum. Die Drohne konnte Nora noch immer nicht entdecken. Sie rief Steffen an. Er ging nicht dran.

Bin in 5 Minuten da, schrieb sie. *Alles okay bei dir?*

Ihr Unbehagen wuchs. Sie lief so schnell, wie es das spärliche Licht und der rutschige Untergrund zuließen.

Sie checkte das Handy. Erleichtert las sie das *Steffen tippt …* unter seinem Namen. Vielleicht hatte er die Drohne gelandet und daher kurz nicht auf das Handy geachtet. Inzwischen konnte sie den Volvo auf dem Parkplatz ausmachen, ein eckiger Schemen in der Dunkelheit. Die Scheinwerfer waren aus, ebenso die Innenbeleuchtung. Nora war zu weit entfernt, um Steffen hinter dem Steuer zu erkennen. Dafür musste er ihr Licht sehen. Er stieg nicht aus, kam ihr nicht entgegen, wie sie erwartete. Wahrscheinlich hatte er keine Lust, sich auch vom Regen aufweichen zu lassen.

„Hey!“ Nora schwenkte ihr Handy wie eine Schiffbrüchige, die auf dem Ozean trieb. Durchnässt, wie sie war, kam sie sich auch so vor. „Du brauchst nicht mehr zu schreiben. Ich bin hier.“

Steffen stieg nicht aus. Nicht einmal die Lichthupe flammte auf.

Noras Handy summte. Sie wischte die Regentropfen vom Display. Sie zogen Schlieren über das Foto, das sie und Steffen vor dem Dom in Florenz zeigten, glücklich über seinen Heiratsantrag, den sie gerade angenommen hatte.

Beeil dich, Nora!, lautete die Nachricht. *Wir warten auf dich.*

17

Die Kälte des Regens und des Windes war nichts gegen den Schrecken, der Noras Herz zu einem Eisklumpen gefror. Diese Nachricht konnte nur eines bedeuten. Der Bräutigam war bei Steffen!

Tausend Gedanken rasten durch ihren Kopf. Wie hatte er herausgefunden, dass sie ihn hereinlegen wollten? Wie lange war er schon hier? Wie viele der Nachrichten hatte er verfasst, während sie geglaubt hatte, mit Steffen zu schreiben? Und der wichtigste: Was hatte er Steffen angetan? Wenn er tot war … Nora verbot sich, daran zu denken. Steffen war nicht tot. Er durfte nicht tot sein. Aber vielleicht war er verletzt. Sie musste zu ihm.

Nora rannte los. Das Handylicht wackelte über den Pfad, ihre Schuhe schlitterten über den Matsch. Sie keuchte mit offenem Mund, schluckte Regen. Auf den letzten Metern glitt sie aus, stürzte und schlug auf ein Knie. Sie schrie. Schmerz schoss durch ihr Bein wie ein Starkstromschlag. Das Handy fiel ihr aus der Hand und landete im Dickicht am Wegrand. Wäre die Lampe ausgegangen, Nora hätte es niemals wiedergefunden. Sie biss die Zähne zusammen, vermied es, das verletzte Bein zu bewegen, als sie die Hand danach ausstreckte. Endlich kriegte sie es zu fassen. Sie stemmte sich hoch und wischte es an ihrer Hose ab.

Parkplatz und Auto lagen weiter im Dunkeln. Der Regen flimmerte wie eine graue Schraffur. Ein Gutes hatte ihr Sturz. Sie erkannte, wie dumm es wäre, blindlings zum Wagen zu laufen, wo der Mörder wartete. Sie konnte sich auch nicht anschleichen, um ihn von hinten mit einem Stock oder Stein niederzuschlagen. Nora hatte keine Ahnung, wo genau er war. Er hingegen hatte sie mit Sicherheit längst entdeckt.

Ihr blieb bloß eins. Sie musste Beuss Bescheid sagen. Auf das Handylicht verzichten konnte sie nicht. Sie schirmte es mit der Hand ab, damit es vom Parkplatz aus nicht mehr zu sehen war. Sie rief die Nummer des Kommissars auf. Bevor sie anrufen konnte, vibrierte das Handy. *Steffen*, verkündete das Display über dem grünen Hörer. Nora ging dran.

„Nora, Nora", sagte der Bräutigam. „Was machst du für Sachen? Wir waren uns einig, dass du allein kommst. Stattdessen bringst du deinen Verlobten mit. Das war nicht nett von dir. Wenn du mit dem Gedanken spielst, deine Freunde bei der Polizei anzurufen, vergiss das lieber. Es würde Steffen nicht guttun, und der Arme ist schon angeschlagen. Du kannst nach ihm sehen. Aber bleib schön am Rohr, hörst du?"

Sie könnte seine Anweisung ignorieren. Sie könnte Beuss anrufen und sich abseits des Pfads in den Büschen verstecken. Der Bräutigam würde sie nicht finden, bevor die Polizei eintraf. Doch sie durfte Steffen nicht allein lassen.

„In Ordnung", sagte sie. „Ich rufe niemanden an."

Sie stellte auf Lautsprecher, damit sie sich mit dem Handy weiter den Weg leuchten konnte. Ihr Knie pochte und schwoll bereits an. Humpelnd verließ sie den Pfad. Der Kies des Parkplatzes knirschte unter ihren Sohlen. Kein anderer Wagen stand hier. Schilder zeigten verschiedene Wanderrouten an. Sonst war nichts und niemand zu sehen.

„Keine schöne Nacht für einen Ausflug", sagte der Bräutigam. „Leider konnten wir uns ja nicht in deinem Hotel bei einem Tee zusammensetzen."

Das Licht sprang von der Windschutzscheibe des Volvo zurück, blendete Nora. Soweit sie bestimmen konnte, saß Steffen auf dem Fahrersitz, den Kopf gegen die Nackenlehne gelegt. Er bewegte sich nicht.

So schnell ihr verletztes Bein es erlaubte, hastete sie zur Fahrertür. Um einen faustgroßen Stein, der davor auf dem Boden lag, waren Scherben verstreut. Hinter dem eingeschlagenen Fenster hing ihr Verlobter schlaff in seinem Sitz.

„Steffen!"

Nora riss die Tür auf. Die Innenbeleuchtung sprang an, füllte den Wagen mit gelblichem Schein. Auch auf Steffens Brust und in seinem Schoß waren Scherben gelandet. Seine Hände waren zu den Seiten herabgefallen, der Kopf von Nora weggedreht. Vor dem Beifahrersitz lag die Fernsteuerung der Drohne, die bestimmt inzwischen abgestürzt war.

„Was hast du mit ihm gemacht?" Ihre Worte waren verzerrt zwischen Schreien und Weinen.

„Das ist deine Schuld, Nora. Du hast unsere Vereinbarung gebrochen."

Nora entdeckte den Bräutigam noch immer nicht. Er konnte sich überall im Dunkeln des Parkplatzes verbergen. Seine Stimme drang aus dem Handy zu ihr, von nirgendwo sonst über dem Regenrauschen. Vielleicht war er gar nicht mehr hier, hielt sie nur am Telefon, um Zeit zu schinden, bis er in seinem Unterschlupf war.

Nora beugte sich in das Auto.

„Steffen, hörst du mich?"

Sie fasste seinen Kopf. Kraftlos kippte er auf seine Schulter, sodass sich ihr sein Gesicht zuwandte. Seine Augen waren geschlossen, sein Mund klaffte ein Stück auf. Klebriges Blut schimmerte an Noras Fingern. Das halb getrocknete Rinnsal lief von Steffens Schläfe seine Wange hinab. Nora hatte Mühe, seinen Puls unter ihrem eigenen hektischen Herzschlag zu ertasten. Aber sie fand ihn. Steffen war am Leben. Nora schüttelte ihn sachte.

„Steffen, bitte wach auf."

Er stöhnte leise, ohne zu sich zu kommen.

„Dein Steffen braucht erst mal eine Mütze Schlaf", sagte der Bräutigam. „In der Zwischenzeit können wir …"

„Einen Scheiß können wir!"

Nora legte auf. Sie würde nicht herumstehen und mit einem Mörder quatschen, während Steffen verletzt neben ihr lag. Vor allem, weil sich der Mistkerl wahrscheinlich nicht einmal mehr in der Nähe befand. Steffen brauchte einen Krankenwagen. Sie hatte die ersten beiden Ziffern des Notrufs gewählt, als hinter ihr eine Stimme erklang.

„Also, Nora, mich abzuwürgen, ist gar nicht nett."

18

Nora wirbelte herum. Sie hatte keine Ahnung, woher der Mann hinter ihr so plötzlich erschienen war. Tropfen perlten von seinem grünen Regenmantel, dessen Kapuze er übergestülpt hatte. Auf seiner grauen Jogginghose prangten Wasserflecke, an seinen Turnschuhen klebte Matsch. Eine schwarze Skimaske verbarg sein Gesicht.

„Keine Sorge", sagte er. „Ich habe nicht besonders fest zugehauen. Steffen ist bald wieder auf den Beinen."

„Warum hast du das gemacht?" Noras Stimme drohte sich zu überschlagen, aus Schock, aus Angst, aber auch vor Wut. „Er war keine Bedrohung für dich."

„Nora, das ist eine Familienangelegenheit. Auch wenn Steffen dein Verlobter ist, das alles geht ihn nichts an. Das betrifft nur dich, mich und Sofie."

Er blinzelte, geblendet von ihrem Licht, und hob abwehrend die Hände, die in braunen Lederhandschuhen steckten. „Wärst du so nett?"

Nora senkte das Handy.

Sie hatte den Daumen noch auf den Wähltasten. Sie bräuchte statt der Zwei bloß eine Null zu drücken, um die

Polizei anzurufen. Doch selbst wenn sie ihnen mitteilen konnte, wo sie war, bevor der Bräutigam ihr das Handy entriss – bis sie eintrafen, hatte er sie längst getötet. Wegrennen konnte sie nicht, wegen ihres ramponierten Knies und weil Steffen dann wehrlos mit dem Bräutigam allein bliebe. Wohin sollte sie auch flüchten? Sie konnte versuchen, die Polizei ihr Gespräch mithören zu lassen. Wenn er es merkte, wären sie und Steffen erledigt.

Er las ihr die Gedanken vom Gesicht ab.

„Wenn du die Bullen einbestellst, kann ich dich nicht mehr mitnehmen."

Was das für sie und Steffen bedeutete, musste er nicht aussprechen. Der Stein, mit dem er die Scheibe eingeschlagen hatte, lag neben Noras Fuß. Wäre sie schnell genug, um ihn aufzuheben und ihn dem Bräutigam über den Schädel zu ziehen? Wieder ahnte er offenbar, was in ihr vorging. Er tat einen Schritt auf sie zu, kickte den Stein zur Seite. Nora stolperte rückwärts, stieß gegen den Volvo.

„Ich bin sowieso unschlüssig, ob ich das sollte", sagte er. „Nach der Nummer, die du abgezogen hast."

Er kam näher, viel zu nah. Das Auto hinderte Nora daran zurückzuweichen. Er stand so dicht vor ihr, dass sich trotz des kalten Windes sein Geruch in ihre Nase drängte, nach nasser Baumwolle und Waschmittel mit Fliederduft, nach Schweiß, herbem Aftershave und Leberwurst. Nora fand es absurd, dass er sich, während sie voller Anspannung im Hotel gesessen hatte, eine Wurststulle zum Abendessen geschmiert hatte.

„Steffen war nicht am Treffpunkt." Nora zuckte zusammen, als er seine Hände nach ihr ausstreckte. „Nein, bitte."

Statt sie am Hals zu packen, wie sie erwartet hatte, streifte er ihr die Kapuze vom Kopf. Eine vage Ahnung sagte Nora, dass sie ihm schon begegnet war. Aber sie verriet ihr nicht, welches Gesicht sich unter der Maske verbarg.

„Ich habe Steffen gesagt, er soll hier warten", würgte sie hervor, „und das hat er."

Der Regen pappte Nora das Haar in Strähnen an die Stirn und rann eisig über ihre Wangen. Sie hatte einen schrecklichen Fehler begangen. Steffen war verletzt, vielleicht schwer, und es war ihre Schuld. Sie hätte auf ihn hören sollen. Würden sie gleich für ihren Leichtsinn büßen, ermordet von einem Verrückten auf einem Parkplatz im Nirgendwo? Mit einem Mörder um ihr und Steffens Leben zu verhandeln, stürzte ihren Verstand in Chaos.

Fieberhaft suchte sie nach den richtigen Worten. „Wir hatten nie vor, dich zu hintergehen. Du musst mir glauben. Wir wollten wirklich nicht …"

Sie stand kurz davor, zu weinen, zusammenzubrechen, um Gnade zu flehen. Gnade, die er ihr nicht gewähren würde. Sie musste sich zusammenreißen. Nur dann hatte sie eine Chance.

„Wenn ich einfach verschwunden wäre, ohne Steffen etwas zu sagen, hätte er mit der Polizei eine Riesensuchaktion gestartet." Sie musste all ihre Selbstbeherrschung aufbringen, um das Zittern ihrer Stimme unter Kontrolle zu halten. „Dann hätten wir uns nicht ungestört treffen können."

Ihr fiel die Drohne ein. Wenn der Bräutigam wusste, dass sie ihn hereinlegen wollten, würde kein Argument, keine Bitte ihn abhalten, sie und Steffen zu töten. Wahrscheinlich war es längst zu spät, und er spielte ihr nur etwas vor. Aber Nora musste darauf setzen, dass ihm dieser Teil ihres Plans entgangen war. Seine Augen, sumpfig braun, ließen nicht erkennen, ob ihre Erklärung etwas in ihm bewirkte. Trotz seiner Kapuze hatte sich die Maske mit Regen vollgesogen, klebte an seinem Gesicht. Außer den Augenlöchern besaß sie keine Öffnung. Mit schnaufendem Atem saugte sein Mund die nasse Wolle an und stieß sie von sich. Dass er keine Regung zeigte, machte alles noch schlimmer. Nora kämpfte die Panik nieder, die sie überwältigen wollte. Sie musste weiterreden. Solange sie redete, reden konnte, war nicht alles verloren.

„Außerdem musste ich irgendwie herkommen. Wenn ich allein gefahren wäre, hätte ich das Auto hier stehen lassen müssen. Die Polizei hätte es gefunden und womöglich Rückschlüsse daraus gezogen. Steffen mitzubringen, war das kleinere Risiko."

Der Bräutigam schaute von ihr zu Steffen. Nora betete, dass er nicht die Drohnenfernsteuerung bemerkte, die Steffen vermutlich bei dem Angriff heruntergefallen war. Der Bräutigam versank in dunkles Brüten. Nora hielt den Atem an. Eine Ewigkeit verging, bis er endlich sprach.

„Ihr wolltet mich nicht in eine Falle locken? "

„Absolut nicht", beteuerte Nora. „Ich würde niemals etwas tun, um Sofie zu gefährden."

„Du wolltest vorsichtig sein."

„Genau."

Er nickte wie zu sich selbst. „Das ist löblich. Deepe Swümmer un hooge Klatterer ward nich old."

Nora hätte sich gern zwischen ihn und Steffen geschoben. Aber sie wagte nicht, sich zu bewegen. „Tiefe Schwimmer und hohe Kletterer werden nicht alt."

Er gab einen verdutzten Laut von sich. „Du sprichst Platt?"

„Ich verstehe es nur ganz gut. Meine Oma hat es viel gesprochen, da habe ich das eine oder andere aufgeschnappt. Meine Großeltern stammen aus dem Alten Land."

Unter der Maske ahnte sie sein Lächeln.

„Nu kiek an, Ollländer. Davon hat Sofie gar nichts erzählt. Da sind wir ja quasi Landsleute."

„Kann man so sagen." Nora musste seine milde Stimmung nutzen, bevor sie wieder umschlug. „Hör mal, es tut mir echt leid, wie das heute Nacht gelaufen ist. Ich hätte dir gern Bescheid gesagt. Leider konnte ich dich ja nicht erreichen."

Er legte den Kopf schief. „Das ist wahr. Daran habe ich nicht gedacht."

Er trat von ihr zurück. Jetzt wo seine Nähe sie nicht mehr beengte, atmete Nora freier.

„Entschuldige, Nora. So was wie das ist neu für mich." Sein Tonfall hellte sich auf. „Vergessen wir es. Missverständnisse kommen in den besten Familien vor."

Er legte ihr eine Hand auf die Schulter. Es fiel ihr schwer, seine Berührung auszuhalten. Sie hatte ihn davon abbringen können, sie zu töten. Zumindest vorerst. Falls sie noch Zweifel gehabt hätte, stand spätestens jetzt fest, dass sie es mit einem Wahnsinnigen zu tun hatte.

„Hauptsache, wir sind zusammen." Schwungvoll wies er über den dunklen Parkplatz. „Wir sollten nicht zu lange bleiben. Es ist nicht gerade gemütlich im Regen. Dat gütt ut Ammels. Verstehst du?"

„Es schüttet aus Eimern."

Nora hasste es, wenn er Platt redete. Es war, als würde er sich an der Sprache vergreifen, die sie so gern aus dem Mund ihrer Oma hörte.

„Ich will nicht, dass du dir eine Lungenentzündung einfängst", sagte er. „Und wenn Steffen wieder zu sich käme, solange wir hier sind, würde er bestimmt versuchen, dich zu verteidigen. Dann müsste ich ihm noch einmal wehtun, schlimmer als beim ersten Mal. Das möchten wir beide nicht, oder?"

„Auf keinen Fall."

Sie war überzeugt, sollte der Bräutigam Steffen noch einmal angreifen, er würde ihn nicht am Leben lassen.

„Sollen wir also?", fragte er.

„Okay."

Nora stand wie angewurzelt. Sosehr sie zu Sofie wollte, sie konnte sich nicht überwinden, von Steffen wegzugehen, vom Wagen und dem Licht, das er verbreitete. Vielleicht würde der Mörder sie gar nicht zu Sofie bringen, wollte sie nur reinlegen, damit sie ihm freiwillig irgendwohin folgte, wo er sie ungestört foltern, vergewaltigen und töten konnte. Außerdem konnte Steffens Verletzung schlimmer sein, als er ihr weismachen wollte.

„Was ist, Nora?", fragte er. „Du hast mich gebeten, dass du an der Hochzeit teilnehmen darfst. Willst du nicht mehr? Das wäre schade, wo wir solch einen Aufwand betrieben haben."

Was blieb Nora noch? Um sie lag nichts als finstere Einöde. Niemand würde herbeieilen, wenn sie um Hilfe rief. Beuss würde nicht plötzlich mit einem Trupp Polizisten den Parkplatz stürmen. Im Volvo mit der zerbrochenen Scheibe konnte sie sich nicht einsperren. Der Bräutigam würde den Stein aufheben und ihr und Steffen den Schädel einschlagen.

Einen Moment lang standen sie einander still gegenüber. Der Regen knisterte auf ihrer Regenkleidung, trommelte auf dem Autodach, prasselte auf den Boden.

„Du willst Steffen nicht allein lassen", sagte der Bräutigam. „Wie gesagt, er wird es überstehen. In ein paar Stunden kommt er wieder zu sich."

Er steckte eine Hand in die Manteltasche. Nora spannte sich. Statt einer Waffe zog er Steffens Schlüsselbund hervor und klimperte damit.

„Dann unternimmt er einen Spaziergang zum Hotel. Ist ein Stück und nicht angenehm bei dem Schietwetter, aber gut, um wach zu werden."

Nachlässig warf er die Schlüssel ins Gebüsch. Selbst wenn es nicht dunkel gewesen wäre, hätte Nora sie niemals im Dickicht wiedergefunden.

„Bis er dort eintrifft, sind wir über alle Berge. Bei allem Verständnis dafür, dass du ihn nicht im Stich lassen willst, du musst einsehen, anders geht es nicht. Ihn mitzunehmen, ist ausgeschlossen. Oder zweifelst du an meinen guten Absichten? Das würde mich kränken, Nora. Ich bin niemand, der anderen gern Schaden zufügt. Bei Steffen ging es nicht anders. Ich hätte ihn noch schlimmer verletzen können. Doch ich wollte nicht, dass wir beide, du und ich, auf dem falschen Fuß anfangen."

In dem Fall, dachte Nora, hättest du deine Drecksfinger von meiner Schwester lassen sollen.

Er lehnte sich ins Auto. Hätte er Steffen angerührt, Nora wäre auf ihn losgegangen. Er betrachtete Steffen jedoch nur nachdenklich, während er mit seinen behandschuhten Fingern auf das Autodach klopfte.

„Was machen wir mit dieser Zwickmühle?"

Ein Schrecken durchzuckte Nora. Die Drohnensteuerung!

„Tu ihm nicht noch einmal was!", rief sie.

Sie drängte sich zwischen ihn und die offene Tür, um Steffen zu schützen und ihm die Sicht zu versperren.

„Meine Güte, Nora", sagte er tadelnd. „Es ist nicht nötig, handgreiflich zu werden. Wie gesagt, ich bin ein umgänglicher Kerl, solange man mich nicht reizt. Du willst zu Steffen halten, in guten wie in schlechten Zeiten. Niemand versteht das besser als ich." Er blies die Backen unter der Maske auf und prustete Luft durch die Lippen. „Ich sag dir was. Wenn du nicht mitwillst, werde ich dich nicht zwingen."

Klar, dachte sie. Das ist ja das Letzte, was Entführer und Mörder wollen.

„Du hast Angst, dass ich Steffen und dir was tue", fuhr er fort. „Das liegt mir fern. Du bist Sofies Schwester. Ich möchte nicht für Unfrieden sorgen. Familie geht mir über alles. Außerdem habt ihr mein Gesicht nicht gesehen. Ihr könntet der Polizei nichts über mich verraten."

Damit lag er richtig. Der weite Regenmantel kaschierte seine Körperform, die Maske verfremdete seine Stimme. Nora hätte grobe Angaben zu seiner Größe machen können. Aber das und eine vage Ahnung wären kaum genug, um ihn unter den Männern zu finden, die auf der Goldhochzeit gearbeitet hatten.

„Darum lasse ich dir die Wahl", sagte er. „Du kannst hierbleiben, einen Krankenwagen rufen. Du kannst bei ihm sein, wenn er zu sich kommt. Wir beide gehen unserer Wege. Nichts für ungut."

„Das ist … ungeheuer anständig von dir", sagte Nora.

Sie hatte sich darauf eingestellt, mit ihm um ihr Leben zu kämpfen. Jetzt würde er einfach verschwinden? Glaubte er wirklich diesen Schwachsinn von Familie und Zusammenhalt? Dann wäre er noch gestörter, als Nora gedacht hatte. Er klang aufrichtig. Bei einem Serienmörder durfte man darauf natürlich nicht setzen.

„Unter Verwandten braucht es kein böses Blut zu geben", sagte er. „Wenn du bleibst, verfällt die Einladung, und wir feiern unsere Hochzeit ohne dich. Wenn du mitwillst, müssen wir jetzt los. Es ist deine Entscheidung, Nora."

Die schwerste Entscheidung ihres Lebens.

Nora blickte auf Steffen, bewusstlos im Auto. Gleichzeitig erinnerte sie sich daran, wie sie, sechs Jahre alt, wenige Wochen nach Sofies Geburt an ihrer Wiege gestanden hatte. Sofie, in einem rosafarbenen Strampelanzug, schlief friedlich.

„Du bist jetzt eine große Schwester", sagte ihre Mutter zu ihr. „Du musst auf Sofie aufpassen."

Sie wusste nicht genau, was das bedeutete. Dann schlug Sofie die Augen auf. Sie lächelte Nora an und streckte ihre kleine Hand nach ihr aus. Nora fasste sie, und Sofie schloss ihre winzigen Finger um ihren Daumen. Da hatte sie verstanden, was ihre Mutter meinte. Sie gehörten zusammen, und es war an ihr, der Älteren, Sofie zu beschützen. Was sich der Bräutigam in seinem Wahn einbildete, war für sie und Sofie Wirklichkeit. Sie waren Familie.

„Ich habe mich entschieden“, sagte sie.

Der Bräutigam machte ihr Platz, als sie sich über Steffen beugte. Seine Wunde hatte aufgehört zu bluten. Sein Puls war kräftiger, sein Atem floss in regelmäßigen Zügen. Steffen gab ein Seufzen von sich, als Nora ihn auf die Stirn küsste.

„Halte durch“, flüsterte sie. Sie richtete sich auf. „Ich komme mit.“

Der Bräutigam klatschte in die Hände. „Du weißt nicht, wie sehr mich das freut.“

Nora hielt noch immer ihr Smartphone. Vielleicht dachte er nicht daran. Vielleicht konnte sie es unauffällig in ihrer Tasche verschwinden lassen.

„Dein Handy muss hier bleiben“, sagte er. „Das verstehst du, oder? Wir wollen ja ungestört sein.“

„Klar.“

Ungestört mit einem Frauenmörder. Ohne zu wissen, wo er sie hinbringen und was dort mit ihr geschehen würde. Aber sie hatte keine Wahl. Sie warf das Handy ins Gebüsch. Sie hatte die Lampe angelassen, damit Steffen es finden konnte. Doch das Licht erstickte im Dickicht.

„Nimm es bitte nicht als Zeichen von Misstrauen“, sagte der Bräutigam. „Ich muss prüfen, dass du nicht etwas dabeihast, das uns gefährlich werden kann.“

Seine Hände, groß und kräftig, befühlten ihre Arme und Beine, ihren Bauch und ihren Rücken. Auch ihre Brüste und ihren Hintern betastete er und griff ihr in den Schritt, nicht lüstern, sondern wie ein Polizist bei einer Personenkontrolle. Dennoch war es demütigend und widerwärtig. Nora hielt still. Zusammen mit Steffen hatte sie überlegt, ein Messer einzustecken. Wenn der Bräutigam es gefunden hätte, hätte er sie vermutlich damit getötet. Endlich war er fertig. Außer ihrem Portemonnaie hatte er nichts gefunden. Er warf es dem Handy hinterher.

„Mach die Tür zu bitte."

Nora schloss die Autotür. Bald würde die Innenbeleuchtung erlöschen und damit jede Aussicht, dass jemand den Wagen von der Landstraße aus sehen und Steffen helfen konnte.

„Also los", sagte der Bräutigam. „Sofie wartet auf uns."

Sie überquerten den Parkplatz und schlugen einen Feldweg ein. Noras Beklemmung wuchs mit jedem Schritt, den sie sich vom Auto entfernte und dem Bräutigam immer tiefer in die Nacht folgte. Er leuchtete ihnen mit seinem eigenen Handy. Sosehr Nora seine Nähe zuwider war, sie hielt sich dicht hinter ihm, um ihn nicht zu verlieren.

Ihr Knie schmerzte. Das war ihr geringstes Problem. Als sie zurückschaute, war der Volvo nur noch ein mattes Schimmern. Es erstarb, und nichts blieb außer Schwärze. Noras Herz krampfte sich zusammen. Würde sie Steffen jemals wiedersehen?

Der Bräutigam schaute über die Schulter. „Du humpelst ja. Hast du dir was getan?"

„Ich bin ausgerutscht."

„Ja, es ist gefährlich, im Dunkeln unterwegs zu sein, wenn man sich nicht auskennt, vor allem im Regen. Ich hoffe, es ist nichts Schlimmes."

„Geht schon."

Sie setzten ihren Weg durch die nasse Dunkelheit fort. Längst hätte Nora nicht einmal mehr sagen können, wo sich der Parkplatz befand oder wie weit sie davon weg waren.

„Hier sind wir."

Nora bemerkte den Passat erst, als sie direkt davorstand. Mit seiner grünbraunen Farbe war er zwischen Büschen und Bäumen am Wegrand gut getarnt. Das Nummernschild war verdreckt, vielleicht absichtlich, damit es unlesbar war. Wenn Nora gedacht hatte, sie und Steffen hätten überlegt gehandelt, war der Bräutigam offenbar noch vorausschauender. Obwohl sie zeitig eingetroffen waren, musste er längst auf sie gewartet haben. Statt ihm eine Falle zu stellen, waren sie nichtsahnend selbst in eine gelaufen.

Er holte einen Schlüssel hervor, entriegelte den Wagen und öffnete die Tür.

„Damit wir uns einig sind", sagte der Bräutigam. „Wenn du einsteigst, gibt es kein Zurück mehr. Du kannst es dir nicht auf halber Strecke anders überlegen. Alles oder nichts."

„Warum sollte ich es mir anders überlegen? Ich will zu Sofie."

Nora stieg auf der Beifahrerseite ein und zog die Tür zu. Der Wagen war ein älteres Modell, die grau-schwarz karierten Polster abgewetzt, das Armaturenbrett zerkratzt. Kein Navigationssystem, einzig ein Radio mit Kassettendeck. Aber er war sauber, wie frisch ausgesaugt. Kein Stück Müll, kein Krümel oder Flusen. Vom Rückspiegel baumelte ein Duftbäumchen mit Apfelgeruch. Der Bräutigam setzte sich ans Steuer und schloss die Fahrertür.

„Ärgerlich, dass die Sitze nass werden." Er schlug die Kapuze zurück. Mit der Skimaske sah sein Kopf klobig und unförmig aus. „Na ja, lässt sich nicht verhindern. Tut gut, aus dem Regen raus zu sein, was?"

Nora sah es anders. Draußen hatte sie immerhin das Gefühl der Weite um sich gehabt, das Gefühl von Möglichkeiten, auch wenn es sich dabei um eine Täuschung gehandelt hatte. Jetzt, auf engem Raum mit dem Mörder, während der Regen auf das Autodach hämmerte, fühlte sie sich eingesperrt, aller Möglichkeiten beraubt. Es gab nur noch einen Weg, und den bestimmte der Bräutigam.

„Schnall dich bitte an." Er legte seinen eigenen Gurt um und steckte den Zündschlüssel ins Schloss, drehte ihn jedoch noch nicht. „Ach ja. In der Montur sollte ich nicht fahren. Auf unseren Straßen ist zwar nicht viel los, schon gar nicht nachts. Falls uns doch jemand begegnet, wollen wir nicht, dass er mich so am Steuer sieht und uns die Polizei auf den Hals hetzt. Das wäre was, oder?"

Ja, dachte Nora, das wäre was.

„Da wir uns einig sind", sagte er, „brauchen wir keine Geheimnisse voreinander zu haben."

Nora hielt den Atem an. Das Regenprasseln war wie Trommelwirbel.

Der Bräutigam nahm seine Maske ab.

19

Der mächtige Schnauzbart, die fleischigen Backen, die knollige Nase. Es war ein Gesicht, das man schwer vergaß. Mit der Erkenntnis, wen sie vor sich hatte, traf Nora eine weitere. Sie selbst hatte den Mörder auf die Goldhochzeit geholt.

Er lächelte. „Da guckst du, was? Freut mich, dass die Überraschung gelungen ist."

Jetzt wusste Nora auch, dass sich unter dem Regenmantel ein stämmiger Körper mit rundlichem Bauch verbarg. Sie sah ihn hinter seinem DJ-Pult, hörte seine Rufe, mit denen er die Tanzlaune angeheizt hatte.

Wie er hieß, fiel ihr nicht auf Anhieb ein. In der Vorbereitung der Feier hatte sie mit zu vielen Leuten zu tun gehabt, um sich all die Namen zu merken. Er musste ihr ansehen, dass sie auf seinen nicht kam. Sein Lächeln hielt, allerdings zog eine Spur Unmut hinein.

„Ist schön, dass wir uns jetzt noch mal neu kennenlernen, auf der persönlichen Ebene. Vorstellen muss ich mich nicht, oder, Nora?"

Sie durchforstete ihr Gedächtnis. Nachdem sie alles Geschäftliche mit einem Dienstleister geregelt hatte, hatte sie die Person der Einfachheit halber als *Caterer, Hotelmanager* oder Ähnliches abgespeichert, in ihrem Handy und in ihrem Gehirn. Er war für sie einfach der DJ gewesen.

Die Innenbeleuchtung erlosch, tauchte seine Gesichtszüge ins Dunkel.

„Nein, natürlich nicht", sagte Nora. „Ich weiß, wer du bist."

Eigentlich hatte sie ein gutes Erinnerungsvermögen. Nur funktionierte ihr Verstand unter dem Stress nicht richtig. Wie hieß er? Irgendwas mit H? Oder mit K? Das hier war kein Ratespiel, bei der er ihr drei Versuche geben würde.

„Wirklich, Nora?", fragte er. „Ich habe den Eindruck, du hättest meinen Namen vergessen."

Sie lachte nervös. „Wie kommst du denn darauf? Wir haben so nett miteinander geschrieben."

Unter seine E-Mails hatte er *Mit musikalischen Grüßen* geschrieben. Was noch? Er bewegte sich auf seinem Sitz, als wäre er ihm zu ungemütlich. Oder machte er sich bereit, ihr die Hände um den Hals zu legen und sie zu erwürgen, bevor er ihre Leiche aus der Autotür in den Dreck stieß? Wie viel Zeit würde er ihr geben? Sie meinte, die letzten Sekunden ihres Lebens heruntesticken zu hören.

„Nora …" Sein Atem ging schnaufend.

Seine Website war ziemlich laienhaft gestaltet gewesen. Steffen hatte das als nicht besonders professionell kommentiert. Doch einen anderen DJ hatte sie nicht gefunden, und überhaupt spielte es keine Rolle, wie sein Internetauftritt aussah, solange er für gute Musik sorgte. In der Rubrik

Über mich war ein Foto von ihm. Nora hatte sich darüber gewundert, dass er, mit Mitte dreißig nicht viel älter als sie, einen so altmodischen Namen hatte.

„Hartmut Münter", platzte es aus ihr heraus. „DJ Hartmut."

Die Spannung in seinem Körper minderte sich. Seine Zähne schimmerten matt im Dunkeln, als er lächelte.

„Ich wusste es, Nora. Wir haben eine richtige Verbindung, du und ich."

Eine Verbindung, wie sie so eng nur zwischen einem Mörder und seinem zukünftigen Opfer bestehen konnte. Eine Verbindung, die er nur durch ihren Tod trennen würde. Jetzt wo er ihr sein Gesicht gezeigt hatte, stand fest, dass er sie nicht wieder gehen lassen konnte.

„Dann ab nach Hause."

Er startete den Motor. Der Passat brummte. Aus dem Lautsprecher plärrte *How Deep Is Your Love* von den Bee Gees. Das Lied setzte mitten im Refrain ein, so plötzlich und laut, dass Nora zusammenfuhr.

„Oh, entschuldige." Der Bräutigam drehte die Musik leiser.

Münter, heißt er, ermahnte sich Nora. Es fiel ihr schwer, sich daran zu gewöhnen, dass der Serienmörder, über den sie so viel in der Zeitung gelesen, der ihr so viele schlaflose Nächte und Albträume beschert hatte, nun einen Namen hatte, noch dazu einen so gewöhnlichen.

„Wenn ich auflege, haue ich natürlich die Partyknaller raus."

Kein Dienstleister, hatten die Ermittler berichtet, war auf jeder Veranstaltung gewesen, von der Frauen verschwunden waren. Das hieß, Münter absolvierte einerseits Auftritte ohne Entführungen und holte sich seine Opfer andererseits auch von Festen, für die er nicht engagiert war. Bestimmt eine seiner Taktiken, damit ihm niemand auf die Schliche kam.

„Privat mag ich es ruhiger. Wobei, die Bee Gees gehen auch auf Feiern, am besten zum Ende hin. Ein guter DJ muss ein Gefühl für die Stimmung der Leute haben."

Bevor Steffen und sie eingetroffen waren, hatte er wahrscheinlich hier gesessen und Musik gehört, den Rhythmus auf dem Lenkrad getrommelt oder mitgesungen. Anschließend war er durch den Regen gestapft, um Steffen niederzuschlagen.

Münter schaltete die Scheinwerfer ein. Das Licht höhlte die Finsternis ein paar Meter weit aus, bevor es darin versickerte. Regenfäden glänzten auf wie zerfallende Perlenketten. Münter legte den Rückwärtsgang ein. Es knarzte im Getriebe. Büsche und Zweige schabten über den Wagen, als er zurücksetzte. Er wendete, lenkte den Passat auf die Landstraße und gab Gas.

„Weit haben wir es nicht. Eine knappe halbe Stunde."

Eine halbe Stunde Autofahrt. So nah war Sofie die ganze Zeit gewesen. Andererseits ergab das einen weiten Radius um das Hotel. Da Nora und Steffen über eine andere Straße gekommen waren, konnte sie nicht bestimmen, in welcher Richtung sich das *Waldlicht* befand. Ihre Eltern und Großeltern lagen dort in ihren Betten, schliefen, falls sie etwas Ruhe fanden, oder starrten ins Dunkel, wach gehalten von ihren Sorgen um Sofie. Am Morgen würden sie feststellen, dass auch ihre andere Tochter, ihre andere Enkelin verschwunden war.

Darüber durfte Nora nicht nachdenken. Sie würde ihre Schwester wiedersehen. Das war das Einzige, was gerade zählte.

„Deine Großeltern sind also Olländer", sagte Münter. „Dann warst du schon öfter bei uns?"

Er plauderte, als wären sie Freunde oder Verwandte, unterwegs zu einem Familientreffen. Wahrscheinlich sah er das tatsächlich so. Ihr war nicht danach, Small Talk mit einem Mörder zu machen. Aber sie wollte ihn nicht verärgern.

„Als ich geboren wurde, haben meine Großeltern schon woanders gewohnt. In meiner Kindheit war ich mal mit ihnen und meinen Eltern in Jork im Urlaub. Leider erinnere ich mich nicht besonders gut daran."

Die Heizung lief auf vollen Touren. Das Gebläse rauschte unter der Musik und stieß Nora stickige Luft entgegen. Das Wunderbäumchen kam nicht an gegen den Geruch von nasser Kleidung, Münters Aftershave und seinem Körperdunst.

„Wie gefällt dir das Alte Land? Ein schmuckes Fleckchen Erde, was? Ich bin hier aufgewachsen. Die herrliche Natur, die hübschen Örtchen, die netten Leute, die Bräuche und Traditionen. Für Kinder ist das traumhaft. Selbst später wollte ich nie weg. Warum auch? Schöner kann es nirgendwo sein."

„Es ist wirklich sehr schön." Ohne verrückte Serienmörder, dachte sie, wäre es noch schöner. „Ich kann verstehen, warum meine Großeltern ihren Lebensabend hier verbringen möchten."

„Irgendwann zieht es jeden zurück in die Heimat. Besonders wenn es eine so wunderbare ist."

Während sie sprachen, schielte Nora zur Tür. Münter hatte das Knöpfchen nicht runtergedrückt. Falls die alte Karre überhaupt Zentralverriegelung hatte. Wenn sie jetzt flüchten könnte, hätte sie alle Informationen, die Beuss brauchte, um ihn festzunehmen. Nur konnte sie nicht einfach aus dem Wagen springen. Der Passat ruckelte mit achtzig Sachen über die Landstraße. Selbst wenn er in einer Kurve verlangsamte, hatten sie immer noch mindestens fünfzig Stundenkilometer drauf. Das müsste sie erst mal überleben. Nein, ein Stuntsprung aus dem Wagen war zwecklos, und er wusste das so gut wie sie. Er hatte es nicht nötig, sie einzusperren.

„Sie sind ein süßes Paar, die beiden", sagte er. „Deine Großeltern, meine ich. So jung geblieben. Oolt warrn is keen Kunst, obers lang leven un nich oolt dorbi warrn, dat is 'ne Kunst."

Er sah sie erwartungsvoll von der Seite ein, als wäre es ein Zeitvertreib, um die Fahrt rumzubringen.

„Alt werden ist keine Kunst", sagte Nora, „aber lange leben und dabei nicht alt werden, das ist eine Kunst."

„Sehr gut! Du machst das wirklich super. Oh Mann, Goldhochzeit, das ist was, oder? Die beiden haben mich richtig gerührt. Nach so vielen Jahren noch so innig miteinander. Das wünscht man sich von einer Ehe. Wenn man nicht glaubt, dass das für immer hält, würde man sich ja auch gar nicht darauf einlassen. Denkst du oft dran, wie das sein wird, mit Steffen alt zu werden?"

„Manchmal."

Steffen hatten sie inzwischen viele Kilometer hinter sich gelassen. Es war sinnlos, allzu weit in die Zukunft zu denken, schon gar nicht bis zu ihrer eigenen Goldhochzeit. Im Moment durfte sie nicht davon ausgehen, dass sie dafür alt genug werden würde. In der Gewalt des Bräutigams verkürzte sich ihre Lebenserwartung auf Wochen oder Tage.

„Davon träume ich“, sagte der Mörder neben ihr. „Mit meiner Frau Hand in Hand auf einer Bank im Garten zu sitzen, wenn wir alt und schrumpelig sind. Manche finden das kitschig. Was soll's? Dann bin ich eben kitschig. Deshalb lege ich auch besonders gern auf Hochzeitsfeiern und Hochzeitsjubiläen auf. Ich fand es sehr schön, dass ich bei eurem Fest dabei sein durfte.“

Nora musste sich beherrschen, nicht fassungslos den Kopf zu schütteln. Was sollte sie dazu sagen? Hey, ich fand es auch super, dass du da warst und meine kleine Schwester entführt hast?

Der Regen schlierte über die Windschutzscheibe. In stetem Tempo rollte der Passat über die nasse Landstraße, die auf der einen Seite von Feldern, auf der anderen von Bäumen und Büschen gesäumt war. Niemand sonst war unterwegs. Eine zufällige Polizeikontrolle brauchte Münter in dieser verlassenen Gegend nicht zu befürchten. Dennoch hielt er sich streng an die Geschwindigkeitsbegrenzung. Vielleicht gab es Radarfallen, von denen er nicht geblitzt werden wollte.

Sollte Nora versuchen, sie von der Straße abzubringen? Sie könnte das Steuer packen, es herumreißen und den Wagen in den Graben oder gegen den nächsten Baum lenken. Münter hatte ein Handy bei sich. Wenn er bei dem Aufprall stark genug verletzt würde, könnte sie es an sich bringen.

Aber der Passat hatte keine Airbags. Sie würde mindestens so viel abkriegen wie er. Dann käme es nur drauf an, wer sich schneller erholte – falls sie nicht beide draufgingen.

Münter wirkte sorglos. Bestimmt nicht, weil er solche Gedanken nicht gehabt hätte. Eher, weil er sie sich im Vorhinein gemacht und, so wie Nora jetzt, die Sinnlosigkeit solcher Manöver erkannt hatte.

Statt den Bee Gees lief jetzt *Love Is All Around*, allerdings nicht die Version, die Nora schon gehört hatte. Münter klopfte den Takt auf dem Lenkrad und sang mit. Nora musste zugeben, dass er keine üble Stimme hatte.

„Das ist das Original von den Troggs. Tausendmal besser als das Cover von Wet Wet Wet, findest du nicht? Das ist selbst mir zu schmalzig, und ich bin Romantiker."

Er sang weiter, forderte sie mit einem Nicken auf einzustimmen. Nora dachte gar nicht daran. Das hätte ihr gerade noch gefehlt, auf dieser Nachtfahrt Liebeslieder mit einem Serienmörder zu trällern.

„Warum tust du das?", fragte sie stattdessen.

„Was, singen? Warum, gefällt es dir nicht? Im Handschuhfach sind noch mehr Kassetten."

„Nein, das meine ich nicht."

„Was meinst du?"

Warum er Frauen entführte, sie umbrachte, und was mit ihren Leichen geschah, hätte er ihr garantiert nicht erläutert. Nora fand es sowieso nicht verlockend, so tief in seinen kranken Verstand einzudringen.

„Warum hast du mich abgeholt? Warum hast du dich darauf eingelassen?"

Er blies die Backen auf und prustete die Luft zwischen den Lippen hindurch.

„Eine glückliche Ehe zu führen, ist nicht leicht, egal wie sehr man sich liebt. Man muss eine Menge Arbeit reinstecken, Kompromisse eingehen. Ich habe da schlechte Erfahrungen. Sofie ist so jung. Versteh mich nicht falsch. Sie ist eine tolle Frau und hat sich gut eingelebt. Aber das ist alles neu für sie. Eine große Umstellung. Vor allem, weil es so schnell ging mit uns. Manchmal passiert das zwischen Menschen, dass es wie der Blitz einschlägt und man erkennt, dass man füreinander bestimmt ist. Wir sind ungeheuer froh, uns gefunden zu haben. Ich sorge mich nur, dass sie überfordert sein könnte. Es wird ihr guttun, ihre ältere Schwester bei sich zu haben. Ich verspreche mir viel davon. Außerdem fände ich es schön, von mehr Verwandtschaft umgeben zu sein. Ich danke dir von ganzem Herzen, dass du für uns da sein willst."

Die Hochzeits- und Todesanzeigen, seine abstruse Vorstellung, jetzt Teil ihrer Familie zu sein, Nora hatte gewusst, dass er verrückt war. Trotzdem schockte sie das Ausmaß seiner Realitätsverzerrung. Er lebte in seiner eigenen Welt, einer Welt des Irrsinns, und sie war dabei, in diese Welt einzutreten, ohne zu wissen, ob sie ihr jemals wieder entkommen würde.

„Gern geschehen", murmelte sie.

Sie wusste nicht, wie lange sie schon unterwegs waren. Fünfzehn Minuten? Zwanzig? Wenn sie noch während der Fahrt etwas unternehmen wollte, musste sie es bald tun. Bloß was?

Der nächste Song begann. Nora erkannte *I Will Always Love You*. Die Frauenstimme gehörte allerdings nicht Whitney Houston. Ebenfalls kraftvoll, wirkte sie etwas dünner, verletzlicher. Der Bräutigam drehte lauter.

„Dolly Parton. Keiner singt dieses Lied so herrlich wie sie. So einfühlsam. Das geht mir immer ans Herz."

Er fiel wieder mit ein. Nachdem die Straße sie in weiten Kurven durch die nächtliche Landschaft geleitet hatte, fuhren sie nun seit einer Weile auf gerader Strecke. Nora fand sich damit ab, dass ihr hier und jetzt nichts einfallen würde. Sie musste auf eine bessere Gelegenheit warten. Hoffen, dass sich eine ergab. Sie konzentrierte sich ganz auf Sofie und darauf, ihre Kräfte zu sammeln. Sie würde sie brauchen.

Plötzlich blitzte etwas im Seitenspiegel. Im Dunkel hinter ihnen tauchten Scheinwerfer auf.

„Nu kiek an", sagte Münter. „Da unternimmt noch jemand eine nächtliche Spritztour."

Die Scheinwerfer näherten sich schnell. Die Spur neben dem Passat war frei, kein anderes Fahrzeug zu sehen. Der andere Wagen hätte problemlos überholen können. Stattdessen setzte er sich dicht hinter sie.

Der Bräutigam schaute in den Rückspiegel. „Was will der denn?"

Nora schöpfte Hoffnung. Vielleicht war Steffen aufgewacht, hatte das Auto kurzgeschlossen und die Verfolgung aufgenommen. Jetzt würde er den Bräutigam zum Anhalten zwingen. Gemeinsam würden sie ihn überwältigen und aus ihm herauspressen, wo Sofie war.

Als sie sich umdrehte, musste Nora einsehen, dass das Wunschdenken war. Um was für ein Auto es sich handelte, konnte sie nicht erkennen, lediglich, dass der Mann am Steuer nicht Steffen war. Er war zu klein, seine Schultern zu breit. Sie überlegte, ob sie ihm trotzdem ein Signal geben sollte. Aber auch wenn er sie wegen seiner Scheinwerfer, die den Passat ausleuchteten, besser sah als sie ihn, sollte sie es wagen und riskieren, dass Münter es mitbekam?

Münter winkte ihn vorbei. „Fahr, du Depp! Du hast freie Bahn."

Der Wagen klebte weiter an ihrer Stoßstange.

„Bestimmt ein Besoffener", sagte Münter. „Oder ein lebensmüder Raser. Die Typen sind gemeingefährlich."

Er beschleunigte. Der andere blieb an ihnen dran. Wer war er? Und was wollte er? Da flammte Blaulicht hinter ihnen auf. Es flackerte durch das Innere des Passat, über das verdutzte Gesicht des Bräutigams. Im selben Moment erhob sich das Heulen einer Sirene. Es war das schönste Geräusch, das Nora je gehört hatte.

20

Der Bräutigam drosselte das Tempo. Sich in dem Klapperkasten eine Verfolgungsjagd zu liefern, wäre aussichtslos. Doch ließ er den Passat noch ein gutes Stück rollen, statt zu stoppen. Er wollte Zeit gewinnen, vermutete Nora, um sich zu überlegen, wie er mit dieser Begegnung umgehen sollte.

Schließlich setzte er den Blinker und brachte den Passat am Straßenrand zum Stehen. Den Motor schaltete er nicht aus. Dolly Parton sang weiter. Der Regen hatte zugenommen, bildete ein dichtes Rauschen. Münter krampfte seine behandschuhten Hände um das Lenkrad.

„Mach keine Dummheiten, Nora."

„Keine Sorge", sagte sie. „Ich will, dass wir alle heil aus dieser Situation rauskommen."

Für Münter galt das allerdings nur, weil er ihnen Sofies Aufenthaltsort verraten musste. Ansonsten hätte sie kein Problem damit gehabt, wenn der Polizist ihn ohne Umstände erschossen hätte.

„Gut, sonst ist es um Sofie geschehen."

Der andere Wagen stellte sich hinter ihnen schräg auf die Fahrbahn. Die Sirene verstummte. Das Blaulicht kreiste weiter. Zusammen mit dem Regen und den Scheinwerfern, die den Passat anstrahlten, erschwerte es Nora die Sicht durch die Heckscheibe. Einzig die Silhouette des Fahrers war erkennbar.

Münter schnallte sich ab. Er hätte Nora als menschliches Schutzschild nutzen können. Aber damit wäre die Lage sofort eskaliert. Offenbar entschied er sich für einen trickreicheren Versuch. Er stieß seine Tür auf und stieg aus. Nachtwind trieb Regengischt in den Passat. Sofort verließ auch der Polizist seinen Wagen. In leicht geduckter Haltung näherte er sich dem Passat, seine Pistole auf Münter gerichtet.

„Keinen Schritt weiter! Lassen Sie die Hände da, wo ich sie sehen kann!“

Wegen des Gegenlichts war sein Gesicht für Nora nur ein dunkler Fleck. Doch an seinem Körperbau und seiner Stimme erkannte sie Martin Beuss. Nora hätte fast geweint vor Erleichterung.

Münter blieb stehen, die Hände seitlich und leicht erhoben.

„Was ist los, Herr Wachtmeister? Bin ich zu schnell gefahren? Deshalb müssen Sie mich nicht gleich mit Ihrer Kanone ins Visier nehmen. Ziemlich übertrieben für eine Verkehrskontrolle, finden Sie nicht?“

„Reden Sie keinen Müll. Das ist keine Verkehrskontrolle, und ich bin nicht hier, um Ihnen einen Strafzettel zu verpassen. Stellen Sie sich an die Hintertür Ihres Wagens, und bauen Sie keinen Scheiß.“

„Sie brauchen sich nicht aufzuregen, Herr Wachtmeister. Ich mache, was Sie sagen.“

Beuss spähte an Münter vorbei in den Passat. „Frau Siegel? Sind Sie das?"

„Ja!", rief Nora. „Ich bin hier!"

„Kommen Sie raus!"

Nora öffnete die Beifahrertür und stieg aus. Beuss trug keine Regenjacke. Sein Hemd war klitschnass. Der Regen hatte ihm den Seitenscheitel in die Stirn geklatscht und triefte von seinem Gesicht.

„Alles in Ordnung?", fragte er.

„Mir geht es gut."

„Erklär dem Wachtmeister, dass das ein Missverständnis ist, Nora", sagte der Bräutigam. „Erklär ihm, dass ich ein alter Freund bin, der mit dir nach Sofie sucht."

Nora beachtete ihn nicht. Alle Gespräche, die sie noch zu führen hatten, würden sich auf einer Polizeiwache abspielen.

„Gott, bin ich froh, Sie zu sehen", sagte sie zu Beuss.

Erlösung sprengte die Anspannung, die sie wie Eisenringe umschlossen hatte. Am liebsten wäre sie Beuss um den Hals gefallen.

„Wie haben Sie uns gefunden?"

Auch jetzt musste sie rufen, um das Regenrauschen zu übertönen, das Motorengebrumm des Passat und Dolly Partons Gesang, der durch die offenen Türen herausströmte.

„Ich wollte Sie sprechen, konnte Sie aber weder auf Ihrem Handy noch im Hotel erreichen", antwortete Beuss, ohne die Augen oder die Pistole von Münter zu nehmen. „Der Rezeptionist meinte, Sie hätten nach der Alten Eiche gefragt. Das hat mich stutzig gemacht. Warum sollte Sie diese Stelle mitten im Nirgendwo interessieren? Ich bin sofort aufgebrochen. Auf dem Wanderparkplatz habe ich Ihren Verlobten gefunden. Da ich von Ihnen keine Spur entdeckt habe, habe ich mehrere Streifenwagen losgeschickt, um die Gegend abzusuchen und alle Fahrzeuge anzuhalten, auf die sie stoßen. Es ist reiner Zufall, dass ich und nicht einer der anderen Sie eingeholt hat."

Nora war froh, dass er es war. Es tat so gut, ein bekanntes Gesicht zu sehen.

„Kommen Sie zu mir", sagte Beuss. „Halten Sie Abstand von ihm."

Münter beobachtete sie mit einer Mischung aus Unmut und Enttäuschung, während sie um den Passat herumging und das Flimmern aus Scheinwerfer- und Blaulicht durchquerte, das Beuss' dunkelblauer Audi verbreitete.

„Sind Sie verletzt?", fragte Beuss, als er ihr Humpeln bemerkte.

„Nicht schlimm", sagte sie. „Was ist mit Steffen? Ist er okay?"

„Ich habe ihm einen Krankenwagen gerufen. Er hat vermutlich eine Gehirnerschütterung und muss ein paar Tage im Krankenhaus bleiben."

Nora befand sich in der Mitte zwischen Beuss und dem Audi auf der einen, Münter und dem Passat auf der anderen Seite.

„Was soll der Unsinn, Nora"?, fragte er. „Denk an deine Schwester."

Der Dreckskerl war unglaublich. Dachte er, sie würde ihm helfen, Beuss zu überwältigen, damit sie ihre Fahrt in Ruhe fortsetzen konnten?

„Keine Sorge. Das tue ich."

„Frau Siegel“, mahnte Beuss, „lassen Sie sich von ihm in nichts reinziehen. Ignorieren Sie ihn einfach.“

Für einen Sekundenbruchteil hatte er seine Aufmerksamkeit von Münter abgezogen. Der nutzte die Ablenkung. Mit einer Schnelligkeit, die Nora ihm nicht zugetraut hätte, hechtete er auf sie zu. Ein Schuss knallte wie ein Donnerschlag.

Krachend zerbarst das Seitenfenster des Passat, vor dem Münter gerade noch gestanden hatte. Scherben klirrten auf den nassen Asphalt. Nora schrie auf und fuhr vor Münter zurück. Statt sie zu packen, hastete er an ihr vorbei. Beuss schwenkte seine Pistole, hätte mit einem weiteren Schuss jedoch riskiert, Nora zu treffen. Sie wich zur Seite, um die Schussbahn freizugeben. Bevor Beuss abdrücken konnte, war Münter hinter dem Passat in Deckung gegangen und hatte sich ins Gebüsch am Straßenrand gestürzt.

„Scheiße!“, rief Beuss.

Er schob Nora hinter sich und näherte sich vorsichtig dem Passat. Über die Motorhaube hinweg richtete er seine Waffe auf das Dickicht.

„Sehen Sie ihn?“, fragte er.

Der Passat verhinderte, dass die Scheinwerfer des Audi das Unterholz ausleuchteten. Das Blaulicht flackerte über die Autos und die Straße, über die Bäume und Büsche, die im Wind schwankten. Es war unmöglich, die aufsteigenden und niederfallenden Schatten zuzuordnen. Das Tuckern des Passat, Dolly Partons Gesang und das Prasseln des Regens überdeckten alle anderen Geräusche.

„Nein. Er kann überall sein.“

Nora blieb dicht hinter Beuss, als er den Passat umrundete. Am liebsten hätte sie sich an ihm festgehalten, damit er sie nicht allein ließ, um den Mörder im Gebüsch zu suchen.

„Sein Name ist Hartmut Münter", sagte Nora, während sie und Beuss den Straßenrand im Auge behielten. „Er war der DJ auf der Goldhochzeit. Sie müssen …"

„Ganz ruhig, Frau Siegel", unterbrach Beuss sie. „Wir kriegen ihn und werden verhindern, dass er Ihrer Schwester etwas antut." Er löste eine Hand von der Pistole, um sein Handy hervorzuziehen. „Ich musste prüfen, ob Sie es sind, bevor ich meine Kollegen verständige. Aus dem Auto heraus konnte ich das nicht erkennen. Jetzt werde ich sofort alle verfügbaren Einheiten alarmieren."

Wegen der Nässe funktionierte der Fingerabdrucksensor des Handys nicht. Beuss gab den Code ein.

„Wir spannen einen Ring um die Umgebung", fuhr er fort. „Zu Fuß kommt er nicht weit. Er kann sich höchstens verstecken. Sobald es hell wird, erwischen wir ihn. Wo er wohnt, finden wir schnell raus. Wir beide fahren hin, treffen meine Leute da und befreien Sofie." Er wählte. „Sie setzen sich in meinen Wagen und verriegeln die Türen. Der Schlüssel steckt. Sollte etwas passieren, fahren Sie los, verstanden?"

„Alles klar."

Nora wollte zu dem Audi gehen. In diesem Moment brach Münter aus den Büschen. Von der Seite, ein gutes Stück abseits der Stelle, an der er verschwunden war, sprintete er durch den Regen und das Blaulicht auf sie zu. Beuss ließ das Handy fallen und riss seine Waffe herum.

Knurrend wie ein wildes Tier prallte Münter gegen ihn. Der Kommissar taumelte unter dem Zusammenstoß. Münter schlug seinen Arm mit der Pistole herab. Zwei Schüsse krachten ins Leere. Ein Messer schimmerte in Münters Hand. Beuss wollte zurückweichen. Münter hielt ihn fest. Dolly Parton sang voller Ergriffenheit den Refrain, während er Beuss die Klinge in den Oberkörper rammte.

„Nein!"

Noras Schrei hallte durch die Nacht. Beuss ächzte. Mit heftigen Stichen, bei denen er das Messer bis zum Griff in Beuss' Bauch und Brust versenkte, trieb Münter ihn rückwärts. Er stieß gegen Nora. Sie stolperte und stürzte auf den Asphalt. Beuss wollte die Pistole ein weiteres Mal auf Münter richten. Münter packte seinen Arm und drückte ihn zur Seite, während er weiter auf ihn einstach.

Blut tränkte Beuss' Hemd. Die Pistole fiel ihm aus der Hand, während er versuchte, den Attacken zu entgehen und gleichzeitig auf Münter einzuschlagen. Er schmetterte seine Faust in Münters Gesicht. Münter war nicht aufzuhalten. Er drängte Beuss gegen die Motorhaube des Audi. Drei, vier weitere Stiche, dann war es vorbei.

So heftig er eben noch gekämpft hatte, so plötzlich verließen Beuss die Kräfte. Seine Arme fielen von Münter herab. Er sackte zusammen, landete halb sitzend, halb liegend gegen seinen Wagen gelehnt. Er blieb bei Bewusstsein, versuchte aufzustehen. Vergeblich. Schwer atmend stand Münter mit dem Messer über seinem besiegten Gegner.

Die Kassette war abgelaufen, die Musik verstummt. Der Regen rauschte ohrenbetäubend auf Nora ein. Sie lag noch auf dem Boden, geschockt von Münters Geschwindigkeit und der Brutalität seines Angriffs. Noch nie hatte sie so viel Blut gesehen. Münter drehte ihr den Rücken zu. Gleich würde er mit ihr ebenso kurzen Prozess machen. Beuss' Pistole glänzte im Scheinwerferlicht. Regentropfen sprangen davon ab. Kaum spürte sie den Schmerz in ihrem Knie, als sie sich auf alle viere wuchtete und sich auf die Waffe zu schleppte. Nora hob sie auf. Sie kam ihr ungeheuer schwer vor.

Münter wandte den Kopf. Beuss' Lippen bewegten sich. Falls er etwas herausbrachte, verstand Nora es nicht. Sein Blick beschwor sie, die letzte Chance zu nutzen, die ihnen blieb, und Münter zu erschießen. Die Pistole bebte in ihrer Hand, wollte ihr aus den nassen Fingern rutschen, als Münter auf sie zutrat. Nora wuchtete sie empor, zielte auf seine Brust. Bevor sie abdrücken konnte, fasste er den Lauf und bog ihn zur Seite. Obwohl sie ihre Finger um den Griff klammerte, entwand er ihr die Pistole mühelos und warf sie ins Gebüsch. Die Hoffnung in Beuss' Augen erlosch.

„Danke, Nora", sagte Münter, als hätte sie ihm gerade ein Handtuch zum Abtrocknen gereicht. „Das ist nett von dir."

Er beugte sich zu ihr herab. Beuss' Blut befleckte seinen Mantel und seine Jogginghose und war ihm ins Gesicht gespritzt. In rötlichen Rinnsalen lief es ihm über Stirn und Backen. Nora versuchte zu sprechen, brachte jedoch nichts als ein Wimmern hervor.

„Beruhig dich", sagte Münter. „Es ist vorbei. Er kann uns nichts mehr tun. Und ich weiß, das war nicht deine Schuld."

Das Messer hielt er neben seinem Bein. Blut rann an der langen, gezackten Klinge herab und tropfte auf den Asphalt.

„Aber du hättest ihm nicht meinen Namen sagen müssen."

Nora schob sich von Münter weg, hinüber zu Beuss. Seine Brust hob und senkte sich in hektischen Stößen. Unmengen Blut flossen aus seinen Wunden, vermischten sich mit dem Regenwasser. Er sah Nora an, als täte es ihm leid, sie enttäuscht zu haben. Er wollte die Hand heben, schaffte es nicht.

„Nicht anstrengen, Martin."

Sonst konnte sie nichts für ihn tun. Beuss' Handy lag auf halbem Weg zwischen dem Polizeiwagen und dem Passat. Münter kickte es unter sein Auto und hockte sich neben sie. Die Hand mit dem Messer ruhte auf seinem Oberschenkel.

„Sie hätten sich nicht einmischen sollen, Herr Wachtmeister. Ich bin ein verträglicher Kerl. Doch wenn es um meine Familie geht, bin ich empfindlich."

„Bitte lass ihn", sagte Nora. „Er ist keine Gefahr mehr für dich."

Dabei wusste sie, es war aussichtslos, den Mörder um Erbarmen anzuflehen. Beuss wusste es auch. Er starrte Münter an, die Augen voller Hass. Blut quoll aus seinem Mund, als er zu sprechen versuchte, und lief über sein Kinn.

„Hoppla, Herr Wachtmeister", sagte Münter. „Sie haben da was."

Bevor Nora ihm in den Arm fallen konnte, hatte er Beuss das Messer in den Hals gestoßen. Der Polizist röchelte, als Münter ihm die Kehle durchschnitt. Ein Schwall Blut schoss über Münters Hand und das Messer, traf Noras Gesicht. Beuss' Augen weiteten sich, seine Arme und Beine ruckten im Krampf. Sein Kopf kippte zur Seite, und er hielt still.

Münter zog das Messer heraus.

„Das war ein Gnadenstoß", erklärte er. „Dor wüür Hoppen un Malt verloren."

Er schaute sie auffordernd an.

„Was ist?", fragte er, als sie nicht antwortete. „Sprichst du plötzlich kein Platt mehr? Da waren Hopfen und Malz verloren."

Nora war schwindelig. Sie fuhr sich mit den Händen übers Gesicht. Der Regen verdünnte das Blut an ihren zitternden Fingern. Verzweifelt kämpfte sie gegen die Ohnmacht an, die sie überwältigen wollte.

„Ganz ehrlich, Nora, ich bin verwirrt", sagte Münter. „Du wolltest zu deiner Schwester. Du wolltest bei unserer Hochzeit dabei sein. Dann bringst du solche Aktionen und schwärzt mich bei den Bullen an." Seine Faust schloss sich fester um den Messergriff. „Ich glaube fast, du willst gar nicht zu Sofie."

Nora ließ die Hände sinken. Der Gedanke, dass Beuss ihretwegen gestorben war, war unerträglich. War es nicht das Einfachste aufzugeben? Wie sollte sie gegen dieses Monster bestehen? Aber wenn sie nicht wenigstens versuchte, Sofie zu befreien, wäre Beuss' Tod umsonst gewesen.

„Doch, das will ich", würgte sie hervor. „Das mit deinem Namen, das war … Ich habe nicht nachgedacht. Es tut mir leid."

Er tippte mit dem Messer gegen sein Bein.

„Na ja." Er betrachtete Beuss' Leiche. „Ist ja gerade noch mal gut gegangen." Er erhob sich, trat an die Fahrertür des Audi und spähte hinein. „Keine Kamera. Bisher haben nur wenige Polizeiwagen im Alten Land eine. Das macht es leichter für uns. Wenn sie mit einer Handvoll Einheiten die Umgebung absuchen, mussten sie sich weit verteilen. Ich denke nicht, dass einer von ihnen die Schüsse gehört hat. Vor allem bei dem Regen. Wir sind noch ein gutes Stück von zu Hause weg. Wenn seine Kollegen ihn finden, werden die nicht bei mir auftauchen."

Er drehte die Klinge im Regen, spülte das Blut fort. Er wischte das Messer an seiner Jogginghose ab und steckte es ein.

„In Ordnung, Nora. Ich sehe es dir nach. In Familien verzeiht man einander. Aber du musst dich zusammenreißen. Noch mal werde ich so etwas nicht durchgehen lassen, nur weil du meine Schwägerin in spe bist. Haben wir uns verstanden?"

Nora nickte. Ein falsches Wort, wusste sie, wäre ihr Todesurteil.

„Absolut."

„Schön." Er wechselte wieder in den Plauderton, den Nora noch verstörender fand als seine Drohungen. „Dann lass uns weiterfahren, weg von diesem Schlamassel."

Er hielt ihr die Hand hin. Es kostete Nora übermenschliche Überwindung, sich von ihm hochziehen zu lassen. Ihre Beine wollten sie kaum tragen, als er sie zum Passat führte.

„So eine Schweinerei."

Von seinem Mantel hatte der Regen das Blut weitestgehend abgewaschen. Auf seiner Hose bildete es rotbraune Flecke. Er rieb mit den Händen darüber, verschmierte sie.

„Wir wollen die Polster nicht völlig einsauen, was?" Münter öffnete den Kofferraum und kehrte mit einer Decke und einer Plastikplane zurück. Er summte *I Will Always Love You*, während er sie über die Vordersitze breitete. „So wird es gehen."

Sie stiegen ein und schlossen die Türen. Nora hing kraftlos in ihrem Sitz. Sie rang damit, zu begreifen, was geschehen war. Es war zu viel, als dass ihr Verstand es hätte fassen können.

Münter schaltete die Scheinwerfer aus.

„Besser, wir fahren ohne Licht weiter, damit uns nicht noch jemand sieht. Keine Angst, ich finde den Weg. Ich kenne das Olland wie meine Westentasche."

Er drehte die Kassette um. *It Must Have Been Love* von Roxette erfüllte den Wagen. Münter lenkte ihn auf die Fahrbahn und beschleunigte. Knatternd rumpelte der Passat durch den Regen.

„Höchste Zeit, dass wir heimkommen", sagte er. „Sofie macht sich bestimmt schon Sorgen."

21

„Wir sind da."

Münter hielt den Passat an. Weder ein Haus noch ein sonstiges Gebäude hob sich zumindest in Umrissen aus dem Dunkel. Um sie lag nichts als Schwärze.

Die Landstraßen hatten sie schon vor einer Weile hinter sich gelassen. Schmalere Straßen und Wege hatten sie hergeführt, die nicht gewirkt hatten, als wären darauf oft Autos unterwegs. Weiteren Polizeiwagen oder anderen Fahrzeugen waren sie nicht begegnet.

Münter hatte tatsächlich kein Licht gebraucht, um herzufinden. Jetzt schaltete er die Scheinwerfer ein. Sie beleuchteten ein Tor. Keine der Prunkpforten, für die das Alte Land bekannt war, sondern ein schmiedeeisernes Tor in einem hohen Zaun, dessen Metallstäbe mit Schlingpflanzen überwachsen waren.

Das Motorbrummen erstarb. Münter zog den Schlüssel ab und stieg aus. Er schloss das Tor auf und stemmte sich dagegen. Quietschend und knarzend tat es sich auf. Dahinter erstreckte sich eine lange Einfahrt. Worauf sie zuführte, war in der Finsternis verborgen. Ohne Eile kehrte Münter zum Wagen zurück. Er fuhr durch das Tor und hielt dahinter an, um es zu schließen. Das Knarzen des Tors, das Krachen, mit dem es einrastete, und das Klackern des Schlüssels gaben Nora das Gefühl, jetzt in seinem Reich zu sein, dem Reich des Bräutigams, aus dem niemand entfliehen konnte.

Schwachsinn, sagte sie sich. Das Tor konnte sie öffnen. Sie musste nur den Schlüssel in die Finger kriegen.

Sie fuhren weiter. Der Regen hatte nachgelassen. Die Reifen des Passat platschten durch Pfützen. Nora wurde durchgeschüttelt, wenn er durch eines der Schlaglöcher rumpelte, die das graue Pflaster sprenkelten. Am Wegrand, von den Scheinwerfern matt erhellt, wucherten Büsche und kniehohes Gras. Dahinter zeichneten sich Bäume als Schemen in der Dunkelheit ab. Noch immer wies nirgendwo ein erleuchtetes Fenster auf ein Haus hin. Ein einziger orangegelber Lichtpunkt schimmerte in einiger Entfernung. Stetig hielten sie darauf zu.

„Gleich haben wir es“, sagte Münter. „War eine ganz schöne Tour, was?“

Ja, dachte Nora. Leute niederzuschlagen und umzubringen und Frauen zu entführen, musste ungemein strapaziös sein.

„Das kann man wohl sagen.“

Münter fuhr Schritttempo. Erst dachte Nora, es wäre wegen der Schlaglöcher. Dann nahm sie neben dem Wagen Bewegung wahr, mal gelbliches, mal braunes Geschlirr, das aus dem Dunkel huschte und kurz darauf wieder darin verschwand. Ein paarmal wischte es vor ihnen durch das

Scheinwerferlicht. Tiefes kehliges Bellen brach um sie aus. Helleres Gebell fiel mit ein. Es mussten mindestens drei Hunde sein, die den Wagen wie eine Eskorte begleiteten.

„Da sind ja meine Racker."

Münter hupte zweimal kurz. Die Hunde antworteten mit weiterem Gebell. Deutlich sah Nora einen von ihnen erst, als er dem Auto ein Stück vorantrabte. Es war ein riesiger Wolfshund mit zotteligem schwarzen Fell. Er wandte den Kopf. Grüne Augen, die Nora direkt ansahen, glänzten im Scheinwerferlicht auf. Er bleckte die Zähne, bevor er zur Seite ausscherte.

Gänsehaut spross auf Noras Armen. Sie mochte Hunde. Sie hatte früher selbst einen gehabt, den sie über alles geliebt hatte. Doch Bernie war ein verschmuster Dackel gewesen. Diese schwarze Bestie hatte nicht ausgesehen, als wäre sie für Kuscheln zu haben oder dafür, sich einen Ball werfen zu lassen. Das waren keine Schoßhunde, es waren Wachhunde. Die Wachhunde eines Mörders.

Sie erreichten das Licht, das einen weiten Hof erhellte. Die Lampe, die es ausstrahlte, hing über der Tür eines lang gestreckten Hauses aus rotbraunem Fachwerk und mit reetgedecktem Dach, eines der traditionellen Bauernhäuser, wie Nora sie auf ihren Radtouren besichtigt hatte. Neben den drei Stufen, die zur Eingangstür hinaufführten, stand eine der aufwendig gestalteten Hochzeitsbänke. Die Namen, die in das Holz geschnitzt waren, konnte Nora vom Auto aus nicht lesen.

Auf den ersten Blick war das Haus schmuck wie die anderen, vor denen sie mit Steffen für Fotos posiert hatte.

Auf den zweiten wirkte es mitgenommen. Moos wuchs auf dem Dach, und von einigen Fachwerkbalken blätterte die Farbe. Es passte zu dem betagten Passat, noch tauglich, aber nicht mehr lange. Alle Fenster waren dunkel.

Münter parkte auf dem Hof und schaltete den Motor ab.

„Willkommen auf dem Hartbruut Hof. Er ist seit Generationen im Besitz der Familie Münter. Ich bin hier aufgewachsen wie vorher mein Vater und mein Großvater. Es wird dir gefallen."

Nora bezweifelte es.

Münter stieg aus. Zwei Hunde stürmten auf ihn zu. Der eine, ein sandfarbener Mastiff, riss ihn fast um, als er ihm die Vorderpfoten auf die Brust setzte. Der andere, ein brauner Bullterrier, war kleiner, ein flinkes Muskelpaket, das mit seinen Sprüngen mühelos über den Passat hätte setzen können. Den Wolfshund konnte Nora nicht entdecken.

Münter streichelte ihnen die Köpfe, klopfte ihnen die Flanken.

„Na, ihr Racker? Habt ihr Herrchen vermisst? Hey, vorsichtig, ihr seid ganz nass."

Nora hatte nicht die geringste Lust, sich ihnen zu nähern. Aber sie konnte nicht im Auto sitzen bleiben, und Münter machte keine Anstalten, die Hunde wegzusperren. Sie konnte nur hoffen, dass er sie im Griff hatte.

Sie atmete durch und wollte die Beifahrertür öffnen. Da warf sich der Wolfshund mit wütendem Gebell gegen das Fenster und presste die Pfoten gegen die Scheibe. Bei jedem Bellen klafften die gewaltigen Reißzähne in seinem

Maul auseinander. Speichel spritzte gegen das Glas. Nora fuhr zurück.

Münter beugte sich in den Wagen. Die anderen beiden Hunde steckten ihre Schnauzen ins Innere. Als hätte der Wolfshund das Signal gegeben, kläfften nun auch sie Nora an. Münter schob sie zur Seite.

„Warte, ich helfe dir raus."

Er schlug die Fahrertür zu und ging um den Wagen herum. Der Mastiff und der Bullterrier folgten ihm. Der Wolfshund rührte sich nicht vom Fenster weg. Er konnte es offenbar nicht erwarten, Nora zu zerfleischen.

„Artur!", rief Münter. „Jetzt plustre dich mal nicht so auf!"

Er tätschelte dem Wolfshund den Kopf. Artur hechelte mit herausgestreckter Zunge.

„Lass Nora aussteigen. Sie ist unser Gast."

Münter fasste das Kettenhalsband, das Artur trug und an dem ein Anhänger baumelte. Was es war, konnte Nora nicht erkennen. Widerwillig ließ sich der Hund vom Wagen wegziehen.

„Alles klar, Nora. Du kannst."

Zögerlich stieg Nora aus. Der Wolfshund funkelte sie mit seinen grünen Augen an. Seine Nase zuckte, als prägte er sich ihre Witterung ein. Ein Grollen drang aus seiner Kehle. Er fletschte die Zähne und stemmte sich gegen das Kettenhalsband, gerade weit genug, um ihr zu zeigen, dass er sich jederzeit losreißen könnte. Die anderen Hunde bezogen neben Münter Posten. Der Muff von nassem Fell ballte sich um sie. Der Mastiff setzte sich und reckte den Kopf vor. Der Bullterrier hielt sich geduckt, bereit zum

Vorschnellen. Vielleicht rochen die drei Beuss' Blut an ihrem Herrn, spürten, dass er gerade getötet hatte, und gierten danach, es ihm gleichzutun.

„Artur ist ein ganz Lieber", sagte Münter. „Zumindest wenn man ihn nicht reizt. Dann kann er auch anders."

Artur knurrte wie zur Bestätigung. Er glänzte lackschwarz im Regen. Nora hatte kein Bedürfnis, ihm die Hand hinzuhalten, damit er daran schnuppern, sie einander kennenlernen konnten. Er hätte garantiert sofort danach geschnappt.

„Diese Schönheit", Münter wies auf den Bullterrier, „ist Karla. Der Prachtkerl ist Bodo. Ich habe sie als Welpen geholt und großgezogen. Magst du Hunde?"

„Manche", murmelte Nora.

„In der Gegend treiben sich Landstreicher und anderes Gesindel herum", erklärte Münter. „Meine Racker sorgen dafür, dass sich keiner auf den Hof wagt. Dank ihnen sind wir hier vollkommen sicher."

Unsinn, dachte Nora. Durch das Tor und über den Zaun käme ohnehin niemand. Die Hunde hatten einen anderen Zweck.

„Wer bei uns eindringen will, würde es bitter bereuen. Stimmt's, meine Süßen?"

Er kraulte den Mastiff hinter den Ohren. Bodo rieb den Kopf an Münters Bein. Karla schlich um Münter herum, als wollte sie sich an Nora heranpirschen, sobald sie einen Moment nicht achtgab. Artur hatte solche Hintertücke nicht nötig. Er fixierte Nora weiterhin wie einen Eindringling, den er nur duldete, weil sein Herr es ihm gebot.

„Du brauchst keine Angst zu haben", sagte Münter. „Solange ich dabei bin, tun sie dir nichts."

Er ließ Arturs Halsband los. Nora packte Panik. Wenn Artur auf sie losging, würden die anderen beiden ihm sofort folgen. Sie ermahnte sich, keine Angst zu zeigen. Aber so wie Arturs Flanke bebte und sich sein Nackenfell aufstellte, musste er ihren hämmernden Herzschlag hören, den kalten Schweiß riechen, der auf ihrem Rücken ausbrach. Münter lächelte Nora an. Wag dich allein hier raus, sagte dieses Lächeln, und du endest als Hackfleisch.

„Gehen wir rein", sagte Münter. „Wird Zeit, dass wir aus den nassen Klamotten rauskommen. Bleib dicht bei mir."

Sie gingen auf das Haus zu. Die Hunde strichen um sie herum. Bodo schnüffelte an Nora, stieß sie mit dem Kopf an. Karla schnappte nach Noras Hosenbeinen. Münter wies sie gutmütig zurecht. Artur flankierte sie, lauernd, dass sie sich zu weit von Münter entfernte. Nora vermied jede hastige Bewegung. Im Vorübergehen las sie die Namen auf der Hochzeitsbank: *Hartmut und Astrid.* Das Heiratsdatum lag neun Jahre zurück.

Münter und sie stiegen zur Haustür hinauf. Die Hunde machten vor den Stufen Halt wie vor einer Grenze, die sie nicht überschreiten durften. Ergeben lugten sie zu ihrem Herrn empor.

Münter klatschte in die Hände.

„Los jetzt!", rief er. „Trollt euch, ihr Racker!"

Mit ausladender Geste wies er über den Hof. Bodo wich zurück, Karla trippelte auf der Stelle. Beide lugten zu Artur hinüber. Der Wolfshund blitzte Nora noch einmal mit seinen grünen Augen an, bevor er sich umwandte. Die anderen schlossen sich ihm an, als er in langen Sätzen den Hof überquerte. Einen Augenblick später verschwanden die Hunde in der Dunkelheit jenseits des Lichts.

Es war nicht verlockend, das Haus eines Mörders zu betreten. Aber gerade wollte Nora nur möglichst weit weg von den Biestern. Außerdem befand sich Sofie dort drinnen. Münter klinkte die schwere Holztür auf. Nora wunderte sich, dass sie nicht abgesperrt war. Dann dachte sie, dass die Hunde Einbrecher wirksamer abschreckten als jedes Schloss. Ausbrecherinnen genauso.

Familie Münter, prangte auf der Fußmatte, an der sich Münter die Schuhe abtrat.

„Immer herein", sagte er. „Schauen wir mal, ob dein Schwesterherz noch wach ist."

22

Im Haus herrschte Stille. Eine Stille, angestaut und dick wie die Luft in einem Zimmer, in dem ewig kein Fenster geöffnet worden war. Das Gleiche galt für den Geruch von altem Holz und schweren Stoffen, von dicken Teppichen und wuchtigen Polstermöbeln, die jahrzehntelang an derselben Stelle standen.

„Home sweet home", sagte Münter.

Er betätigte einen Schalter an der Wand. In einer Deckenlampe mit trüber Glaskuppel flackerte gelbliches Licht auf. Ein altmodischer Garderobenschrank nahm den größten Teil der Diele ein. Auf einem Tisch stand ein Strauß Trockenblumen in einer Vase.

Münter drückte die Tür hinter sich zu, sperrte den regenfrischen Wind und die nächtliche Kühle aus. Nora fühlte sich wie in einer Gruft gefangen. Es klirrte, als er die Schlüssel auf den Tisch warf. Nora bräuchte nur die Hand nach ihnen auszustrecken. Aber sie hätte es niemals zum Wagen geschafft, bevor die Hunde sie abfingen.

„Sofie?" Das Haus verschluckte Münters Stimme, verlieh ihr einen dumpfen Klang. „Schatz, bist du da?"

Als könnte sie irgendwo anders sein, dachte Nora.

Es widerte sie an, dass er so vertraut zu Sofie sprach, als wären die beiden ein glückliches Paar. Sie war froh über das Gefühl. Abscheu war besser als Furcht.

Ein Flur führte in den hinteren Bereich des Erdgeschosses. Er lag im Dunkeln. Von der Diele gingen zwei Treppen ab. Die eine, mit abgeschabtem rotem Teppich ausgelegt, führte ins obere Stockwerk, die andere abwärts zu einer hölzernen Tür mit eisenbeschlagenem Schloss. Ein Schauer durchlief Nora bei der Vorstellung, dass Sofie im Keller lag, im Heizungsraum an ein Rohr gefesselt, totenbleich und übersät von den Spuren seiner Misshandlung.

Münter streifte seine Handschuhe ab und legte sie neben die Schlüssel. Seine Finger waren kurz und feist. Die Finger, die Beuss das Messer in den Bauch, die Brust und den Hals gerammt hatten. Keine Ausbeulung an Münters Kleidung verriet, wo er es versteckte.

„Nasse Sachen kommen bei uns hierhin."

Er zog seinen Mantel aus, unter dem er ein graues Sweatshirt trug, nahm Nora die Jacke ab und hängte beides an einen Ständer neben den Garderobenschrank. Regenwasser tropfte auf das Parkett.

„Die Schuhe bitte auch aus", sagte er. „Sofie hat heute gewischt. Wir wollen nicht, dass sie uns böse ist, nicht wahr?"

Nora stellte sich vor, wie sie seine Hausarbeit verrichten musste, nachdem er sie gefoltert hatte. Wenn er sie wieder in sein Verlies gesperrt hatte, stopfte er das Essen in sich rein, das sie für ihn kochen musste. Hinterher legte er sich in das Bett, das sie für ihn gemacht hatte. Das Bett, in dem er vielleicht über sie herfiel, in dem er … Sie wollte nicht daran denken.

Münter stieg aus seinen Turnschuhen und stellte sie auf eine Matte vor dem Kleiderständer. Seine Füße steckten in dicken grauen Socken. Als er aus einem Fach des Schranks ein Paar Pantoffeln nahm, glänzte es zwischen den aufgereihten Schuhen kornblumenblau. Die Pumps, die Sofie auf der Goldhochzeit getragen hatte.

Nora konnte sich gerade noch zurückhalten, in das Fach zu greifen. Nach all diesen Tagen voller Angst und Ungewissheit hatte sie etwas von ihrer Schwester gefunden. Am liebsten hätte Nora nach ihr gerufen, das ganze Haus nach ihr abgesucht. Sie wagte es nicht. Während sie ihre Schuhe auszog, erneuerte sie das Versprechen, das sie Sofie im Stillen schon mehrfach gegeben hatte.

Ich hole dich hier raus.

Münter schlüpfte in seine Pantoffeln.

„Wir finden gleich trockene Sachen und warme Strümpfe für dich. Erst mal sagen wir Hallo."

Ein Kribbeln rann über Noras Rücken, als er sie von oben bis unten betrachtete.

„Vorher sollten wir uns allerdings ein bisschen präsentabel machen. Sonst fällt Sofie vor Schreck tot um."

Warum fällst du nicht tot um, du verfluchtes Arschloch!, dachte Nora. Damit würdest du uns allen einen Gefallen tun.

Außer dem Zugang zum Keller gab es in der Diele nur eine Tür. Das kleine Bad, ein Gäste-WC, war in hässlichem Braun gekachelt und gerade groß genug für eine Person.

Es gluckste in den Rohren, als Münter das Wasser aufdrehte. Während es warm lief, betastete er die Schwellung unter seinem Auge, wo Beuss ihn getroffen hatte. Dann wusch er sich ohne Eile die Hände und das Gesicht.

Seine Gemütsruhe trieb Nora zur Weißglut. Wie konnte er so entspannt sein nach allem, was geschehen war? Kein normaler Mensch … Aber das war ja gerade der Punkt. Er war kein normaler Mensch.

Münter kam heraus, um sie ans Waschbecken zu lassen. „Wenn du fertig bist, warte hier. Ich bin gleich zurück."

Er ging den Flur hinab und verschwand durch eine Tür, hinter der Nora einen Herd und einen Kühlschrank erkennen konnte. Kurz darauf erklang metallisches Klackern. Am liebsten wäre sie los, um Sofie zu suchen. Doch sie durfte sich Münter nicht widersetzen, ohne sich im Haus zumindest ein wenig auszukennen.

Im Spiegel erkannte sie, was Münter gemeint hatte. Der Regen hatte Beuss' Blut nicht vollständig abgewaschen. In Striemen und Flecken klebte es auf ihrer Stirn und ihren Wangen. Ihre Haut war kalkweiß. Nora seifte sich Hände und Gesicht ein. Rötlich gefärbt gluckerte das schaumige Wasser in den Ausguss. Sie trocknete sich ab.

„Viel besser." Ohne dass sie ihn gehört hatte, war Münter neben ihr aufgetaucht. „Schauen wir mal, wo die Dame des Hauses steckt."

Entgegen Noras Erwartung stiegen sie nicht in den Keller hinab. Stattdessen folgte sie Münter die Treppe hinauf. Die Stufen knarzten unter ihren Schritten. Es störte Münter offenbar nicht, sie hinter sich zu haben. Tatsächlich brauchte er nicht zu befürchten, dass sie ihn angriff. Nachdem sie seine Kraft, Schnelligkeit und Brutalität mit dem Messer erlebt hatte, wollte Nora nicht das Risiko eingehen, sich mit ihm anzulegen – zumindest nicht ohne eigene Waffe.

Oben schaltete Münter eine weitere Lampe an. Dämmriges Licht fiel einen Korridor hinab, von dem links und rechts Türen abgingen. An den Wänden mit verblichenem Blättermuster hingen Bilder von Obstwiesen und Deichen. Obwohl sie bisher nicht viel von dem Haus gesehen hatte, kam es Nora kleiner vor, als es von außen den Anschein gehabt hatte. Nein, nicht kleiner. Enger. Sie hatte das Gefühl, sich durch den Bau eines Tiers zu bewegen, das verwinkelte Gänge und Höhlen angelegt hatte, um sich vor seinen Feinden zu verstecken und seine Beute zu schützen.

„Vielleicht hat sie sich schlafen gelegt", sagte Münter über die Schulter. „Durch den Zwischenfall mit deinem Polizeifreund haben wir wirklich lange gebraucht."

Es klang nicht verärgert oder vorwurfsvoll. Beuss' Tod hatte für ihn keinen höheren Stellenwert als ein geplatzter Reifen.

Alle Türen waren geschlossen. Münter blieb vor einer stehen und klopfte sachte.

„Schatz?" Vorsichtig öffnete er die Tür. „Sofie?"

Er schaltete das Licht an, das kaum mehr Kraft als eine Kerze besaß. Auf einem Doppelbett war geblümte Bettwäsche zusammengelegt. Niemand war hier. Über dem Bett hingen gerahmte Fotos. Münter löschte das Licht und schloss die Tür, bevor Nora einen besseren Blick darauf erhaschen konnte.

„Hm", machte er.

Er wirkte nicht ungehalten, bloß verwundert. Nora war genauso verdutzt. Als Sofies Entführer musste er schließlich wissen, wo sie war. Sie fragte sich, ob er ihr etwas vormachte. Vielleicht hatte er Sofie längst getötet und ihre Leiche fortgeschafft, bevor er sich Nora geholt hatte, die einfachste Art, sein letztes Opfer gegen ein neues zu tauschen. Dieses Theater führte er auf, damit sie ihm gefügig zu ihrem Gefängnis folgte.

Auch die anderen Türen auf dem Flur waren zu. Kein Licht drang unter ihnen hervor. Nur unter einer schimmerte der Spalt.

„Nu kiek an", sagte Münter. „Wer ist denn so spät noch wach?"

Er klinkte die Tür auf.

23

Nora wappnete sich. Würde Münter ihr gleich Sofies Leiche zeigen? Oder falls sie noch lebte, in welchem Zustand würde sie sein? Was hatten diese Tage in Gefangenschaft mit ihr gemacht, Tage in der Gewalt eines Wahnsinnigen, Tage voller Todesangst und Qual?

Die Tür schwang auf. Dahinter befand sich keine Zelle, kein Verlies, kein leerer Raum mit nichts als einer Matratze auf dem nackten Boden und einem Eimer für die Notdurft.

Vor Nora lag ein Kinderzimmer.

Die Möbel, Bett und Nachttisch, Kleiderschrank, Schreibtisch und Stuhl sahen wie alles im Haus aus, als stammten sie aus der Zeit der ersten Altländer Siedler. Am Teppich schimmerte stellenweise noch sein ursprüngliches Grün durch, inzwischen größtenteils zu schlammigem Braun verkommen. In einer Ecke war eine Ritterburg von Playmobil aufgebaut. Vor einer Schultafel mit teils sauber, teils krakelig mit Kreide geschriebenen Mathegleichungen stand ein Pult mit einem Stoß Schulbücher.

Die Marienkäfer, mit denen die Tapeten verziert waren, waren zu schwachen Linien und roten Tupfern verblasst. An den Wänden hingen Bilder, mit Wachsmalstiften gemalt, die kindlich dargestellte Landschaften, Häuser und Menschen zeigten.

Sofie saß auf dem Bett. Sie trug einen langen dunkelgrünen Rock und eine weiße Bluse mit Blumenbordüre entlang der Knöpfe, die bis oben geschlossen waren. Ihr Haar war zu einem Dutt zusammengesteckt. Im Schoß hielt sie ein aufgeschlagenes Buch. Ein Junge, acht oder neun Jahre alt, ließ neben ihr die bloßen Füße von der Bettkante baumeln. Sein schmaler Körper mit den dünnen Armen und Beinen steckte in einem blauen Schlafanzug mit Sternen drauf. Er lehnte den braunen Wuschelkopf zu Sofie, um in das Buch zu schauen.

Die beiden bemerkten Münter und Nora nicht, so sehr waren sie in die Geschichte vertieft, die Sofie vorlas.

„‚Ich muss eine große Reise machen', sprach der König zu seiner jungen Gemahlin. ‚Da hast du die Schlüssel zu dem ganzen Schloss. Du kannst überall aufschließen und alles besehen. Nur die Kammer, zu der dieser kleine goldene Schlüssel gehört, verbiete ich dir.'“

Das Märchen von Blaubart hatte Nora als Mädchen so gegruselt, dass es sich ihr für immer eingeprägt hatte. Wie die meisten war es eigentlich nichts, was man Kindern vorlesen sollte. Aber der Junge lauschte gebannt.

„Sie versprach ihm zu gehorchen, und als der König davongeritten war, schloss sie die Türen auf. Dahinter sah sie zahllose Reichtümer und Herrlichkeiten.“

„Wow", sagte der Junge. „Da waren bestimmt ganz viele Goldbarren und Diamanten."

„Bestimmt", sagte Sofie. „Dazu Juwelen, Perlen und andere Schätze."

„Boah."

Münter lächelte. Nora hingegen fand den Anblick nicht rührend. So froh sie war, Sofie lebendig vorzufinden, diese traute Zweisamkeit verstörte sie.

„Es war nun nichts mehr übrig als die verbotene Kammer", las Sofie weiter. *„Neugierde plagte sie, was darin wäre."*

„Sie sollte lieber nicht reingehen", sagte der Junge. „Der König hat es verboten, und sie hat es ihm versprochen. Versprechen darf man nicht brechen. Meinst du, sie macht es trotzdem?"

Seinem Tonfall nach wusste er die Antwort bereits. Wahrscheinlich hatte er die Geschichte etliche Male gehört.

„Wir müssen weiterlesen, um es herauszufinden." Sofie blätterte um. *„Die Begierde ward so mächtig, dass sie die Kammer aufschloss."*

Der Junge schlug die Hände vors Gesicht und lugte durch die gespreizten Finger auf die Buchseiten.

„Geh nicht rein!" Er strampelte mit den Beinen. „Lass die Tür einfach zu!"

Obwohl es ihn ängstigte, wollte er, dass sie es tat, wollte, dass Sofie fortfuhr.

„Wie die Tür aufging, schwoll ihr ein Blutstrom entgegen. An den Wänden hingen tote Weiber, und von einigen waren nur noch Gerippe übrig."

„Iiiigiiiitt!" Der Junge schüttelte sich in wohligem Grusel. „So viel Blut und so viele Tote. Jetzt wird sie auch dort enden."

Er griff ein Stück von Sofies Bluse. „Die Arme. Warum ist sie auch in die Kammer gegangen?"

Münter betrat das Kinderzimmer. „Sie hätte auf ihren Mann hören sollen."

„Papa!"

Der Junge sprang vom Bett und rannte auf ihn zu. Münter ging in die Hocke. Der Junge warf sich in seine Arme.

„Du warst so lange weg."

„Ich hatte viel zu erledigen. Jetzt bin ich ja da."

Nora folgte ihm über die Schwelle. Sie hätte nicht gedacht, dass ein Ungeheuer wie Münter zu Liebe fähig wäre.

Sofie klappte das Buch zu, legte es auf den Nachttisch und stand auf. Der Rock streifte den Boden, die Ärmel der Bluse rutschten über ihre Handgelenke. Das Mondamulett, das sie um den Hals getragen hatte, und ihre Armbänder waren verschwunden, ihr Vogeltattoo von dem weißen Stoff verdeckt. Sie war unverletzt. Jedenfalls waren auf den ersten Blick keine Verletzungen sichtbar.

Sofie stürzte nicht auf sie zu, schaute sie nicht einmal an. Stattdessen strich sie ihren Rock glatt und legte die Hände ineinander. Mit Mühe widerstand Nora dem Verlangen, zu ihr zu eilen oder sie wenigstens anzusprechen. Alles, spürte sie, folgte einem festen Ablauf, in den sie sich nicht einmischen durfte.

„Da seid ihr ja, Hartmut", sagte Sofie. „Wir hatten uns schon gefragt, wo ihr bleibt."

„Es hat länger gedauert als gedacht. Dazu der Regen. Wir mussten langsam fahren."

Der Junge löste sich von ihm. „Papa, was hast du da im Gesicht?"

„Och, ich habe mich gestoßen, weiter nichts."

Der Junge befühlte die Schwellung, die Beuss Münter zugefügt hatte. „Tut das weh?"

„Überhaupt nicht."

„Warum ist deine Hose so schmutzig?"

„Unsere Racker haben mich angesprungen. Sie sind ganz nass und haben dreckige Pfoten. Das ist ein richtiges Schietwetter."

„Richtiges Schietwetter", bestätigte der Junge.

Nora hätte Münter zugetraut, auch ein Kind zu entführen, vielleicht aus einem Krankenhaus gleich nach der Geburt, damit es von seiner wirklichen Familie nichts wusste und ihn für seinen Vater hielt. Die Ähnlichkeit nahm ihr jedoch jeden Zweifel daran, dass er Münters Sohn war. Die Vorstellung, dass der Mörder ihn großzog, erschütterte Nora.

„Leg deine Sachen einfach in den Wäschekorb", sagte Sofie. „Ich muss sowieso morgen waschen."

Ihr ganzes unterwürfiges Verhalten, dazu die schlichten Klamotten und die strenge Frisur – es war schwer zu glauben, dass das die junge Frau war, die auf der Goldhochzeit ausgelassen getanzt und gesungen hatte.

„Mein Engel." Münter erhob sich und streckte ihr eine Hand entgegen.

Mit steifen Schritten, ihr Lächeln wie versteinert, ging Sofie zu ihm. Ekel verzerrte ihr Gesicht, als er einen Arm um sie legte und ihr einen Kuss auf die Wange gab. Nora hätte sie am liebsten auseinandergedrängt. Doch so absurd diese Schmierenkomödie war, zu der Münter sie zwang, sie konnte leicht in eine blutige Katastrophe umschlagen.

„Was würde ich ohne dich machen?“ Münter ließ Sofie los.

Jetzt erst wandte sie sich Nora zu. Statt sie zu umarmen, fasste Sofie sie an den Händen. Ihr Gesicht, von dem Nora gefürchtet hatte, es nie wieder zu sehen, ihre Nähe und ihre Berührung warfen tausend Gefühle in ihr auf, Erleichterung und Freude, Sorge und Angst, Hoffnung und Liebe. Den Horrortrip, der sie hergeführt hatte, würde sie niemals vergessen. Aber gerade zählte nur eins. Sie hatte ihre Schwester gefunden.

„Danke, dass du uns besuchst“, sagte Sofie. „Wir freuen uns riesig.“

Sie hörte sich an wie eine Gastgeberin, die freundlich, dabei ohne Herzlichkeit jemanden zum Abendessen willkommen hieß. Dabei drückte sie Noras Finger so fest, dass es schmerzte. Noras erste Vermutung, Münter hätte sie unter Drogen gesetzt, um sie seinem Willen zu unterwerfen, erwies sich als falsch. Sofies Stimme und Blick waren klar. Mit Folter oder Todesdrohungen musste er sie in die Rolle gezwungen haben, die sie für ihn spielte.

„Ich bin auch froh“, sagte Nora. „Geht es dir gut?“

„Mir geht es großartig, danke.“

Nora konnte das Bedürfnis, sie zu umarmen, nicht länger unterdrücken. Sofie nahm es eher hin, als sich darauf einzulassen.

„Keine Angst“, flüsterte Nora ihr ins Ohr. „Ich hole dich hier raus.“

Sofie bebte. Abrupt löste sie sich von Nora. Ihr Blick zuckte zu Münter. Sein Lächeln verriet nicht, ob er sich über die Wiedervereinigung der Schwestern freute oder über Sofies Unterordnung und Furcht, seinen Unmut zu erregen.

„Oh, wie unhöflich von mir." Sofie wies auf den Jungen, der sich dicht neben seinem Vater hielt. „Das ist Lukas."

Noras Verblüffung, hier ein Kind vorzufinden, hielt an. Es passte schlichtweg nicht in dieses Haus mit seiner bedrückenden Düsternis. Sie lehnte sich vor und stützte ihre Hände auf die Knie.

„Hallo, Lukas. Ich bin Nora."

Der Junge betrachtete sie, hin- und hergerissen zwischen Neugier und Skepsis. Verständlicherweise bekamen er und sein Vater selten Besuch.

„Nu, wo sind deine Manieren?" Münter schob ihn sachte in ihre Richtung. „Sag Tante Nora Hallo."

„Hallo, Tante Nora."

Nora drückte die schmale Hand, die er ihr hinhielt.

„Schön, dich kennenzulernen", sagte sie. „Du hast ein tolles Zimmer. Hast du die alle gemalt?"

Einige Bilder an den Wänden zeigten Berge und Wiesen mit Pferden oder Kühen, andere Flüsse und Seen mit Booten oder Dörfer mit hoch aufragenden Kirchtürmen. Auf den meisten war ein Haus zu sehen, das Münters Gehöft ähnelte. Davor, unter einer lachenden Sonne und zwischen Apfel- und Kirschbäumen mit leuchtenden Früchten, standen drei Figuren, offenbar Vater, Mutter und Kind. Der Vater hatte einen dicken Schnauzbart, die Mutter auf jedem Bild braune Haare in einem Dutt, das Kind einen Wuschelkopf. Lächelnd hielten sie einander an den Händen. Drei Hunde, einer schwarz, einer gelb, einer braun, tollten um die glückliche Familie herum.

Lukas nickte stolz. „Das sind Papa, Mami und ich."

Wo ist deine Mami?, fragte Nora im Stillen.

Lebte noch jemand in diesem Haus? Welche anderen Überraschungen hielt es parat? Vielleicht konnte Lukas ihr Antworten auf diese Fragen liefern. Aber solange Münter dabei war, durfte Nora sie nicht stellen.

„Die sind super." Sie lächelte.

Lukas neigte den Kopf zur Seite und legte einen Finger an den Mund. Dann lächelte er zurück. Das Eis zwischen ihnen war gebrochen, so schnell und endgültig, wie es nur bei Kindern passierte.

„Ich hatte noch nie eine Tante." Erwartungsvoll schaute er zu Nora auf. „Bleibst du für immer bei uns?"

„Ja, ich bleibe."

Keine Sekunde länger als nötig, dachte sie.

„Versprochen?"

„Fest versprochen."

Er forschte in ihren Augen. „Versprechen darf man nicht brechen."

„Natürlich nicht."

Aber dieses würde sie nur halten, bis sich die erste Gelegenheit zur Flucht bot.

Lukas strahlte. „Toll, dann male ich dir ein Bild von uns allen."

„Das würde mich freuen."

So merkwürdig diese Situation war, Nora mochte den Jungen. Er konnte nichts dafür, dass sein Vater ein Entführer und Mörder war. Im Gegensatz zu ihr und Sofie hatte er von Münter allerdings nichts zu befürchten.

„Ich fange gleich an.“ Lukas wollte zu seinem Schreibtisch rennen, auf dem Wachsmalstifte und Papier lagen.

Münter hielt ihn zurück. „Nicht mehr heute. Es ist spät.“

„Ich male schnell“, quengelte Lukas. „Bitte, bitte, Papa. Tante Nora soll ein Bild haben.“

„Tante Nora ist müde und muss sich ausruhen.“

Lukas ließ den Kopf hängen. „Och, Papa.“

„Nichts Papa. Wat hest du för Hummeln in ’n Moors?“ Er zwinkerte Nora zu. „Glaubst du das, Nora? Was mein Sohnemann für Hummeln im Hintern hat? Du solltest längst im Bett sein, Luki. Morgen ist Schultag.“

Das war weniger an den Jungen als an Sofie gerichtet. Nora sah den Schreck, der sie durchfuhr.

„Er hatte schon geschlafen“, sagte sie. „Gegen Mitternacht ist er wach geworden und hat nach dir gerufen. Er war unruhig, weil du unterwegs warst und er nicht wusste, wann du wieder da bist. Ich habe ihm einen Becher Milch gegeben und ihm vorgelesen. Trotzdem konnte er nicht wieder einschlafen.“

Münter schob die Lippe unter seinem Schnauzbart vor, genoss die Furcht, die er ihr einflößte. Schließlich nickte er. „Das hat er manchmal, dass er mitten in der Nacht plötzlich wieder hellwach ist. Du hast alles richtig gemacht. Nur diese Geschichte hättest du ihm nicht vorlesen sollen. Ich weiß, er liebt seine Märchen. Aber diese grausigen sind nichts für ihn. Das ganze Töten und Blut sind einfach nicht kindgerecht.“

Fast hätte Nora gelacht über diese Heuchelei.

„Entschuldige, Hartmut“, sagte Sofie. „Kommt nie wieder vor.“

„Schon gut. Das konntest du nicht wissen. Du bist noch nicht lange bei uns.“ Er wühlte in Lukas’ Wuschelhaar. „Außerdem ist der Schlingel gut darin, Leute um den kleinen Finger zu wickeln.“

Sofie atmete auf. Der Krampf in ihren Schultern lockerte sich ein wenig. Lukas schmiegte sich an sie. Sie streichelte ihm den Kopf. Nora konnte sich nicht erklären, wie in diesen wenigen Tagen eine solche Vertrautheit zwischen ihnen entstanden war.

„Ich sag dir was.“ Münter legte Sofie eine Hand auf die Schulter. Sie zuckte unter der Berührung zusammen. „Warum gehst du nicht mit Nora runter und kochst ihr einen Tee? Nach dem nasskalten Wetter sollte sie sich aufwärmen, damit sie sich nichts einfängt. Das Gas habe ich euch schon angeschlossen.“

„Danke, Hartmut.“

„Gern. Dabei kannst du ihr erklären, wie die Dinge bei uns laufen. Und such ihr was zum Anziehen. Sie hat nichts dabei.“ Er lächelte Nora an. „Da haben wir beide nicht dran gedacht, was? Keine Sorge, wir haben von allem genug. Wir finden was, das dir passt. Ich bringe Lukas ins Bett. Dann habt ihr ein bisschen Zeit füreinander.“

„Das ist lieb von dir, Schatz“, sagte Sofie.

„Sag Tante Nora Gute Nacht, Lukas“, sagte Münter.

„Gute Nacht, Tante Nora. Morgen male ich dir das Bild. Hinterher spielen wir mit meiner Burg. Ich habe Pferde und Schwerter und alles. Du kannst die Prinzessin sein, und ich bin der tapfere Ritter.“

„Ich kann’s kaum erwarten.“

Im besten Fall würden sie und Sofie morgen nicht mehr hier sein.

Sofie beugte sich zu dem Jungen hinab. „Gute Nacht, Lukas."

Er schlang die Arme um ihren Hals.

„Gute Nacht." Er küsste sie auf die Wange. „Ich hab dich lieb, Mami."

Nora glaubte, sich verhört zu haben.

„Ich hab dich auch lieb", sagte Sofie. „Schlaf gut."

Münter nahm Lukas an der Hand und führte ihn zum Bett. „Rein mit dir."

Lukas kletterte ins Bett und krabbelte unter die Decke. „Wartest du, bis ich eingeschlafen bin, Papa?"

„Mache ich. Ich passe auf, dass du keine Albträume kriegst."

„Und mich keine Monster holen."

Das Monster hat dich schon, dachte Nora.

Münter setzte sich auf die Bettkante. „Das würde ich nie zulassen."

Nora und Sofie traten auf den Flur. Bevor Sofie die Tür des Kinderzimmers schloss, sah Nora, wie sich der Mörder zum Gutenachtkuss über seinen Sohn beugte.

24

„Gott, bin ich froh, dich zu sehen!“

Nora zog Sofie an sich und drückte sie, so fest sie konnte. In der Küche war es eisig wie im ganzen Haus. Mehr als der Wollpullover, den Sofie ihr gegeben hatte, wärmte sie die Nähe ihrer Schwester. Es war, als würde etwas schmelzen, das in den vergangenen Tagen in Nora steinhart gefroren war.

„Wir hatten solche Angst um dich. Wir dachten, wir hätten dich verloren.“

„Ich bin auch froh, dich zu sehen, Nora.“

Dieses Mal gab sich Sofie der Umarmung hin, presste ihr Gesicht in Noras Schulter, grub die Finger in ihren Rücken. Sofies Haar roch nach dunklem Honig, ihre Haut nach Kernseife und einem Parfüm, das die Düfte von Apfelblüten und Maiglöckchen vereinte. Es war nicht Sofies Geruch, sondern ein fremder, der sich wie eine klebrige Schicht an ihr festgesetzt hatte.

Sofie hob den Kopf. „Aber du hättest nicht herkommen sollen.“

„Was meinst du? Ich musste. Ich muss dich hier rausholen." Nora versuchte ein Lächeln. „Ich kann meine Hochzeit doch nicht ohne meine coolste Brautjungfer feiern."

Sofie löste sich von Nora. Das trübe Licht der Deckenlampe schimmerte auf den grauen Fliesen. Der Gasherd, der Kühlschrank und das steinerne Spülbecken muteten an wie Ausstellungsstücke in einem Museum über das 19. Jahrhundert. Äpfel und Birnen in einer Tonschale erinnerten Nora an Stillleben holländischer Meister. *Leever drög Broot in 'n Freden as Koken un Broden in 'n Striet*, verkündete ein gestickter Spruch über dem Esstisch.

Lieber trocken Brot im Frieden als Kuchen und Braten im Streit.

„Versteh mich nicht falsch", sagte Sofie.

Ihr Vogeltattoo zeigte sich, als sie ihren Ärmel hochschob. Während Sofie Rock und Bluse etwas zu lang waren, passte Nora der Pullover wie angegossen.

„Es ist echt krass von dir, dass du das auf dich nimmst und mich retten willst. Unglaublich lieb und mutig und voll Große-Schwester-mäßig."

Sie füllte einen Teekessel mit Wasser, stellte ihn auf den Herd und schaltete die Platte an. Gelbblaue Flammen schlugen auf.

„Aber wir kommen hier nicht weg. Jedenfalls nicht lebend."

„So darfst du nicht denken", sagte Nora. „Wir schaffen das. Das verspreche ich dir."

Es war unwahrscheinlich, dass ihre Stimmen durch die massive Holztür drangen. Trotzdem sprachen sie leise.

Sofie schnaubte spöttisch. „Hast du nicht gehört? Versprechen darf man nicht brechen. Also mach auch du lieber keine, die du nicht halten kannst. Du bist gerade mal ein paar Minuten hier. Du kennst das Haus nicht, du kennst Münter nicht. Wenn du denkst, wir könnten ihn k. o. hauen und locker hier rausspazieren, hast du dich geschnitten. Der Mistkerl ist verdammt stark und gerissen."

Nora sah Münter vor sich, wie er durch den Regen stürmte, das Messer in der Hand.

„Wir brauchen eine Waffe", sagte sie.

Die Schublade unter der Anrichte war verschlossen. Sie rüttelte an den anderen. In der einzigen, die sich öffnete, fand Nora Klebestreifen, Gummibänder für Einweckgläser, ein Knäuel Bindfaden, zu dünn, um jemanden zu fesseln.

„Alle Messer und Scheren sind weggeschlossen", sagte Sofie. „Die Schubladen kriegst du nicht aufgebrochen. Sonst würde er uns nicht unbeaufsichtigt in die Küche lassen. Wenn ich Gemüse schneiden muss, holt Münter mir eins raus. Weißt du, wie oft ich mir dabei schon vorgestellt habe, ihn abzumurksen und mir sein Handy zu schnappen? Versucht habe ich es nie. Münter ist auf alles gefasst. Das Messer muss ich wieder abliefern, wenn ich fertig bin." Aus einem Schrank nahm sie zwei Porzellanbecher mit weiß-blauem Muster. „Geschirr und kochendes Wasser, was Besseres wirst du nicht finden."

Nora nahm eine der Bratpfannen, die neben Töpfen an Haken über der Anrichte hingen, und wog sie in der Hand.

„Willst du damit auf ihn losgehen wie in einem schlechten Film?", fragte Sofie. „Keine gute Idee. Vor allem, weil er selbst immer ein Messer bei sich trägt, einen richtigen Spieß."

Sosehr es Nora widerstrebte, sie musste Sofie zustimmen. Beuss, ein erfahrener Polizist, war mit seiner Pistole nicht gegen Münter angekommen. Würden sie es mit behelfsmäßigen Waffen versuchen, es wäre reiner Selbstmord.

Nora hängte die Pfanne zurück. „Wir müssen ihn überrumpeln."

„Das wäre der einzige Weg. Aber Münter passt höllisch auf. Wenn er merkt, dass was fehlt oder kaputt ist, tickt er aus. Das geht so." Sofie schnippte mit den Fingern. „Jeder Tag hier ist ein Tanz auf Eierschalen. Manchmal ist er düster und brütend, und du spürst, wie es in ihm brodelt. Da reicht ein falsches Wort, ein falscher Blick, und er kriegt einen Wutanfall. Plötzlich schlägt das um, und er wird fröhlich, als wäre alles in bester Ordnung und das Ganze vollkommen normal. Der Typ ist absolut gestört."

„Das kannst du laut sagen."

Dieses jähe Umschalten von überfreundlich zu mörderisch hatte Nora ebenfalls kennengelernt. Auch jetzt rechnete sie damit, er könnte jeden Augenblick hereinstürmen und auf sie losgehen. Diese beständige Drohung füllte das ganze Haus.

Aus einer Schachtel neben der Obstschale nahm Sofie zwei Beutel Früchtetee und hängte sie in die Becher. „Weißt du, was strange ist? Ein bisschen ist das wie früher, nachdem du und Mom weg wart und ich mit Dad allein gelebt habe. Nicht dass der ein psychopathischer Sadist wäre, dafür ein Choleriker. In den Jahren nach der Scheidung sind seine Wutausbrüche immer extremer geworden. Das ging so weit, dass er Sachen durch die Gegend geschmissen oder kaputtgeschlagen hat. Einmal hat er sogar den Fernseher mit einem Stuhl zertrümmert."

„Davon hast du mir nie erzählt."

Sofie zuckte mit den Schultern. „Damals hatten wir schon Funkstille. Ich habe Dad ja auch immer beruhigen können. Dann hat er geweint und sich an mir festgeklammert wie ein kleiner Junge. Das war heftig, den eigenen Vater trösten zu müssen."

Es schwang kein Vorwurf in Sofies Worten mit. Sie hatte Nora schon auf der Feier vergeben, und Nora wusste, sie hatte es ehrlich gemeint. Trotzdem spürte sie einen Stich von Schuld.

„Tut mir leid, dass du das durchmachen musstest", murmelte sie.

„Ich hab's überlebt. Die Erfahrung von damals kommt mir jetzt zugute – mit empfindlichen Männern umzugehen."

Die Gasflamme rauschte. Aus dem Teekessel stieg Dampf.

„Eine direkte Auseinandersetzung mit Münter ist vielleicht gar nicht nötig", sagte Nora. „Ja, er ist stark und unberechenbar. Aber er ist auch leichtsinnig. Er lässt seine Schlüssel herumliegen, schließt die Haustür nicht ab."

„Unterschätz ihn nicht", sagte Sofie. „Das hat nichts mit Leichtsinn zu tun. Das mit den Schlüsseln und einige andere Sachen dienen dazu, uns zu quälen. Er will uns auf die Probe stellen, uns reizen, es zu versuchen. Das ist eines seiner Psychospielchen. Jede Nacht, wenn ich neben ihm im Bett liegen muss, stelle ich mir vor, ihm etwas anzutun. Ein paarmal bin ich sogar aufgestanden, wollte auf ihn einschlagen oder ihm ein Kissen aufs Gesicht drücken.

Und weißt du, was? Er wartete drauf. Ich schwöre es dir. Er hat sich schlafend gestellt und mich quasi herausgefordert. Er wusste, ich hätte keine Chance."

Im Teekessel blubberte es. Bevor er pfiff, schaltete Sofie die Platte aus und goss das heiße Wasser in die Becher. Die Teebeutel färbten es hellrot. Der Duft von Hagebutten stieg in die kühle Luft. Sofie stellte den Kessel zurück auf den Herd.

„Er schließt mich nicht mal ein, wenn er wegfährt. Er weiß, dass jeder Fluchtversuch sinnlos wäre. Zu Fuß zum Tor wäre ein Himmelfahrtskommando. Er könnte den Wagen mit offenen Türen und laufendem Motor auf dem Hof stehen lassen. Wir kämen niemals hin, bevor uns die Hunde zerfetzen. Die sind verdammt schnell und aggressiv, vor allem Artur, diese Dreckstöle."

Wie aufs Stichwort hallte wütendes Gebell durch die Nacht. In Arturs kehliges Bellen mischte sich das von Bodo und Karla. Nora lief es eisig den Rücken runter.

„Wir können irgendwas benutzen, um sie uns vom Leib zu halten." Sie hob einen Küchenstuhl, schwang ihn probeweise.

„Einen oder zwei könnten wir vielleicht abwehren", sagte Sofie. „Drei – keine Chance. Die Biester beißen wahrscheinlich sogar durch Holz. Nein, gegen die kommen wir nicht an. Münter sperrt sie selten ein und nur, wenn er zu Hause ist. Sind sie im Zwinger, behält er die Autoschlüssel bei sich. Sein Handy genauso. Anfreunden kannst du dich mit den dreien nicht. Vor denen sind wir nur drinnen sicher oder wenn Münter dabei ist. Ins Haus wagen sie sich nicht. Das hat Herrchen verboten. Wir könnten sie also auch nicht reinlocken und hier drin einsperren. Siehst du, was ich meine? Münter braucht uns nicht einzuschließen oder zu fesseln. Die Viecher sind die perfekten Aufpasser.“

Grüne Vorhänge rahmten das Küchenfenster. Hinter der Scheibe lag der Hof wie verlassen. Jenseits des Lichts erstreckte sich nichts als Schwärze. Auch wenn sich die Hunde nicht blicken ließen, ihr Bellen verriet, sie waren nah.

„Okay, wir können ihn nicht überwältigen, und wir können nicht raus“, sagte Nora. „Wir brauchen einen anderen Ansatz. Kannst du dich im ganzen Haus frei bewegen?“

Sofie schüttelte den Kopf. „Einige Zimmer sind immer offen, die Küche, das Wohnzimmer, Lukas' Zimmer. Die anderen schließt er ab.“

Wenn er nicht will, dass wir hineingehen, dachte Nora, befindet sich möglicherweise etwas darin, das uns helfen kann.

„Gibt es ein Festnetztelefon?“, fragte sie.

„In Münters Büro. Ich hab es gesehen, als ich ihm seinen Kaffee reingebracht habe. Er verbringt viel Zeit vor seinem Computer. Er behauptet, er müsste neue DJ-Aufträge bearbeiten. Wahrscheinlich zieht er sich Gewaltpornos rein. Wenn er nicht da drin beschäftigt ist, ist das Büro natürlich zu. Ohne Werkzeug kannst du die Türen im Haus nicht aufbrechen. Selbst wenn wir wüssten, wie man ein Schloss knackt, wir haben keinen Draht oder so was. Münter lässt nicht mal eine Büroklammer rumliegen. Es gibt nur einen Schlüssel, der alle Räume öffnet, so ein schweres Eisenteil.“

Ein einziger Schlüssel. Wie bei Blaubart, dachte Nora. Wenn sie an den herankamen und damit an das Telefon, waren sie gerettet.

„Wo bewahrt er den auf?", wollte sie wissen.

„Wenn er zu Hause ist, trägt er ihn bei sich, hütet ihn wie seinen Augapfel. Wenn er wegfährt, hängt er ihn an Arturs Halsband. Wieder so was, womit er uns necken will. Hier ist der Schlüssel, kommt und holt ihn euch. Das Arschloch steht auf so was."

Nora runzelte die Stirn. Den Schlüssel ans Halsband zu hängen, mochte eine perfide Folter sein. Aber es war auch dumm. Es zeigte, dass sich Münter seiner Sache zu sicher war. Eine Arroganz, die sie vielleicht gegen ihn verwenden konnten.

„Was immer du überlegst", sagte Sofie, „Münter hat es schon durchdacht. Weißt du, wie er mich entführt hat?"

Nora schüttelte den Kopf. „Ich habe sämtliche Zeitungsberichte gelesen. Niemand hat eine Ahnung, wie sich der Bräutigam seine Opfer holt."

„Dann erfährst du es jetzt aus erster Hand. Zum Ende der Feier hin, nachdem du und Steffen auf euer Zimmer gegangen seid, bin ich noch mal in den Garten, um eine zu rauchen. Außer mir war niemand da. Andis Story ist mir noch im Kopf rumgegeistert. Ich hatte gut einen sitzen und habe mir nicht groß Gedanken gemacht. Auf einmal hat mich jemand von hinten gepackt und mir ein Tuch aufs Gesicht gepresst. Wie im Film."

Sie nahm die Teebeutel aus den Bechern, drückte sie aus und legte sie in die Spüle.

„Er hat mich früh ausgeguckt und den ganzen Abend von seinem DJ-Pult aus beobachtet. Das hat er mir später selbst erzählt, als würde ich das schmeichelhaft finden. Als ich allein raus bin, hat er eine laute Tanznummer aufgelegt und ist mir nach. Ich bin nicht bewusstlos geworden, nur total benommen und konnte mich nicht wehren. Als wäre mein Körper aus Gummi. Ich konnte auch nicht sprechen. Wenn uns wer gesehen hätte, er hätte gedacht, ich bin besoffen und Münter würde mir helfen. An der Seite des Hotels hatte er einen der Kästen, in denen er sein Equipment transportiert. In den hat er mich reingesteckt, zum Parkplatz gerollt und in seinen Wagen verfrachtet. Anschließend ist er wieder rein und hat weiter aufgelegt."

Sie hielt Nora den Rücken zugewandt, den Kopf gesenkt, die Hände auf die Anrichte gestützt.

„Keiner hat mich vermisst, weil es so spät war. Alle dachten, ich wäre ins Bett gegangen. Nachdem Münter fertig war, hat er sein Zeug zusammengepackt und ins Auto geladen. Ihm hat sogar einer vom Hotel geholfen. Ich habe sie reden gehört, wollte schreien, hab aber keinen Ton rausgekriegt. Dann habe ich gespürt, wie der Wagen losgefahren ist. Ich hatte Panik. Tun konnte ich nichts."

Sofies Schultern hoben sich unter einem tiefen Atemzug, der in einem Seufzer entwich. Nora wagte nicht, sie anzusprechen. Sofies Bericht erschütterte sie, die unendliche Verlorenheit und Verzweiflung, die sie empfunden haben musste, während sie selbst neben Steffen im Bett gelegen und geschlafen hatte.

Sofie stellte die Becher auf ein Tablett und hob es auf. „Komm mit, ich zeige dir was."

25

Das Wohnzimmer lag neben der Küche, ein großer Raum, den eine Schrankwand und eine klobige Sitzgarnitur kleiner und vollgestellt wirken ließen. Weitere gestickte Sprüche und Bilder vom Alten Land an den blassgelben Tapeten unterstrichen die altbackene Gemütlichkeit.

„Wie im Mittelalter, was?“ Sofie stellte das Tablett auf den Couchtisch. „Es gibt nicht mal einen Fernseher. Münter findet, es läuft zu viel gewalttätiges Zeug. Man dürfe Kinder nicht diesem schädlichen Einfluss aussetzen. Knaller, oder?“

Ein grauweißer Läufer, passend zu den Vorhängen, schnitt durch die Mitte des Raums auf einen Erker zu. Zwischen dessen Fenster war eine Tür gesetzt. Nora versuchte, sich den Grundriss des Hauses einzuprägen. Wenn sie sich nicht irrte, befand sich die Tür vom Hof aus gesehen auf der linken Seite.

„Du bist nicht hier reingekommen, oder?“, fragte Sofie.

Nora folgte ihr in den Erker. „Nein. Vorne.“

„Dachte ich mir. Diese Ehre haben nur seine Auserwählten.“ Sofie klopfte mit der flachen Hand gegen die Tür. „Das ist die Brautpforte. Du weißt schon, diese superschnieken Türen mit den bunten Schnitzereien."

Nora erinnerte sich, dass diese Türen früher in die sogenannten Truhenkammern geführt hatten, in denen die Mitgift der Braut aufbewahrt wurde. Diese Kammer war aufgelassen und dadurch mit dem Wohnzimmer verbunden wie eine Kapellennische in einer Kirche.

„Durch die hat Münter mich ins Haus gebracht. Mit so einem feierlichen Betragen. Tradition, meinte er."

Diese Pforten, fiel Nora ein, hatten noch einen anderen Namen. Leichentüren, weil die Toten durch sie aus dem Haus getragen wurden. Verließen Münters Opfer es auf diese Weise? War auch das eine seiner Traditionen?

„Ich war noch groggy von den Drogen", fuhr Sofie fort. „Er hat mich ins Schlafzimmer gebracht, mich ins Bett gelegt und …"

„Hat er dich angefasst?"

Bisher hatte sich Nora verboten, daran zu denken, was der Bräutigam ihr angetan hatte. Jetzt flammte Wut in ihr auf. Am liebsten wäre sie nach oben gerannt, um mit bloßen Händen auf Münter einzuprügeln, für Steffen, für Beuss, für Sofie und die anderen Frauen.

„Ich meine, hat er dich …?"

„Nein. Zumindest noch nicht. Er meinte, das hebt er sich für die Hochzeitsnacht auf. Mit Mord hat er kein Problem. Sex vor der Ehe gehört sich für ihn offenbar nicht."

Sie sagte es lapidar. Aber Nora entging der Horror nicht, den Sofie empfand. Sie spürte ihn genauso. Die Vorstellung, dass dieses Schwein über ihre kleine Schwester herfiel, war unerträglich.

„Er hat genug andere miese Sachen mit mir gemacht." Sofie strich sich über den Arm. „Die Schläge waren nicht mal das Schlimmste. Als ich ihm am ersten Tag gesagt habe, was für ein Arschloch er ist und dass er mich gefälligst gehen lassen soll, hat er mich mit seinen Kötern in den Zwinger gesperrt. Die Viecher sind ausgerastet. Ein Wort von Münter, und sie wären auf mich los. Ich habe mir vor Angst in die Hose gepisst."

Nora schauderte, als sie an Arturs grün funkelnde Augen und seine Reißzähne dachte. Gegen Sofies Erlebnis war ihre erste Begegnung mit den Hunden geradezu friedlich verlaufen. Um nichts in der Welt wollte sie ihnen noch einmal gegenübertreten.

„Münter hat mich ausgelacht", sprach Sofie weiter. „Er meinte, er würde mich nicht für eine Kleinigkeit wie eine freche Bemerkung umbringen. Dafür hätte er zu viel Aufwand betrieben, um mich herzuschaffen. Und wenn er so verschwenderisch mit seinen Frauen umginge, hätte er einen Verschleiß wie Casanova. Ich sollte mir aber klarmachen, dass er mich nicht lange behalten würde, wenn ich nicht spurte. Ich habe es ihm versprochen. In den vergangenen Tagen habe ich den Haushalt erledigt, mich um Lukas gekümmert und mit Münter heile Familie gespielt."

„Der Penner entführt Frauen, damit sie als Ersatzmutter für seinen Sohn herhalten."

Nora öffnete die Schrankwand. Darin befanden sich dicke weiße Kerzen, mit goldenen Kreuzen und Ringen verziert. Einige waren um den schwarzen Docht angeschmolzen, andere unbenutzt. Im Fach daneben stand ein alter

Plattenspieler neben einem Stoß Schallplatten. Die vorderste war der *Hochzeitsmarsch.* Auf einmal wurde Nora das Wohnzimmer noch unbehaglicher. War das der Raum, in dem der Bräutigam seine Hochzeitszeremonie abhielt?

„Lukas ist das einzig Gute hier", sagte Sofie. „Er ist ein lieber Junge."

Nora schloss die Schranktüren. „Vor allem, wenn man bedenkt, wer sein Vater ist."

„Dafür kann er nichts." Beinahe klang es trotzig, als wollte sie den Jungen in Schutz nehmen. „Er hat eine beruhigende Wirkung auf Münter. Mir tut es gut, mich um ihn zu kümmern. Glaub mir, ohne ihn wäre ich längst durchgedreht."

Nora verstand. Dennoch fragte sie sich, ob Sofies Zuneigung für den Jungen nicht einer Art Stockholm-Syndrom entsprang, bei dem Entführungsopfer, um mit ihrer Lage klarzukommen, Verbundenheit zum Täter entwickelten. Oder, in Sofies Fall, zu seinem Sohn.

„Glaubst du", fragte Nora, „er hat die anderen Frauen getötet, weil sie ihre Rolle nicht gut genug erfüllt haben?"

„Ich schätze, ja. Oder weil sie versucht haben abzuhauen."

Sofie setzte sich auf das Sofa, Nora wählte einen der Sessel. Auf einem Rollwagen waren Flaschen aufgereiht, Obstbrände, Apfel, Kirsche, Williams Birne. Nora hätte einen Schluck vertragen können. Nur war es keine gute Idee, ihren Verstand noch weiter durcheinanderzubringen.

„Es gibt nur eine Möglichkeit, am Leben zu bleiben", sagte Sofie. „Genau zu tun, was er sagt."

Sie reichte Nora einen der Becher. Nora fand es absurd, im Haus eines Serienmörders bei Tee zusammenzusitzen.

Trotzdem war es tröstlich, den warmen Becher zu halten, aus dem der Duft in ihre Nase stieg.

„Wie lange willst du das durchhalten?", fragte sie. „Du hast selbst gesagt, was er in seiner ‚Hochzeitsnacht' mit dir vorhat. Abgesehen davon, dass er jederzeit ausrasten und uns töten kann. Je länger wir bleiben, desto größer wird diese Gefahr. Nein, Sofie, wir müssen hier weg, und zwar so schnell wie möglich."

„Denkst du, das will ich nicht? Sag mir, wie, und ich bin sofort dabei. Hals über Kopf funktioniert das nicht. Der hat sein System über Jahre entwickelt."

„Jedes System hat Schwachstellen", erwiderte Nora. „Jeder begeht Fehler."

Beuss hatte das Gleiche gesagt. Jetzt war er tot.

„Wir brauchen mehr Informationen. Hast du eine Ahnung, wo wir sind?"

Sofie starrte in ihren Becher. „Irgendwo in der tiefsten Pampa des Alten Landes. Die nächsten Häuser sind zu weit entfernt, um rüberzubrüllen oder ein Bettlaken zu schwenken. Auf der Straße ist kaum was los, und weil der Zaun und das Tor so dicht bewachsen sind, können Autofahrer das Haus von dort aus nicht sehen."

„Es muss doch mal jemand vorbeischauen", sagte Nora. „Zumindest der Postbote."

„Münter lässt sich alles in ein Postfach schicken. Er ist super organisiert. Hier kommt keiner her, auf den er nicht vorbereitet ist. Wenn bisher jemand geklingelt hat, hat er verhindert, dass ich mich bemerkbar machen konnte. Wenn er weggeht, schaltet er die Klingel ab." Sofie lehnte sich auf dem Sofa zurück. „Ich weiß, ich rede, als hätte ich aufgegeben. Das habe ich nicht. Aber seit ich hier bin, habe ich tausend Möglichkeiten durchdacht, ohne einen Ausweg zu finden. Unsere einzige Rettung ist die Polizei. Irgendwann werden sie ihn überführen. Solange müssen wir durchhalten."

So schön es gewesen wäre, wenn eine Hundertschaft schwer bewaffneter Polizisten das Gehöft gestürmt hätte, die Aussicht war gering. Nach dem Mord an Beuss war Münter überzeugt, dass die Polizei nicht zu ihm finden würde. Nach allem, was Sofie erzählt hatte, handelte es sich nicht um blinde Zuversicht. Nora durfte ihr diese Hoffnung jedoch nicht nehmen, indem sie ihr sagte, dass die Behörden völlig im Dunkeln tappten.

„Das bedeutet", fügte Sofie an, „keine unnötigen Risiken einzugehen."

Nora sträubte sich gegen diesen Fatalismus. Wenn Sofie nicht an eine andere Lösung glaubte, musste sie das für sie beide übernehmen.

„Irgendwie müssen wir jemanden hierherkriegen", überlegte sie laut. „Wenn wir nicht an das Telefon oder Münters Handy gelangen, dann auf andere Weise. Der Gasherd …"

„… läuft über eine Gaskartusche", sagte Sofie, bevor sie den Gedanken weiter ausführen konnte. „Die schließt Münter nur an, wenn ich kochen soll. Ansonsten sperrt er sie weg."

„Mit einem Feuerzeug oder Streichhölzern könnten wir uns Fackeln basteln, um uns die Hunde vom Leib zu halten."

„Das weiß Münter auch. Deshalb liegt nichts davon herum. Selbst wenn wir drei Stunden lang Stöckchen aneinanderreiben, würden uns Fackeln nicht viel bringen. Ich würde nicht darauf setzen, dass die Hunde davor Schiss haben. Außerdem regnet es ständig. Wenn die Fackeln ausgehen, sind wir tot."

„Wir könnten mit einem elektrischen Gerät Feuer entfachen und Rauchzeichen geben."

Sofie wies auf die Deckenlampe. Ebenso wie bei jener in der Diele befand sich die Birne hinter einer Glaskuppel.

„Die sind bruchfest", sagte sie. „Der Kühlschrank ist am Boden festgeschraubt, Kaffeemaschine, Toaster und alles andere, was Hitze erzeugt, schließt er ein. Selbst wenn wir ein Feuer in Gang bekämen, das alte Haus mit dem Reetdach und den Fachwerkbauten brennt garantiert wie Zunder. Willst du dich darauf verlassen, dass die Feuerwehr schnell genug anrückt, bevor wir erstickt oder eingeäschert sind?"

Nora hatte gehofft, Sofie mit ihrer Ankunft neuen Mut einzuflößen. Sie hatte erwartet, Sofie würde sich mit ihr zusammen auf jeden Einfall stürzen, der auch nur ansatzweise aussichtsreich war. Wie es aussah, hatte Sofie wirklich alles durchdacht. Und Münter genauso.

„Irgendeinen Weg muss es geben", sagte Nora. „Was ist mit Lukas?"

Sofie trank von ihrem Tee. „Was soll mit ihm sein? Er ist ein Kind. Er kann uns nicht helfen."

„Ich weiß nicht. Er scheint dich wirklich zu mögen. Wenn wir ihn auf unsere Seite ziehen können …"

„Daraus wird nichts. Lukas ist ein lieber Junge. Aber Münter ist sein Held. Er wird nie etwas tun, von dem er denkt, dass sein Papa es nicht will. Wir müssen sowieso extrem vorsichtig sein, was wir zu ihm sagen und was wir tun, wenn er dabei ist. Münter fragt ihn immer, was Mami heute so gemacht hat, und Lukas erzählt ihm alles. Er nutzt ihn wie einen kleinen Spion." Sie lächelte traurig. „Gib es auf, Nora. Bisher hat es keine der entführten Frauen geschafft zu entkommen. Warum sollte uns das gelingen?"

Nora lehnte sich in ihrem Sessel vor. „Weil für uns etwas anders ist."

„Ach ja? Was denn?"

„Wir sind zu zweit."

Sie merkte, dass sich Sofie beherrschen musste, nicht die Augen zu verdrehen.

„Die Superschwestern gegen einen brutalen Serienkiller? Viel Glück!"

Sie betrachtete Nora forschend. „Lass mich raten: So wie ich dich kenne, hattest du dir auch irgendwas für dein Treffen mit ihm überlegt, oder?"

Nora presste die Lippen zusammen und blickte in ihren Tee. Sofie glaubte jetzt schon nicht, dass Nora sie retten konnte. Wenn sie hörte, wie Münter sie ausgetrickst hatte, würde sie noch weniger Vertrauen in sie haben.

„Nora, was ist passiert?"

Sie seufzte. „Steffen und ich hatten vor, ihn zu verfolgen. Wir hatten sogar eine Drohne. Münter hat das durchschaut und Steffen niedergeschlagen."

„Scheiße. Ich dachte mir, dass das nicht bloß Schlamm an seiner Hose war. Ist Steffen …? Hat er ihn …?"

„Er lebt", sagte Nora, „und ist nicht allzu schwer verletzt."

„Gott sei Dank."

Nora wollte Sofie nicht belügen. Doch den Mord an Beuss musste sie ihr verschweigen. Es hätte ihr den letzten Mut genommen.

„Da siehst du es", sagte Sofie. „Das Arschloch ist mit allen Wassern gewaschen."

„Es muss etwas geben, das er übersehen hat. Wir müssen …"

„Hör endlich auf!" Sofie stampfte mit dem Fuß auf. Tee schwappte aus ihrem Becher. „Warum begreifst du nicht, dass diese Überlegungen absolut nichts bringen?"

Nora knallte ihren Becher auf den Tisch. „Was ich nicht begreife, ist, warum du klein beigibst. Ich suche nach einem Ausweg, und du redest alles schlecht."

Für den Moment war es, als führten sie einen Streit wie in ihrer Jugend. Nur war es damals um zu laute Musik oder ungefragt geborgte Klamotten gegangen, nie um Leben und Tod.

„Warum beharrst du darauf, dass wir keine Chance haben, Sofie?"

„Weil wir bei einem Fluchtversuch draufgehen würden!", rief sie. „Scheiße, Nora, du glaubst, du könntest alles analysieren und würdest garantiert eine Lösung finden. So warst du schon immer. Ich will auch hier weg. Ich wünsche mir nichts so sehr, wie wieder zu Hause zu sein. Aber Wunschdenken bringt nichts." Sofie stand auf und breitete die Arme aus. „Das ist Münters Reich."

Nora war wie vor den Kopf gestoßen. Sie hatte nicht damit gerechnet, dass Sofie sie so hart anfahren würde. Sie stand ebenfalls auf. „Ich wollte dir helfen. Deshalb bin ich hier."

Sofie lachte. „Du dachtest, du schlägst als die strahlende Retterin auf und regelst das im Nullkommanichts. So läuft das nicht. Das versuche ich dir die ganze Zeit zu erklären. Statt das einzusehen, machst du alles schlimmer. Gott, was für eine Schnapsidee herzukommen. Als Münter mir erzählt hat, dass er dich holen will, habe ich versucht, ihn davon abzubringen. Ich wünschte, ich hätte es hingekriegt."

„Du hast was?"

Nora konnte es nicht glauben. Sie hatte enorme Risiken auf sich genommen, um bei ihrer kleinen Schwester zu sein. Zu erfahren, dass sie ihre Hilfe nicht wollte, war ein Schlag ins Gesicht.

„Ich wusste, das konnte nicht klappen. Deine Aktion bringt nur, dass wir jetzt beide hier gefangen sind oder demnächst zwei Todesanzeigen in der Zeitung stehen. Hast du eine Sekunde daran gedacht, dass ich nicht von dir gerettet werden will? Was es mit mir machen würde, wenn du hier bist?" Tränen strömten aus Sofies Augen. Tränen der Verzweiflung, aber auch der Wut. „Denkst du, ich will, dass du meinetwegen krepierst?"

Nora wollte sie umarmen, sie trösten. Bloß war sie zu verblüfft, dass sich diese Wut gegen sie richtete.

„Das wird nicht passieren." Sie streckte eine Hand nach Sofie aus. „Wir schaffen das."

„Verrecken werden wir!" Sofie bebte am ganzen Körper. „Als ich allein war, war es furchtbar genug. Doch ich habe es ausgehalten, eine Minute nach der nächsten, einfach überleben. Das geht nicht mehr ..."

Vor Aufregung fiel Sofie der Becher herunter. Er krachte auf das Parkett und zersprang. Eine rotbraune Pfütze breitete sich um die nassen Scherben aus.

„Scheiße", murmelte sie, „Scheiße, Scheiße."

„Das ist nicht so schlimm", sagte Nora. „Ich helfe dir."

„Nicht so schlimm?", fragte Sofie. „Du hast ja keine Ahnung."

Sie hastete aus der Tür. Klappern drang aus der Küche. Nora hockte sich hin, um die Scherben einzusammeln. Eine, die größte, hatte gezackte Ränder und lief in einer Spitze zu. Nora befühlte sie vorsichtig. Sie wäre scharf genug, um sie Münter in den Hals zu rammen, wie er es bei Beuss mit seinem Messer getan hatte. Das Beste wäre immer noch, heimlich zu verschwinden. Nur durfte sie nach dem Gespräch mit Sofie nicht davon ausgehen, dass es ihnen gelingen würde.

„Was machst du?" Sofie kam mit Kehrblech und Feger, einem Eimer und einem Wischlappen zurück. „Wir müssen uns beeilen, bevor ..."

„Was ist denn hier passiert?" Münter, die Fäuste in die Hüften gestemmt, füllte den Rahmen der Wohnzimmertür.

26

„Ich habe euch Zeit gegeben, damit ihr euch unterhalten könnt“, sagte Münter. „Stattdessen veranstaltet ihr einen Höllenlärm. Lukas ist gerade eingeschlafen. Ihr habt Glück, wenn ihr ihn nicht geweckt habt.“

Nora verbarg die Scherbe in ihrer Hand.

„Es … es tut mir leid, Hartmut“, stammelte Sofie. „Wir waren so aufgeregt, uns wiederzusehen, da haben wir …“

„Das gute Porzellan.“ Münter blickte auf den zerbrochenen Becher in der Teelache. „Sofie, wie oft habe ich dir erklärt, dass du vorsichtig damit umgehen sollst?“ Sein Gesicht lief hochrot an. Sein Atem ging schnaufend. „Das sind Erbstücke.“

Sofie schrie, als Münter sie an den Haaren packte.

„Bitte, Schatz. Sei nicht böse. Es war ein Versehen.“

„Davon wird der Becher auch nicht wieder heil.“ Er warf sie herum.

Sofie ächzte, als sie gegen die Schrankwand prallte. Nora stürzte auf Münter zu, die Scherbe erhoben. Sie wollte nicht gegen ihn kämpfen. Aber sie konnte nicht tatenlos zusehen, wie er Sofie misshandelte.

Münter, halb von ihr weggedreht, stieß Sofie erneut gegen die Schrankwand. Nora konnte es schaffen. Ein Stich in den Hals, und sie wären frei. Sie riss die Scherbe hinab.

Münter musste sie aus dem Augenwinkel bemerkt haben. Kurz bevor sie ihn traf, blockte er ihren Angriff mit dem Arm. In derselben blitzschnellen Bewegung ließ er Sofie los und versetzte Nora einen Faustschlag gegen die Brust, durch den sie rückwärts taumelte. Sie keuchte, schwang blindlings die Scherbe. Münter wich mühelos aus, fing ihren Arm und verdrehte ihn auf ihrem Rücken. Nora schrie, die Scherbe fiel zu Boden. Münter presste ihr Gesicht gegen die Schrankwand und hielt ihr sein Messer ans Auge. Sie hatte nicht einmal mitbekommen, wie er es gezogen hatte.

„Nora, Nora", schnaufte er in ihr Ohr. „Das war gar nicht nett von dir."

„Lass sie in Ruhe, du Arschloch!" Sofie ging auf ihn los.

Ohne Nora freizugeben, hieb er Sofie den Messergriff gegen die Schläfe. Sie sackte zusammen.

„Sofie!" Nora wand sich, trat nach Münter, traf sein Schienbein.

„Ruhig." Er legte ihr die Klinge an die Wange. „Wir wollen doch nicht, dass jemand ernsthaft verletzt wird."

Nora hielt still. Sofie schaute benommen zu ihr auf.

„So viel Temperament hätte ich dir gar nicht zugetraut, Nora", sagte Münter.

Das Messer war kühl auf ihrer Haut. Ihr Herz hämmerte. Sollte es das gewesen sein? Ihr grandioser Rettungsversuch, kurz nach ihrer Ankunft kläglich gescheitert? Hatte sie nichts weiter erreicht, als vor Sofies Augen zu sterben?

„Du musstest es versuchen", sagte Münter. „Ich verstehe das. Eigentlich bin ich ganz froh, dass wir das hinter uns haben. Jetzt siehst du hoffentlich ein, wie aussichtslos solche Unternehmungen sind, und wir können noch einmal einen Anlauf unternehmen, friedlich zusammenzuleben." Er setzte ihr die Klinge an den Hals. „Oder meinst du, das wäre zwecklos und wir sollten lieber sofort einen Schlussstrich ziehen?"

„Tu ihr nichts", bettelte Sofie. „Bitte tu ihr nichts."

„Das will ich ja nicht. Ich möchte, dass es zwischen uns harmonisch ist wie in einer glücklichen Familie. Da kann ich als Familienoberhaupt solche Ausfälle nicht dulden. Siehst du das ein, Nora?"

„Ja", stieß sie hervor. „Ich sehe das ein."

„Versprichst du, nie wieder solchen Unsinn zu machen?"

„Ich verspreche es."

„Da bin ich froh." Münter ließ ihren Arm los, drehte sie zu sich um, ohne das Messer herunterzunehmen. „Wenn so etwas noch einmal vorkommt, muss ich dir etwas abschneiden. Oder Sofie. Ein paar Finger vielleicht. Für den Anfang. Ich möchte das nicht. Das liegt ganz bei euch."

Endlich trat er von Nora zurück. Sie rieb ihren schmerzenden Arm. Es hätte nicht viel gefehlt, und Münter hätte ihr die Schulter ausgekugelt.

„Ich habe Medikamente, die machen euch sanft wie Lämmer", sagte er. „Aber ich will nicht, dass ihr wie Zombies herumlauft. Das würde Lukas verstören, und die Hausarbeit würde leiden. Ich will euch wach und fröhlich. Darum hoffe ich, dass ihr beide euch von nun an benehmt. Einverstanden?"

Nora und Sofie nickten.

„Das heißt auch, dass ich keine Kraftausdrücke in diesem Haus hören will, Sofie. Sonst schnappt Lukas die noch auf."

„Nein, natürlich nicht", sagte Sofie. „Entschuldige, Schatz."

„Schön." Münter lächelte. Das Messer verschwand. „Dann vergessen wir den kleinen Zwischenfall. So schade es um den Becher ist, es bringt ja nichts, über zerbrochenes Geschirr zu jammern. Die Hochzeit ist übrigens erst übermorgen. Mit dem Polterabend seid ihr also zu früh dran."

Sofie lachte, als wäre es der lustigste Scherz, den sie je gehört hatte.

„Gebt in Zukunft besser acht. Wir wollen nicht, dass im Haus noch mehr zu Schaden kommt, nicht wahr?"

„Wir passen auf, Schatz", sagte Sofie.

Bedacht, dass ihr Rock nicht in die Teepfütze geriet, kniete sie sich hin und sammelte die Scherben in das Kehrblech. Nora wollte ihr helfen.

Münter hielt sie ab. „Du hast dich verletzt."

Jetzt erst bemerkte sie den dünnen Schnitt, der über ihre Handfläche lief.

Münter reichte ihr ein Taschentuch. „Wir wollen nicht, dass Seifenwasser in die Wunde gelangt. Sofie kümmert sich gern darum, stimmt's, Liebling?"

„Natürlich. Gleich ist alles sauber."

Nora drückte das Tuch auf die Wunde. Zum Glück war sie nicht tief und blutete nur schwach. Sofie wollte das Kehrblech aus dem Wohnzimmer tragen.

Münter nahm es ihr ab. „Ich schütte das draußen in die Tonne. Sonst haben wir noch mehr Verletzte, wenn jemand etwas in den Küchenmüll stopfen will. Nun gib ein bisschen Gas, Sofie. Wir müssen langsam ins Bett."

„Ich beeile mich, Schatz." Hastig breitete Sofie den Lappen über die Pfütze, wrang ihn in dem Eimer aus und wiederholte die Prozedur.

„Pass auf, dass keine Splitter liegen bleiben", sagte Münter. „Nicht dass Lukas barfuß in einen reintritt."

Sollte das passieren, sagte sein Gesicht, gnade dir Gott.

Sofie wischte weiträumig um die Stelle, an der ihr Becher aufgeschlagen war. Sie hängte den Lappen über den Eimerrand, stand auf und legte die Hände zusammen.

Münter inspizierte den feucht glänzenden Boden. „Gut. Räum das Putzzeug weg. Danach machst du dich fertig fürs Bett. Ich zeige Nora das Gästezimmer und komme gleich nach."

„Ja, Schatz. Gute Nacht, Nora."

Am liebsten hätte Nora sie noch einmal umarmt. Sie wagte es nicht.

„Gute Nacht, Sofie."

Sofie hob den Eimer auf und verließ das Wohnzimmer. Es platschte in der Küche, als sie das schmutzige Wasser ins Spülbecken schüttete.

„Entschuldige, wenn ich ungehalten war", sagte Münter. „Du weißt, ich bin eigentlich umgänglich – solange man mich nicht reizt."

Klar, dachte sie. Den Schwachsinn hast du mir schon mehrfach erzählt.

„Gehen wir hoch", sagte er.

In der Diele stellte er das Kehrblech vor die Haustür. Dann führte er Nora nach oben. Der Spalt unter der Tür des Kinderzimmers war dunkel. Münter brachte Nora den Flur hinab zu einem anderen Raum und schaltete das Licht ein. Die Einrichtung bestand lediglich aus Bett, Nachttisch und Kleiderschrank. Auf dem Bett lagen eine dicke Decke und ein Kissen in geblümten Bezügen.

„Sofie hat heute Nachmittag alles vorbereitet. Im Bad“, er wies auf eine Tür, „findest du Seife, Zahnbürste und Zahnpasta. Falls du sonst was brauchst, melde dich, ja?“

„Okay.“

Ein Telefon wäre super.

„Na dann. Schön, dass du den Weg zu uns gefunden hast. Fühl dich wie zu Hause.“

Den Teufel werde ich.

Ihrem Schrecken darüber, dass er sie fast getötet hätte, versuchte sie Trotz entgegenzusetzen. Sie durfte sich nicht von ihm und seinen Drohungen einschüchtern lassen. Es hätte ihm nur noch mehr Macht über sie verliehen.

„Gute Nacht“, sagte Münter.

Als sie nichts entgegnete, zog er die Tür zu. Ein Schlüssel klackerte im Schloss.

27

„Guten Morgen, Nora." Münter hob ihr lächelnd seine Kaffeetasse entgegen. „Hast du gut geschlafen?"

Münter, Sofie und Lukas saßen zusammen am Küchentisch beim Frühstück. In einem Korb lagen dicke Schwarzbrotscheiben, auf einem Teller Schinken, Salami und Käse. In einer Schale glänzte tiefgelbe Butter, von Messern abgeschabt. Löffel ragten aus Marmeladentöpfchen. Der Geruch von starkem Kaffee schwebte durch die Küche. Herbstliches Sonnenlicht strömte durchs Fenster herein. Wer nicht wusste, was vor sich ging, hätte die drei für eine glückliche Familie gehalten.

Lukas, einen Becher Kakao vor sich, mampfte ein Marmeladenbrot.

„Hallo, Tante Nora."

„Lukas." Münters Tasse prallte hart auf die Untertasse. „Was haben wir dir tausendmal gesagt?" Er fasste Sofies Hand. „Schatz?"

„Man spricht nicht mit vollem Mund, Lukas."

Lukas schluckte den Bissen herunter. „Ich wollte nur Tante Nora …"

„Nichts da“, ermahnte Münter ihn. „Hör auf deine Mutter.“

Lukas sah sie schuldbewusst an. „Tut mir leid, Mami.“

Sofie lächelte ihn an. Im Gegensatz zu jedem Wort, jedem Blick und jeder Geste, die Münter von ihr verlangte, war dieses Lächeln echt.

„Wir wollen nicht, dass dir das Essen aus dem Mund fällt, oder?“

Lukas schüttelte lachend den Kopf. „Nein, das wäre eklig, Mami.“

Münter tätschelte Sofies Hand.

„Setz dich, Nora.“ Er wies auf den freien Platz, der neben Sofie gedeckt war. „Du musst Kohldampf haben.“

Jedes Mal, wenn sie sich seinen Forderungen fügte, hatte Nora das Gefühl, sich mehr in dieses krankhafte Fantasiegebilde einzufügen. Sofies ängstlicher Blick warnte sie jedoch, sich nicht gegen Münter aufzulehnen.

Sie setzte sich.

„Möchtest du Kaffee?“, fragte Sofie.

„Gern. Danke.“

Obwohl ihre Hände zitterten, gelang es Sofie, beim Einschenken keinen Tropfen zu verschütten.

„Du siehst aus, als könntest du einen vertragen.“ Münter nahm das angebissene Schinkenbrot von seinem Teller und schob es sich unter den Schnauzbart.

Sofie rührte die Scheibe mit Käse kaum an, die vor ihr lag. Jetzt, bei Tageslicht, fiel Nora auf, wie blass sie war und wie viel schmaler seit der Feier.

„Es ist hoffentlich in Ordnung für dich, dass wir schon angefangen haben“, sagte Münter. „Normalerweise frühstücken wir gemeinsam. Das ist uns wichtig. Zeit für die Familie. Nicht wahr, Schatz?“

Sofie nickte, den Blick auf ihren Teller gerichtet.

„Aber nach dem Stress gestern“, fuhr er fort, „wollten wir dich ausschlafen lassen. Oder bist du schon länger auf?“

Er biss noch einmal ab, kaute seine Stulle mit vollen Backen. Seiner selbstgefälligen Miene nach wusste er genau, dass Nora weder aus- noch gut geschlafen hatte. Zu mehr als einem unruhigen Dahindämmern hatte es nicht gereicht. Im Morgengrauen erwachte sie daraus, vielleicht geweckt vom ersten Licht, das durch die Vorhänge in ihr Zimmer drang, vielleicht vom Bellen der Hunde.

Das Fenster war nicht vergittert. Einen ermutigenden Ausblick bot es nicht. Um das Gehöft erstreckte sich eine weite Fläche, die teils aus verwildertem Garten, teils aus vernachlässigten Obstwiesen und brachliegenden Feldern bestand. Dazu passten die schiefe Scheune und der halb zerfallene Stall. Einzig ein Schuppen war gut instand. Kühe, Schweine oder Hühner liefen nicht herum. Gestrüpp überwucherte einen Traktor mit platten Reifen, einen kaputten Anhänger, ein paar rostige Fässer.

In der Ferne ragte das Dach eines Hauses auf. Nora teilte Sofies Einschätzung. Schreie würden über dem Wildwuchs und den maroden Bauten verhallen, ohne die Bewohner zu erreichen.

Die Tür war nicht mehr abgeschlossen. Leise trat Nora auf den Flur. Von unten drangen Geschirrklappern und Stimmen herauf. Sie schlich zu den anderen Türen. Das Kinderzimmer und ein Bad waren offen. Bei einer raschen

Suche fand Nora nichts Hilfreiches, nicht einmal eine Nagelschere.

Mehr und mehr hatte sich in ihr der Gedanke verfestigt, dass sie und Sofie im Märchen von Blaubart feststeckten, in einer Real-Life-Version, in der sich Blaubart außerdem mit dem großen bösen Wolf zusammengetan hatte. Den Schlüssel händigte er ihnen leider nicht freiwillig aus.

„Willst du nichts essen?“, fragte Münter.

Nora schreckte aus ihren Gedanken auf. „Ich bleibe erst mal bei Kaffee.“

„Den Magen aufwärmen, verstehe.“

Schwarze Krümel hatten sich in Münters Schnauzbart verfangen. Zwischen seinen Zähnen steckten Schinkenfasern. Am liebsten hätte Nora ihr Messer in ihn hineingerammt. Aber es war stumpf, reichte gerade, um Brot zu schneiden. Außerdem hatte er gestern gezeigt, wie leicht er einen Angriff abwehren konnte.

Münter wischte Lukas mit einer Serviette etwas Marmelade aus dem Mundwinkel. „Morgen essen wir Aufbackbrötchen und gekochte Eier. Das ist ja ein besonderer Tag. Nach dem Frühstück feiern wir Hochzeit.“

Was ihn in Vorfreude versetzte, rief in Nora Beklemmung und Angst hervor. Sofie, sah sie, ging es genauso. Diese Hochzeit war nichts als eine bescheuerte Zeremonie, die gelebte Wahnvorstellung eines Irren. Es wäre schwer gewesen, sie ernst zu nehmen, hätte sie nicht bedeutet, dass er Sofie danach umso mehr als sein Eigentum betrachten, nach Lust und Laune über sie verfügen würde. Angefangen mit dem, was er ihr in der Hochzeitsnacht antun würde.

„Ihr beiden freut euch bestimmt riesig."

Weder Nora noch Sofie reagierten.

„Und du, Luki?", fragte er. „Bist du aufgeregt?"

„Ja, das wird toll!" Lukas strahlte Nora an. „Ich darf die Ringe halten."

„Das ist eine große Aufgabe", sagte Nora.

An der Hochzeit durfte er teilhaben, von jeglicher Gewalt hingegen schirmte Münter ihn ab. Wie viel wusste der Junge von den Verbrechen seines Vaters? Wie viel verstand er?

„Ich muss noch einiges an Arbeit schaffen, und Lukas hat Schule", sagte Münter. „Hinterher fahre ich mit ihm die letzten Erledigungen machen. Meinen Anzug aus der Reinigung und die Torte vom Konditor holen, Sekt besorgen. Was meinst du, Luki?"

„Au ja!"

„Ihr zwei bringt in der Zwischenzeit das Haus auf Vordermann, damit für unsere Feier alles blitzt und glänzt."

„Wir kümmern uns darum, Schatz", sagte Sofie.

Münter trank seinen Kaffee aus. „So, dann wollen wir mal die Racker füttern. Holst du das Futter, Luki?"

„Klar!" Lukas lief zur Speisekammer. In einem Regal waren die Dosen mit Hundefutter aufgereiht. Er musste sich auf die Zehenspitzen stellen, um drei herunterzulangen und in seinen dünnen Armen zu stapeln. Er schleppte seine Last aus der Küche.

Nora und Sofie blieben sitzen, während Münter und Lukas in der Diele ihre Schuhe und Jacken anzogen. Erst auf das Klacken hin, mit dem sich die Haustür öffnete und wieder schloss, stand Nora auf. Draußen erklang das freudige Bellen, mit dem die Hunde ihren Herrn empfingen, und Münters Stimme, der sie begrüßte.

„Weißt du, was er für einen Beruf hat?", fragte Nora. „Er lebt wohl kaum von seinen DJ-Auftritten."

„Ich glaube, er arbeitet für ein Speditionsunternehmen, meistens im Homeoffice. In die Firma fährt er nur selten." Sofie räumte den Tisch ab.

Nora ging zum Küchenfenster, an dem außen ein Blumenkasten mit Chrysanthemen und Stiefmütterchen hing. Münter und Lukas überquerten den Hof. Artur trottete an Münters Seite. Karla lief ihnen voraus, zögerte und bellte fordernd, bis sie aufgeholt hatten. Bodo sprang kläffend um sie herum, riss Lukas fast von den Beinen, der Mühe hatte, nicht die Futterdosen fallen zu lassen.

„Was mir nicht in den Kopf will", sagte Nora, „ist Lukas und die Schule. Er wird doch seinen Lehrern oder Mitschülern mal was von zu Hause erzählen. Da ist kaum denkbar, dass niemand Verdacht schöpft."

„Das hast du falsch verstanden." Sofie stellte das schmutzige Geschirr in die Spüle. „Lukas geht nicht zur Schule. Er bekommt Heimunterricht. Dafür bin ich zuständig."

Nora fiel die Tafel in Lukas' Zimmer ein. Natürlich. Sie hätte es sofort begreifen müssen.

„Lukas geht nirgendwohin". Sofie drehte das Wasser auf und gab Spülmittel auf einen Schwamm. „Zumindest nicht ohne Münter. Lukas hat keine Freunde, zu denen er fährt, und niemand besucht ihn, um mit ihm zu spielen. Er hat niemanden außer seinem Vater und den Frauen, die er herbringt. Er ist so aufgewachsen und kommt gar nicht darauf, dass es anders sein könnte."

Nora konnte es nicht fassen. War es möglich, die Existenz des eigenen Kindes zu verheimlichen? Es wäre ein gewaltiger Aufwand und extrem schwierig. Aber wenn niemand von der Schwangerschaft und Geburt erfahren hatte, war es durchführbar. Der Junge, der gerade fröhlich neben seinem Vater herlief, tat Nora unsagbar leid. Er war ebenso Münters Gefangener wie sie, nur wusste er es nicht.

„Was denkt er wohl über die Frauen?", fragte sie.

„Münter wird ihm irgendwelche Lügen auftischen. Du hast gesehen, was für ein enges Verhältnis sie haben. Lukas liebt seinen Vater abgöttisch, hält jedes Wort von ihm für die reine Wahrheit."

Münter und Lukas betraten den Zwinger, der auf der anderen Seite des Hofs lag und den Nora bei ihrer Ankunft im Dunkeln nicht hatte sehen können. Drei Hundehütten standen darin, eine große Metallschüssel und Näpfe für Futter. Außerdem lagen Gegenstände herum, die Nora nicht genau erkennen konnte. Wahrscheinlich Kauknochen und Spielzeug. Lukas stellte die Dosen neben den Näpfen ab.

„Wir könnten Lukas als Druckmittel benutzen", sagte Nora. „Münter zwingen, die Polizei zu rufen."

„Wenn wir uns an Lukas vergreifen, sind wir tot." Sofie scheuerte einen Teller sauber. „Das würde Münter uns niemals verzeihen. Außerdem macht Lukas schon genug mit, auch wenn er es nicht begreift. Ich will ihm keinen weiteren Schaden zufügen."

„Das will ich auch nicht, Sofie. Doch wir haben vielleicht keine andere Wahl. Es wäre auch in Lukas' Interesse. Je früher wir ihn von Münter wegholen, desto besser."

Sofie spülte den Schaum vom Teller. „Mit einem Bluff kannst du Münter nicht einschüchtern. Wärst du wirklich bereit, ein Kind zu verletzen?"

Nora bezweifelte es. Sie besaß nicht Münters Kaltblütigkeit. Genau darauf setzte er.

Eine nach der anderen öffnete Lukas die Dosen. Mit einem Löffel schaufelte er den braunen Fleischmatsch in die Näpfe. Karla lauerte. Bodo stupste Lukas spielerisch an, sodass der Junge den Hund wegschieben musste, neben dem er winzig aussah. Artur saß geduldig an der Gittertür. Münter trug die Wasserschüssel aus dem Zwinger. Er kippte die Reste ins Gebüsch und füllte sie an einem Wasserhahn am Schuppen, bevor er sie zurück an ihren Platz stellte. Vater und Sohn scherzten und lachten.

„Am einfachsten wäre es", sagte Nora, „wenn Lukas uns an den Hunden vorbeihelfen könnte."

Sofie rieb das Geschirr mit einem weißen Handtuch trocken. „Sie akzeptieren ihn, würden ihn nicht angreifen. Aber er hat sie nicht unter Kontrolle wie Münter. Wenn nur Lukas bei uns wäre, könnte er sie nicht abhalten, uns zu killen."

Nora beobachtete Artur, an dessen Halsband möglicherweise die Lösung ihrer Probleme hing. „Meinst du, er käme an den Schlüssel ran?"

„Das fällt auch flach", sagte Sofie. „Erst mal müsstest du ihn dazu bringen, ohne dass er es seinem Vater verrät.

Dann …“ Sie legte das Geschirrtuch beiseite und stellte sich neben Nora. „Artur würde ihn vielleicht nicht grundlos beißen. Wenn er sich provoziert fühlt, wäre das was anderes. Er würde sich auf keinen Fall den Schlüssel abnehmen lassen, den sein Herrchen ihm anvertraut hat.“

Münter bückte sich und hob zwei schwarze Gegenstände auf. Nora dachte, es handelte sich um Hundespielzeug, bis sie erkannte, dass es Ratten waren, die an ihren Schwänzen in Münters Hand baumelten. Er brachte sie zu einer Mülltonne nahe dem Zwinger und warf sie hinein. Er hielt den Deckel, bis Lukas die leeren Dosen entsorgt hatte, und klappte ihn zu.

Die Hunde fielen über ihr Futter her. Vater und Sohn gingen noch einmal in den Zwinger. Münter klopfte den dreien die Flanken. Lukas tätschelte Bodo, der seelenruhig weiterfraß. Karla schob sich von ihm weg. Als Lukas Artur streicheln wollte, ruckte der seine Schnauze empor. Der Junge zog hastig die Hand zurück und versteckte sich hinter seinem Vater. Münter legte ihm einen Arm um die Schultern. Gemeinsam kehrten sie zum Haus zurück.

„Starr nicht so hin“, sagte Sofie. „Münter mag das nicht.“

Nora wich vom Fenster zurück. Kurz darauf schlug die Haustür zu.

„Papa geht jetzt arbeiten“, hörte sie Münter sagen. „Sei schön artig und lern fleißig, ja?“

„Mache ich, Papa.“

Münters Schritte knarzten auf der Treppe.

„Komm am besten mit nach oben“, sagte Sofie. „Gleich fängt der Unterricht an.“

Fünf Minuten später saß Nora mit Sofie und Lukas im Kinderzimmer vor der Tafel. Eifrig erledigte der Junge seine Rechenaufgaben, schrieb sein Diktat, hörte gebannt Sofies Erläuterungen zu und reckte den Finger, um ihre Fragen zu beantworten. Er bemühte sich sichtlich, sie mit seinem Wissen und seinem Fleiß zu beeindrucken.

In der Pause spielten sie mit Lukas' Ritterburg. Nora war in Gedanken woanders. Seit der Hundefütterung reifte in ihr eine Idee.

„Na, hast du viel gelernt?", fragte Münter, als er nach dem Unterricht ins Kinderzimmer trat.

„Ja, Papa."

„Lukas ist ein ausgezeichneter Schüler", sagte Nora.

„Das höre ich gern. Was meinst du, Luki, brechen wir auf?"

„Ja, los geht's!"

Sofie und Nora folgten ihnen nach unten.

„Sag Mami und Tante Nora Tschüss."

„Tschüss, Mami." Lukas gab Sofie einen Kuss. „Du brauchst keine Angst zu haben. Wir gehen nicht für immer weg. Wir sind ganz bald wieder da."

Nora wäre nichts lieber gewesen, als wenn sie fortbleiben würden. Die Speisekammer war randvoll. Die Hunde würden vor ihr und Sofie verhungern.

„Da bin ich froh." Sofie küsste ihn auf die Stirn. „Hab einen schönen Tag."

Lukas marschierte zu Nora. Ehe sie es sich versah, hatte er sich auf die Zehenspitzen gestellt und auch ihr einen Kuss auf die Wange gedrückt. Es war eine so natürliche, von kindlicher Zuneigung erfüllte Geste, dass es Nora rührte.

„Tschüss, Tante Nora."

Sie drückte Lukas die Schulter. „Viel Spaß."

Wie viel es ihm bedeuten musste, etwas anderes zu sehen als das Gehöft, andere Menschen, Geschäfte. Nora gönnte es ihm. Gleichzeitig wünschte sie sich, sie und Sofie könnten an seiner Stelle gehen.

„Bis später, ihr zwei", sagte Münter. „Verquatscht euch nicht wieder."

Er küsste Sofie auf den Mund. Sie wurde zu Stein, bis er von ihr abließ. Er zögerte, ob er auch Nora küssen sollte, und verzichtete darauf. Doch sein Lächeln zeigte seine Entschlossenheit, sie sich genauso zu unterwerfen wie Sofie – und das Vergnügen, das es ihm bereiten würde.

Münter und Lukas verließen das Haus. Vom Küchenfenster aus verfolgten Nora und Sofie, wie sie begleitet von den Hunden zum Auto liefen. Lukas plapperte ununterbrochen. Er kletterte auf die Rückbank und schnallte sich an. Münter öffnete die Fahrertür. Bevor er einstieg, winkte er ihnen zu. Er setzte sich hinters Steuer und startete den Motor. Langsam entfernte sich der Passat Richtung Tor, bis er nicht mehr zu sehen war. Auch wenn sie immer noch eingesperrt waren, ohne Münter atmete Nora freier.

„Okay, der Drecksack ist weg", sagte sie. „Zeit, dass wir auch verschwinden."

28

„Was hast du vor?“, fragte Sofie halb skeptisch, halb hoffnungsvoll.

„Jedenfalls nicht, das dämliche Haus zu fegen. An den Schlüssel kommen wir nicht ran. Uns bleibt nur eins: Wir müssen an den Hunden vorbei.“

Die Hunde waren im Hof. Bodo und Karla balgten sich um ein Spielzeug. Artur lag halb in seiner Hundehütte, den Kopf erhoben und dem Haus zugewandt, als wüsste er, dass Nora ihn beobachtete. Noras Knie schmerzte kaum noch, und sie konnte ihr Bein mühelos bewegen. Mithilfe der Küchenstühle könnten sie vielleicht über den Zaun klettern, sofern sie es bis dahin schafften.

„Willst du ihnen einen Ball zuwerfen, oder was?“, fragte Sofie. „Vergiss es. Wir können sie nicht lange genug beschäftigen, zumindest nicht alle drei.“

„Wir müssen sie irgendwie außer Gefecht setzen.“

„Klar. Wir werfen sie einfach mit Töpfen und Pfannen k. o.“

Artur trabte aus dem Zwinger. Er bellte Bodo und Karla an, die ihr Spiel sofort abbrachen. Artur vorneweg, liefen die Hunde vom Hof und verschwanden im Garten.

„Es gibt hoffentlich ein effektiveres Mittel", sagte Nora.

„Welches soll das sein?"

Nora kehrte zum Tisch zurück. Sofie sah sie mit zweifelnder Neugier an.

„Münter hat heute Morgen zwei Ratten aus dem Zwinger geholt", sagte Nora. „Gibt es viele davon auf dem Hof?"

Sofie nickte. „Haufenweise. Einiges ist verfallen, deshalb fühlen die sich hier wahrscheinlich so wohl. Manchmal erwischen die Hunde welche. Auch ein paar Katzen streunen herum. Die Ratten bleiben in der Überzahl. Die treiben sich sogar im Haus rum. Münter motzt darüber, dass sie sich im Keller an den Vorräten vollfressen. In der Küche habe ich auch mal eine gesehen, ein Riesenbiest."

Noras Hoffnung wuchs. „Streut er Rattengift?"

„Regelmäßig. Er kann Ratten nicht ausstehen."

„Weißt du, wo er das Gift aufbewahrt?"

Sofie schüttelte den Kopf. „Das schließt er weg. Er hat Angst, dass ihn eine seiner Zwangsfrauen vergiftet."

„Eine berechtigte Angst."

„Logo. Aber selbst wenn ich was hätte, könnte ich ihm nichts ins Essen mischen. Er lässt mich immer zuerst probieren."

Nora presste die Lippen zusammen. Wenn sie nicht an das Rattengift kamen, hatte sich ihr Plan zerschlagen.

„Hm", machte sie. „Wenn sich die Ratten bis in die Küche wagen ..."

Sie öffnete die Speisekammer, beugte sich vor. Tatsächlich. Auf den Fliesen vor den Regalen lagen zwei Häufchen rotschwarzer Körner. Entweder hatte Münter das Gift gerade erst ausgelegt, oder die Ratten waren zu clever, um es zu fressen.

„Gib mir den Handfeger und das Kehrblech bitte."

Sofie reichte sie Nora.

Sie fegte die Körnchen auf und brachte ihre Ausbeute zum Küchentisch. „Nicht gerade viel. Wenn das Gift stark genug ist, könnte es trotzdem reichen."

Sie wollte den Tieren ungern schaden. Schließlich konnten sie nichts dafür, nicht einmal Artur. Doch wenn ihr und Sofies Leben gegen das der Hunde stand, fiel die Wahl leicht.

„Wir mischen es mit Hundefutter und stellen es ihnen hin. Anschließend brauchen wir nur zu warten."

Sofie seufzte. „So leicht ist das nicht. Die Hunde kriegen ihr Futter von Münter oder Lukas. Von uns würden sie niemals etwas annehmen."

Nora tippte mit den Fingern auf den Tisch. „Ihr Dosenfutter nicht. Wenn wir ihnen etwas Besonderes anbieten, werden sie nicht widerstehen können."

In der Speisekammer fand sie Dosengulasch und Fertigragout. Nicht schlecht, allerdings nicht gut genug. Ihre nächste Station war der Kühlschrank.

„Lass es, Nora", sagte Sofie, während sie die Fächer durchstöberte. Schinken und Salami waren schon besser. „Die Hunde sind zu gut abgerichtet. Wenn Münter rauskriegt, dass wir seine Lieblinge vergiften wollten, sind wir geliefert."

Nora öffnete den Gefrierschrank.

„Wenn du einen besseren Vorschlag hast, lass hören. Wir müssen es versuchen, Sofie. Ha!" Sie hielt ihrer Schwester die vier dicken Steaks hin, die zwischen Tiefkühlbohnen und Fischstäbchen gelegen hatten. „Danach werden sich die Bestien die Mäuler lecken."

„Die können wir nicht benutzen." Sofie wollte sie ihr wegnehmen. „Die hat Münter für das Hochzeitsessen besorgt. Wenn es nicht klappt und er merkt, dass sie weg sind – wie sollen wir das erklären?"

„Wir brauchen ihm gar nichts zu erklären, wenn wir selbst weg sind. Seine hirnrissige Hochzeit soll er schön allein feiern. Oder mit seinem Zellengenossen im Knast."

Nora überließ Sofie drei der Steaks.

„Keine Sorge, wir nehmen nur eins. Mit dem Riesending können sich alle drei den Bauch vollschlagen, und für mehr reicht unser Gift sowieso nicht." Sie drückte Sofies Schulter. „Es wird funktionieren, vertrau mir."

Nora fand eine Pfanne, stellte sie auf den Herd und legte das Steak hinein.

„Gefroren werden die Viecher es nicht fressen. Wir müssen es zumindest auftauen. Außerdem müssen wir das Gift da reinkriegen."

Sie schaltete die Platte ein. Keine Flamme sprang an.

„Verdammt, ich habe vergessen, dass Münter das Gas abstellt. Dann eben anders."

Sofie presste die eiskalten Steaks an sich, während Nora das heiße Wasser an der Spüle aufdrehte. Dass Münter eine Kartusche für den Herd brauchte, hieß, dass auch Heizung und Heißwasser nicht mit Gas betrieben wurden, das er abschalten konnte.

Nora hielt ihre Hand unter den Strahl. Das Wasser war kalt. Hatte Münter auch hierfür irgendeine Vorrichtung?

In dem Fall müsste sie das Steak wieder in den Tiefkühlschrank packen. Sie hatte nicht genügend Zeit, um es an der Luft aufzutauen.

Das Wasser erwärmte sich, wurde heiß. Gott sei Dank! Nora drehte das Steak unter dem Strahl. Nach und nach taute es auf. Nora piekte es mit dem Finger. Das Fleisch gab nach.

„Okay, jetzt ist es schön weich."

Sie stellte das Wasser aus und legte das Steak auf einen Teller. Am Küchentisch pulte sie es auseinander. Wässriges Blut floss über ihre Finger. Sie stopfte das Rattengift in das Fleisch, so tief sie konnte.

„Du weißt gar nicht, ob es bei ihnen wirkt", wandte Sofie ein. „Oder wie viel nötig ist, um sie zu töten."

„Wenn nur einer stirbt, am besten Artur, ist das schon ein Riesenerfolg. Oder wenn sie krank werden, so schwach, dass sie uns nicht mehr aufhalten oder wir Artur den Schlüssel abnehmen können." Sie prüfte, ob das Gift nicht herausfiel, und zeigte Sofie den Köder. „Fertig."

Sofie legte die restlichen Steaks ins Spülbecken. „Und jetzt? Wenn du zu nah rangehst, fallen sie dich sofort an. Du kannst es ihnen nicht hinhalten wie ein Leckerchen."

„Muss ich auch nicht." Nora machte eine Wurfbewegung wie mit einer Diskusscheibe. „Ich schmeiße es ihnen einfach vor die Schnauzen."

Sofie runzelte die Stirn.

„Das geht auch nicht", wandte sie ein. „Wenn sie es nicht fressen, was soll Münter denken, wenn er es nachher im Hof liegen sieht?"

Nora musste zugeben, dass sie diesen Punkt nicht bedacht hatte.

„Das wird er nicht. Pass auf."

Sie öffnete die Schublade, die sie letzte Nacht durchsucht hatte, nahm das Knäuel Bindfaden heraus und wickelte mehrere Meter ab. Da sie keine Schere hatte, scheuerte sie den Faden an der Tischkante durch. Sie wickelte ihn mehrmals um das Steak und verknotete ihn.

„Wenn sie es nicht fressen, ziehe ich es zurück. Außerdem können wir es aus einem der hinteren Fenster werfen. Falls es schiefgeht, wird er es nicht sofort merken."

„Hinten stehen Büsche dicht am Haus", sagte Sofie. „Der Faden würde sich darin verheddern oder das Fleisch hängen bleiben. Und bevor du fragst, die Brautpforte ist abgeschlossen."

Auch das Küchenfenster fiel aus. Der Blumenkasten könnte den Faden aufribbeln. Für einen Wurf aus dem oberen Stock war nicht genügend davon da. Es blieb nur eine Option.

„Also die Vorderseite", sagte Nora.

Sofie folgte ihr zur Haustür.

„Lass das, Nora!" Ihre Stimme bebte vor Verzweiflung. „Es ist zu gefährlich."

Nora wickelte den Faden um ihr Handgelenk und schaute durch das Fenster, das in die Tür eingelassen war. Der Hof lag in trügerischer Ruhe.

Nora fasste die Klinke. „Wir haben keine Garantie, dass sie sich nicht ins Haus wagen, wenn Münter nicht da ist. Sobald ich draußen bin, machst du hinter mir zu, okay?"

Sofie weinte. Das Schluchzen schüttelte ihre Schultern. Sie schlang ihre Arme um Nora.

„Bitte, wenn sie dich erwischen …"

… wird es ein verdammt grausiger Tod, dachte Nora.

Falls es so kam, durfte er wenigstens nicht umsonst sein.

„Wenn sie mich angreifen, werde ich versuchen, sie auf die Seite des Hauses zu locken und sie so lange wie möglich beschäftigt zu halten."

Und Sofie dadurch den Anblick ihrer Schwester ersparen, die von den rasenden Bestien zerrissen wurde.

„Versuch nicht, mir zu helfen. Du rennst zum Tor, so schnell du kannst, verstanden?"

Sofies Worte gingen im Wimmern unter.

Nora löste sich von ihr, zwang Sofie, sie anzusehen. „Hast du verstanden?"

Sofie nickte unter Tränen. Nora zweifelte, ob sie es tun würde. Aber sie musste sich darauf verlassen. Sie atmete tief durch. Dann öffnete sie die Haustür. Klamme Morgenluft, die nach Regen roch, wehte ihr entgegen. Mit dem blutigen Fleisch in der Hand trat Nora nach draußen.

29

Die Hunde mussten die Tür gehört haben. Oder sie hatten Nora gewittert. Artur vorneweg, Bodo und Karla dicht hinter ihm, brachen sie aus den Büschen. Mit gefletschten Zähnen hetzten sie auf Nora zu. Angst packte Nora, keine Angst, die sie mit Vernunft besiegen konnte, sondern die tiefsitzende Urangst, die ein Rudel Wölfe in einem Reh hervorrief. Alles in ihr drängte sie, sich ins Haus zu retten. Sie kämpfte den Impuls nieder.

Sie kommen nicht hier rauf, sagte sie sich. Sie können nicht an dich ran.

Gestern Nacht hatten die Hunde vor den Stufen zum Eingang Halt gemacht. Doch da war Münter dabei gewesen. Würden sie seinen Anweisungen folgen, obwohl er nicht hier war? Oder würde ihre Gier stärker sein als ihre Folgsamkeit?

Hinter Nora erklang das Klacken, mit dem Sofie die Tür schloss. Sie wünschte, sie hätte irgendwas mit rausgenommen, um sich zu verteidigen. So stand sie ihnen mit nichts als einem blutigen Klumpen Fleisch gegenüber. Wenn sie Pech hatte, würden die Biester sie gleich selbst in einen verwandeln.

In vollem Lauf überwanden die Hunde die letzten Meter. Artur setzte zum Sprung an.

Da, unmittelbar an der Treppe, stoppte er abrupt. Auch Bodo und Karla hielten an, als stießen sie gegen eine unsichtbare Wand.

Nora atmete auf, erleichtert, dass Münter seine „Racker" so gut erzogen hatte. Die Hunde bellten, bleckten die Zähne, schnappten nach ihr. An Arturs Halsband baumelte der Schlüssel, mit einem Karabinerhaken befestigt. Eine Armlänge entfernt und zugleich unerreichbar. Wenn die Hunde ihre Hand, ihren Arm oder ihr Hosenbein erwischten, würden sie Nora zu sich runterzerren. Aber sie konnten sich nicht überwinden, die unterste Stufe auch nur mit den Vorderpfoten zu berühren.

Nora ließ das Fleisch vor ihnen an dem Faden baumeln.

„Guckt mal, was ich hier habe. Richtig schön blutig. So mögt ihr es, oder?"

Artur fixierte Nora unablässig mit seinen grünen Augen. Karla beäugte den Köder skeptisch. Ihre Nase zuckte. Bodos Kopf schwenkte mit dem saftigen Happen von Seite zu Seite.

„Schnappt es euch."

Nora schleuderte das Fleisch so weit in den Hof, wie es der Bindfaden an ihrem Handgelenk zuließ. Mehrere Meter weit flog das Steak durch die Luft, bevor es klatschend auf dem Pflaster landete. Karla duckte sich, als müsste sie einem Angriff ausweichen. Bodo ruckte herum, blieb jedoch vor den Stufen bei Artur, der den Köder nicht beachtete.

„Macht schon!", spornte Nora sie an. „Haut rein!"

Bodo wollte sich umdrehen. Ein Blick von Artur hielt ihn auf seinem Posten.

„Verdammte Mistviecher!", fluchte Nora.

Sie zerrte das Steak auf sich zu. Fast verhedderte sich der Faden in den Beinen der Hunde. Mit größter Vorsicht gelang es ihr, ihn zwischen ihnen hindurchzuziehen, bis das Steak direkt vor den dreien zu liegen kam.

„Lecker Happi!"

Lieber wäre ihr gewesen, die Hunde möglichst weit von der Treppe wegzukriegen. Aber Hauptsache, sie fraßen das Fleisch. Bodo leckte sich das Maul. Karla reckte die Schnauze vor. Einzig Arturs Knurren hielt sie ab, ihre Zähne in das Fleisch zu schlagen.

„Gönn ihnen den Snack, Artur", sagte Nora.

Sie rührten das Steak nicht an. Es blieb ihr nichts übrig, als es sich zurückzuangeln. Da es schwierig war, es die Stufen hinaufzuziehen, hob sie es senkrecht am Faden hoch. Für einen Moment war sie unachtsam, langte etwas zu weit über die Stufen hinaus. Artur schnellte in die Höhe. Nora riss den Arm gerade noch zurück, bevor er sich darin verbeißen konnte. Sie stolperte, fiel und stieß gegen die Tür. Arturs Bellen steigerte sich zu Raserei. Nora zog die Füße an sich.

„Nora, alles okay?", rief Sofie, die sie durch das Fenster in der Tür beobachtete.

Nora rappelte sich auf. „Nichts passiert."

„Komm lieber wieder rein", sagte Sofie. „Das klappt ja eh nicht."

Nora hob das Fleisch auf, das bei ihrem Sturz auf dem Boden gelandet war. Obwohl sie Artur nicht verlocken konnte, bei Bodo hatte nicht viel gefehlt, auch Karla war nicht abgeneigt gewesen.

„Ich muss es weiter versuchen."

„Sei bloß vorsichtig."

Nora schwang das Steak am Faden wie ein Pendel. So dicht, dass sie fast daran lecken konnten, führte sie es abwechselnd vor Bodos und Karlas Schnauze.

„Los, ihr Racker. Ihr wollt es doch."

Karla schaute immer wieder hinüber zu Artur, um sich zu vergewissern, wie sie sich verhalten sollte. Bodo hatte nur Augen für das Fleisch. Sabber lief ihm aus dem Maul. Einige Blutstropfen trafen seine Nase. Er leckte sie ab. Winselnd tänzelte er auf der Stelle. Nora warf das Fleisch erneut. Karla folgte seiner Flugbahn wie erstarrt. Bodo konnte sich nicht mehr beherrschen. Artur zum Trotz preschte er zu dem Steak.

Nora ballte die Faust.

„Ja, hol es dir!", rief sie. „Braver Junge!"

Sie warf ihrer Schwester einen triumphierenden Blick zu. Sofies Gesicht hinter der Scheibe blieb ängstlich, als wollte sie Nora warnen, nicht übermütig zu werden.

Tatsächlich erhielt Noras Freude einen Dämpfer. Statt das Steak zu verschlingen, beschnupperte Bodo es, stupste es an. Sosehr er danach gegiert hatte, jetzt machte ihn an diesem unerwarteten Geschenk etwas stutzig. Vielleicht der Geruch des Gifts, der unter dem von Blut und Fleisch lag. Zögerlich leckte er daran.

„So ist gut", ermutigte Nora ihn. „Feiner Hund."

Bodos letzte Hemmung fiel. Er schlug die Zähne in das Steak, schüttelte es in seinem Maul, um ein Stück herauszureißen. Von ihm angestachelt, stürzte Karla herbei und verbiss sich in dem Fleisch. Knurrend rangen sie darum. Der Faden spannte und lockerte sich an Noras Hand.

Der Wolfshund blieb bei den Stufen.

„Los, Artur!“, rief sie über sein unablässiges Bellen hinweg. „Willst du etwa leer ausgehen?“

Zu ihrer Überraschung hörte er auf sie, rannte auf die anderen zu und trieb sie auseinander. Karla ließ das Fleisch los und nahm von ihm Reißaus. Aufgebracht rannte sie Kreise im Hof. Bodo gab sein Futter nicht her. Der Bindfaden riss, als er einen Satz rückwärts machte. Artur sprang vor, versetzte ihm Bisse in den Hals. Keine, die tödlich gewesen wären oder Bodo schwer verletzt hätten. Spielerisch waren sie allerdings auch nicht. Bodo jaulte auf. Das Steak fiel ihm aus dem Maul.

Nora wagte nicht zu atmen.

Friss!, spornte sie Artur in Gedanken an. Gönn dir eine ordentliche Portion!

Artur baute sich davor auf, als wollte er es vor Bodo abschirmen.

„Gottverdammt“, zischte Nora.

Nicht nur, dass Artur dem Fleisch widerstand. Er setzte die Befehle seines Herrn, nichts von anderen anzunehmen, gegen die anderen durch. Bodo, auf den Geschmack gekommen, näherte sich, kuschte vor Arturs Knurren und brachte es doch nicht fertig, seine Gier zu zügeln. Er umkreiste Artur, schnappte nach dem Fleisch und fing sich einen weiteren Biss ein. Auch Karla mischte sich wieder ein, hatte es jedoch nicht mehr auf das Steak abgesehen.

Sie ordnete sich ihrem Anführer unter, ging ihrerseits auf Bodo los und drängte ihn weg.

Enttäuscht und frustriert verfolgte Nora die Auseinandersetzung. Bodo hatte keine Chance, das Steak noch einmal zu ergattern. Artur und Karla würden es nicht fressen. Was Bodo und Karla an Gift geschluckt hatten, beeinträchtigte sie nicht. Noras Plan war gescheitert.

Und nicht nur das. Der Faden hing lose von ihrer Hand. Das Steak lag mitten im Hof, unübersehbar für Münter, sobald er zurückkehrte. Selbst mit einem Besen wäre es von den Stufen nicht zu erreichen. Sie durften es nicht liegen lassen.

Zwischen die Hunde zu rennen, wäre ihr Ende. Sie könnte im Haus warten, bis sie sich eingekriegt hatten. Wenn sie im Garten verschwanden, konnte sie in den Hof laufen und hoffen, sich das Steak zu holen, bevor sie erneut angriffen. Aber was, wenn sie den Hof nicht verließen? Wie viel Zeit blieb, bis Münter wieder da war?

Nora überlegte.

Wenn sie nicht an das Fleisch käme, konnte sie die Ablenkung der Hunde vielleicht nutzen, um sich an ihnen vorbei bis zum Tor zu schleichen. Sie wusste nicht, ob sie es ohne Hilfsmittel überwinden konnte. Das Risiko, dass die Hunde sie erwischten, war enorm. Außerdem wollte sie Sofie nicht allein im Haus lassen. Doch sie konnten es sich nicht leisten zu warten.

Nora nahm ihren Mut zusammen und stieg die oberste Stufe hinunter.

30

„Nora!“ Sofie schlug gegen die Fensterscheibe. „Was tust du?“

Nora trat die nächste Stufe hinab.

Sofie riss die Haustür auf, griff ihren Arm. „Bleib hier.“

„Sch“, machte Nora, ohne den Blick von den Hunden zu nehmen. „Geh wieder rein.“

„Nein, ich …“

„Sofort, Sofie.“

Ihre Schwester zog sich ins Haus zurück und schloss die Tür.

Nora setzte einen Fuß auf den Boden. Mit dem zweiten verharrte sie auf der untersten Stufe, zögernd, den sicheren Bereich vollends zu verlassen, und bereit, jeden Moment wieder nach oben zu flüchten. Dann stand sie im Hof.

Die Hunde kämpften weiter. Vorsichtig, jede hektische Bewegung vermeidend, schlug Nora einen weiten Bogen um sie. Unkraut spross aus dem stellenweise aufgerissenen Pflaster. Nora achtete darauf, nicht über eine Unebenheit zu stolpern, in eine der Pfützen zu treten oder sonst ein unnötiges Geräusch zu verursachen. Sie atmete flach. Die Hunde, meinte sie, müssten ihr Herz hämmern hören.

Das Knirschen ihrer Schuhe kam ihr ohrenbetäubend laut vor. Sie hatte ungefähr die Mitte des Hofs erreicht. Wenn die Hunde jetzt auf sie losgingen, wäre sie ihnen ausgeliefert. Wenn sie es bis auf den Weg zum Tor schaffte, könnte sie in der Deckung der Bäume und Büsche laufen. Es fehlte nicht viel. Vielleicht zehn Meter. Nora schaute zum Haus zurück. Sofies Gesicht war gerade noch hinter der Scheibe zu erkennen.

Der Kampf der Hunde eskalierte. Bodo wagte sich erneut zu weit vor. Artur, nicht mehr bereit, ihn mit Warnbissen abzuschrecken, stürzte sich auf ihn und riss ihn um, obwohl Bodo um einiges massiger war. Arturs Maul klaffte über seiner Kehle auseinander. Bodo jaulte, rappelte sich auf und peste über den Hof – genau auf Nora zu. Artur und Karla setzten ihm nach. Bodo, der Nora in seiner Panik nicht bemerkte, schlug einen Haken, und auf einmal sah sich Nora Artur direkt gegenüber.

Für einen Sekundenbruchteil stockten er und Karla im Lauf, verwirrt, Nora mitten im Hof zu entdecken. Dann stürmten sie ihr mit all der Wut entgegen, in die sie sich an den Stufen hineingesteigert hatten. Bodo, der einen Moment später begriff, schloss sich ihnen an.

Angststarre wollte Nora lähmen. Wo sollte sie hin? Die Hunde schnitten ihr den Weg zum Haus ab. Bis zum Tor würde sie es niemals schaffen.

Es gab nur eine Rettung.

Sie rannte auf den Zwinger zu, wagte nicht, über die Schulter zu blicken. Das Keuchen der Hunde und das Tappen ihrer Pfoten waren dicht hinter ihr. Schon rechnete sie damit, dass Artur sie anspringen und zu Fall bringen würde. Sie erreichte den Zwinger, warf sich durch die Gittertür und schleuderte sie hinter sich zu.

Bevor sie einrastete, krachten die Hunde dagegen. Nora stolperte rückwärts, stieß die Metallschüssel um. Wasser ergoss sich platschend auf den Boden. Nora stemmte sich gerade noch rechtzeitig gegen die Tür, bevor die Hunde in den Zwinger eindringen konnten. Sie schaffte es nicht, sie weit genug zurückzudrängen, um die Tür zu schließen. Bellend rannten Artur und Bodo dagegen an, versuchten, den Spalt weiter aufzurammen. Karla sprang hoch. Es fehlte nicht viel, und sie hätte es über das Gitter geschafft.

Noras Füße rutschten auf dem nassen Grund. Die Tür ruckelte, der Spalt klaffte weit genug auf, dass Artur den Kopf hindurchzwängen konnte. Knapp verfehlten seine Bisse Noras Bein. Sie presste ihm den Türrahmen gegen den Hals. Er zog sich nicht zurück, auch Bodo und Karla gaben nicht nach. Nora war schweißgebadet. Ihre Beine drohten einzuknicken.

Lange würde sie nicht mehr durchhalten.

Plötzlich hallten Scheppern und Geschrei über den Hof, mischten sich in das Kläffen und das Klappern der Gittertür. Es drang von der Rückseite des Hauses herüber. Die Hunde hörten auf zu bellen und gegen das Gitter zu schieben. Sie spitzten die Ohren und wandten sich dem Lärm zu.

„Hierher!“, rief Sofie, die offenbar Töpfe und Pfannen gegeneinanderschlug. „Kommt her, ihr Racker!“

Nora drückte die Tür ins Schloss. Die Hunde trippelten in innerem Widerstreit auf der Stelle. Schließlich wandte sich Artur vom Zwinger ab und sprintete los. Bodo und Karla folgten ihm. In weiten Sätzen überquerten sie den Hof und verschwanden hinter dem Haus.

Mit der Erleichterung, die Nora durchflutete, wichen die letzten Kräfte aus ihrem Körper. Ihre Arme und Schultern schmerzten, ihre Beine zitterten. Sie krallte die Finger in das Gitter, um nicht zusammenzusacken. Doch sie durfte sich keine Erholungspause gönnen.

Sie riss die Gittertür auf und verließ den Zwinger. Von hier aus konnte sie das Tor sehen. Es war viel weiter entfernt, als sie geschätzt hatte. Sofie würde ihr nicht genug Zeit verschaffen können, um es zu erreichen. Das Haus war ihre einzige Zuflucht.

So schnell ihre erschöpften Beine es zuließen, hastete sie über den Hof. Ihre Lungen brannten, Stiche fuhren ihr bei jedem Schritt in die Seiten. Schweiß rann ihr in die Augen und verwischte ihren Blick. Das Steak lag vor ihr im Dreck. Nora bückte sich im Laufen und griff sich das schlaffe Fleisch, feucht und glitschig vom Speichel der Hunde.

„Nora!“

Das Scheppern und Dröhnen hörten auf. Allein Sofies panischer Schrei übertönte das Gebell. Kein Schrei um Hilfe. Ein Warnschrei.

Artur schoss um die Ecke des Hauses. Nora wusste, wie raffiniert Wölfe oder wilde Hunde vorgingen, um ihre Beute einzukreisen. In diesem Augenblick war sie überzeugt, dass sich Artur nur zum Schein zurückgezogen hatte, bis sie in der Mitte des Hofs am leichtesten angreifbar war.

„Artur! Zurück!“

Sofie schmetterte wieder die Töpfe gegeneinander. Artur zögerte nicht. Er war entschlossen, Nora nicht noch einmal entkommen zu lassen.

Der Schreck trieb Nora an. Mit all der Energie, die ihr blieb, zwang sie ihre Beine weiterzulaufen. Sie schaffte nur wenige Schritte, bis Artur sie erreichte. Im nächsten Moment schrie sie unter ungeheurem Schmerz, als der Wolfshund seine Zähne in ihre Wade schlug.

Nora stürzte, das Steak fiel ihr aus der Hand. Artur zerrte an ihr. Blut floss über ihr Bein und auf das Pflaster. Sie versuchte sich loszureißen, trat nach Artur, erwischte seine Schnauze. Er gab sie frei. Nora stemmte das unverletzte Bein unter sich, um aufzustehen. Artur erholte sich schnell, warf sie erneut zu Boden.

Dieses Mal wollte er ihr an die Kehle. Nora schaffte es gerade noch, einen Arm zwischen ihren Hals und sein Maul mit den riesigen gelblichen Zähnen zu bringen. Sie glaubte, vor Schmerz ohnmächtig zu werden, als Arturs Kiefer darüber zuschnappten.

Sie kämpfte darum, bei Bewusstsein zu bleiben, stieß mit den Beinen, bäumte sich auf, um den Wolfshund von sich herunterzukriegen. Artur drückte sie mit seinen Vorderpfoten nach unten und biss sich in ihr fest. An seinem Halsband schwang der Schlüssel hin und her. Lange würde sie Artur nicht mehr hindern können, ihr die Gurgel zu zerfleischen. Spätestens wenn die anderen zu ihm stießen, wäre sie erledigt. Zumindest wollte sie dafür sorgen, dass sie nicht umsonst auf diesem gottverdammten Hof krepierte.

Mit der freien Hand langte sie nach dem Schlüssel. Artur schüttelte wild den Kopf. Es fühlte sich an, als würde er ihr den Arm abreißen. Ihr eigenes Blut spritzte Nora ins Gesicht. Mehrmals griff sie daneben, bis sie den Schlüssel endlich zu fassen bekam. Wenn sie ihn lösen und auf die Stufen werfen konnte, konnte Sofie in Münters Büro und an sein Telefon gelangen. Nora umklammerte den Schlüssel. Er rutschte jedoch in ihrer schwitzigen Hand, und sie schaffte es nicht, den Karabiner zu öffnen.

Sie heulte vor Schmerz und Verzweiflung. Ihr Arm, die einzige Barriere zwischen Artur und ihrer Kehle, wollte ihr nicht mehr gehorchen und fiel schlaff herab. Artur knurrte siegesgewiss.

Etwas Dunkles wischte über Nora durch die Luft, krachte auf ihn nieder. Statt Nora zu töten, taumelte er jaulend von ihr herunter. Über ihr erschien Sofie, einen Stuhl in den Händen.

„Schnell!“, rief sie. „Ins Haus!“

Nora wuchtete sich auf die Beine. Artur war noch benommen. Sie entdeckte das Steak, hob es auf. Bodo und Karla hetzten auf sie zu. Nora humpelte zum Haus. Sofie schwang den Stuhl wie eine Dompteurin. Der Bullterrier und der Mastiff wichen ihren Hieben aus. Bodo stellte sich auf die Hinterläufe, drückte den Stuhl und damit Sofie mit seinem ganzen Gewicht rückwärts. Sofie strauchelte. Karla scherte aus. Artur näherte sich von der anderen Seite. In letzter Sekunde, bevor die Hunde sie von der Flanke attackieren konnten, erreichten Nora und Sofie die Stufen.

Die Haustür stand offen. Bodo und Karla hielten vor der Treppe und kläfften wütend. Artur starrte Nora an, als Sofie sie ins Haus schob und die Tür hinter ihnen zuwarf.

Nora brach in der Diele zusammen. Unerträglicher Schmerz brannte in ihrem Arm und Bein. Blut quoll aus den Wunden, tränkte ihre Kleidung, rann auf das Parkett. Das Steak in ihrer Hand sah aus, wie sie sich fühlte, ein zerbissener, blutiger Brocken Fleisch.

Nora hörte Sofies Schritte, konnte sie allerdings nicht sehen. Nicht zu wissen, wo sie war, ängstigte Nora mehr als ihre Verletzungen.

„Sofie?", stöhnte sie. „Sofie …"

„Ich bin hier. Ganz ruhig, Nora. Ich bin bei dir." Sofie legte einen Stapel Handtücher neben Nora ab. „Die Scheißtöle hat dich übel erwischt. Fuck, so viel Blut."

Trotz ihres Zustands stieg in Nora eine sonderbare Euphorie auf, um Haaresbreite dem Tod entronnen zu sein. Vielleicht war das eine Schutzfunktion ihres Körpers, damit der Schmerz erträglicher wurde. Das Gefühl war so stark, dass sie grinsen musste.

„Ein Stuhl …"

Sofie schlug die Handtücher auseinander. „Was?"

„Mit einem Stuhl gegen die Hunde … es ging ganz gut."

Sofie schüttelte den Kopf über sie. „Ja, ganz toll. Wenn die anderen früher dazugekommen wären, hätten sie uns zu Gulasch verarbeitet. Im Gegensatz zu dir finde ich das gar nicht witzig."

Ihre Stimme zitterte, und ihre Bewegungen waren fahrig, als sie die Handtücher um Noras Wunden wickelte.

Nora musste die Zähne zusammenbeißen, um nicht zu schreien.

„Ich bringe dich ins Bad", sagte Sofie. „Da ist Verbandszeug. Keine Sorge, wir kriegen das hin. Wir kriegen das alles hin."

Nora tastete nach Sofie, hielt sich an einem Ärmel fest.

„Ich hatte ihn in der Hand", stieß sie hervor. „Den Schlüssel. Ich hatte ihn fast."

„Du wärst fast draufgegangen, das ist alles. Und wir haben es noch nicht überstanden. Münter wird bald zurück sein." Sie breitete einige Handtücher auf dem Parkett aus, um die rote Lache um Nora aufzusaugen. „Das zerkaute Steak, deine Verletzungen, das ganze Blut. Wenn er das Chaos bemerkt, ist es egal, dass wir den Hunden entkommen sind. Dann kriegen sie uns doch noch zu fressen. Ich weiß, dir geht es schlecht, Nora. Aber wir müssen uns etwas einfallen lassen."

31

Der Passat rollte auf den Hof. Es war später Nachmittag. Das Tageslicht schwand bereits. Münter hatte die Scheinwerfer eingeschaltet. Ihr Licht streifte das Küchenfenster und blendete Nora, die auf das Motorengeräusch hin an die Scheibe getreten war. Anspannung schnürte ihr die Luft ab, während Münter den Wagen vor dem Haus zum Stehen brachte. Der Motor verstummte, die Scheinwerfer erloschen.

Münter und Lukas stiegen aus. Lukas hielt eine weiße Schachtel in Händen, vorsichtig, als befände sich darin ein zerbrechlicher Schatz. Er zog sie von den Hunden weg, die den Passat auf dem Weg vom Tor begleitet hatten und nun bellend um sie herumsprangen. Münter lobte sie und klopfte ihnen die Flanken. Vom Rücksitz nahm er einen schwarzen, in Plastikfolie eingeschlagenen Anzug an einem Kleiderhaken. Er öffnete den Kofferraum und holte eine große Tüte heraus. Vater und Sohn trugen ihre Lasten zum Haus.

Nora zwang sich, ruhig zu atmen. Die Haustür klackte, Schritte pochten in der Diele.

„Hallo, ihr zwei", sagte Sofie, die sie dort erwartete. „Schön, dass ihr wieder da seid."

Sie machte ihre Sache gut, schaffte es, ihre Nervosität mit Fröhlichkeit zu überspielen.

„Hallo, Schatz." Münters Stimme polterte zu Nora in die Küche. „Weißt du, was mit den Hunden los ist? Die sind ganz aufgekratzt. Ist irgendwas passiert?"

Nora ballte unwillkürlich die Fäuste. Ihre Finger konnte sie bewegen. Zumindest hatte Artur keine Sehnen durchtrennt. Doch die Bisswunden an ihrem Arm und ihrem Bein brannten wie von Säure verätzt. Sofie hatte sie so gut es ging im Badezimmer verarztet. Sie hatten Verbandszeug gefunden, allerdings kein Desinfektionsmittel. Nora hatte geschrien, als Sofie die Wunden mit warmem Wasser und Seife ausgewaschen und Fetzen und Fasern von Noras Kleidung herausgezupft hatte. Nora hoffte, dass ihre letzte Tetanusimpfung noch hielt.

„Der Fuchs war wieder da", sagte Sofie. „Hinten bei der Scheune. Der hat sie völlig aufgedreht."

Sehr gut, Sofie, dachte Nora. Schnell geschaltet.

„Dieser Lump", sagte Münter. „Richtig dreist ist der, sich immer wieder herzutrauen. Na, irgendwann schnappen sie ihn."

„Mami!" Lukas schmatzte Sofie einen Kuss auf die Wange. „Schau mal, wir haben die Torte geholt."

„Das ist toll. Und du hast aufgepasst, dass sie die Fahrt heil übersteht? Das hast du super gemeistert."

„Warum ist der Boden feucht?"

Es klirrte, als Münter seine Tüte abstellte. Es folgte das Knistern, mit dem er den Anzug an die Garderobe hängte, und das Rascheln, mit dem er und Lukas ihre Jacken ablegten.

„Gewischt hattest du doch gestern erst."

„Ich wollte für die Hochzeit alles auf Hochglanz bringen, wie du gesagt hast."

Nora betete, dass Münter das Parkett nicht näher in Augenschein nahm. Das Blut im Hof hielt sich zum Glück in Grenzen, weil Noras Kleidung einiges davon zurückgehalten und es sich durch ihre Bewegungen verteilt hatte, statt Lachen zu bilden. Dadurch fiel es auf dem nassen Pflaster nicht auf. Die Stufen vor der Eingangstür und das Parkett, wo sich mehr Blut gesammelt hatte, hatte Sofie mit Scheuermilch, Bürste und heißem Wasser geschrubbt. Die Stufen waren sauber. Vom Parkett war hingegen nicht alles Blut abgegangen, das teilweise schon in das Holz gesickert war. Nora hoffte, dass ihnen das schummrige Licht der Diele zugutekam.

Münter gab einen zufriedenen Laut von sich. „So gehört sich das. Aus dir wird eine vorbildliche Ehefrau. Vorsicht, Lukas, Schuhe aus. Du hast es gehört, deine Mutter hat alles blitzblank gewienert."

„Okay, Papa."

So weit, so gut, dachte Nora.

Zum Aufatmen war es allerdings zu früh. Der schwierigste Teil folgte erst.

„Lass uns die Einkäufe verstauen."

Wieder Klirren, als Münter die Tüte aufhob. Die Schritte der drei näherten sich der Küche. Nora stellte sich vor die Anrichte. Mit ihrem verletzten Bein konnte sie bloß sachte auftreten.

„Hör mal, Schatz …"

Sofie schob sich an Münter und Lukas vorbei als Erste durch die Küchentür.

Nora drehte sich zu ihnen um und zwang sich zu lächeln. „Hallo. Ich hoffe, ihr hattet einen schönen Tag."

Münter stockte auf der Schwelle. Noras blutbefleckte Kleidung weichte Sofie zusammen mit den Handtüchern in Eimern in der Waschküche ein, wo Münter selten reinging. Sofie hatte ihr aus dem Schrank im Schlafzimmer ein ähnliches Outfit gegeben, wie sie selbst es trug, eine lange Bluse und einen langen Rock, die Noras Wunden verdeckten. Für einen Moment betrachtete Münter sie skeptisch. Dann erwiderte er ihr Lächeln.

„Nu kiek an. Das steht dir hervorragend, Nora."

„Danke, Hartmut. Ich fühle mich auch richtig wohl darin. Hallo, Lukas."

„Hallo, Tante Nora. Hier ist die Torte."

Auf die Schachtel war das Logo einer Konditorei gedruckt. Es versetzte Nora einen Stich. Draußen nahmen Welt und Leben ihren Gang. Nur sie konnten nicht daran teilhaben.

„Die schmeckt bestimmt großartig. Stell sie am besten direkt in den Kühlschrank. Schaffst du das?"

„Na klar."

Weil er zu klein war, half Sofie ihm, die Schachtel in einem der Kühlfächer unterzubringen.

„Was wird das, Nora? Bereitest du schon das Essen vor?"

Münter setzte seine Tüte auf die Anrichte und holte zwei Flaschen Wein, zwei Flaschen Sekt und eine Zeitung heraus, die heutige Ausgabe des *Elbkurier*. Er hatte sie zusammengeklappt, sodass Nora die Schlagzeile auf der Titelseite nicht lesen konnte.

„Was gibt's denn Gutes?"

Er verstaute den Sekt im Kühlschrank und schaute in die Schüssel auf der Anrichte.

„Ja, das …", stammelte Sofie. „Das wollte ich dir die ganze Zeit sagen. Entschuldige bitte. Wir haben etwas Schlimmes gemacht."

Münters Gesicht verfinsterte sich. Nicht nur sein Gesicht, meinte Nora, sein ganzes Wesen.

„Die waren für morgen." Grimmig blickte er von den vier Steaks auf, die Nora in Öl, Salz und Kräutern eingelegt hatte. „Das wusstest du genau, Sofie. Wieso, zum Teufel …?"

„Es ist meine Schuld", unterbrach Nora ihn. „Ich wollte etwas Besonderes kochen, um mich für eure Gastfreundschaft zu bedanken. Ich habe nach etwas gesucht, während Sofie geputzt hat. Ich habe die Steaks gesehen und dachte … Als Sofie es mitgekriegt hat, war es zu spät."

Etwas Besseres war ihnen nicht eingefallen. Das verdreckte, von Bissspuren gezeichnete Steak hatten sie schlecht in den Gefrierschrank zurücklegen können. Sie hatten es auch nicht wegwerfen können, weil Münter spätestens morgen gemerkt hätte, dass eines fehlte. Nora hatte es unter fließendem Wasser so gut wie möglich gereinigt und die Bissabdrücke abgeschabt. Sie hatte das Rattengift herausgepult und den Abfluss runtergespült, das Fleisch innen mehrmals ausgewaschen und es einigermaßen in seine vorherige Form gedrückt. Ein Stück fehlte, und dadurch dass die Hunde daran gezerrt hatten, war es wie ausgeleiert. Wenn sie es durchbriet, hoffte sie, war nicht mehr auf den ersten Blick zu erkennen, was damit geschehen war. Ohne Gas hatte sie es noch nicht in die Pfanne legen können. Gerade befand es sich verdeckt von den anderen zuunterst in der Schüssel.

„Das solltest du nicht, Nora." Münters Atem ging in schnaufenden Stößen. „Im Haus irgendetwas eigenständig unternehmen, ohne Anweisung. Das ist unser Hochzeitsessen."

„Es tut mir leid. Wir können sie in den Kühlschrank stellen. Dann können sie in der Marinade schön durchziehen, und wir essen sie morgen, wie du es geplant hattest."

„Das geht nicht. Sie hätten über Nacht auftauen sollen. Im Kühlschrank werden die bis morgen zäh wie Leder. Da können wir gleich Schuhsohlen essen. Ich bin schwer enttäuscht von dir, Nora. So ein Verhalten ..."

„Schimpf nicht mit ihr, Papa." Lukas nahm Noras Hand. „Tante Nora hat es nicht böse gemeint. Stimmt's, Tante Nora?"

„Nein, natürlich nicht." Nora senkte den Kopf. „So was wird nie wieder vorkommen, Hartmut."

Münter schürzte die Lippen. Lukas' Fürsprache und ihre Unterwürfigkeit besänftigten ihn.

„Na gut. Es ist ja nicht schlimm." Er legte Nora die Hand auf den Arm, direkt auf ihre Verletzung.

Nora brauchte ihre gesamte Selbstbeherrschung, um nicht zu schreien oder den Arm wegzureißen. Außer Aspirin, von denen sie drei geschluckt hatte, war nichts im Haus, um den Schmerz zu lindern. Sie hoffte, dass Münter unter dem Blusenärmel nicht den Verband ertastete oder die Wunde durch die Berührung wieder anfing zu bluten.

„Du hast es gut gemeint“, sagte er. „Außerdem ist morgen Hochzeit. Da können wir ruhig zwei Tage hintereinander königlich speisen.“ Endlich nahm er die Hand weg. „Ich schalte das Gas an, und du brutzelst uns die Prachtstücke.“

„Super!“, rief Lukas. „Ich habe Riesenhunger.“

Er wollte sich an den Küchentisch setzen. Münter gab Sofie ein Zeichen.

„Lukas“, sagte sie. „Vor dem Essen, vor dem Naschen …“

„… muss man sich die Pfoten waschen.“

„Dann los“, sagte Münter.

Nora hoffte, dass er die Zeitung liegen ließ. Sie wollte unbedingt erfahren, ob sie über die Ereignisse der vergangenen Nacht berichtete und ob die Polizei in ihren Ermittlungen vorangekommen war. Münter klemmte sie sich unter den Arm. Bis zu diesem Moment hatten Nora und Sofie kaum gewagt, einander anzuschauen. Jetzt erst, als Vater und Sohn die Küche verließen und kurz darauf das Wasser im Gäste-WC rauschte, wechselten sie einen Blick. Sie wussten beide, sie hatten unglaubliches Glück, dass Münter bisher nichts von dem bemerkt hatte, was in seiner Abwesenheit vor sich gegangen war.

Sie würden noch mehr Glück brauchen, damit das so blieb.

32

Das Abendessen war angerichtet. Der Duft von gebratenem Fleisch, Kräutern und Zwiebeln füllte die Küche. Während Sofie Porzellanschüsseln mit Kartoffeln und grünen Bohnen zum Tisch trug, schloss Münter eine der Schubladen auf und holte Besteck heraus. In der Schublade lagen auch einige scharfe Messer. Nora hatte keine Möglichkeit, eines an sich zu bringen. Sofie öffnete Münter eine Flasche Bier und schenkte ihm ein. In Lukas' Glas goss sie Apfelsaft, Wasser in ihres und Noras. Nora hob die Steaks aus der Pfanne auf die Teller. Sie konnte den Schmerz ertragen, solange sie ihren Arm und ihr Bein ruhig hielt. Bei jeder Bewegung, bei jedem Schritt fuhr ein Stechen hindurch.

„Was ist mit deinem Bein, Nora?" Münter trank von seinem Bier. „Du humpelst ja."

„Ach das." Nora stellte die Teller vor ihn und Lukas. „Das ist von gestern Nacht. Ich bin doch gefallen und habe mir das Knie geprellt."

Münter musterte sie über den Rand seines Glases. „War das nicht das andere Bein?"

War es.

„Nein, nein, das hier. Ist leider ziemlich dick geworden."

Nora sah Münter an, wie er in seinem Gedächtnis suchte. Zum Glück bekam er die Erinnerung nicht zu greifen.

„Leg es nachher hoch", sagte er, „und kühl es. So eine Prellung kann sich hinziehen, wenn man sich nicht richtig darum kümmert. Wenn du willst, kann ich mir dein Knie mal anschauen."

„Das ist lieb von dir. Brauchst du aber nicht. Wird schon wieder."

Allein bei der Vorstellung daran, wie es unter dem Verband aussah, an die von Hundezähnen aufgerissenen Wunden und das Blut, überkam sie Übelkeit. Sie musste sie verdrängen, sich darauf konzentrieren, dieses Abendessen zu überstehen. Sie holte die anderen beiden Teller. Sofie löffelte erst Münter und Lukas, dann Nora und sich selbst Kartoffeln und Bohnen neben die Steaks.

„Das sieht fantastisch aus", lobte Münter. „Ein wahres Festmahl." Er lehnte sich über den Tisch zu Nora. „Nur dein Steak ist ein bisschen klein geraten."

Sofie hatte ihr die Bohnen so aufgetan, dass sie halb das braun glänzende Fleisch verdeckten. Jenes, das sie den Hunden hingeworfen hatten. Eine dünne rötliche Lache breitete sich darum aus.

„Das macht nichts", sagte sie. „Ich brauche keine große Portion."

In diesem Fall galt: je kleiner, desto besser. Sie hatte das Gift so gründlich beseitigt wie die Bissspuren. Doch so wie diese noch leicht zu erkennen waren, fürchtete sie, konnten auch welche von den Körnchen darin übrig sein. Ob es genug waren, um gefährlich zu werden, würde Nora erst nach dem Essen wissen. So gern sie Münter eine ordentliche Dosis Rattengift verabreicht hätte, ihm konnte sie es nicht servieren. Erstens hätte er gesehen oder herausgeschmeckt, dass etwas damit nicht stimmte. Zweitens setzte er ja Sofie als Vorkosterin ein. Niemals hätte sie es Lukas oder ihrer Schwester gegeben und ihre Gesundheit oder gar ihre Leben riskiert. Wenn das Fleisch jemandem schadete, musste sie diejenige sein.

„Unverschämtheit", sagte Münter. „Ich habe beim Metzger viermal das gleiche Gewicht bestellt, und so schrumpelt das in der Pfanne zusammen? Dem werde ich was erzählen. Hoffentlich wirst du satt."

„Bestimmt." Hunger war das Letzte, was Nora verspürte. Beim Anblick des Steaks krampfte sich ihr der Magen zusammen.

„Guten Appetit allerseits", sagte Münter.

„Guten Appetit", sagte Lukas. Er wartete, während Münter ein Stück von seinem Steak abschnitt und es auf seine Gabel spießte.

„Der erste Bissen ist wie immer für Mami." Er schob Sofie das Fleisch in den Mund und beobachtete sie beim Kauen. „Gut?"

Sofie schluckte. „Großartig."

„Schön. Es gibt nichts Besseres als ein saftiges Steak. Haut rein. Hungriges Maul lett sich nich lang nödigen. Das verstehst selbst du, oder, Schatz? Hungriges Maul lässt sich nicht lange nötigen?"

Sofie lächelte schwach.

„Wird Zeit, dass du auch ein bisschen Olländer Platt aufschnappst", sagte Münter. „Wart's ab, ein paar Monate, und du sprichst es fließend."

Er und Lukas fielen über ihre Steaks her. Sofie schnitt kleine Stückchen ab, kaute langsam, ohne von ihrem Teller aufzuschauen. Die Messer waren die gleichen wie beim Frühstück, eigentlich zu stumpf für Fleisch. Doch die Steaks waren zart und ließen sich leicht zerteilen.

„Luki", sagte Münter zwischen zwei Bissen. „Erzähl Mami von unserem Ausflug."

„Oh, das war toll. Wir waren in Hamburg, das ist riesig groß, und da sind ganz viele Menschen, und wir sind in Geschäfte gegangen, wo es viele tolle Sachen gibt, und haben alles gekauft, was wir haben wollten, und hinterher waren wir in einer Bäckerei, und Papa hat mir ein Hörnchen gekauft mit Schokolade drin."

„Ein Croissant", sagte Münter.

„Croissant", wiederholte Lukas. „Das war lecker. Das hier ist auch lecker, Tante Nora."

„Köstlich", sagte Münter. „Dafür verdienst du einen Gourmetstern. Nora? Was hast du denn?"

Nora hatte die Worte kaum wahrgenommen. Wie gelähmt saß sie auf ihrem Stuhl, die Finger um das Besteck gekrallt. Alles in ihr sträubte sich dagegen, auch nur einen Fitzel von dem Steak über ihre Lippen kommen zu lassen, das die Hunde vollgespeichelt und durch den Dreck gezogen hatten. Die Hitze hatte die Bakterien gekillt, aber hatte sie auch das Gift unschädlich gemacht? Wie viel brauchte es, um einen Menschen zu töten? Wie starb man daran? Würde sie sich mit Schaum vor dem Mund in Krämpfen winden, bis ihr Herz aussetzte? Selbst wenn es sie nicht umbrachte, könnte sie so krank davon werden, dass sie Sofie nicht mehr helfen könnte.

„Nu iss", sagte Münter. „Sonst wird es kalt und wie Gummi. Dann reicht es höchstens noch für die Hunde."

Sofies Gabel klirrte gegen den Teller. Auch Nora durchfuhr ein Schreck. Wusste Münter Bescheid? Wusste er von dem Rattengift, von ihrem Fluchtversuch, ihrem Kampf mit den Hunden? Wollte er sie quälen, indem er sie zwang, das Steak zu essen? Nein, er konnte nichts wissen. Sie hatten ihre Spuren gut genug beseitigt. Falls er Verdacht geschöpft hatte, durch das Verhalten der Hunde, Noras Hinken oder den jähen Wandel ihres Modegeschmacks, war es bisher bloß ein vager Verdacht. Wenn sich Nora jetzt weigerte, würde er garantiert misstrauischer werden.

„Entschuldigung", sagte sie. „Ich fand es so schön zuzusehen, wie es euch schmeckt."

Voller Ekel zersägte sie mit dem Messer die braune Kruste und spießte ein Stück auf. Sie schob Bohnen und Kartoffel auf ihre Gabel und führte sie widerwillig an die Lippen.

„Wer gekocht hat", sagte Münter, „darf auch genießen."

Das faserige Fleisch glänzte rosa. Schwarze Krümel hingen daran. Nur Pfeffer, sagte sich Nora. Sie hatte den Gestank von Arturs Atem in der Nase. Sie hielt die Luft an, zwang sich, die Gabel in den Mund zu stecken. Galle stieg ihren Hals hoch, als ihre Zähne den Brocken zermalmten. Sie musste sich zusammenreißen, ihn nicht halb zerkaut auf ihren Teller zu spucken. Mit größter Mühe würgte sie ihn herunter.

„Alles in Ordnung?“, fragte Münter. „Schmeckt es dir nicht?“

Nora hustete. „Doch, doch. Ich habe mich verschluckt.“

Sie trank von ihrem Wasser, spülte sich so unauffällig wie möglich den Mund. Sofie litt mit ihr. Aber sie konnte Nora nicht helfen. Das Fleisch, vergiftet oder nicht, war in ihrem Magen gelandet. Und sie war noch lange nicht fertig. Münter würde ihr nicht erlauben, von seinem teuren Steak etwas übrig zu lassen.

„Dann ist gut“, sagte er. „Ich dachte schon, du würdest schlappmachen und das feine Essen stehen lassen. Das ginge nicht, oder, Luki?“

„Wenn du nicht aufisst, Tante Nora, scheint morgen nicht die Sonne.“

„Und wir wollen Hochzeitswetter, stimmt's, Schatz?“

„Natürlich, Liebling“, sagte Sofie.

Nora schnitt das nächste Stück ab. Draußen bellten die Hunde. Es kam ihr höhnisch vor.

Lukas schaute zum Fenster.

„Meinst du, der Fuchs ist wieder da, Papa?“

„Kann sein. Hoffen wir, dass unsere Racker ihn erwischen und ihm eine Lektion erteilen.“

Nach und nach wurde Noras Steak kleiner. Sie kaute nur so oft wie unbedingt nötig und spülte jeden Bissen mit Wasser nach. So ging es. Die anderen hatten ihre Teller geleert.

Nachdem Münter sein Bier ausgetrunken hatte, schob er den Stuhl nach hinten, streckte die Beine unter den Tisch und rieb sich den Bauch. „Das war hervorragend.“

Lukas streckte sich genauso aus und rieb sich den Bauch, der bei ihm allerdings keine Wölbung unter dem Pulli hervorrief.

„Ja, Tante Nora. Hervorragend."

Münter wuschelte ihm durch das Haar und lachte. „De Appel fallt nich wiet von 'n Stamm. Oder, Nora?"

„Ja", murmelte sie. „Lukas kommt ganz nach dir."

Mit dem Unterschied, dass Lukas ein liebenswerter Junge war und er ein mörderisches Arschloch.

Sie hob das letzte Stück Fleisch aus dem blutigen Wasser, aß es, spülte nach. Sie hatte es geschafft. Erleichternd war es nicht. Ihr Magen verknotete sich. Ihr war heiß und so schwindelig, dass sie sich am Tisch festklammern musste.

„Alles okay?", fragte Münter. „Du bist ganz blass."

„Alles bestens."

Nicht kotzen, beschwor sie sich. Gleich kannst du hoch ins Gästezimmer gehen und das ganze Zeug erbrechen. Halt noch ein paar Minuten durch.

„Danke, dass du dir solche Mühe gegeben hast, Nora. Du bist wirklich eine Bereicherung für unsere Familie."

„Da bin ich froh, Hartmut", brachte sie hervor. „Ich freue mich, bei euch zu sein."

Sofie begann, den Tisch abzuräumen.

„Papa, spielen wir zusammen?"

Ja bitte, dachte Nora.

Wenn Münter nach oben ging, konnte sie ins Gäste-WC, wo er nicht hören würde, wie sie sich übergab.

Münter erhob sich.

„Heute nicht, Luki. Du hilfst Mami schön in der Küche."

„Och“, machte er enttäuscht.

„Schon gut.“ Nora stand auf. Alles in ihr befand sich im Aufruhr. Sie sagte sich, dass das Fleisch nicht mehr vergiftet gewesen war. Die Übelkeit war nur eine Folge der Aufregung und ihrer Verletzungen. Es half nicht. Sie musste das Steak so schnell wie möglich loswerden. „Sofie und ich kümmern uns darum. Ihr könnt ruhig hochgehen.“

„Der Junge muss lernen, Pflichten im Haushalt zu übernehmen“, sagte Münter. „Deine Hilfe brauchen die beiden nicht, Nora. Zusammen haben sie das ruckzuck erledigt.“

„Das schaffen wir locker, oder, Lukas?“, fragte Sofie. „Vor allem, wenn wir dabei singen. *Häschen in der Grube, sitzt und schläft, sitzt und schläft.*“

Lukas' Unlust verflog. Mit heller Stimme fiel er ein. „*Armes Häschen, bist du krank, dass du nicht mehr hüpfen kannst? Häschen, hüpf, Häschen, hüpf, Häschen, hüpf.*“

Münter lächelte. „Genauso musikalisch wie sein alter Herr.“

Während sie sangen, half Lukas Sofie, das Geschirr in die Spüle zu stellen.

Münter gab Nora einen Wink, ihm zu folgen. „Komm, wir plaudern noch ein bisschen.“

33

Das Zimmer war ein Schrein. Das war Noras erster Gedanke, als Münter das Licht einschaltete. Der Raum im Erdgeschoss war voll und ganz einer Frau gewidmet. Zahlreiche Fotos an den Wänden, im Regal und auf dem Couchtisch zeigten sie mit ihrem schulterlangen braunen Haar und ihren braunen Augen, nicht umwerfend attraktiv, stattdessen mit einer zurückhaltenden, fast schüchternen Schönheit, die dafür umso tiefer wirkte. Nicht nur in diesen Bildern, auf denen sie mal ernst, mal fröhlich, mal nachdenklich schaute, auch in Dekorationsgegenständen, in der Einrichtung mit ihrem warmen, eindeutig weiblichen Touch, der ganzen Atmosphäre, war sie in diesem Zimmer präsent, ohne anwesend zu sein.

„Das ist Astrid." Münter stellte sie vor, als stünde sie leibhaftig vor ihnen. „Meine erste Frau und Lukas' Mutter."

Behutsam schloss er die Tür, als wollte er nicht die erhabene Stille stören. Die Zeitung, die er mitgenommen hatte, legte er auf den Couchtisch. Die Schlagzeile auf der Titelseite verkündete die Ermordung eines Polizisten in der vergangenen Nacht, die Unterzeile den Angriff, dem ein Mann auf einem Parkplatz zum Opfer gefallen war. Nora erhaschte einzelne Sätze des Artikels. *Unbekannter Täter ... Die Polizei vor einem Rätsel ... Mutmaßliche Zusammenhänge mit dem Verschwinden von Sofie Siegel ... Fehlt weiterhin jede Spur ... Ihre ältere Schwester ebenfalls vermisst ... keine Zeugen oder sonstige Anhaltspunkte ...*

Münter beobachtete sie. Nora versuchte, sich nicht anmerken zu lassen, wie hart der Bericht sie traf. Die Bestätigung, dass niemand kommen würde, um sie zu retten.

„Astrid ist die Liebe meines Lebens", sagte er. „Das wird sie immer bleiben."

Keine Sorge, dachte Nora. Niemand will ihr diese Position streitig machen.

Die Strapazen dieses Tages, die Schmerzen in ihrem Arm und Bein, ihr rebellierender Magen, die Zeitung, ihre ganze ausweglose Situation – das Letzte, was sie hören wollte, waren die Herzensergüsse eines Serienmörders.

„Ich hätte nie gedacht, dass ich mal jemanden wie sie finden, geschweige denn heiraten würde."

Über einem Tisch mit Fernseher und DVD-Player hing ein Hochzeitsfoto. Astrid in weißem Kleid und Münter, jünger und schlanker, in schwarzem Anzug. Die Köpfe aneinandergelegt, gingen sie in ihrer Liebe füreinander auf.

„Wir hatten ein wundervolles Leben zusammen. Als wir Lukas gekriegt haben, war unser Glück perfekt."

Auf anderen Aufnahmen waren sie vor Münters Haus zu sehen. Astrid hielt lächelnd ein Baby auf dem Arm. Münter strahlte vor Stolz.

„Eine wunderschöne Familie, nicht wahr?"

„Wunderschön, ja." Noras Bauch gurgelte.
„Hast du das Essen nicht vertragen?", fragte Münter. „War das Fleisch nicht gut? Ich merke nichts. Aber ich habe auch einen Magen aus Stahl."
„Alles bestens."
„Wirklich? Du bist ganz grün um die Kiemen."
„Mir geht es gut."
„Das war Astrids Lieblingszimmer", sagte er. „Ich habe ihr bei der Einrichtung völlig freie Hand gelassen. Auch später habe ich nichts geändert, nur einige Dinge hergebracht."
Er führte Nora herum wie in einer Museumsausstellung. Das Regal war gefüllt mit Romanen und Bildbänden. Dazu kamen Fotoalben und Bücher mit unbeschrifteten Einbänden. Vielleicht Notizbücher.
„Sie hat alles von Ken Follett verschlungen. Mir waren die dicken Wälzer zu lang. Aber ich mochte es, wenn sie mir daraus vorgelesen hat."
Ein Regalfach war mit CDs vollgestellt.
„Sie hat sich jede Platte von dieser Adele gekauft. Ist mir zu pompös. Weil Astrid sie so mochte, haben wir trotzdem oft zusammen ihre Songs gehört."
Auf einer Kommode stand aufgeklappt eine Schatulle mit Ringen, Ohrringen, Armreifen und Ketten. Der schlichte, dabei geschmackvolle Schmuck einer Frau, die sich gern hübsch machte, ohne sich übertrieben herauszuputzen.
Münter öffnete einen Schrank. „Ich habe noch fast alle von Astrids Kleidern."
Auch ihre Röcke und Blusen, Pullover und Hosen, vorrangig in gedämpften Farben, bildeten nicht gerade eine

Garderobe, in der sich eine Frau zur Schau stellen konnte. Kleidung, wie Sofie und nun auch Nora sie trug.

„Das hier war ihr liebstes."

Eine Schaufensterpuppe führte wie ein erstarrtes Model ein Kleid vor, das mit etwas mehr Farbe aufwartete, ein grün-blaues Muster, versetzt mit gelben Punkten, fröhlich im Vergleich zu den anderen – und umso verstörender an der Puppe.

„Sobald es im Frühjahr warm genug wurde, hat sie es angezogen. Sie sah fantastisch darin aus."

Auf einigen Fotos hatte sie es an. Es stand ihr wirklich gut, sie sah weniger scheu darin aus. Selbst ihr Lächeln, auf allen anderen Bildern verlegen, strahlte auf diesen heller.

Münter blickte Nora erwartungsvoll an, wollte offenbar, dass sie etwas zu alldem sagte. Sie hielt es für ratsam, ihm den Gefallen zu tun. Vorsichtig. Münters Gefühlsleben war gefährliches Terrain.

„Wie habt ihr euch kennengelernt?"

„Wir waren auf derselben Schule in Jork. Ich war zwei Stufen über ihr. Wir hatten nichts miteinander zu tun. Astrid ist mir auf dem Schulhof aufgefallen, ich mochte sie sofort. Sie anzusprechen, habe ich mich nie getraut. Ich war ein ziemlich schüchterner Junge." Er nahm eines der gerahmten Fotos von der Kommode. „Das war der Tag, an dem ich mich in sie verliebt habe."

Das Foto zeigte Astrid, siebzehn oder achtzehn Jahre alt, in altmodischer Kleidung zwischen weiß blühenden Bäumen.

„Astrid war fest im Alten Land verankert, genau wie ich. Einmal im Jahr findet in Jork das Blütenfest statt, Anfang Mai, wenn die Kirschbäume in voller Blüte stehen und sich an den Apfelbäumen die Knospen öffnen. Das ist die schönste Zeit bei uns, ein ganzes Wochenende voller Musik und Tanz, Ständen mit Altländer Spezialitäten und Kunsthandwerk. Ich freue mich Monate im Voraus darauf. Das müsstest du einmal erleben. Der Höhepunkt ist die Krönung der Blütenkönigin. Alle Altländer Mädchen träumen davon, einmal diese Tracht zu tragen."

Die Tracht bestand aus einer mit Blumen verzierten Haube, die Astrids Haar komplett verdeckte und von der zwei flache bestickte Platten aufragten. Ihre schwarze Jacke über dem bauschigen weißen Rock war kunstvoll bestickt. Ein Band mit Blumenmuster wand sich um ihre Hüfte. Auf dem weißen Kragen prangte eine goldene Brosche in Form eines Herzens, dem eine mit Edelsteinen besetzte Krone aufsaß. An den Ärmeln glänzten silberne Kugeln. Perlenketten hingen um ihren Hals.

Astrid lächelte, freudig, dabei ein wenig verkrampft, als wäre ihr die Aufmerksamkeit unangenehm.

„Früher", erklärte Münter, „haben Altländerinnen das nach ihrer Hochzeit getragen, um zu zeigen, dass sie verheiratet waren. Die Krone nennt sich Flunkkranz. Die Flunken", er deutete auf die Platten, „stellen Mühlenflügel dar und symbolisieren Fruchtbarkeit und Freude. Die Brosche ist das Brautherz. Damit, den silbernen Kugelknöpfen und den Ketten zeigten die Frauen ihren Wohlstand."

Er strich mit den Fingerspitzen über Astrids Gesicht. Nora wagte nicht, ihn zu unterbrechen.

„Astrid war siebzehn, als sie gekrönt wurde. Ich habe mich so für sie gefreut. Als sie anschließend beim Festzug durch die Straßen gefahren wurde, bin ich die ganze Zeit neben ihrer Kutsche hergelaufen. Einmal hat sie mir zugewinkt und mich angelächelt. Da war es um mich geschehen. Ich habe mich immer noch nicht getraut, etwas zu unternehmen. Ich schickte ihr nur manchmal Briefe, die ich nicht unterschrieb. Sie hatte keine Ahnung, wie sehr ich sie liebte."

Je länger sie standen, desto stärker brannte Noras Wade. Sie hätte sich gern in einen der Sessel beim Couchtisch gesetzt. Doch sie wollte Münter nicht wieder auf ihr Bein aufmerksam machen.

„Nach meinem Abitur habe ich sie seltener gesehen. Ich hatte schon keine Hoffnung, dass wir jemals zusammenfinden würden. Durch Zufall sind wir uns trotzdem nähergekommen, Jahre später auf einem Klassentreffen ihrer alten Stufe. Sie hatten mich für die Musik engagiert. Im Lauf des Abends hat sich Astrid von mir einen Song gewünscht. Ich hatte sie längst entdeckt. Aber ich hatte ja noch nie mit ihr gesprochen, und dass sie dann plötzlich vor mir stand, ich kann dir sagen, dat Hart is mi inne Büx rüüscht."

Ich werde auch noch dafür sorgen, schwor Nora, dass dir das Herz in die Hose rutscht. Allerdings aus anderen Gründen.

„Der Song, den sie hören wollte", fuhr Münter fort, „war Meat Loafs *I'd Do Anything For Love.* Wir haben uns über Musik unterhalten, und ich habe das Lied für sie gespielt und danach fast den ganzen Abend ihre Lieblingsbands. Einige Leute haben sich bei mir beschwert. Astrid gefiel es. Wir haben Nummern ausgetauscht und uns zum Essen getroffen. So hat das angefangen. Bald darauf habe ich ihr endlich meine Liebe gestanden." Er lächelte. „Ein komischer Ausdruck, findest du nicht? Jemandem seine Liebe gestehen. Als wäre Liebe ein Verbrechen, das man an jemandem begeht."

Nora schwieg.

„Jedenfalls haben wir schnell gemerkt, dass wir füreinander bestimmt sind. Neben so vielen anderen Dingen verband uns vor allem unsere Liebe zum Olland. Wir haben uns stundenlang auf Platt unterhalten. Astrids Lieblingsspruch war: Een beten Grütt ünner de Mütz is veel nütz, obers een goodes Hart ünner de West is dat Best."

Er sah Nora auffordernd an wie ein Lehrer, der eine Schülerin aufruft.

„Ein bisschen Grütze unter der Mütze", sagte sie, „ist viel nütze. Aber ein gutes Herz unter der Weste ist das Beste."

Münter nickte. „Wie wahr! Wir haben bald geheiratet. Manche meinten, das wäre zu früh. Wir fanden, wenn alles passt und wir wissen, dass wir den Rest unseres Lebens miteinander verbringen wollen, warum sollen wir warten?"

Das war sie also, dachte Nora. Die Frau, deren Namen in die Hochzeitsbank vor dem Haus geschnitzt war. Und die Frau, wegen der Münter seine Verbrechen beging? Die Ähnlichkeit zwischen ihr und seinen Opfern lag auf der Hand. Dass sie ihre Kleidung tragen mussten, sprach ebenfalls dafür. Was war mit ihr geschehen? Münter direkt darauf anzusprechen, wagte Nora nicht.

„Wie lange wart ihr verheiratet?"

Der selige Gesichtsausdruck, mit dem er die Fotos betrachtet hatte, schlug in Schmerz und Trauer um.

„Nur drei Jahre", sagte er. „Astrid ist an Krebs gestorben, als Lukas noch ganz klein war. Er hat sie kaum gekannt."

„Das tut mir leid", sagte Nora.

Sie meinte es ehrlich, wobei ihr Mitgefühl nicht Münter galt, sondern der Frau, die ihrer Krankheit erlegen war, und dem Jungen, der seine Mutter verloren hatte.

„Danke. Das war tragisch. Ein paar Jahre zuvor waren ihre Eltern bei einem Hausbrand gestorben. Astrid hat das hart getroffen. Ich habe mich immer gefragt, ob der Tod ihrer Eltern und der Kummer sie krank gemacht haben. Sie liebte mich und Lukas. Aber wir und all unser gemeinsames Glück waren nicht genug, um ihr über diesen Verlust hinwegzuhelfen. Als sie gestorben ist, brach für mich eine Welt zusammen."

War das der Auslöser für seine Entführungen gewesen? Wie lange nach ihrem Tod hatte Münter beschlossen, sich eine neue Astrid gewaltsam auf den Hof zu holen?

„Astrid war etwas ganz Besonderes", sagte Münter. „Ich werde niemals wieder jemanden wie sie finden." Er hielt das Foto neben Noras Gesicht. „Ihr ähnelt ihr ein bisschen, Sofie und du. Du sogar noch etwas mehr als deine Schwester. Ich glaube, weil du näher an dem Alter bist, in dem Astrid gestorben ist."

Es klang so, als fiele ihm das gerade erst auf. War es möglich, dass ihm selbst nicht klar war, nach welchen Kriterien er sich seine Opfer aussuchte?

„Würdest du einmal lächeln?", fragte er.

Noras Rock und Bluse kribbelten auf ihrer Haut, die Kleidung einer Toten. Dieser ganze Vergleich war krank.

Sich gegen ihn aufzulehnen, war sinnlos. Sie wollte raus aus diesem Zimmer, weg von Münter. Auf seine Forderungen einzugehen, war der schnellste Weg.

„Ein bisschen breiter", sagte er. „Ja, das ist perfekt. Mein Gott, zum Verwechseln."

Noras Mundwinkel zuckten. Sie hatte Mühe, das erzwungene Lächeln aufrechtzuerhalten, darunter ihren Abscheu und Hass zu verbergen. Sie hatte sich geirrt. Dieses Zimmer war kein Schrein. Es war eine Gruft, in der Münter seine verstorbene Frau eingesperrt hatte wie Nora und Sofie.

Endlich stellte er das Foto zurück auf die Kommode. Nora hörte auf zu lächeln.

„Ich komme oft her, um an Astrid zu denken", sagte Münter. „Du wirst mich für bekloppt halten. Manchmal spreche ich sogar mit ihr."

Ja, ich halte dich für bekloppt, dachte Nora. Für vollkommen wahnsinnig. Und das nicht nur, weil du mit deiner toten Frau redest.

„Ich stelle mir vor, sie würde antworten. Du weißt nicht, was ich dafür geben würde, noch einmal ihre Stimme zu hören."

Er sah Nora an, als käme ihm gerade ein brillanter Einfall.

„Darf ich dich um noch etwas bitten?" Er nahm eines der unbeschrifteten Bücher aus dem Regal. „Das sind Astrids Tagebücher. Eigentlich dürften wir ja nicht darin lesen. Aber weil sie tot ist …" Er schlug das Buch auf, das in rotes Leinen gebunden war, und blätterte darin. „Wärst du so nett?"

Er reichte Nora das Tagebuch. Sie hatte nicht die geringste Lust, Astrid für Münter nicht nur durch ihr Aussehen, ihr

Lächeln, sondern auch noch durch ihre Stimme wieder zum Leben zu erwecken. Doch wenn sie sich weigerte, an seinem Hirngespinst mitzuwirken, welchen Sinn würde er noch darin sehen, sie hierzubehalten?

Sie nahm das Buch. Ein Abschnitt war rot unterstrichen.

„Manchmal kann ich immer noch nicht glauben, wie viel Glück ich habe."

„Ein bisschen langsamer", sagte Münter. „Und … weicher."

„Mein Hartmut ist ein so fürsorglicher, liebevoller Mann."

„Ja, so ist es gut. Das hat sie geschrieben, als wir gerade frisch verheiratet waren. Weiter."

„Er trägt mich auf Händen", fuhr Nora fort, *„hört mir zu, geht auf mich ein. Ich bin jeden Tag froh, ihn gefunden zu haben."*

Münter lauschte mit geschlossenen Augen. Nora war überzeugt, dass er diese Zeilen zigmal gehört hatte, es immer dieselben waren, die seine Entführungsopfer ihm vortragen mussten. Sie fand es beklemmend, so tief in Astrids Denken und Fühlen einzutauchen, indem sie der Toten ihre Stimme lieh.

„Wir haben es so gut auf unserem wunderschönen Hof. Ich hätte nie gedacht, dass ich mal ein Leben wie aus dem Bilderbuch führen würde, mit dem perfekten Mann an meiner Seite. Wenn wir die Kinder bekommen, die wir beide so sehr wollen, wird alles perfekt sein, mein ganzes Glück an einem Ort. Wir haben beschlossen, es bald zu probieren."

Münter legte eine Hand auf das Tagebuch, als könnte er so viel Wehmut nicht mehr ertragen.

„Danke. Das hat mich gerührt. Ehrlich." Er nahm es Nora ab und schob es zurück zwischen die anderen im Regal.

„Gott, ich vermisse Astrid. Ihr Tod hat mir das Herz gebrochen. Es ist schlimm für einen Mann, ohne seine Frau zu leben, und schrecklich für ein Kind, ohne seine Mutter aufzuwachsen. Darum bin ich so dankbar, dich und Sofie zu haben.“

Nora hatte nach wie vor Angst, ihn zu reizen. Doch jetzt wo er sich verletzlich zeigte, konnte sie vielleicht die liebevolle Seite an ihm erreichen, über die Astrid geschrieben hatte, und die, wie sein Umgang mit Lukas zeigte, nach wie vor in ihm vorhanden war.

„Das verstehe ich. Das muss sehr hart für dich und Lukas sein. Nur hör mal, Hartmut … Sofie ist so jung. Viel zu jung, um zu heiraten und sich um ein Kind zu kümmern.“

Sie hatte gefürchtet, Münter würde ausrasten. Sie war überrascht, als er tatsächlich darüber nachdachte.

„Sofie ist tatsächlich sehr jung. Fast noch ein Mädchen. Trotzdem hoffe ich, dass sie in ihre Rolle hineinwächst. Meine Astrid kann niemand ersetzen. Aber Sofie und ich haben uns gut aufeinander eingespielt, Lukas hat sie ins Herz geschlossen, und ich glaube, wir können sehr glücklich miteinander werden.“

„Wäre eine etwas ältere Frau nicht besser für dich?“ Sie legte ihm eine Hand auf den Arm. „Eine reifere, erfahrenere Frau?“

Münter blickte auf ihre Hand. „So wie du?“

Nora lächelte. „Ich bin bereit, eine Ehefrau und Mutter zu sein. Du könntest Sofie gehen lassen. Dann wären wir zu dritt. Du, Lukas und ich. Eine glückliche Familie. Was meinst du?“

Münters Miene verhärtete sich.

„Sofie und ich sind einander versprochen. Ich habe die Heiratsanzeige aufgegeben. Es ist alles vorbereitet. Da kann ich keinen Rückzieher machen. Sofie wäre am Boden zerstört. Außerdem bist du selbst verlobt. Deshalb habe ich auf der Goldhochzeit ja Sofie ausgesucht statt dir. Eine Verlobung löst man nicht aus einer Laune heraus. Das sind heilige Schwüre." Er zog seinen Arm unter ihrer Hand weg. „Was soll das, Nora? Dich hinter dem Rücken deiner Schwester an mich ranzuschmeißen, das gehört sich nicht. Ich bin ein vergebener Mann."

„Nein, nein", setzte Nora an. „Ich wollte nicht …"

Münter unterbrach sie mit einem polternden Lachen. „Ich veräppele dich nur. Wie du mich auch, hoffe ich?"

„Ja natürlich."

„Diese Hochzeit wird stattfinden, und sie wird herrlich sein. Ich verstehe, dass du dich um Sofie sorgst. Aber du bist ja bei uns. Du wirst ihr helfen. Zusammen werden wir ein idyllisches Leben führen."

Er schaltete den Fernseher und den DVD-Player ein. Auf dem Bildschirm erschienen Münter und Astrid in ihrer Hochzeitskleidung. Umringt von anderen Leuten in Kleidern und Anzügen tanzten sie zu *I Will Always Love You.* Dolly Partons Stimme jagte Nora einen Schauer über den Rücken. Sie sah Martin Beuss vor sich, der blutend an sein Auto gelehnt auf dem nassen Asphalt saß. Die Übelkeit, ihre Wunden, die Erinnerung an Beuss' Tod – sie war kurz davor, aus dem Zimmer zu rennen.

„Das war der schönste Tag meines Lebens", sagte Münter. „Die Trauung, die Feier. Alles war perfekt." Er lachte. „Außer meine Tanzschritte. Astrid und ich haben extra Stunden genommen, um uns vorzubereiten. Ich bin ihr trotzdem auf die Füße gelatscht."

Er kreiste die Hüften zur Musik. Es wirkte geschmeidiger als auf dem Video, wahrscheinlich, weil er sich immer wieder neue Tanzpartnerinnen ins Haus geholt hatte.

„Ich muss dringend für morgen üben, damit ich mich nicht total blamiere." Er hielt ihr mit einer Verbeugung die Hand hin. „Darf ich bitten, meine Dame?"

Nora konnte nicht ablehnen. Das war kein Kavalier auf einem vornehmen Ball, der eine Abweisung ohne Kränkung hingenommen hätte. Nora fasste seine Hand, fleischig und feucht. Er zog sie an seinen weichen Bauch, in die Wärme seines Körpers, seinen Geruch nach säuerlichem Schweiß und seinem aufdringlichen Aftershave. Er umfasste sie mit einem Arm. Sie legte ihre Hand auf seine Schulter. Mehr als dass sie tanzten, schwankte er mit ihr durch das Zimmer.

„Läuft ganz gut, was?"

„Ja, toll."

Nora und Steffen hatten ebenfalls Unterricht genommen. Was hätte sie gegeben, jetzt mit ihm zu tanzen! Sie drehte den Kopf zur Seite, damit ihr nicht Münters Mundgeruch nach Steak und Bier ins Gesicht stieß und ihr noch mehr Übelkeit verursachte. Und damit er nicht merkte, wie bei jedem Schritt ihre Lippen vor Schmerz zuckten. Natürlich blieb ihm das nicht verborgen.

„Ach ja, dein Knie. Das hatte ich ganz vergessen." Sein Tonfall zeugte davon, dass er es absolut nicht vergessen hatte. „Ist es sehr schlimm?"

Vielleicht war dieser Tanz eine Strafe, weil sie sich an ihn „herangemacht“ oder ohne seine Erlaubnis die Steaks zubereitet hatte. Oder für die verbotenen Vorgänge während seiner Abwesenheit, die er ahnte, ohne sie benennen zu können.

„Es geht schon.“

„Dann ist gut. Sag mal, weißt du wirklich nicht, was die Hunde so aufgeregt haben könnte?“

„Was?“ Nora geriet aus dem Takt. „Nein, keine Ahnung.“

„Na gut, ich dachte nur. Ist auch nicht so wichtig.“

Er ließ sie eine Drehung vollführen. Schmerz schoss wie ein Lanzenstich ihr Bein hinauf. Sie wäre umgeknickt und gefallen, wenn Münter sie nicht gehalten hätte.

„Hoppla. Zu schnell für dich? Ansonsten bist du wirklich eine hervorragende Tänzerin. Vielleicht kannst du es Sofie beibringen.“

„Klar.“ Erschrocken spürte Nora etwas Warmes, Nasses an ihrem Bein. Es war zu dickflüssig für Schweiß. Die Wunde war aufgegangen. „Allerdings tut mein Knie inzwischen wirklich weh.“

„Noch ein bisschen“, sagte Münter.

Er hielt sie unnachgiebig fest. Es war Nora unmöglich, sich zu befreien. Den Schmerz zu verhehlen, schaffte sie längst nicht mehr. Während sich Münter und Astrid auf dem Fernseher zur Musik wiegten, humpelte Nora mit zusammengebissenen Zähnen in Münters Umklammerung. Er summte den Song mit.

Das Blut drang durch den Verband und rann Noras Wade hinab. Ihre Socke sog es auf. Nicht lange, und es würde auf den Boden tropfen. Dann würde sie rote Fußspuren auf dem Parkett hinterlassen. Sobald Münter sie bemerkte, würde er ihr Bein untersuchen und begreifen, was vor sich gegangen war.

Dolly Parton sang ergriffen weiter. Nora flehte sie im Stillen an aufzuhören. Ihr war schummrig, sie kämpfte darum, sich auf den Beinen zu halten. Wenn sie stürzte, ihr Rock hochrutschte und die Wunde freigab, war sie verloren.

„Auf jeder Feier würden wir allen die Show stehlen", sagte Münter.

Nora brachte kein Wort heraus. Das Lied wollte nicht enden. Ihre Socke fühlte sich klatschnass an, und das Blut floss weiter. Sie sah nur einen Ausweg. Münter wirbelte sie noch einmal herum, riss sie wieder an sich, sodass sie hart gegen ihn prallte. Bevor er sie fassen konnte, stampfte Nora ihre Hacke auf seine Zehen.

„Au, gottverdammt!", schrie er.

Er stieß sie von sich. Nora prallte gegen die Kommode.

„Du Miststück!" Er hüpfte auf einem Bein. „Pass gefälligst auf!"

„Entschuldige, das war keine Absicht."

Münter schüttelte seinen Fuß aus. Neben ihm schimmerte ein tiefroter Fleck auf dem Holzboden.

Nora eilte zu ihm. „Tut es sehr weh?"

Sie verschmierte den Fleck mit ihrem Schuh. Aber jeden Augenblick konnte mehr von ihrem Blut auf den Boden laufen.

„Ist schon okay", grummelte Münter. „Meine Güte, du bist ein größerer Trampel als ich."

„Es tut mir wirklich leid, Hartmut. Wegen des Knies bin ich ins Straucheln geraten. Wenn ich wieder fit bin, tanzen wir noch einmal, ja?“

„Ich weiß nicht, ob ich das meinen Füßen zumuten will. Für heute reicht es. Der Song ist sowieso durch.“

Auf dem Fernseher fielen sich Münter und Astrid zum Beifall ihrer Zuschauer lachend in die Arme. Münter schaltete ihn aus.

„Lass dir von Sofie einen Eisbeutel geben, leg dich hin und schon dein Knie.“

„Mache ich.“

Humpelnd durchquerte Nora das Zimmer und öffnete die Tür. Münter trat zur Kommode und betrachtete das Foto von Astrid in der Altländer Tracht.

„Du solltest dich früh schlafen legen!“, rief er Nora nach. „Morgen ist der große Tag!“

34

Nachts brachte er Sofie zu ihr. Nora lag wach, eingesponnen in ein Wirrwarr von Gedanken und Gefühlen wie in einem Kokon. Auf das Klackern des Schlüssels hin richtete sie sich im Bett auf. Münter führte Sofie herein, ohne die Deckenlampe einzuschalten. Das Flurlicht schnitt ein Dreieck in die graue Dunkelheit des Raums. Es genügte Nora, um zu erkennen, dass Sofies Gesicht tränenüberströmt war. Sie schluchzte. Unter ihrem Nachthemd bebten ihre Schultern. Sie kam Nora vor wie ein kleines Mädchen, das sich verlaufen hatte und wusste, dass es niemals wieder nach Hause finden würde.

„Sie ist aufgeregt vor der Hochzeit", sagte Münter. „Das ist normal. Ich habe versucht, sie zu beruhigen. Sie blockt alles ab. Ich kann so nicht schlafen." Er schob Sofie auf Nora zu. „Schau du, ob du zu ihr durchdringst."

Nora schlug die Decke zurück, vorsichtig, damit Münter die Verbände nicht sah.

Nach ihrem Tanz in Astrids Zimmer war sie in die Diele gehastet, darauf bedacht, kein frisches Blut auf dem Parkett zu verteilen. In der Küche war niemand. Sofie musste mit Lukas in seinem Zimmer sein. Im Gäste-WC zerrte Nora Klopapier von der Rolle und drückte es sich auf die Wunde. Den Blick auf den Flur gerichtet, humpelte sie zur Treppe. Die Tür zu Astrids Zimmer blieb geschlossen. Nora hoffte, dass Münter noch lange in seinen Erinnerungen verweilte.

Sofie musste sie gehört haben, eilte die Stufen hinab. Auf sie gestützt, schleppte sich Nora hinauf. Oben wankten sie wie zwei Betrunkene zu Noras Zimmer. Im Bad sackte Nora vor der Toilette auf die Knie. In Krämpfen schleuderte sie graubraune Brocken aus halb zerkautem Fleisch, Kartoffeln und Bohnen aus sich heraus. Sofie hielt ihr das Haar. Irgendwann spuckte sie nur noch Galle. Nora war flau im Magen. Gleichzeitig war sie erleichtert.

Erschöpft sank sie auf den kalten Fliesen zusammen. Sofie zog ihr Rock und Bluse aus, stillte die Blutung und legte einen frischen Verband an. Die schmutzigen Bandagen und die blutgetränkten Socken stopfte sie ganz hinten in den Schrank, wo Münter sie hoffentlich nicht entdecken würde. Sie fand ein Nachthemd und krempelte es Nora über die Arme. Sie half ihr aufzustehen und brachte sie ins Bett.

„Danke, Sofie", flüsterte Nora.

Sie wollte ihr noch so viel sagen. Aber sie kriegte nichts weiter heraus. Unter der Decke, die Sofie über ihr ausbreitete, fiel sie in einen Zustand, der einer wachen Ohnmacht glich. Nur nebenbei hatte sie bemerkt, dass Sofie sie auf die Wange geküsst und leise das Zimmer verlassen hatte.

Nora hätte nicht sagen können, wie viel Zeit seitdem vergangen war. Zumindest genug, um ein wenig Kraft zu schöpfen. Das Nachthemd reichte ihr zum Glück bis an die Knöchel und hatte lange Ärmel. Nora musste bloß achtgeben, dass sie nicht hochrutschten und ihre Wunden preisgaben.

Sie fasste Sofies Hand und zog sie an sich. Sofie erschlaffte in ihrer Umarmung. Ihre Tränen benetzten Noras Wangen. Nora bedeutete Münter mit einem Blick, sie allein zu lassen. Er zögerte, als wollte er doch noch etwas tun, um seine Pflichten als künftiger Ehemann zu erfüllen.

„Also dann", sagte er schließlich. „Gute Nacht."

Weder Nora noch Sofie antworteten ihm. Sofie hob nicht einmal den Kopf, presste das Gesicht noch fester in Noras Halsbeuge. Münter zog die Tür zu und schloss ab.

Nora bettete Sofie auf das Kissen und zog die Decke über sie beide. Sofie weinte in Stößen, die sie in Noras Armen schüttelten.

Nora streichelte ihr Haar. „Wir schaffen das. Wir kommen hier weg. Das verspreche ich dir."

Nach ihrem katastrophal gescheiterten Fluchtversuch waren es leere Worte, kein Trost in der Finsternis der Nacht.

„Hey", flüsterte sie Sofie zu. „Weißt du, woran ich gerade denken muss?"

„Woran?", wimmerte Sofie.

„An den letzten Sommer vor der Scheidung, als wir abgehauen sind."

Sofies Schluchzen ließ ein wenig nach. „In der Phase waren Mom und Dad ständig auf hundertachtzig."

Nora rieb ihr sanft den Rücken.

„An dem Tag war es besonders schlimm", sagte sie. „Ich hab es nicht mehr ausgehalten."

Sofie schniefte. „Ich habe in meinem Zimmer gesessen und gewartet, dass sie endlich aufhören. Du hast die Tür geöffnet und gesagt: ‚Los, wir verschwinden!'"

„Die beiden haben gar nicht gemerkt, dass wir gegangen sind", sagte Nora. „Ich war so erleichtert, draußen zu sein. Der Sonnenschein war herrlich."

„Der perfekte Sommertag", murmelte Sofie.

So wie Nora musste er ihr ewig lang her vorkommen.

„Wir sind zum Marktplatz gelaufen", sagte sie.

„Und du hast uns Fritten gekauft", ergänzte Sofie. „Wir haben uns ans Flussufer gesetzt und auf die Schiffe geschaut."

Fast war es Nora, als wärmte sie auch jetzt die Sommersonne, die auf ihre bloßen Arme und Beine schien. Sie sah das Glitzern des Sonnenlichts auf dem Wasser, hörte das Plätschern der Wellen und das Tuten der Schiffe.

„Wir haben uns ausgemalt, wie es wäre herumzureisen", sagte sie. „Dort, wo es uns gefiel, würden wir bleiben, solange wir wollten."

„Du hast mir von Südamerika erzählt", flüsterte Sofie. „Von den Menschen und den Städten und vom Dschungel."

Nora musste lachen. „Um ehrlich zu sein, hatte ich keine Ahnung davon. Vieles habe ich mir ausgedacht."

Sofie streichelte ihren Arm. „Ich weiß."

Eine Weile lagen sie still beisammen, vereint in ihrer Erinnerung.

„Nora?", fragte Sofie dann. „Meinst du, ich kriege das noch zu sehen, die Städte und den Dschungel und all das?"

„Das wirst du. Ganz Südamerika."

„Hm."

Sofie kuschelte sich noch enger an Nora. „Erzählst du mir davon?"

„Damit kennst du dich inzwischen viel besser aus", sagte Nora.

„Das ist egal. Ich würde dich gern erzählen hören."

„Okay."

Nora schilderte Sofie die Städte und Landschaften, die Menschen, die Kulturen und die Tiere. Sofie machte manchmal eine Bemerkung oder stellte Fragen. Irgendwann war sie still, ihre Augen geschlossen. Hin und wieder ruckte sie in Noras Umarmung oder stieß ein ängstliches Geräusch aus. Nora hielt sie fest.

Die Dunkelheit und die Kälte im Zimmer erdrückten die Erinnerung an den Sommertag. Draußen bellten die Hunde. Nur zwei. Artur und Karla, meinte Nora, die sie inzwischen auseinanderhalten konnte. Ein qualvolles Jaulen erhob sich über ihrem Gekläff.

Nora kämpfte darum, sich die Hoffnung zu bewahren, die sie Sofie so gern geben wollte. Aber das Gebell und der Schmerz erlaubten ihr nicht, zu vergessen, dass sie heute fast gestorben wäre. Sie hatte keine Ahnung, wie es weitergehen sollte. Die Hochzeit rückte immer näher, eine Bedrohung, die am Ende der Nacht auf sie wartete.

35

Der Hochzeitstag war düster und verregnet. Dämmerlicht kroch ins Zimmer. Nora lag wach, das Gesicht zum Fenster gewandt, gegen das der Regen dicke Tropfen klatschte. Sie hatte ihren Arm um Sofie gelegt, die eng an sie geschmiegt schlief. Nora regte sich nicht, als Münter die Tür aufschloss. Sie wollte ihn nicht eher als unbedingt nötig sehen. Sofie hingegen fuhr beim Klackern des Schlüssels auf.

„Raus aus den Federn", maulte Münter. „Und trödelt nicht. Wir haben viel vor."

Seinem Ton nach war von seiner Vorfreude auf die Zeremonie nichts mehr übrig. Vielleicht war ihm der Regen aufs Gemüt geschlagen.

„Guten Morgen, Hartmut." Sofie stand auf. „Natürlich. Wir beeilen uns."

„Das will ich hoffen. Guten Morgen, Nora."

Sie antwortete nicht.

Verreck doch, du Arschloch, dachte sie.

Münter gab ein Schnaufen von sich. Kurz darauf polterten seine Schritte auf der Treppe.

„Reiz ihn nicht, Nora", flüsterte Sofie. „Ich weiß nicht, warum, aber er ist richtig abgefuckt."

Sie ging hinüber ins Schlafzimmer. Nora wühlte sich aus dem Bett und humpelte ins Bad. Behutsam wusch sie sich, damit ihre Verbände nicht nass wurden. Die Wunden waren über Nacht nicht wieder aufgegangen. Zu dem brennenden Schmerz war ein dumpfes Pochen gekommen. Es war auszuhalten, solange Nora keine unbedachten Bewegungen machte. Sie zog sich an und stieg die Treppe hinunter.

Münters miese Stimmung verbreitete sich im ganzen Haus. Jeder Nagel, meinte Nora, zitterte unter der Last des Bilds, das an ihm hing. Jede Glühbirne war kurz vor dem Zerplatzen. Das knarzende Parkett wollte einbrechen, die Dachbalken einknicken, die Rohre und Wasserleitungen bersten unter dem Druck, der auf ihnen lastete.

Einzig Lukas war heiter. Als Nora in die Küche trat, war er dabei, den Tisch zu decken. Sofie stand an der Anrichte. Es roch nach Kaffee und den Brötchen im Ofen. In einem Topf auf dem Herd trieben vier Eier in blubberndem Wasser. Das Festtagsfrühstück, das Münter für heute versprochen hatte.

„Guten Morgen, Tante Nora."

„Guten Morgen, Lukas."

Münter war nicht in der Küche. Durch das Fenster entdeckte Nora ihn im Hof. Er ging schräg gegen den Wind gestemmt, der an seinem Regenmantel zerrte.

„Hast du rausgekriegt, warum er so mies drauf ist?", flüsterte sie Sofie zu.

Sie hasste es, auf seine Stimmung Rücksicht nehmen zu müssen. Aber es war eben, als lebten sie im Käfig eines Raubtiers, mit dessen Launen sie umgehen mussten, um nicht gefressen zu werden.

„Bodo. Es geht ihm nicht gut."

In der Mitte des Hofs stieß Artur zu Münter und begrüßte ihn mit einem Bellen, als wollte er den erfolgreichen Verlauf ihrer Nachtwache verkünden. Karla schlich mit gesenktem Kopf um Münter herum. Bodo, sonst überschwänglich, schleppte sich kraftlos zu ihm. Münter streichelte ihm den Kopf, sprach mit ihm. Karla drängte sich heran. Münter schob sie beiseite. Bodo winselte. Trotz seiner Masse wirkte er gebrechlich wie ein gealterter Schoßhund.

„Scheiße", murmelte Nora.

Sie und Sofie wechselten einen Blick. Bisher hatten sie ihren Fluchtversuch verbergen können. Jetzt drohten sie durch Bodo aufzufliegen.

Sie zuckten zusammen, als die Eieruhr schrillte.

Münter, den Kopf vor dem Regen eingezogen, stapfte auf das Haus zu. Artur und Karla liefen vom Hof. Bodo folgte ihnen langsam und in großem Abstand.

Sofie fischte die Eier aus dem Topf. Lukas verteilte sie in Eierbechern auf die vier Gedecke. Nora holte die Brötchen aus dem Ofen, legte sie in einen Korb und stellte ihn zwischen Butter, Marmelade, Wurst und Käse auf den Tisch.

Die Haustür knarzte und fiel mit einem Knall zu, der das ganze Haus erschütterte.

„Hast du den Kaffee fertig?", fragte Münter, als er in die Küche kam. Sein Gesicht war nass vom Regen.

Sofie schüttete das dampfende schwarze Gebräu aus der Maschine in die Kanne. „Frisch und stark, wie du ihn magst."

Münter grummelte etwas und setzte sich. Sofie schenkte ihm ein.

„Du bist so grimmig, Hartmut", sagte Nora. Es war heikel, doch sie musste mehr darüber erfahren, was vor sich ging. „Ist irgendetwas nicht in Ordnung?"

Die Kanne zitterte in Sofies Händen. Aber sie kleckerte nicht. Gott sei Dank. Münter war noch empfindlicher als sonst. Der kleinste Anlass, und er würde explodieren.

„Bodo ist nicht auf der Höhe", sagte er. „Er hat sich im Zwinger übergeben, Durchfall hat er auch. Vielleicht hat er was Falsches gefressen. Ihr habt gestern nichts mitgekriegt?"

Sofie und Nora vermieden es, einander anzusehen.

„Nein, gar nichts", sagte Sofie.

„Natürlich haben wir die drei nicht die ganze Zeit im Auge gehabt", sagte Nora.

Ihr eigener Bauch bereitete ihr keine Probleme mehr. Falls sie überhaupt Gift zu sich genommen hatte, war es nicht genug gewesen, um ihr gefährlich zu werden. Für die Dosis, die sich Bodo einverleibt hatte, galt das offenbar nicht.

„Es geht ihm bestimmt bald wieder gut, Papa", sagte Lukas.

Münter trank schlürfend von seinem Kaffee.

„Hoffen wir es, Luki. Bodo hatte vor einer Weile schon mal eine Magenverstimmung, erinnerst du dich? Dazu hat er immer geneigt. Er ist zwar der kräftigste von unseren Rackern, aber er kränkelt auch am häufigsten."

„Sollen wir die Feier verschieben?", fragte Nora. „Wenn du dir solche Sorgen machst?"

Sofies Gesicht nach schöpfte sie die gleiche Hoffnung, nicht nur die Hochzeit aufzuschieben, sondern vor allem das, was sie danach erwartete.

Münter schüttelte den Kopf.

„Auf keinen Fall." Er klopfte sein Ei auf und pulte die Schale ab. Lukas tat es ihm nach. „Bodo wird schon wieder. Warten wir einen Tag ab. Wenn es morgen nicht besser ist, fahr ich mit ihm zum Tierarzt."

Nora hoffte, dass es nicht dazu käme und der Tierarzt ihm verriet, dass sein geliebter Hund Rattengift gefressen hatte.

Münter salzte sein Ei. „Die Hochzeit findet heute statt. Wir haben uns alle so darauf gefreut. Das lassen wir uns nicht vermiesen, stimmt's?"

„Nein", bestätigte Lukas, „lassen wir nicht."

Münter lächelte. „Nach dem Frühstück richten Luki und ich alles her. Ihr kümmert euch um das Essen. Wartet's ab, das wird eine Feier, wie ihr sie noch nie erlebt habt."

Daran hatte Nora keinen Zweifel.

Das Frühstück verlief in angestrengter Fröhlichkeit. Nora war erleichtert, als Münter und Lukas fertig waren. Nach einem so ausgiebigen Mahl, erklärte Münter, könnten sie auf das Mittagessen verzichten. Zum Kaffee nach der Trauung würde es Hochzeitstorte geben. Zum Abendessen trug er Sofie auf, De Ollander Hochtiedssup zuzubereiten, Altländer Hochzeitssuppe aus Rindfleisch. Das Rezept fand sie in einem Kochbuch, das angeblich Münters Großmutter gehört hatte.

Nachdem sich Münter und Lukas zurückgezogen hatten, machte sich Sofie an die Suppe. Nora deckte den Kaffeetisch und holte die Torte aus dem Kühlschrank. Es war keine richtige Hochzeits-, sondern eine gewöhnliche Sahnetorte. Münter hatte also auch einkalkuliert, dass sich die Polizei bei Konditoreien erkundigen könnte, wer Hochzeitstorten gekauft hatte.

Nora stellte sie auf eine Kuchenplatte und setzte das kleine Brautpaar aus Plastik darauf, das Münter ihr gegeben hatte. Anschließend half sie Sofie. Sie verabscheute es, Münters kranke Feier vorzubereiten. Aber gerade konnten sie nichts unternehmen.

Nach einer Weile ging Münter mit Lukas erneut nach draußen, um nach Bodo zu sehen. Dass er die Hunde in den Zwinger sperrte, nützte Nora und Sofie nichts. Der Autoschlüssel lag nicht in der Diele, und mit ihren Verletzungen hätte Nora es nicht über den Zaun geschafft. Außerdem blieb Lukas im Hof, nachdem Münter wieder hereingekommen war. In Regenjacke und Gummistiefeln platschte der Junge durch die Pfützen und kickte einen Fußball herum. Er jubelte, wenn er einen unsichtbaren Gegner ausgedribbelt oder den Ball gegen den Zwinger geschossen hatte, der ihm als Tor diente. Obwohl es heftig schepperte, lag Bodo reglos in seiner Hütte. Artur und Karla hingegen rasteten aus. Lukas vollführte bei jedem Treffer einen Freudentanz vor ihnen, als hätte er die Weltmeisterschaft gewonnen.

Einmal sprang der Ball vom Gitter ab, titschte auf und rollte ins Gebüsch. Anstatt ihm nachzulaufen, stand Lukas im Hof und starrte minutenlang mit leerem Blick in den Regen, der in grauen Strichen niederging, ihm das Haar durchtränkte und über sein Gesicht lief.

Wieder fragte Nora sich, was in diesem Jungen vor sich ging, wie viel Schaden sein abgeschottetes Leben bei dem Mörder bereits angerichtet hatte und ob er sich jemals davon erholen könnte.

Der Kaffeetisch war gedeckt, die Suppe köchelte, als Münter den Kopf durch die Küchentür steckte.

„Seid ihr fertig?“ Er schnupperte. „Riecht gut. Genau wie bei Oma. Mach den Herd ruhig aus. Wir wärmen die Suppe heute Abend auf. Sie schmeckt sowieso besser, wenn sie eine Weile durchzieht. Kommt mit. Werfen wir uns in Schale.“

36

Nora und Sofie folgten ihm nach oben ins Schlafzimmer. Die Fotos über dem Bett zeigten allesamt Münter und Lukas, vor dem Hof, bei einem Radausflug, am See, beim Spielen im Garten, beim Geburtstagfeiern zu zweit. In der Mitte klaffte eine Leerstelle. Ein Nagel, der aus der Wand ragte, und das verblichene Quadrat auf der Tapete zeigten, dass auch hier lange ein Bild gehangen hatte.

Auf dem Ehebett waren zwei Kleider ausgebreitet, ein dunkelblaues und ein weißes Brautkleid mit Rüschen. Das Kleid, das Astrid auf dem Hochzeitsvideo trug. Daneben lagen ein Schleier und auf dem Nachttisch ein Bouquet weißer Rosen. Vor dem Bett stand ein Paar weißer Pumps. Auf der Kommode hatte Münter einen Schminkkasten, die Schmuckschatulle aus Astrids Zimmer und einen Parfümflakon bereitgestellt.

„Die Trauung findet in einer Stunde statt", sagte er. „Das reicht, um euch herauszuputzen. Nora, du führst Sofie zum Altar. Das hatte ich noch nie."

Über seiner Begeisterung vergaß er die Sorge um seinen Hund.

„Ich mache mich dann auch mal fein", fuhr er fort. „Wir geben euch Bescheid, wenn es so weit ist."

Er schloss die Tür. Seine Schritte entfernten sich über den Flur.

Sofie starrte auf das Brautkleid. Dazu gedacht, nur ein einziges Mal getragen zu werden, war es eindeutig häufiger in Gebrauch gewesen. Der Satin, einst strahlend weiß, war weißgrau und verwaschen. Gestopfte Löcher und krumme Nähte zeichneten den Stoff wie schlecht verheilte Narben. Einige der Rüschen waren zerrupft und erinnerten Nora an weiße Rosen, von denen jemand die Blütenblätter gezupft hatte. Rötlich braune Flecke, verblasst, jedoch deutlich sichtbar, verdunkelten den Stoff an der Hüfte. Auch im Tüll des Schleiers klafften Risse.

All das zeugte nicht von ausgelassenen Feiern. Das Kleid trug die Spuren der Frauen, die sich darin gegen ihren Peiniger gewehrt, um ihr Leben gekämpft hatten. Um keinen Verdacht zu erregen, hatte Münter das Kleid danach, statt es in die Schneiderei oder die Reinigung zu geben, wahrscheinlich von seinem nächsten Entführungsopfer waschen und reparieren lassen. Kein Brautkleid mehr. Ein Leichenhemd.

„Ich will das Ding nicht anziehen!"

Sofie wich zurück, stieß mit dem Rücken gegen die Tür. Ohne den Blick von dem Kleid zu nehmen, ertastete sie die Klinke, kurz davor, aus dem Zimmer zu stürmen, die Treppe hinunter, blindlings zur Haustür hinaus in den Hof. Nora hielt sie fest, um sie von einem Fehler abzuhalten, den sie nicht überlebt hätte.

Sofie wand sich in ihrem Griff. „Bitte zwing mich nicht dazu."

„Ich weiß, du willst das nicht", sagte Nora. „Ich will es auch nicht. Aber diese Hochzeit ist der Kern seines Wahns. Wenn wir uns weigern, wird er uns töten."

Vielleicht würde er erst Sofie umbringen und Nora anbieten, als seine Braut an ihre Stelle zu treten. Oder er würde sie direkt beide ermorden.

„Na und?", fragte Sofie. „Das wird er sowieso. Er wird uns umbringen wie die anderen, wenn nicht heute, dann morgen oder nächste Woche. Es ist besser, gleich zu sterben, als noch länger diese Qual zu ertragen, vor allem, wenn er mich nach der Hochzeit …" Sie steigerte sich in panisches Geschrei. „Lieber sollen mich die Scheißhunde in Stücke reißen, bevor ich mich von diesem Schwein anfassen lasse!"

„Sch." Nora schob Sofie von der Tür weg. „Das lasse ich nicht zu", flüsterte sie. „Uns wird etwas einfallen."

„Was denn?", fragte Sofie. „Alles, was wir bisher versucht haben, ist danebengegangen."

„Wenn es aussieht, als könnten wir seine abartige Hochzeitsnacht nicht verhindern, kämpfen wir." Sie fasste Sofies Kopf, blickte ihr in die Augen. „Wir kämpfen mit allem, was wir haben. Wenn wir den Drecksack nicht fertigmachen können, sterben wir wenigstens bei dem Versuch."

Sofie beruhigte sich ein wenig. „Versprochen?"

„Versprochen. Vorher müssen wir abwarten, ob wir nicht einen günstigen Moment finden, um ihn zu überrumpeln. Wir dürfen nicht aufgeben."

Sofie nickte. „Wir geben nicht auf."

„Genau. Wir spielen bei seiner bescheuerten Zeremonie mit. Das ist sowieso keine richtige Hochzeit. Das ist nicht echt."

„Stimmt", sagte Sofie. „Das ist nicht echt."

Der Ekel, mit dem sie das Kleid betrachtet hatte, war noch da. Doch öffnete sie nun mit zitternden Händen die Knöpfe ihrer Bluse und streifte sie ab. Sie löste den Gürtel, der Rock rutschte herab. Schmal und mit Gänsehaut bedeckt, kam sie Nora in ihrer Unterwäsche ungeheuer zerbrechlich vor. An ihren Armen und Beinen, ihrem Bauch und ihrem Rücken schillerten Blutergüsse, teils tieflila, teils gelbgrün. Dünne rötliche Striemen zogen sich über ihre Haut, wo Münter sie mit seinem Messer geritzt haben musste.

Ich bringe ihn um!, schwor sich Nora. Ich bringe den Bastard um!

Sie hätte alles dafür gegeben, das Brautkleid selbst anziehen zu können, um es Sofie zu ersparen. Münter hätte es nicht geduldet. Als der Satin über ihre Schultern glitt, schauderte Sofie, als wäre er nass und kalt.

„Das ist nicht echt", murmelte sie. „Das ist nicht echt."

Das Kleid war ein wenig zu weit und zu lang, schlotterte um Sofie. Nora musste die Riemen am Rücken eng schnüren. Es fühlte sich an, als sperrte sie Sofie in dieses verfluchte Kleid. So hatte Nora es sich nicht vorgestellt, ihre kleine Schwester eines Tages für ihre Hochzeit zurechtzumachen.

Als Sofie angezogen war, hob Nora das Kleid auf, das Münter für sie vorgesehen hatte. Es hatte kurze Ärmel. Auch wenn es bedeutete, Münter zu erzürnen, sie konnte es auf keinen Fall anziehen und ihn ihre Wunden sehen lassen. Im Schrank fand sie zunächst nichts, das für einen festlichen Anlass taugte und das Münter durchgehen lassen würde. Ganz hinten erst stieß sie auf ein dunkelrotes, ein wenig schicker als die anderen. Sie nahm es heraus. Es hatte lange Ärmel. Nora bat Sofie, Münter abzuhalten, falls er das Zimmer betreten wollte. Sie legte ihre Kleider ab.

Wässrige Flüssigkeit war durch ihre Verbände gedrungen und färbte sie gelblich. Vorsichtig wickelte Nora sie ab. Die Wunden hatten sich nicht geschlossen. Der Schmerz pochte unablässig darin, und sie fühlten sich warm an. Der Bereich drum herum war gerötet und leicht geschwollen. Sofie fand eine Tube Hautlotion, mit der sie die Wunden bestrich. Die Verbände wechseln konnten sie nicht, weil sie nicht wagten, das Schlafzimmer zu verlassen. Nora legte die benutzten wieder an, wickelte sie so stramm, wie sie es aushielt, damit sie die Wundränder zusammendrückten.

Sie streifte das Kleid über. Es war ihr wie auf den Leib geschneidert. Da Sofies Hände zu stark zitterten, half Nora ihr, Lidschatten, Rouge und Lippenstift aufzutragen. Astrids Schminke glich Sofie noch stärker Münters erster Frau an. Es missfiel Nora, Sofie in ihr Abbild zu verwandeln.

Doch je stärker Münter von ihr angetan war, desto höher standen die Chancen, dass er in seiner Glückseligkeit unachtsam wurde und sich einen Fehler erlaubte. Nora steckte Sofies Haar zu einer ähnlichen Frisur hoch, wie Astrid sie auf dem Hochzeitsvideo trug. Anschließend schob sie ihre Füße in die Pumps. Aus dem Flakon sprühte sie ihr Astrids Parfüm auf den Hals. Während Sofie als Astrids

Wiedergängerin auftrat, brachte der Duft von Apfelblüten und Maiglöckchen die Seele der Toten zum Vorschein. Nora legte Sofie einen Armreif und eine goldene Kette aus Astrids Schatulle an. Sofie verharrte reglos wie eine Puppe. Nur ihre Lippen bewegten sich, wiederholten stumm den immergleichen Satz.

„Das ist nicht echt."

Nora verdeckte Sofies Gesicht mit dem Schleier. Es kam ihr vor wie der Moment, in dem man einem Verstorbenen die Augen schloss. Tatsächlich sah Sofie in dem verschlissenen Brautkleid nicht aus wie eine Frau, die vor den Altar treten, vielmehr wie eine, die zum Schafott geführt werden sollte.

Jetzt konnten sie nur noch warten. Nora setzte sich neben Sofie auf das Bett und nahm ihre Hand. Schweigend saßen sie beieinander, bis das Geläut von Kirchenglocken durch das Haus hallte.

37

Langsam stiegen Nora und Sofie die Stufen hinunter. Nicht, weil es der Erhabenheit einer Hochzeit angemessen gewesen wäre. Nora musste, auf das Geländer gestützt, wegen ihres Beins behutsam auftreten, Sofie darauf achten, dass sie nicht über den Saum des Kleids stolperte, den sie mit einer Hand raffte. In der anderen hielt sie das Rosenbouquet. Das Glockenläuten dröhnte ihnen über den Flur entgegen.

Lukas wartete am Fuß der Treppe. Sein Wuschelhaar war sorgfältig gekämmt, hatte sich jedoch nicht vollkommen bändigen lassen. Er trug einen Anzug mit Krawatte und schwarze Halbschuhe. In seiner Armbeuge hing ein geflochtenes Körbchen. Er lächelte sie an.

„Du siehst wunderschön aus, Mami. Du auch, Tante Nora."

Statt zu antworten, flüsterte Sofie unter dem Rascheln des Kleids weiter die Worte, in denen sie Halt und Kraft fand.

„Das ist nicht echt. Das ist nicht echt."

„Danke, Lukas", sagte Nora. „Du siehst auch sehr gut aus. Wie ein richtiger Gentleman."

Lukas strahlte vor Stolz. „Kommt, hier lang."

Durch das Glockenläuten schritt er ihnen voraus über den Flur. Aus seinem Körbchen bestreute er ihren Weg mit roten Rosenblüten. Nora war es, als sprenkelte er das Parkett mit Blut. Sofie klammerte sich an ihr fest, musste sich zwingen, einen Fuß vor den anderen zu setzen.

„Wartet!“, wies Lukas sie vor dem Wohnzimmer an.

Er verschwand durch die Tür. Das Bouquet bebte in Sofies Hand. Die Finger der anderen krallte sie so fest in Noras Arm, dass es wehtat.

Die Glocken verstummten. Ein Knistern erklang, wie von elektrischer Spannung. Nora meinte, sie als Kribbeln im Nacken zu spüren. Kurz darauf schallten Orgelklänge aus dem Wohnzimmer und ließen Sofie zusammenfahren.

Der *Hochzeitsmarsch* setzte ein.

Lukas holte sie ab. Seite an Seite traten Nora und Sofie ins Wohnzimmer. Es war nur von Kerzen beleuchtet. Sitzgarnitur und Couchtisch waren an die Wand gerückt, die Vorhänge zugezogen. Die Musik schepperte aus dem Plattenspieler. Der weißgraue Läufer führte auf den Rollwagen zu, der in den Erker vor die Brautpforte geschoben war. Die Flaschen waren ins untere Fach geräumt, der Wagen mit einem weißen Tuch bedeckt, unter dem die Räder sichtbar waren. Obendrauf, mit hellerem Schein als die übrigen, brannten die Hochzeitskerzen mit den goldenen Kreuzen und Ringen. Wie alles Übrige scheiterte auch der behelfsmäßige Altar daran, sakrale Feierlichkeit aufkommen zu lassen. Er war genauso falsch wie der Bräutigam, der davorstand.

Auch Münter trug den Anzug der ersten Hochzeit, der ihm vor allem um den Bauch zu stramm saß. Sein Haar, penibel gescheitelt, und sein Schnauzbart glänzten von der Pomade, die er hineingeschmiert hatte. Sein Gesicht schimmerte hochrot, vielleicht von der Rasur und dem Aftershave, mit dem er es eingerieben hatte. Oder vor Freude. Die Hände vor dem Körper zusammengelegt, sah er ihnen in festlicher Erwartung entgegen.

Die Schallplatte war zerkratzt. Rauschen und Scharren begleiteten die Musik, und mehrmals verrutschte die Nadel, sodass die Töne sprangen. Durch den so verzerrten *Hochzeitsmarsch* und das flackernde Kerzenlicht schritten Nora und Sofie zum Altar. Eigentlich hatte Sofie Noras Brautjungfer sein sollen. Stattdessen führte Nora sie nun zur Trauung, nicht mit dem Mann, den Sofie liebte, sondern mit einem Mörder. Die Schleppe des Brautkleids schleifte über den Läufer. Lukas' Rosenblätter trudelten ihnen vor die Füße, bis sie neben Münter zum Stehen kamen.

„Du siehst umwerfend aus, Sofie", flüsterte er, als dürfte er die andächtige Stimmung nicht stören. Nora bedachte er mit einem unwirschen Blick. Doch ihr Kleid war ihm offenbar nicht Anlass genug, die Zeremonie hinauszuzögern oder sich die Laune verderben zu lassen. Er lächelte. „Ihr beide."

Er wies an sich herunter und zog einen Flunsch, als das erhoffte Kompliment ausblieb. Nora hätte ihn am liebsten mit seiner Fliege erdrosselt. Hinter ihrem Schleier kämpfte Sofie darum, die Fassung zu bewahren.

„Ich verstehe, dass du aufgeregt bist", raunte Münter. „Es ist ein besonderer Moment, wenn eine Frau mit dem Mann getraut wird, mit dem sie den Rest ihres Lebens verbringen wird."

Nora drückte Sofies Hand. Sie hoffte, dass sich Sofie beherrschen konnte. Je reibungsloser diese absurde Vorstellung vonstattenging, desto schneller wäre sie vorbei.

Der *Hochzeitsmarsch* verklang. Münter räusperte sich.

„Wir haben uns heute hier versammelt", sagte er so laut, als wendete er sich an eine Schar von Gästen, „um das anwesende Brautpaar, Hartmut Münter und Sofie Siegel, in den heiligen Stand der Ehe zu erheben."

Er sprach mit einem getragenen Ernst, in der gleichzeitigen Rolle von Pastor und Bräutigam.

„Wir beide haben einander gefunden, haben uns einander versprochen. Das Glück, das wir uns schenken werden, ist von Gott gewollt und gesegnet. Wenn jemand der Anwesenden Einwände vorbringen kann, warum wir nicht den Bund fürs Leben schließen sollten, so möge er jetzt vortreten und sprechen oder für immer schweigen."

Wag es, warnte der Blick, den er auf Nora richtete.

Sie biss sich auf die Zunge. Gestern hatte sie sich ihm schon an Sofies Stelle angeboten. Ein weiterer Versuch oder Protest hätten ihn nur erzürnt.

„Schön. Dann wollen wir unsere Gelübde ablegen", sagte er in seinem feierlichen Gehabe und wandte sich Sofie zu. „Hiermit nehme ich, Hartmut Jonathan Münter, dich, Sofie Siegel, zu meiner mir rechtmäßig angetrauten Ehefrau. Ich werde dich lieben und ehren in guten wie in schlechten Zeiten, bis dass der Tod uns scheidet. Darauf gebe ich dir mein heiliges Jawort."

Nora hoffte, der Tod würde sie bald scheiden. Münters Tod.

„Willst auch du, Sofie Siegel", fuhr Münter fort, „mich, Hartmut Jonathan Münter, zu deinem dir rechtmäßig angetrauten Ehemann nehmen? Willst du mich lieben und ehren in guten wie in schlechten Zeiten, bis dass der Tod uns scheidet?"

Lächerlich, dachte Nora. Als könnte es in einer Ehe mit diesem Mistkerl etwas anderes geben als schlechte Zeiten.

„So gib auch du mir dein heiliges Jawort."

Sofie murmelte etwas, das für Nora wie „Fick dich" klang. Nora unterdrückte ein Grinsen.

„Was?", fragte Münter, die Fäuste geballt.

„Ja!", spie Sofie angewidert aus.

Lukas holte die Ringe aus der Anzugtasche und reichte sie seinem Vater.

„Diese Ringe", sagte Münter, „wollen wir einander anstecken zum Zeichen unserer ewigen Bindung, unserer Liebe und unserer Treue."

Er griff Sofies Hand, die sie ihm widerstrebend überließ, und schob ihr den Ring, den einst Astrid getragen hatte, über den Finger.

Er hielt Sofie den anderen hin. „Jetzt du."

Der Ring war etwas zu eng. Sofie ging nicht behutsam vor, als sie ihn über Münters Finger zwang. Er schnitt eine Grimasse, zeigte jedoch keine Verstimmung. Als der Ring saß, betrachtete er ihn gerührt, als handelte es sich tatsächlich um eine Liebesgabe, als wäre Sofies Jawort nicht erzwungen, sondern so tief empfunden und ernst gemeint wie seines. Dass er selbst all das als wirklich und wahrhaftig ansah, daran hegte Nora keinen Zweifel.

„So erkläre ich uns zu Mann und Frau."

Lukas hüpfte auf der Stelle und klatschte in die Hände.

„Papi und Mami sind verheiratet!", rief er. „Ist das nicht toll, Tante Nora?"

„Ja", antwortete Nora. „Wundervoll."

Münter schlug den Schleier zurück. Sofies Gesicht war nass von Tränen. Tränen der Verzweiflung, der Hilflosigkeit und einer Wut, die sie nicht rauslassen durfte.

„Wir dürfen uns jetzt küssen."

Er fasste Sofies Kopf mit beiden Händen. Was bei einer richtigen Hochzeit eine zärtliche Geste wäre, war bei ihm besitzergreifend. Er hielt sie fest, sodass sie ihr Gesicht nicht wegdrehen konnte. Sie schloss die Augen und krampfte ihre Hände um das Rosenbouquet. Angeekelt sah Nora zu, wie Münter seinen Mund auf Sofies Lippen presste. Wie lange, fragte sie sich, hatten die anderen Frauen überlebt, nachdem sie diesen Kuss empfangen hatten?

38

„Sag Apfelkuchen!", befahl Münter.

Sofies auseinandergezogene Lippen mochten als Lächeln durchgehen. Den Abscheu und die Angst in ihren Augen konnte sie nicht verhehlen. Münter hingegen hätte man den glückseligen Ehemann sofort abgekauft. Den Arm um Sofies Hüfte, den Kopf an ihren gelehnt, hatte er sie vor seinem Altar in die Pose eines frisch verheirateten Paars gezwungen, das in inniger Liebe der gemeinsamen Zukunft entgegensah.

Nora fand sein Lächeln ungefähr so einnehmend wie das Zähnefletschen seiner Hunde, wobei sie gerade froh war, dass er sich als stolzer Gatte der Kamera präsentierte. Der Kamera des Handys, das Nora auf sie richtete.

„Schaut mal verträumt", sagte sie. „Als würdet ihr an eure Flitterwochen denken."

Die einzige Hochzeitsreise, die Nora Münter gönnen würde, wäre ein Solotrip in einen Hochsicherheitstrakt und dauerte den Rest seines Lebens. Sie wollte Sofies Qual nicht unnötig hinziehen. Aber je länger sie die beiden bannen konnte, desto länger konnte sie das Handy halten. Sie war perplex gewesen, als Münter das Deckenlicht eingeschaltet und ihr das Smartphone mit der Aufforderung gereicht hatte, ein paar schöne Erinnerungsbilder zu schießen.

Sie hatte sich nicht zweimal bitten lassen. Wie sehr hatte sie sich seit ihrer Ankunft nach einem Telefon gesehnt. Jetzt, völlig unerwartet, hielt sie die Lösung ihrer Probleme in Händen. Drei Ziffern, mehr bräuchte sie nicht zu wählen, um die Polizei zu erreichen. Drei Tasten auf dem Wählfeld. Drei leichte Berührungen mit dem Zeigefinger, und sie könnte diesen Albtraum beenden.

So einfach war es allerdings nicht. Selbst wenn es ihr gelänge, heimlich die 110 zu wählen, das erste Wort hätte sie verraten. Sie hätte nur wenige Sekunden, bevor Münter ihr das Handy entriss, nicht genug, um ihre Lage zu erklären. Fieberhaft suchte Nora nach einem anderen Weg, während sie den Auslöser betätigte.

„Jetzt schaut euch richtig tief in die Augen."

Sofie wusste, was in Nora vorging, und spielte mit.

Wenn Nora niemanden anrufen konnte, wäre es das Nächstbeste, eines der Fotos per E-Mail zu verschicken, vielleicht an die Zeitung. Damit könnte die Polizei Münter identifizieren. Aber sie kannte die E-Mail-Adresse des *Elbkurier* nicht. Außerdem hatte das Handy keine Internetverbindung. Sie könnte das Foto als MMS schicken! Der Erste, der ihr einfiel, war Steffen. Sie wusste nicht, ob er noch im Krankenhaus lag. Ihre Mutter. Ihr könnte sie das Foto senden.

„Das sieht großartig aus", sagte sie.

Während sie tat, als würde sie weiterhin Fotos knipsen, wischte sie über den Touchscreen und öffnete die Messages-App. Sie gab die Nummer ihrer Mutter ein, vertippte sich, zwang sich, langsam eine Ziffer nach der anderen zu wählen.

„Das sollte reichen", sagte Münter.

„Ein paar noch", sagte Nora. „Dann habt ihr nachher mehr Auswahl."

Die Nummer war drin. Nora vermied jede hastige Geste, als sie auf *Anhang* drückte und eines der Fotos mit einem Haken versah. Sie schickte es los. *Wird gesendet*, erschien auf dem Display. Gleich hätte sie es geschafft.

„Da werden ein paar gelungene dabei sein", sagte Münter. „Lass Lukas ein paar Fotos von uns dreien schießen."

„Au ja!" Lukas streckte die Hand nach dem Smartphone aus. „Ich schieße tolle Fotos."

„Das glaube ich dir", sagte Nora.

Noch ein kleiner Moment. Die Anzeige änderte sich. Doch statt *Gesendet* erschien *Konnte nicht gesendet werden*. Nora unterdrückte einen Fluch. Sie hatte keine Zeit, es noch einmal zu probieren.

„Gib her, Tante Nora." Lukas grabschte nach dem Handy.

„Warte, es hat sich aufgehängt."

Noch konnte sie das Handy nicht hergeben. So schnell, wie ihre Finger es vermochten, löschte sie den Chat.

„Zeig mal." Münter trat auf sie zu.

„Keine Sorge, ich hab's." Nora konnte gerade rechtzeitig auf Kamera schalten, bevor Lukas ihr das Smartphone wegschnappte. „Funktioniert wieder alles." Sie schob sich zwischen Münter und Sofie. „Schieß drauflos, Lukas."

Sofie war sichtlich froh, dass Nora ihr Abstand von Münter verschaffte. Er legte Nora einen Arm um.

Ihr Scheitern entmutigte Nora nicht. Das Handy war nach wie vor in Reichweite. Vielleicht konnte sie es noch einmal in die Finger kriegen, vor allem, wenn der Leichtsinn anhielt, zu dem die Hochzeit Münter hinriss.

Nachdem Lukas seine Fotos geknipst hatte, lehnte er das Handy an den Plattenspieler, schaltete den Timer ein und stellte sich zu ihnen.

„Alle lächeln", sagte Münter, bevor das Handy die dysfunktionalste Familie der Welt festhielt.

Lukas brachte es seinem Vater.

„Danke, Luki. Hast du prima gemacht."

Münter verstaute das Smartphone in der Anzugtasche. Nora wechselte einen Blick mit Sofie. Es war Nachmittag. Ein paar Stunden blieben ihnen bis zur Hochzeitsnacht. Bis dahin mussten sie das Handy an sich bringen.

Nachdem Münter ihnen aufgetragen hatte, Kaffee aufzusetzen, verschwand er nach oben – und mit ihm das Handy. Da Lukas zu ihnen in die Küche kam, konnten Nora und Sofie nicht frei sprechen. Aber Nora spürte, auch Sofie gab es Kraft, einen Plan zu haben.

Der Kaffee war gerade durch die Maschine gelaufen, als Münter sie nach oben rief. Zusammen mit Lukas stiegen sie die Treppe hinauf und gingen ins Schlafzimmer.

„Bei diesem großen Moment sollt ihr dabei sein", begrüßte Münter sie.

In der Hand hielt er das Hochzeitsfoto, auf dem er und Sofie die Köpfe aneinanderlehnten. Er hatte es auf Fotopapier ausgedruckt und gerahmt. Feierlich hängte er es an den freien Nagel in der Mitte zwischen den Familienbildern.

„Macht sich gut da, was? Ein wunderschönes Foto von einem wunderschönen Brautpaar."

„Wunderschön", pflichtete Lukas ihm bei.

Nora und Sofie sagten kein Wort. Das Foto und mehr noch das Bett erschwerten ihnen das Atmen. In diesem Bett war Münter über seine anderen Entführungsopfer hergefallen, nachdem er sie zu seinem Hochzeitsritual gezwungen und zu seinen Ehefrauen erklärt hatte. Ein Schwindel überkam Nora bei dem Gedanken, dass in dieser Nacht ihre Schwester an der Reihe sein sollte.

Sofie starrte auf das Bett wie auf ein Grab, in das sie sich in wenigen Stunden legen musste. Doch war das schlimmer. In einem Grab konnte man Ruhe finden. Wie Sofie wäre auch Nora lieber gestorben, als sich Münters Begierden auszuliefern.

Sie musste die Nerven behalten. Noch war es nicht so weit. Sie fokussierte sich auf ihr Ziel. Das Handy. Die Frage war, ob Münter es bei sich trug oder es nach dem Ausdrucken des Fotos in seinem Büro eingeschlossen hatte. Während er und Lukas das Bild betrachteten, stieß sie Sofie an und hielt sich ihre Hand wie einen Hörer ans Ohr. Sofie begriff.

„Ein wirklich schönes Foto, Schatz."

Sofie legte Münter einen Arm um und küsste ihn auf die Wange. Sosehr es ihn überraschte und freute, dass sie es freiwillig tat, sosehr musste Sofie es hassen. Aber was war ein Kuss gegen das, was er später mit ihr vorhatte? Sofie streifte seine Anzugtasche, nickte Nora zu.

Das Handy war noch da.

Sie mussten sich gedulden. Nachdem Münter und Sofie in der Küche die Torte angeschnitten hatten, ergab sich keine Möglichkeit, es ihm abzunehmen. Stattdessen mussten sie mit Münter am Esstisch hocken, während er mehrere Stücke Torte in sich reinstopfte. Er war bester Laune, genauso wie Lukas, der zwei vertilgte. Nora aß mit, gab sich Mühe, in ihre Stimmung einzusteigen. Sofie saß still dabei und rührte die Torte nicht an. Nachdem sie die Teller und Tassen geleert hatten, erhob sich Münter und straffte seine Anzugjacke.

„Wird Zeit, dass wir anstoßen." Er nahm eine der Sektflaschen aus dem Kühlschrank.

Sofie zuckte zusammen, als der Korken knallte. Er füllte drei Gläser. In ein viertes goss Sofie Limonade.

„Auf eine lange und glückliche Ehe!", rief Münter.

Klirrend stießen ihre Gläser aneinander. Münter nahm einen langen Zug. Nora nippte. Sofie kippte ihren Sekt, als wollte sie sich schon jetzt für das betäuben, was ihr drohte, wenn sie die Hochzeitsnacht nicht verhindern konnten. Lukas nahm einen großen Schluck, stolz, mit den Erwachsenen zu trinken.

Münter griff sich die halb volle Flasche. „De Dag för Dag sien Arbei deit un jümmer op 'n Posten steiht."

„Un deit dat good un deit dat giern", setzte Lukas fort, bevor ihre Stimmen zusammenfielen, „de dröff sich ok mool amüsiern."

Klar, dachte Nora. Wer täglich seine Arbeit verrichtete und auf dem Posten stand, und das auch noch gut und gern, der durfte sich natürlich auch mal amüsieren. Für jemanden wie Münter, der tagtäglich nur Schmerz und Leid verursachte, galt das ihrer Meinung nach nicht.

„Partyzeit!“, tönte er.

Lukas jauchzte und rannte ihnen voraus ins Wohnzimmer. Während Nora und Sofie die Kaffeetafel vorbereitet hatten, hatte Münter mit Lukas die Kerzen gelöscht, den Teppich eingerollt und den Altar zurück in einen Rollwagen verwandelt. In einer Ecke hatte er sein DJ-Pult mitsamt der bunten Scheinwerfer aufgebaut. Er schaltete alles ein.

Kurz darauf erklang der Song, den Nora nicht mehr hören konnte. Dolly Parton und ihr verdammtes *I Will Always Love You*. Zur Untermalung wählte Münter weißes Licht. Er betrat die Tanzfläche, zu der die Mitte des Zimmers geworden war. Er reichte Sofie die Hand, die sie notgedrungen nahm. Wie er es gestern in Astrids Zimmer mit Nora getan hatte, führte Münter sie über das Parkett, ließ sie in Pirouetten kreisen und drehte sich um die eigene Achse. Lukas klatschte den Takt des makabren Hochzeitstanzes.

Eines Totentanzes, dachte Nora.

Sie hätte zu gern gewusst, was Lukas' Vater ihm darüber erzählte, wohin die Frauen verschwanden. Wenn sie es hier rausschafften, würde sie ihn vielleicht fragen können.

Als der Song verklungen war, applaudierte sie mit dem Jungen. Münter verbeugte sich, zog Sofie an sich und drückte ihr einen Kuss auf die Lippen.

Nora goss sein Glas wieder voll und reichte es ihm. „Da hast du echt eine gute Figur gemacht.“

„Danke“, schnaufte er. Ein Schweißfilm schimmerte auf seinem Gesicht. „Unsere Übungsstunde gestern hat mir wirklich geholfen.“

„Das freut mich. Auf euch!“

Nora stieß mit ihm an. Sie nahm nur einen kleinen Schluck. Münter stürzte den Sekt wie Wasser herunter. Er kehrte an sein Pult zurück, drückte ein paar Tasten, betätigte ein paar Regler. Das Scheinwerferlicht schwirrte grün, rot und blau durch den Raum. Dazu setzten die Klänge von Haddaways *What Is Love* ein.

„Los jetzt, liebe Leute“, dröhnte Münters Stimme, verstärkt vom Mikrofon, über die Musik. „Wir wollen feiern, als gäbe es kein Morgen.“

39

Die folgenden Stunden waren ein Wirrwarr. Die flackernden bunten Lichter, die scheppernde Musik mit den hämmernden Beats, das Gewirbel auf der Tanzfläche, all das vermischte sich zu einem lärmenden Geflimmer, das Nora benommen machte. Der Alkohol trug seinen Teil bei. Als die Sektflaschen leer waren, öffnete Münter Wein. Dazu flossen Obstbrand und ein Kräuterschnaps, den er Olländer Rachenputzer nannte und der in Noras Kehle brannte wie angezündeter Spiritus.

Dass sie die eingebildete Hochzeit eines Serienmörders mit ihrer kleinen Schwester feierte, war Grund genug, sich zu betrinken. Nahm man die Angst und Verzweiflung der letzten Tage hinzu und Noras Wunden, die zwar nicht bluteten, jedoch beim Tanzen unerträglich schmerzten – es war verlockend, sich im Alkohol zu verlieren, bis sie nichts mehr spürte, nichts mehr wusste, nichts mehr mitbekam.

Doch Nora trank nicht, um sich zu betäuben, zu vergessen und zu verdrängen. Sie trank, damit Münter trank, unachtsam wurde und sie ihm das Handy abnehmen konnte. Immer wieder schenkte sie ihm nach. Er kippte jede Ladung in einem Guss in sich hinein. Nora hielt sich zurück, leerte zwischendurch große Gläser Wasser. Aber wenn sie mit ihm anstieß, konnte sie sich nicht drücken.

„Nich lang schnacken, Kopp in 'n Nacken!", rief er und gab acht, dass sie der Aufforderung folgte.

Er vertrug weitaus mehr als sie. Heimlich wegschütten konnte sie die Getränke nicht. Sie musste hoffen, dass Münter besoffen war, bevor sie die Fähigkeit verlor, klar zu denken.

„Willst du mich abfüllen?", fragte er beim fünften oder sechsten Schnaps. Zufrieden stellte sie fest, dass er seine Worte schlurrte. „Ich bin jetzt ein verheirateter Mann. Was soll meine Frau dazu sagen?"

Sofie tanzte in ihrem Brautkleid mit Lukas zu einem der Neunziger-Discohits, aus denen Münters Partyplaylist bestand. Bei aller vermeintlichen Ausgelassenheit sprach aus ihrem Gesicht die Angst vor der Nacht, aus ihren fahrigen Bewegungen der Alkohol, mit dem sie diese Angst zu bekämpfen versuchte.

„Sofie freut sich bestimmt, dass ich mich mit meinem Schwager gut verstehe", sagte Nora. Sie musste sich konzentrieren, eine Silbe an die andere zu fügen. „Das ist ja wohl der passende Anlass, um einen über den Durst zu trinken, oder?"

„Das kannst du laut sagen. Nich lang schnacken, Kopp in 'n Nacken!"

„Prost!"

Sie kippten ihren Schnaps. Das Einfachste wäre, Münter schliefe im Vollrausch ein. Allerdings zeigte er keinerlei

Ermüdung. Obwohl er schwankte, tat er Nora leider auch nicht den Gefallen, zu stürzen und hart genug aufzuschlagen, um das Bewusstsein zu verlieren. Wenn sie Erfolg haben wollte, musste sie andere Mittel ersinnen.

„Los", Nora nahm seinen Arm, „legen wir noch eine heiße Sohle aufs Parkett."

Gemeinsam taumelten sie auf die Tanzfläche.

„Nu kiek an." Münter grinste. „Dich packt ja richtig die Tanzlust. Verausgab dich nicht. Du hinkst ja immer noch wegen deinem Knie."

Das Knie ist kein Problem, dachte sie. Dafür meine Wade, die mir dein Scheißköter zerbissen hat.

Tanzen ging, solange sie das Bein nicht zu sehr belastete. Der Schmerz war es wert, wenn sie Münter das Handy abluchsen konnte.

Er bewegte sich zur Musik wie ein wild gewordener Tanzbär. Während er mit den Armen schlenkerte, mit den Füßen stampfte und seinen Bauch hin und her schaukelte, hielt sich Nora dicht an ihm, wartete auf eine Gelegenheit, in seine Anzugtasche zu fassen. Nur war sie eben keine Taschendiebin, die es ihm mit geübtem Griff stibitzen konnte. Mehrmals musste sie ihre Hand zurückziehen, weil er es zu bemerken drohte. Endlich schaffte sie es, hatte das Handy schon halb herausgefischt. Da wirbelte Münter um sich selbst. Das Smartphone rutschte ihr aus der Hand und fiel zu Boden.

Münter hörte auf zu tanzen, wankte auf der Stelle. Nora hielt erschrocken inne. Mit trübem Blick starrte Münter das Handy an.

„Na so was“, lallte er. „Jetzt fliegen schon die Telefone durch die Gegend!“ Fast verlor er das Gleichgewicht, als er das Handy aufhob. „Ich muss besser darauf aufpassen.“

Er steckte es in die Innentasche seines Jacketts. Dort würde Nora nie drankommen. Sie winkte ab, als Münter sie für den nächsten Song an sich ziehen wollte, und humpelte zum Sofa. Das betrunkene Tanzen hatte ihr Schwindel verursacht, und ihr Bein fühlte sich an, als würde es beim nächsten Schritt entzweibrechen.

„Wie du willst!“, rief Münter. „Gibt ja noch andere schöne Frauen!“ Er schnappte sich Sofie. „Her zu mir, meine prächtige Braut!“

Lukas hüpfte um die beiden herum, die sich im bunten Licht drehten. Die Scheinwerfer färbten ihre Gesichter mal rot, mal blau, mal grün. Alles kam Nora zu schnell vor, zu hektisch, zu flimmernd. Wenn sie die Augen schloss, war es noch schlimmer, das Flackern hinter ihren Lidern wie Stroboskoplicht. Der Beat peitschte auf sie ein, als wollte er sie zur Eile treiben. Nicht mehr lang, dann war Abend, nicht mehr lang, dann war Hochzeitsnacht.

Münter ließ Sofie los, sagte etwas zu ihr und Lukas. Die beiden nickten und schoben den Rollwagen aus dem Raum. Die Flaschen waren inzwischen sowieso auf dem Couchtisch aufgereiht. Münters Haar klebte ihm in Strähnen an der Stirn. Mit schweißglänzendem Gesicht lächelte er Nora an.

„Was für eine Feier! Ich fühle mich zwanzig Jahre jünger.“ Er goss zwei Schnapsgläser voll und reichte Nora eines. „Nich lang schnacken, Kopp in ’n Nacken!“

Nora hätte nicht nur vom Tanzen, sondern auch vom Trinken eine Pause gebraucht. Aber wenn sie Münter betrunken machen wollte, durfte sie nicht nachlassen. Sie stürzten den Schnaps.

„Uff", ächzte Münter. „Langsam wird mir warm. Vom Tanzen oder vom Saufen, keine Ahnung."

Er legte sein Jackett ab. Schweißflecke verdunkelten sein Hemd unter den Achseln und auf der Brust. Er wandte sich von Nora ab, um das Jackett über eine Stuhllehne zu hängen.

Nora stand vom Sofa auf. Sie konnte nicht länger mit Münter um die Wette trinken und durfte nicht hoffen, ihm das Handy unbemerkt aus der Tasche zu ziehen. Sie war allein mit ihm und befand sich in seinem toten Winkel. Sie musste handeln. Ohne ihn aus den Augen zu lassen, griff sie sich eine Schnapsflasche, in der noch ein Rest Flüssigkeit schwappte, und krampfte ihre Finger um den Flaschenhals. Ihr war schwindelig, und sie wankte. Münter, leicht vorgebeugt, bot ihr seinen Hinterkopf als leichtes Ziel. Wenn er von ihrem Schlag nicht k. o. ging, konnte sie ihn vielleicht wenigstens genügend schwächen, dass sie ihm mit weiteren den Rest geben konnte. Dann bräuchte sie sich das Handy bloß zu nehmen. Noras Puls hämmerte schneller und härter als der Beat.

Sie holte mit der Flasche aus.

40

„Papa, Tante Nora!“

Lukas und Sofie schoben den Rollwagen herein, der nun mit einer Suppenterrine, Schüsseln und Löffeln beladen war. Nora nahm hastig die Flasche runter.

„Wir bringen das Essen“, sagte Lukas.

Münter richtete sich auf.

„Bestens.“ Er klopfte sich den Bauch. „Ich habe richtig Kohldampf.“ Er deutete auf die Flasche in Noras Hand. „Meine Güte, du hast argen Brand, was? Na los, nehmen wir noch einen vor der Suppe.“ Er schenkte ihnen ein. „Nich lang schnacken, Kopp in ’n Nacken!“

Nora trank. Nicht mehr lange, und sie hätte den Punkt erreicht, wo sie keinen geraden Schritt mehr gehen und kein klares Wort mehr herausbringen könnte.

Münter lachte. Er verschwamm vor Nora. Sein aufgerissener Mund kam ihr gewaltig vor, seine Zähne riesige gelbliche Stumpen, seine Zunge ein fetter geschwollener Blutegel. In seinen geblähten Nasenlöchern, tief wie Höhlen, spreizten sich Haare. Wenn ihr nicht schon schlecht gewesen wäre, hätte ihr spätestens dieser Anblick Übelkeit verursacht.

Sofie und Lukas manövrierten den Rollwagen heran. Nora war nicht nach Essen zumute. Andererseits konnte es helfen, etwas im Magen zu haben, das die Wirkung von Sekt, Wein und Schnaps minderte. Münter drehte die Musik leiser. Die Scheinwerfer blieben an. Sofie schöpfte Suppe in die Schüsseln. Die vier verteilten sich auf der Sitzgarnitur um den Couchtisch. Sie tunkten dicke Scheiben Schwarzbrot in die Suppe. Das heiße Essen tat Nora gut, half ihr, das Gefühl für ihren Körper wiederzufinden. Langsam erholte sie sich von dem Schreck, fast bei ihrem Anschlag auf Münter erwischt worden zu sein.

Sofie aß still, ihre Augen auf die Suppe gerichtet. Lukas plapperte fröhlich. Nora kriegte nicht mit, worum es ging. Münter, über seine Schüssel gebeugt, schlürfte und schmatzte widerwärtig. Dabei glotzte er Sofie unentwegt an. Der bunte Schein flimmerte über die Geilheit und Gier in seinem Gesicht. Als er fertig war, stellte er seine Schüssel beiseite und stand auf. Braungelbe Suppenreste hingen in seinem Bart. Er wischte sich den Mund mit dem Handrücken.

„Lukas", sagte er, „bleib bei Tante Nora. Ihr könnt noch ein bisschen feiern. Sie bringt dich nachher ins Bett."

„Ja, Papa", sagte der Junge, der wohl auch diesen Teil des Hochzeitstags kannte.

„Komm." Münter trat auf Sofie zu. „Es ist Zeit, dass wir hochgehen."

Sofie, den Löffel in der Hand, regte sich nicht. Die Panik in ihren Augen flehte Nora an, Münter aufzuhalten, wie sie es ihr versprochen hatte.

„Los jetzt!" Münter packte sie am Arm, riss sie auf die Füße. „Die Ehe muss vollzogen werden."

„Nein!“, schrie sie. „Lass mich!“

Sie wand sich und strampelte, stieß gegen den Tisch. Suppe schwappte aus ihrer fast vollen Schüssel. Lukas schaute ängstlich zu den beiden auf.

„Stell dich nicht so an“, sagte Münter. „Das sind deine ehelichen Pflichten. Die hast du zu erfüllen.“ Er zerrte sie vom Sofa weg.

Wenn Nora ihn stoppen wollte, gab es keine Tricks mehr, keine List, keine Verstellung.

„Nimm deine Drecksfinger von ihr!“ Im Aufspringen griff sie sich ein Sektglas, zerschlug es am Rollwagen. Wie ein Dolch mit scharfen Zacken ragte der Stiel zwischen ihren Fingern hervor.

„Tante Nora!“, rief Lukas erschrocken. „Warum haust du die Gläser kaputt?“

Münter ließ Sofie los.

„Hatten wir das nicht schon, Nora?“, fragte er. „Willst du wirklich eine zweite Runde?“

Seinem Grinsen nach sorgte ein Kampf ihn nicht im Geringsten. Warum auch? Ihren ersten hatte er mühelos gewonnen. Sein Messer hatte Nora beim Tanzen nicht gespürt, was nicht hieß, dass er es nicht bei sich hatte. Außerdem strahlte er die Gewissheit aus, auch mit bloßen Händen mit ihr fertigzuwerden.

„Papa“, Lukas stellte sich zwischen sie, „was ist los? Seid ihr böse aufeinander?“

„Geh auf dein Zimmer, Lukas.“ Münter schubste Sofie in einen Sessel. „Tante Nora und ich müssen etwas klären. Unter Erwachsenen.“

Das Wohnzimmer rotierte um Nora im Flackerlicht. Sie fixierte Münter. Sobald er in Reichweite käme, würde sie zustechen.

„Nicht vor dem Jungen, Nora", sagte er. „Wir können alles regeln. Nur Lukas soll von diesen Dingen nichts mitkriegen."

„Mami, wieso soll ich gehen?" Lukas fing an zu weinen und streckte die Arme nach Sofie aus. „War ich böse, Mami?"

„Nein, Lukas", sagte sie. „Tante Nora und dein Papa haben was zu bereden. Spiel oben mit deiner Burg. Ich komme gleich nach."

„Aber ich …"

„Muss ich sauer werden?", herrschte Münter ihn an. „Tu, was deine Eltern sagen!"

Weinend schaute Lukas zwischen seinem Vater und Sofie hin und her. Schließlich wandte er sich um. Münter spannte sich. Sobald Lukas das Wohnzimmer verlassen hatte, wusste Nora, würde er auf sie losgehen. Wenn sie ihn nicht abwehren konnte, würde er kurzen Prozess mit ihr machen. Danach würde er Sofie vergewaltigen. Nora tat das Einzige, was ihr blieb. Als sich Lukas an ihr vorbeischieben wollte, packte sie ihn und setzte ihm den Glasstiel an den Hals.

Lukas schrie auf.

„Aua, Tante Nora! Was soll das?"

Er wollte sich losreißen. Sie hielt ihn fest. Ein Kind zu bedrohen, war das Letzte, was sie wollte. Aber gegen einen gewissenlosen Mörder durfte sie sich keine Skrupel erlauben.

„Nora, nein!“ Sofie sprang auf, wagte jedoch nicht, sich ihr zu nähern.

„Bist du verrückt geworden, Nora?“, fragte Münter. „Ich habe dich gebeten, ihn da rauszuhalten.“

„Ich bin nicht diejenige, die ihn hier reingezogen hat“, sagte sie. „Das ist deine Schuld.“

„Bleib ruhig“, sagte er. „Wir wollen nicht, dass unser kleiner Familienstreit eskaliert.“

Noras Hand zitterte so heftig wie ihre Stimme. Das Adrenalin, das ihren Körper flutete, minderte die Wirkung des Alkohols. Der Schwindel verging, ihre Sicht klärte sich, und sie schaffte es, deutlich zu sprechen.

„Hier muss gar nichts eskalieren. Das liegt allein an dir.“

„In Ordnung, Schwägerin. Reg dich nicht auf. Sag mir, was du willst.“

„Ich bin nicht deine Schwägerin, und Sofie nicht deine Frau. Nimm das Handy aus deiner Jacketttasche und gib es ihr.“

„Nora“, er breitete lächelnd die Hände aus, „du gehst zu weit. Das ist ein Kind.“

Nora hätte es nicht über sich gebracht, Lukas ernsthaft zu verletzen. Das durfte Münter nicht merken. Sie hielt die gezackte Spitze dichter an Lukas’ Hals.

„Sofort!“, rief sie.

Lukas’ Schulter bebte unter Noras Hand.

„Mami?“, fragte er. „Warum ist Tante Nora sauer auf mich? Hat sie mich nicht mehr lieb?“

„Doch, Lukas“, sagte Sofie. „Wir haben dich alle lieb. Ganz doll. Du brauchst keine Angst zu haben. Das ist nur ein Spiel.“

Tu ihm nicht weh, sagte ihr Blick. Dabei musste auch sie bei aller Sorge um Lukas einsehen, dass es keinen anderen Weg gab.

„Das ist ein blödes Spiel." Heftiges Schluchzen schüttelte seinen schmalen Körper. „Ich mag dieses Spiel nicht."

„Wenn dein Vater vernünftig ist", sagte Nora, „ist es gleich vorbei. Also, Hartmut, wird's bald?"

„Na schön", sagte Münter. „Du hast gewonnen."

Das Lächeln verschwand. In seinem Gesicht, über das die Scheinwerfer weiter ihr buntes Licht schweifen ließen, blieben nur Hass und Wut und das Versprechen, dass Nora für dieses Vergehen büßen würde. Er lehnte sich über den Stuhl, über dem das Jackett hing, griff in die Innentasche und nahm das Smartphone heraus.

„Entsperr es."

„Okay. Hier." Er hielt es Nora hin.

„Bleib, wo du bist. Gib es Sofie. Am langen Arm."

Er gehorchte, ohne Nora aus den Augen zu lassen, kalkulierte wohl, wie schnell er sie erreichen könnte. Auch Nora nahm den Blick nicht von ihm.

„Ruf die Polizei, Sofie. Sag ihnen, sie sollen uns hier rausholen und dieses Arschloch in eine Zelle stecken."

„Nora, keine Kraftausdrücke vor dem Jungen." Münters Brust hob und senkte sich bei jedem schnaufenden Atemstoß.

„Halt dein verdammtes Maul! Schnell, Sofie!"

Ihre Schwester umklammerte das Handy mit beiden Händen. Drei Töne erklangen, als sie 110 wählte.

„Stell auf Lautsprecher", sagte Nora.

Sie wartete auf das Rufzeichen, auf eine Stimme am anderen Ende der Leitung, die ihnen mitteilen würde, dass Hilfe unterwegs sei.

Das Rufzeichen blieb aus.

Sofie schaute sie verwirrt an. „Es passiert nichts."

„Versuch es noch mal", sagte Nora.

Im selben Moment bemerkte sie das Lächeln, das um Münters Mundwinkel zuckte, ein verächtliches Lächeln, das zeigte: Ihr Plan, das Handy an sich zu bringen, war von Anfang an zum Scheitern verurteilt gewesen.

„Wieder nichts." Sofie war kurz davor, die Nerven zu verlieren. „Es klappt nicht, Nora, es klingelt einfach nicht."

Sie tat einen Schritt auf Nora zu, hielt ihr das Handy hin, auf dessen Display Nora die drei Ziffern wie Hohn entgegensprangen.

Sofies Stimme überschlug sich. „Warum klingelt es nicht? Warum ...?"

„Geh zurück!", rief Nora.

Zu spät. In ihrer Erregung hatte Sofie nicht darauf geachtet, Abstand zu Münter zu halten. Außerdem versperrte sie Nora die Sicht. Blitzschnell sprang er vor. Das Handy fiel zu Boden, als er Sofie packte und ihr einen Arm um den Hals schlang.

„Nora, Nora", sagte er. „Denkst du wirklich, ich gebe dir ein funktionstüchtiges Handy? Ich hatte dich für klüger gehalten."

Wie eine Lawine überrollte Nora die Erkenntnis, welch schweren Fehler sie begangen hatte. Sie hatte Münter unterschätzt. Wie hatte sie glauben können, er würde ein derartiges Risiko eingehen?

„Lass sie sofort los. Dann rufen wir von deinem Büro aus an.“

Sofie wand sich in seinem Griff. Er hielt sie mühelos fest.

„Daraus wird nichts, Nora. Du hattest deine Chance. Du hast sie verpatzt.“

Nora neigte Lukas’ Kopf zur Seite und holte mit dem Glasstiel aus. „Ich tue es. Ich schwöre es dir.“

Münter schnaubte spöttisch. „Du würdest einem Kind kein Leid zufügen, Nora. Was ist mit mir, hm?“

Sofie fasste seinen Arm, als er ihn fester um ihren Hals zog. Sie war zu schwach, um ihn daran zu hindern.

„Glaubst du, ich könnte Sofie ein Leid zufügen?“

Sie kannten beide die Antwort auf diese Frage. Nora konnte jedoch nicht aufgeben. Wenn sie von Lukas abließ, hatte sie nichts mehr.

„Wenn ich ihr die Kehle zudrücke“, sagte er, „was denkst du, wie lange sie durchhält?“ Ein Röcheln drang aus Sofies Mund. „Bis dass der Tod uns scheidet, nicht wahr, Schatz?“, fragte er, sein Mund dicht an ihrem Ohr. „Soll es schon so weit sein? Das wäre schade.“

Sofie schnappte nach Luft. Ihre Augen weiteten sich in Todesangst.

„Papa?“, wimmerte Lukas. „Bitte tu Mami nichts.“

Er wollte zu ihr. Nora gab ihn nicht frei.

„Hör auf ihn“, sagte sie. „Er soll so etwas doch nicht sehen.“

„Nein“, sagte Münter. „Aber du zwingst mich dazu. Außerdem ist das hier vollkommen unblutig. Keine Angst, Luki. Mami macht nur gleich ein Schläfchen. Ich erkläre es dir in Ruhe, wenn alles vorbei ist.“

Sofie ruckte mit den Armen und Beinen. Ihre Augen verdrehten sich in den Höhlen.

Nora ertrug es nicht mehr.

„Schon gut!", rief sie. „Hör auf!"

Sie gab Lukas frei und warf den Glasstiel weg, der klirrend auf das Parkett fiel. Münter hielt Sofie noch einen Moment länger fest, weidete sich an Noras Verzweiflung. Endlich löste er seinen Würgegriff. Sofie sackte keuchend auf die Knie und hielt sich den Hals.

„Mami!" Lukas stürzte zu ihr.

Sofie schloss ihn in die Arme. Sie weinten eng umschlungen. Münter starrte Nora an. Im Gegensatz zu vorher hielt sie seinem Blick nicht mehr stand.

„Das reicht, ihr zwei", sagte er.

Er fasste Sofie unter den Armen und hob sie auf. Münter ging vor Lukas auf ein Knie, legte beide Hände an den Kopf des Jungen und untersuchte seinen Hals. Das Glas hatte ihn geritzt. Ein dünner Kratzer klaffte in seiner Haut, nicht tief genug, um Blut hervorzubringen. Die Vorderseite von Lukas' Hose schimmerte nass.

„Alles in Ordnung, Luki?", fragte Münter. „Geht es dir gut?"

Lukas schniefte. „Tante Nora hat mir Angst gemacht."

„Ich weiß. Das war nicht nett von Tante Nora. Ich werde mit ihr reden, damit sie so etwas nie wieder tut." Er wischte Lukas die Tränen von den Wangen. „Okay?"

Lukas hörte auf zu weinen. „Okay, Papa."

Nora und Sofie standen reglos dabei. Was sollten sie tun? Münter angreifen? Wegrennen? Beides würde auf die gleiche Art und Weise enden.

Münter strich Lukas übers Haar. „Ich möchte, dass du auf dein Zimmer gehst, deine Tür schließt und deinen Schlafanzug anziehst, ja?"

Lukas krallte sich an Münters Hemd fest. „Nein, Papa, ich will …"

Münter löste seine Hände und erhob sich. „Keine Diskussion, Lukas. Es ist spät. Sag Mami Gute Nacht. Ich komme nachher noch einmal zu dir."

„Na gut, Papa." Widerwillig wandte sich Lukas von ihm ab. „Gute Nacht, Mami."

Sie beugte sich zu ihm hinab und küsste ihm die Stirn. „Gute Nacht, Lukas."

„Gute Nacht", sagte Nora.

Statt einer Antwort warf Lukas ihr nur einen Blick voller Kummer und Enttäuschung zu, bevor er das Wohnzimmer verließ. Nora, Sofie und Münter warteten, bis seine Schritte auf der Treppe verklungen waren und sich oben seine Tür schloss.

„Hör mal, Hartmut", sagte Nora. „Bevor du etwas sagst, lass mich erklären, was …"

Mit zwei Schritten war Münter bei ihr. Ein Schwinger in den Magen trieb ihr die Luft aus den Lungen. Mit einem Ächzen krümmte sie sich zusammen und fiel, die Hände in ihren Bauch gepresst, hintenüber zu Boden. Sofie schrie auf, wagte jedoch nicht einzugreifen.

„Du bist zu weit gegangen, Nora. Du hast dich an meinem Sohn vergriffen. Da gibt es nichts mehr zu erklären, und dafür gibt es nur eine Strafe."

Bevor sich Nora aufrappeln konnte, packte er sie an den Haaren. Es schmerzte, als würde er sie skalpieren. Halb liegend strampelte sie mit den Beinen. Aber sie konnte sich nicht befreien, während er sie hinter sich her aus dem Wohnzimmer und durch den Flur in die Diele schleifte.

„Bitte nicht!", schrie Sofie, die hinter ihnen herrannte. „Das war ein Fehler. Nora weiß das. Sie wird so was nie wieder machen. Bitte tu ihr nichts."

Ohne auf sie zu achten, öffnete Münter die Haustür und schleppte Nora nach draußen.

41

Nora stieß hart gegen die Stufen. Das Pflaster scheuerte ihr die Haut auf. Es war dunkel geworden. In dem Lichtschein, den die Lampe über der Tür verbreitete, schleifte Münter sie in die Mitte des Hofs. Er zerrte sie auf die Knie. Ohne ihre Haare loszulassen, stieß er einen Pfiff aus, der durch die Finsternis jenseits des Lichts gellte.

Sofort kamen die Hunde.

Artur lief vorneweg, Karla dicht hinter ihm. Bodo mühte sich, den Anschluss nicht zu verlieren. Dicht vor ihrem Herrn und Nora hielten sie an. Karla duckte sich, senkte den Kopf. Bodo setzte sich erschöpft auf die Hinterläufe. Artur reckte seine Schnauze vor, witterte Noras Angst. Es war nicht die hektische Angst ihrer ersten Begegnungen mit den Hunden, nicht die Panik, die sie zur Flucht treiben wollte. Es war eine stillere, tiefere Angst, die mit dem unerschütterlichen Wissen einherging, dass sie gleich sterben würde und nichts mehr tun konnte, weder kämpfen noch fliehen noch betteln, um es zu verhindern.

„Ich war zu nachsichtig mit dir, Nora“, sagte Münter. „Wie heißt es? Wenn ’t denn Esel to good geiht, denn geiht he op ’t Ies un brekt in.“

Wenn es dem Esel zu gut geht, geht er aufs Eis und bricht ein. Ja, sie hatte sich auf brüchiges Eis gewagt, es hatte geknirscht und geknarzt, und gleich würde es sich unter ihr auftun.

„Hättest du mich bedroht oder verletzt“, fuhr Münter fort, „darüber könnte ich vielleicht hinwegsehen. Aber meinen Jungen anzugreifen. Mein einziges Kind!“

Er riss ihren Kopf an den Haaren zurück und entblößte ihre Kehle. Während sich Bodo kaum aufrecht halten konnte, knurrte Karla begierig. Doch wusste sie, dass Nora allein Artur gehörte. Die Flanken des Wolfshundes bebten. Ein Grollen drang aus seinem Maul. Ein Wort von Münter, und er hätte Nora die Luftröhre zerfetzt.

Die Abendluft kühlte den Schweiß, der ihr Gesicht bedeckte. Den Alkohol spürte sie nur noch schwach. Die letzten grausigen Momente würde sie bei klarem Bewusstsein erleben. Dabei würden nicht einmal die Bisse der Hunde so schmerzen wie der Gedanke, dass sie Sofie im Stich ließ, allein in den Händen dieses Monsters.

„Es tut mir leid“, presste sie hervor. „Es tut mir so unendlich leid.“

„Dafür ist es zu spät“, sagte Münter, der dachte, sie spräche mit ihm. „Was du getan hast, ist unverzeihlich. Artur.“

Der Wolfshund spannte sich, um vorzuschnellen. Seine Zähne klafften einen Spalt breit auseinander. In seinen grünen Augen glänzte das Verlangen, zu Ende zu bringen, wobei er bei seiner letzten Auseinandersetzung mit Nora unterbrochen worden war.

Münter blickte auf sie herunter, Bedauern im Gesicht.

„Schade, Nora. Wir hätten eine glückliche Familie sein können."

Das Wort schwebte ihm auf den Lippen.

„Warte!"

Nora konnte Sofie nicht sehen, hörte allein ihre Schritte und das Rascheln des Kleids, als sie über den Hof eilte, die verzweifeltste Braut der Welt.

„Geh rein, Sofie", sagte Münter. „Glaub mir, was gleich passiert, willst du nicht sehen."

„Hör auf ihn, Sofie", würgte Nora hervor. „Geh ins Haus."

Sofie Schritte stoppten nah hinter Nora.

„Hartmut. Schatz. Liebling."

„Spar dir die Spucke. Nora hat sich selbst in diese Lage gebracht."

„Aber wir sind eine Familie. So gehen wir nicht miteinander um. Wir vergeben einander."

„Es gibt Dinge, die kann man nicht vergeben", sagte Münter, „nicht mal in einer Familie. Sie hat Lukas attackiert. Weißt du, was so ein Trauma in einem Kind anrichtet?"

Du gottverdammter Irrer, dachte Nora. Was ist mit dem Trauma, dem du Lukas durch deinen verbrecherischen Wahnsinn jeden Tag aussetzt?

„Er hat einen Riesenschreck gekriegt", sagte Sofie. „Den steckt er weg. Kinder sind widerstandsfähig. Wart's ab, in ein paar Tagen denkt er gar nicht mehr dran. Verschon sie,

Hartmut, ich bitte dich als deine frisch angetraute Ehefrau, die du versprochen hast, zu lieben und zu ehren."

Münter hielt Noras Kopf immer noch bis in den Nacken gebogen.

„Gottverdammt, Sofie."

„Wir hatten einen wundervollen Hochzeitstag", sagte sie. „Soll er so schrecklich enden?"

Das weiße Schimmern des Brautkleids erschien in Noras Sichtfeld.

„Lass sie leben, Hartmut. Für mich. Als Hochzeitsgeschenk."

„Sie hat sich schon mehrfach danebenbenommen."

Er schüttelte Noras Kopf so heftig, dass ihr Genick knackte. Artur knurrte fordernd. Wie lange würde es noch dauern, bis sein Tötungstrieb die Oberhand gewann und er Münter die Entscheidung über Noras Leben und Tod abnahm?

„Soll ich ihr das einfach durchgehen lassen?"

Münters innerer Widerstreit konnte ihn in die eine wie die andere Richtung ziehen. Ein einziges Wort konnte den Ausschlag geben.

„Wenn du Nora verzeihst, tue ich alles, was du willst", sagte Sofie. „In unserer Hochzeitsnacht."

„Sofie, nein!", flehte Nora.

Münter brachte sie mit einem Ruck zum Schweigen. „Alles, was ich will?"

„Ja. Und du kannst alles mit mir machen, was du willst. Du brauchst mich zu nichts zu zwingen. Ich werde eine fügsame Ehefrau sein."

„Meinst du das ehrlich, Sofie? Oder willst du mir bloß een Zuckerpeerd verspreken? Sag ihr, was das heißt, Nora."

„Jemandem große Versprechungen machen", stieß sie hervor.

„Ganz genau. Wenn du mich veräppelst, Sofie, gehen wir direkt zur Scheidung über."

„Ich verspreche es hoch und heilig. Nur bitte, lass Nora am Leben."

Münter grunzte. So gern er Nora bestraft hätte, offenbar lockte es ihn, den Entführer, den Vergewaltiger und Mörder, einmal ein Opfer zu haben, das sich nicht wehrte oder seine Misshandlungen teilnahmslos erduldete, sondern sich ihm hingab, selbst wenn es nicht freiwillig geschah.

Einen Augenblick zögerte er. Dann zog er Nora auf die Beine. Artur bellte, wütend, ein weiteres Mal um das gebracht zu werden, was er als sein Recht betrachtete. Er drängte heran. Münter schubste ihn zurück und stieß Nora Richtung Haus. Vom Knien spürte Nora ihre Beine kaum noch. Sie stolperte und wäre gefallen, wenn Sofie sie nicht gestützt hätte.

„Tu das nicht, Sofie", sagte sie.

„Ich muss", sagte Sofie. „Sonst tötet er dich."

Arturs frustriertes Bellen begleitete sie nach drinnen. Münter schloss die Tür. In der Diele lehnte er sich Nora zu.

„Du solltest Sofie dankbar sein", flüsterte er ihr ins Ohr. „Ich werde Dinge mit deiner kleinen Schwester anstellen, die kein Mensch mit einem anderen anstellen sollte, und es ist alles deine Schuld."

„Nein, bitte ..."

„Schluss jetzt. Du hast uns lange genug aufgehalten. Wir wollen unsere Hochzeitsnacht genießen."

Mit diesen Worten hob er Sofie auf wie ein echter Bräutigam, der seine Braut über die Schwelle trug. Nora wollte schreien, auf ihn einschlagen. Es hätte nichts geändert. Sie konnte nur hilflos zusehen, wie Münter mit Sofie auf den Armen die Treppe hinaufstieg.

42

„Sofie?“

Zögerlich betrat Nora die Küche. Sofie war allein. Sie stand an der Anrichte, den Rücken zur Tür. Falls sie Nora hörte, zeigte sie es nicht.

„Sofie …“

Sofie regte sich nicht. Weder schwebte Kaffeeduft durch die Küche, noch war Sofie dabei, Brot zu schneiden oder die Wurst- und Käseteller vorzubereiten, wie sie es die letzten Tage jeden Morgen getan hatte. Es war, als wäre sie wie ferngesteuert hier heruntergekommen und hätte vergessen, was sie tun sollte.

„Hey.“

Nora versuchte, ihr von der Seite ins Gesicht zu sehen. Sofie, wie eine Schlafwandlerin mit offenen Augen, wandte den Kopf. Ihr Blick war leer, als hätte die vergangene Nacht sie vollständig ausgehöhlt.

Zunächst war es still geblieben, nachdem Münter sie ins Schlafzimmer gebracht hatte. Dann setzte, zu Noras Verwunderung, Musik aus Lukas’ Zimmer ein, fröhliche Kinderlieder, viel zu laut aufgedreht. Kurz darauf begriff

Nora, warum. Im Schlafzimmer schrie Sofie. Schreie voller Angst, Panik und Schmerz. Dass sie versprochen hatte, sich nicht zu wehren, hieß nicht, dass sie Münters Gewalt stumm ertragen konnte. Nora hielt es kaum aus. Zuerst schrie sie selbst noch, rüttelte an der Klinke, hämmerte gegen die Tür, flehte Münter an, verfluchte und bedrohte ihn. Die Tür blieb verschlossen, der Lärm dauerte an. Weinend war Nora auf die Knie gesunken.

Sofies Blick zeigte Nora, dass die Nacht sie zerbrochen hatte. Alles in ihren Augen war ausgelöscht. Nicht nur alle Freude, alle Hoffnung. Jedes Gefühl. Ihr gesamtes Empfinden war in Schutt und Asche gelegt, eine tote Landschaft, in die Nora durch ihre Pupillen schaute.

Vorsichtig streckte Nora die Hand aus, legte sie sanft auf Sofies Schulter. „Hör mal …"

Die Berührung riss Sofie aus ihrer Lähmung. Mit einem Aufschrei fuhr sie zurück.

„Nein, nein!" In ihr Gesicht, vorher ausdruckslos, trat Schrecken. „Nicht noch mehr!"

Obwohl Sofie nach ihr schlug, gelang es Nora, sie in einer Umarmung festzuhalten.

„Ruhig, Sofie. Ich bin es. Nora."

Sofies Gegenwehr schwand.

„Ich bin bei dir", flüsterte Nora. „Ich hab dich."

Sofie erschlaffte in ihren Armen.

„Er hat …", stieß sie hervor. „Er hat …"

Schluchzen würgte ihre Worte ab.

„Es tut mir leid", flüsterte Nora. Sie streichelte Sofie das Haar. „Es tut mir so leid."

Sie hätte ihr gern noch mehr gesagt, dass es vorbei war, Münter es nie wieder tun würde. Aber solange sie hier waren, konnte er es jederzeit tun. Sie hatte keinen Trost für Sofie und schon gar nichts, womit sie gutmachen konnte, was sie erlitten hatte.

Rumpeln ertönte im Schlafzimmer über ihnen. Sofie schien in Noras Armen zu schrumpfen. Auch Nora erschrak. Wenn Münter herunterkam und das Frühstück nicht auf dem Tisch stand, würde er ausrasten. Gestern war sie gerade noch mit dem Leben davongekommen. Sofie hatte einen hohen Preis dafür bezahlt. Sie durften ihn nicht reizen. Nora beeilte sich, das Frühstück zuzubereiten. Sie stellte gerade Teller auf den Tisch, als Münters Schritte auf der Treppe polterten. Kurz darauf trottete er durch die Küchentür.

Verkatert von den Exzessen der Nacht, zeigte er nichts von der Hochstimmung eines frisch vermählten Ehemanns. Unter seinen geröteten Augen hingen tiefe Ringe. Seine Backen, schlaff und bleich, waren von Stoppeln bedeckt, sein Haar zerzaust.

„Was soll das, Sofie?", maulte er. „Warum ist das Frühstück nicht fertig? Verhält sich so eine gute Ehefrau?"

Sofie drückte sich gegen die Anrichte. Ihr Kinn zuckte. Nora stellte sich zwischen sie und Münter.

„Es ist gleich alles so weit. Setz dich, Hartmut. Kaffee ist schon gekocht."

Er überlegte wohl, ob er seine miese Laune an Nora auslassen sollte. Verziehen, sie sah es, hatte er ihr den Angriff auf Lukas nicht. Aber offenbar war er noch zu müde, um sich aufzuregen. Er sackte auf einen Stuhl.

„Nicht dass das einreißt, Sofie. Wenn du glaubst, du könntest schludern, weil wir jetzt verheiratet sind, hast du dich geschnitten. Ich habe in ein paar Tagen einen Auftritt, den ich vorbereiten muss. Da kann ich mich nicht mit solchen Ärgernissen herumschlagen."

„Keine Sorge", sagte Nora, da Sofie kein Wort herausbrachte. „Wir kümmern uns beide darum, dass alles wie am Schnürchen läuft."

Sie schenkte Münter Kaffee ein.

„Das will ich hoffen. Sich op 'n Buuk leggen, das geht nicht. Faulenzen, verstehst du? Ich will keine Frau, die ihre Pflichten vernachlässigt."

Unausgesprochen hing im Raum, was mit Frauen geschah, die seinen Ansprüchen an Haushaltsführung nicht genügten. Mehr als ein paar Tage, vermutete Nora, würde seine Nachsicht nicht halten. Dann würde er tun, was er bei seinen vorherigen Opfern als Scheidung betrachtet hatte.

Lukas rannte in die Küche.

„Guten Morgen, Mami."

Er lief geradewegs auf Sofie zu. Nora würdigte er keines Blickes. Kein Wunder nach dem Schrecken, den sie ihm gestern eingejagt hatte.

Sofie ging in die Knie.

„Geht es dir gut, Mami?"

Er war noch zu jung, um zu verstehen, was sein Vater letzte Nacht mit seiner „Mami" gemacht hatte. Zumindest hoffte Nora es. Doch musste er wissen, dass es etwas Schreckliches war. Das zeigte allein die Musik, die er gespielt hatte.

Nora rührte die kindliche Fürsorge, mit der er sich um Sofie kümmern wollte, als wäre sie krank.

Sofie schloss ihn in ihre Arme.

„Hallo, Lukas. Ja, es geht mir gut, danke."

Ihre Stimme, kurz vor dem Brechen, verriet auch Lukas die Lüge. Gleichzeitig schaffte er es, Sofie ein wenig aus der furchtsamen Zurückgezogenheit zu holen, in die sie sich verkrochen hatte. In der Zuneigung, die sie füreinander empfanden, lag Trost.

„Sei nicht traurig, Mami. Ich hab dich lieb. Ganz doll."

„Ich dich auch, Lukas."

Er löste sich von ihr, hielt jedoch ihre Hände fest.

„Häschen in der Grube, sitzt und schläft", sang er, *„sitzt und schläft. Armes Häschen, bist du krank, dass du nicht mehr hüpfen kannst?"*

Sofie sang mit. *„Häschen, hüpf, Häschen, hüpf."*

Mehr schaffte sie nicht, bis ihre Stimme brach. Lukas wischte ihr mit den Fingern die Tränen vom Gesicht und küsste sie auf die Wange.

„Sei nicht traurig, Mami. Es wird alles gut."

Sofie versuchte zu lächeln.

„Danke, Lukas."

In den folgenden Stunden unternahm Nora alles, damit sich Münters schlechte Laune nicht in einem Sturm entlud. Sie räumte die Küche auf und beseitigte im Wohnzimmer die Reste der Party. Nachdem sie unten fertig war, ging sie nach oben. Das Schlafzimmer zu betreten, hatte sie so lange wie möglich aufgeschoben. Die Gewalt und die Qual hingen noch in der kühlen Luft wie ein Nachhall von

Sofies Schreien. Die Bettdecken waren zerwühlt, das Laken halb von der Matratze gerissen. Es war mit Blutflecken und -spritzern besprenkelt. So schnell wie möglich zog Nora es ab und wechselte die Bettwäsche.

Noras eigene Verletzungen machten ihr mehr und mehr zu schaffen. Nachdem das Schlafzimmer fertig war, ging sie ins Bad und krempelte den Rock hoch. Der ganze Verband um ihre Wade war gelblich rot verfärbt. Er klebte fest. Vorsichtig pulte Nora ihn ab. Rotbraune Fetzen blieben daran hängen. Verwesungsgestank stieg darunter auf. Nora würgte. Die Wunde war matschig von Blut und Eiter, die Ränder ausgefranst. Der Bereich drum herum, stark geschwollen, schmerzte beim leichtesten Druck. Die Armverletzung hatte sich ebenfalls entzündet.

Nora graute es bei dem Gedanken daran, was passierte, wenn die Infektion unbehandelt blieb. Sie würde sich durch ihren Arm und ihr Bein fressen. Wie lange würde es dauern, bis sie eine Sepsis entwickelte? Höchstens ein paar Tage, schätzte sie. Sie brauchte Antibiotika. Aber sie konnte die Wunden nur notdürftig reinigen, sie mit Lotion eincremen, die den Gestank ein wenig übertünchte, und einen frischen Verband anlegen, den letzten in Münters Vorrat.

Wie Nora feststellte, als sie wieder nach unten ging, war sie nicht die Einzige, deren Zustand sich verschlechtert hatte. Durch das Küchenfenster sah sie Münter beim Zwinger. Artur und Karla hielten sich dicht bei ihm, während er sich über Bodo beugte. Der Mastiff lag auf dem Boden und schaffte es nicht einmal, den Kopf zu heben. Er wedelte schwach mit dem Schwanz, als Münter ihm den Rücken streichelte. Artur bellte ihn an, als wollte er ihn anspornen, sich zusammenzureißen. Karla stupste ihn mit ihrer Schnauze. Bodo versuchte aufzustehen, fand jedoch nicht die Kraft. Münter schob ihm seinen Napf hin, wollte ihn zum Fressen bewegen. Vergeblich. Münter erhob sich, stapfte zum Haus und riss die Tür auf.

„Lukas!", rief er durch die Diele. „Komm her! Wir müssen mit Bodo zum Tierarzt!"

Lukas stürmte die Treppe herunter. Sofie half ihm, Schuhe und Jacke anzuziehen. Vom Küchenfenster aus beobachteten sie, wie Münter Bodo in eine Decke wickelte. Der Mastiff musste gut achtzig Kilo wiegen. Münter hob ihn auf wie ein Plüschtier. Artur und Karla folgten ihnen zum Wagen. Lukas öffnete die Hintertür. Münter bettete den kranken Hund auf den Rücksitz. Vater und Sohn stiegen ein und fuhren davon. Weder Nora noch Sofie sagten etwas. Ihnen war klar, was passieren würde, wenn Münter beim Tierarzt von Bodos Vergiftung erfuhr. Genauso war ihnen klar, dass sie gerade nichts unternehmen konnten, als zu warten und zu hoffen.

Jetzt wo Lukas weg war, rutschte Sofie unaufhaltsam zurück in die düsteren Tiefen, in denen Nora sie nicht erreichen konnte. Nora brachte sie in ihr Zimmer, wo sich Sofie auf dem Bett zusammenkauerte. Beruhigungsmittel fand Nora nicht. Sie konnte nur bei ihr sitzen, ihr Haar streicheln und sanft mit ihr sprechen, auch wenn Sofie nicht darauf reagierte.

Als am Abend das Motorengeräusch des Passat ertönte, eilte Nora sofort zum Fenster. Münter und Lukas stiegen aus.

Sie versuchte, an ihren Gesichtern und ihrer Haltung abzulesen, was passiert war. Lukas öffnete die Hintertür. Münter hob Bodo aus dem Wagen. Nora atmete auf. Zumindest hatte der Tierarzt ihn nicht einschläfern müssen. Artur und Karla folgten Münter und Lukas. Vor den Stufen blieben sie stehen, neidisch, meinte Nora, dass Bodo ins Haus durfte.

Nora ging in die Diele.

„Was hat der Tierarzt gesagt?“, fragte sie.

Lukas schloss die Tür. Bodo hing schlaff in Münters Armen. Seine Ohren zuckten, als er ihre Stimme hörte.

Münters Miene war dunkel und verschlossen. „Nichts Hilfreiches.“

„Wirklich? Er hat nicht herausgefunden, was mit Bodo los ist?“

„Er meinte, es liegt bestimmt an Bodos empfindlichem Magen. Er hat uns Medikamente mitgegeben. Wenn die nicht anschlagen, sollen wir noch mal kommen.“

Nora bemühte sich, ihre Erleichterung zu verbergen.

„Wir kriegen ihn schon wieder auf die Beine.“

Münter trug Bodo ins Wohnzimmer. Lukas schleppte einen Hundekorb herbei, den er neben der Schrankwand abstellte und mit Decken auskleidete. Münter legte den Mastiff hinein. Bodo winselte leise. Den kleinen Gummihund, den Lukas ihm brachte, beachtete er nicht.

„Natürlich kriegen wir ihn wieder auf die Beine.“ Münter tätschelte ihm den Kopf. „Du bist hart im Nehmen, was, mein Racker?“ Er richtete sich auf. „Wir haben mächtig Kohldampf. Was gibt es zum Abendessen?“ Münter steckte den Kopf aus der Tür. „Sofie? Sofie!“

„Es geht ihr nicht gut", sagte Nora. „Sie muss sich ausruhen."

„Sie hat sich heut schon stundenlang ausgeruht. Wenn sie …"

„Das ist kein Problem", sagte Nora. „Ich koche euch was. Worauf habt ihr Lust?" Wenn sie selbst in die Rolle der Hausfrau schlüpfte, wurde Sofie für Münter noch leichter entbehrlich. Doch sie sah keinen anderen Weg.

„Würstchen im Schlafrock!", rief Lukas. Da er Nora nach wie vor mit Missachtung strafte, schaute er seinen Vater an. „Mit Fritten und Ketchup."

„Alles klar", sagte Nora. „Würstchen im Schlafrock sind in Arbeit."

Bei der Aussicht vergaß Lukas den kranken Hund.

„Juhu!", jubelte er und klatschte in die Hände.

„Sofie ist wirklich nicht auf der Höhe, Hartmut", sagte Nora. „Lass sie heute bei mir schlafen. Dann ist sie morgen bestimmt wieder ganz die Alte."

Münter schob die Unterlippe vor. „Von mir aus. Aber lange dulde ich das nicht. Sie trägt schließlich Verantwortung. Los, Luki, wir machen uns fürs Essen fertig."

Sie verließen das Wohnzimmer. Kurz darauf hörte Nora sie oben rumoren. Sie hoffte, dass sich Münter von Sofie fernhielt.

Bodo hatte seinen wuchtigen Kopf über den Korbrand gehängt und schaute sie mit müden Augen an. Er bellte oder knurrte nicht, als sich Nora neben ihn hockte. Seine Nase zuckte, als sie ihre Hand davorhielt, sein Schwanz schlug leicht aus.

„Tut mir leid, alter Junge“, murmelte Nora. „Ich musste es versuchen. Aber mir wäre es lieber gewesen, es hätte Artur erwischt und nicht dich.“

Bodo leckte ihre Finger wie zur Versöhnung. Nora streichelte ihm den Kopf.

„Werd wieder gesund, hörst du? Wenn wir jetzt Freunde sind, kannst du uns vielleicht helfen, von deinem Herrchen wegzukommen.“

Bodo winselte. Auf der Treppe polterten Münters Schritte.

„Halte durch“, flüsterte Nora und meinte damit den Hund genauso wie sich selbst.

43

Die Stille war anders. Seit Nora zum ersten Mal einen Fuß in dieses Haus gesetzt hatte, war sie ihr unheimlich gewesen. Die Bedrohung, die in ihr hing, war noch da. Aber etwas anderes war hinzugetreten. Etwas, das diese Stille verdichtete, noch bedrückender machte.

Es ist einfach zu still, dachte Nora, als sie die Treppe hinabstieg.

Auf das Klackern des Schlüssels hin war sie sofort aufgestanden und hatte sich angezogen. Das Frühstück musste fertig sein, bevor Münter nach unten kam.

Nachdem sie Kaffee gekocht und den Tisch gedeckt hatte, ging sie ins Wohnzimmer, um nach Bodo zu sehen. Schon auf der Türschwelle erkannte sie, was sich an der Stille geändert hatte. Bodo lag reglos in seinem Körbchen. Seine Augen standen offen, seine Zunge hing aus seinem Maul. Nora beugte sich über ihn. Seine Nase war kalt und trocken. Kein Atem drang heraus. Bodo hatte nicht durchgehalten. Die Stille im Haus war die Stille, die ein Tod hinterließ.

„Tut mir leid, Kumpel", sagte Nora und strich ihm über das kühle Fell.

Im nächsten Moment wallte Panik in ihr auf. Münter war sowieso eine tickende Zeitbombe. Bodos Tod konnte der rote Knopf sein, durch den er explodierte.

„Scheiße", murmelte Nora. „Gottverdammte Scheiße."

Sie legte die Decke über Bodo zusammen. Mehr fiel ihr nicht ein. Sie konnte die Hundeleiche nicht verschwinden lassen, konnte nicht verhindern, dass Münter von Bodos Tod erfuhr.

Sie hörte Münter auf der Treppe.

„Bodo, alter Junge!", rief er. „Bist du wieder auf den Beinen?"

Nora fing ihn in der Diele ab.

„Hartmut."

„Was ist?"

Normalerweise hätte sich Nora keine Mühe gegeben, dem Drecksack Bodos Tod schonend beizubringen. Im Gegenteil hätte sie ihm den schlimmsten denkbaren Schmerz von Herzen gegönnt. Doch wenn er litt, würde er auch Sofie und sie leiden lassen.

„Ich weiß nicht, wie ich es dir sagen soll. Bodo …"

„Was ist mit ihm?"

Er schob Nora beiseite und stapfte ins Wohnzimmer. Beim Anblick des Bündels im Korb stutzte er. Er hockte sich davor und schlug die Decke zurück.

„Mein Racker." Er legte Bodo die Hand auf die Flanke. „Mein armer kleiner Racker."

„Es tut mir leid", sagte Nora. „Er war ein braver Hund."

Münters Kopf ruckte herum. „Das ist alles eure Schuld. Deine und Sofies."

Er erhob sich. Zorn glühte in seinem Blick.

„Nein, Hartmut", sagte Nora. „Wir haben nichts damit zu tun."

„Ach nein?" Er packte sie an der Bluse und schüttelte sie. „Schwörst du mir das?"

„Ja." Nora wagte nicht sich zu wehren. „Ich weiß nicht, warum er krank war. Du meintest, nicht einmal der Tierarzt hatte eine Ahnung."

„Nein, hatte er nicht, der Stümper." Er riss Nora an sich heran, sodass nur wenige Zentimeter ihre Gesichter voneinander trennten. „Wir hatten alle keine Ahnung, nicht wahr?"

Noras Herz hämmerte gegen ihren Brustkorb. „Nein, nicht die geringste."

Münter forschte in ihren Augen. Unter seiner Wut, sah sie, formte sich ein Gedanke. Sie wünschte, sie wäre imstande, ihn zu lesen. Endlich löste er seinen Griff.

„Ich will nicht, dass Lukas ihn so sieht." Er deutete auf den toten Hund. „Es würde ihn zu sehr mitnehmen."

Münter schob die Hände unter den Mastiff und hob ihn aus dem Körbchen. Er hielt ihn an sich gedrückt wie ein Baby.

„Wir müssen ihn begraben."

44

Münter trug den toten Hund nicht in die Diele und zur Haustür. Stattdessen traten sie durch die Brautpforte nach draußen.

„Das ist Brauch", erklärte Münter. „Auf diese Weise nehmen Tote Abschied von ihrem Heim. Bodo verdient es, dass wir ihm diese Ehre erweisen."

Sie befanden sich an der Seite des Hauses. Vom Hof her liefen Artur und Karla herbei. Karla jaulte. Artur hatte den Kopf gesenkt und scherte sich heute nicht einmal um Nora. Das hohe Gras und die Wildblumen streiften den Tau der Nacht an Noras Rock, Münters Hose und dem Fell der Hunde ab, während ihr kleiner Trauerzug in den Garten wanderte.

Auf einer freien Fläche zwischen den knorrigen Bäumen legte Münter Bodos Leichnam ab. Artur stieß ihn mit der Schnauze an. Karla schabte mit den Pfoten an der Decke.

„Das wird so nichts", sagte Münter. „Die beiden sind zu aufgewühlt. Ich muss sie einsperren. Du wartest hier."

Er griff sie an ihren Halsbändern. Sie stemmten sich gegen ihn.

„Ich weiß, ihr seid traurig“, sagte Münter. „Aber ihr könnt nicht bleiben.“

Widerwillig ließen sie sich von ihm wegführen. Nora, den toten Hund vor sich, fröstelte in der kalten Morgenluft. Es war das erste Mal, dass sie hier draußen war, ohne sich vor den Hunden fürchten zu müssen, noch dazu allein. Auch wenn Münter nicht weit entfernt war, gerade beachtete er sie nicht.

Sie schaute sich um, ohne zu wissen, wonach sie suchte. Im Garten mit seinen Sträuchern und Bäumen gab es einige Verstecke. Doch Artur und Karla würden sie finden, lange bevor sie den Zaun zum weit entfernten Nachbargrundstück erreichen könnte. Die Seite des Hauses bot ebenfalls nichts außer dem braunroten Fachwerk, dem bemoosten Reetdach, den Fenstern mit den hölzernen Läden, den Büschen, die um die Brautpforte wucherten.

In die grün-blaue Tür waren Weinranken geschnitzt, die sich um Blumen schlangen, Bögen, verschnörkelte Muster und Tiere. Bei ihren Ausflügen hatte Nora dieses Kunsthandwerk faszinierend gefunden und zahlreiche Fotos gemacht. Inzwischen hätte sie alles dafür gegeben, das Alte Land und seine Sehenswürdigkeiten weit hinter sich zu lassen.

Nora stutzte. Zwischen den Büschen neben der Pforte schimmerte etwas Weißes. Münter hatte den Zwinger geschlossen. Nora senkte den Kopf, damit er nicht erkannte, wohin sie geschaut hatte. Er marschierte zum Schuppen, öffnete die Tür und verschwand im Inneren.

Jetzt oder nie! So schnell ihr verletztes Bein es erlaubte, hastete sie zum Haus und bog die Büsche auseinander.

Am Mauerwerk dahinter war ein Kasten angebracht. Er war angegraut und schmutzig und hing wahrscheinlich schon seit Jahrzehnten hier. Ein dickes Kabel lief von der Erde hinein, dünnere verschwanden daraus in der Hauswand. Es musste sich um einen Kasten für die Telefon- und Internetverbindung handeln. Als sie und Steffen in ihre gemeinsame Wohnung gezogen waren, hatte sie zugesehen, wie er im Keller an einem ähnlichen die Einrichtung vorgenommen hatte. Bei älteren Gebäuden, wusste sie, waren sie manchmal außen montiert.

Der Kasten war mit einem Vorhängeschloss versehen. Das würde sie nicht aufbekommen. Aber wenn es ihr gelang, die rostigen Schrauben zu lösen, mit denen die Abdeckung befestigt war …

Die Schuppentür knarrte. Nora ließ die Ranken zurückschnellen und kehrte zu Bodos Leichnam zurück. Einen Moment später trat Münter heraus, über der Schulter einen Spaten und eine Spitzhacke.

Er reichte Nora den Spaten. „Ich lockere den Boden auf, du schaufelst, verstanden?"

„Alles klar."

Er holte mit der Spitzhacke aus. In diesem Moment war Nora überzeugt, er werde sie ihr auf den Kopf schmettern. Stattdessen sauste die Hacke in den Boden, der aufgeweicht war vom Regen der vergangenen Tage. In der breiten Furche, die Münter zwischen die Gräser und Blumen riss, schimmerte tiefdunkles, verklumptes Erdreich. Käfer, Regenwürmer und andere Bewohner des Untergrunds krochen aufgestört daraus hervor. Münter vollführte noch zwei Schläge und zerteilte mit der Hacke das Geflecht aus dünnen Wurzeln, das die Pflanzen gewebt hatten. Er machte einen Schritt zur Seite und hackte weiter. Nora setzte den Spaten auf die aufgelockerte Stelle und stieß ihn hinein. Die Erde, die sie in Brocken und Krumen aufhob, häufte sie neben sich.

„Bodo war ein hervorragender Hund", sagte Münter. „Immer freundlich, immer gehorsam. Artur, Karla und er haben mich vor Einsamkeit bewahrt, nachdem Astrid abgehauen ist. Sie hat einfach ihre Koffer gepackt und ist in einer Nacht-und-Nebel-Aktion auf und davon."

In Astrids Zimmer hatte er Nora noch erzählt, seine Frau sei an Krebs gestorben. Nora sparte sich die Mühe, ihn darauf hinzuweisen. Einen Mörder scherte die Wahrheit nicht.

„Sie hat keine Nachricht hinterlassen", sagte Münter, während er hackte. „Keinen Hinweis, wo sie hin ist. Gar nichts. Ich habe die Polizei gerufen. Ich wusste ja nicht, ob ihr etwas zugestoßen ist. Die haben Ermittlungen angestellt. Jemand hatte sie in Hamburg am Bahnhof gesehen. Wo sie hin ist, konnten sie nicht herausfinden. Als später ihre Briefe eintrafen, in denen sie schrieb, dass sie uns nicht mehr wollte, Lukas und mich, da haben sie gesagt, sie könnten nichts unternehmen. Astrid sei eine erwachsene Frau und könne tun, was sie wolle. Sie hat irgendwo ihr Leben genossen, und ich saß hier allein mit dem kleinen Kind. Wie herzlos muss man sein, um seinen Ehemann und seinen Sohn sitzen zu lassen?"

Münters Gesicht glänzte rötlich. Er grunzte vor Anstrengung. In der Wucht, mit der er die Spitzhacke schwang, legte er seine gesamte Wut und seinen Kummer über Astrids Fortgang und Bodos Tod.

„Ohne meine Hunde wäre ich verrückt geworden."

Jedes Mal, wenn er sich nach dem Einschlag der Hacke vorbeugte, bot sich Nora sein Hinterkopf dar. Dass sie ihn attackieren könnte, bereitete ihm offenbar keine Sorgen. Wahrscheinlich glaubte er nicht, dass sie einen weiteren Versuch wagen würde. Das stimmte. Nora bezweifelte, dass sie den schweren Spaten schnell genug hochwuchten könnte, um Münter zu überraschen. Sie hatte genug Mühe, zu schaufeln und den Schmerz zu ertragen, den es ihr verursachte. Ihr Körper war geschwächt von den Entzündungen. Die frische Luft verwehte den Geruch, der durch die Verbände drang. Doch der Schweiß, der in ihre Wunden rann, brannte wie Säure, und die Hitze, die sie spürte, rührte nicht nur von der Anstrengung her. Bestimmt hatte sie Fieber. Ihr körperlicher und Sofies seelischer Zustand gewährten ihnen bloß noch eine kurze Frist. Ein Verzweiflungsakt hätte jedoch dazu geführt, dass sie mit einem Loch im Schädel in der Grube landete, die sie gerade aushob.

„Wir müssen es verbreitern", sagte Münter, „und ein gutes Stück tiefer muss es auch sein."

Nora rammte den Spaten ins Erdreich. Sie fragte sich, ob er auch seine bisherigen Opfer aus der Brautpforte getragen hatte und ihre Leichen in diesem Garten unter ihren Füßen lagen. Wenn ihr nicht etwas einfiel, würden auch Sofie und sie hier enden.

Der Kasten an der Hauswand war ihre einzige Hoffnung. Sie verbot sich, zu oft hinzusehen. Wenn sie es schaffte, ihn zu öffnen, konnte sie vielleicht etwas darin beschädigen, die Internetleitung kappen. Es war möglich, dass Münter das selbst reparierte. Aber wenn er gezwungen war, jemanden einzubestellen, konnten sie versuchen, dieser Person ein Zeichen zu geben. Vorher stellte sich erst einmal die Frage, wie sie ungehindert an den Kasten gelangen sollte.

Als er zufrieden war, legte Münter die Spitzhacke ins Gras. Er wuchtete Bodo hoch, stieg in die Grube und bettete ihn auf die feuchte Erde. Er streichelte ihm noch einmal den Hals, bevor er die Decke über ihm zusammenlegte. Dann kletterte er hinaus. Den Kopf gesenkt, die Hände gefaltet, stellte er sich an den Rand.

„Man sagt, Hunde sind die besseren Menschen. Wenn du mich fragst, ist da was dran. Etwas so Grausames und Herzloses, wie seine Familie zu verlassen, würde ein Hund niemals tun. Du hast auf uns aufgepasst, Bodo, uns beschützt. Dafür danke ich dir von ganzem Herzen.“ Münter klaubte eine Handvoll Erde von dem Haufen und streute sie auf Bodo. „Ruhe in Frieden, du Racker.“

Eine Weile stand er da, in Gedanken und Trauer versunken.

„Sei so nett und schaufle das Grab zu“, sagte er schließlich. „Ich muss Lukas beibringen, was passiert ist.“

„Natürlich, Hartmut“, sagte Nora. „Ich kümmere mich darum.“

„Bring den Spaten hinterher in den Schuppen, und zieh die Tür zu. Ich sperre ihn nachher ab.“

„Mache ich.“

Nora schippte lose Erde in das Grab. Nachdem Münter die Hacke weggebracht hatte und im Haus verschwunden war, schaufelte sie noch ein paar Minuten weiter, falls er sie aus einem der Fenster beobachtete. Sie lugte über die Schulter zum Haus, konnte ihn nirgendwo entdecken, was nicht hieß, dass er sie nicht im Auge behielt. Aber sie musste es riskieren. Bodo war teilweise bedeckt, nur seine Vorderpfoten und sein Kopf ragten noch aus der Erde, als Nora zurück zum Verteilerkasten eilte.

Sie bog das Gestrüpp auseinander. Mit bloßen Händen konnte sie die Schrauben nicht lösen. Auf den Kasten einzuschlagen wäre zu laut. Stattdessen schob sie das Spatenblatt unter die Abdeckung und hebelte. Die Schrauben blieben stecken. Dafür brach mit einem Krachen die Abdeckung auf. Eine Hälfte blieb am Schloss hängen. Die andere konnte Nora aufbiegen.

Unter den Kabeln und Drähten im Inneren hatten sich Dreck und die Hüllen winziger Insekten angesammelt. Nora hatte keine Ahnung, welches Kabel wofür zuständig war. Sie packte sich alle und riss daran. Einige lösten sich, andere saßen zu fest. Sie musste hoffen, dass es reichte.

Notdürftig bog sie die zersprungene Abdeckung gerade und verbarg den Kasten wieder hinter den Ranken. Auf einen flüchtigen Blick war nichts zu erkennen. Wenn ein Techniker kam, wüssten er und Münter sofort, dass ihn jemand aufgebrochen hatte. Münter würde klar sein, wer. Mit Glück hatten sie den Techniker bis dahin heimlich dazu gebracht, die Polizei zu rufen. Falls der Versuch fehlschlug, spielte es keine Rolle mehr, ob Münter sie wegen des beschädigten Kastens oder aus einem anderen Grund tötete.

Hinter einem der Fenster im oberen Stock bewegte sich etwas. Lukas, die Hände gegen die Scheibe gedrückt, schaute zu ihr hinab. Hatte er gesehen, dass sie sich an dem Kasten zu schaffen gemacht hatte? Wenn ja, würde er es seinem Vater garantiert sagen. Vor allem nach dem, was auf der Hochzeitsfeier zwischen ihnen vorgefallen war. Nora winkte ihm zu. Er regte sich nicht. Hinter ihm erschien eine Gestalt, legte eine Hand auf Lukas' Schulter. Wenn es Münter war und er sie ebenfalls beobachtet hatte, konnte sich Nora direkt einen Platz neben Bodo suchen.

Die Gestalt führte ihr Gesicht näher an die Scheibe. Es war Sofie. Von Münter war nichts zu sehen. Offenbar hatte sie ihm die Aufgabe abgenommen, dem Jungen Bodos Tod zu erklären. Sachte zog sie Lukas vom Fenster weg.

Mit einem Stoßgebet warf Nora einen letzten Blick auf den Kasten. Dann kehrte sie zu dem Erdloch zurück und fuhr fort, den toten Hund zu beerdigen.

45

Das Brummen, unterbrochen von dunklem Rumpeln, erreichte Nora wie aus weiter Ferne. Sie lag gefesselt und geknebelt neben Sofie auf dem Bett. Sie musste sich anstrengen, um es durch die Hauswände, den Fensterladen und die Scheibe zu hören, durch ihren eigenen schnaufenden Atem, ihren Herzschlag und das Rauschen des Bluts in ihrem Kopf.

In der letzten Minute war es stetig näher gekommen und verharrte nun auf dem Hof. Ein Motor. Nicht der Motor des Passat, den Nora inzwischen mühelos von anderen unterscheiden konnte. Der Motor eines fremden Wagens. Es war nicht die Polizei, die endlich anrückte, nicht das Militär, nicht eine Gruppe wagemutiger Altländer, die das Gesetz in die eigenen Hände nehmen wollten. Immerhin war es etwas.

Es war jemand.

Die Frage war, ob es ihnen nützen würde. Der erste Schritt von Noras Plan hatte funktioniert. Dass das Internet den Geist aufgegeben hatte, hatte zu Münters schlechter Laune beigetragen. Wie er Nora in einem Motzanfall erklärte, brauchte er es nicht nur für die Arbeit. Dringlicher war, für seinen anstehenden Auftritt einige Songs auf seinen

Laptop zu laden, außerdem Updates für ein neues Soundprogramm. Zu Noras Erleichterung hatte er keine Ahnung, wie er das Problem beheben konnte. Er war stinksauer, weil er jemanden kommen lassen musste. Natürlich. Fremde auf dem Hof konnten ihm nie passen.

Nora war es gewohnt, ewig auf Technikertermine zu warten, und fürchtete, sie und Sofie würden nicht lang genug durchhalten. Doch Münter war im Alten Land gut vernetzt. Noch am selben Nachmittag, verkündete er, werde jemand alles wieder auf Vordermann bringen. Einerseits war Nora froh darüber. Andererseits blieb ihr somit keine Zeit, ihren Plan auszuarbeiten, geschweige denn, Vorbereitungen zu treffen, zumal Münter kein Risiko eingegangen war. Er hatte Nora und Sofie ins Schlafzimmer gebracht, ihnen die Hände mit Isolierband auf den Rücken gebunden, ihre Knöchel damit umwickelt und ihnen einen Streifen über den Mund geklebt. Dadurch konnte Nora nichts tun, als auf das Geräusch zu lauschen, das sie so erhofft hatte. Jemand war hier. Doch wie sollten sie seine Aufmerksamkeit erregen?

Der Motor erstarb mit einem Röcheln. Dem Türenknallen folgte Münters Stimme, polternd und jovial. Seine Worte konnte Nora nicht verstehen, auch weil Gebell sie übertönte. Ein Ruf von Münter brachte die Hunde zum Schweigen. Schwach war eine zweite Stimme zu vernehmen, ebenfalls die eines Mannes, dafür heller. Nach einem Quietschen und Knarschen bewegten sich die Stimmen vom Hof auf die Seite des Hauses.

Wahrscheinlich suchten sie jetzt die Wand ab, bogen die Ranken auseinander, bis sie auf den Kasten stießen. Sie mussten inzwischen mehr oder weniger direkt unter dem Fenster stehen, nicht weit von dem frisch zugeschütteten Hundegrab. Ihre Worte drangen zu Nora herauf, blieben jedoch Gemurmel. Wie lange würde der Techniker brauchen, um die Verbindung zu reparieren? Eine Viertelstunde? Eine halbe? Oder würde er mit einem Blick feststellen, dass er ohne Ersatzteile nichts unternehmen könnte, und gleich wieder verschwinden?

Nora rollte sich vom Bett. Sie konnte nicht laufen, aber immerhin mit ihren zusammengebundenen Füßen hüpfen, obwohl die Wunde ihr dabei das Bein zerriss. Das Fenster einzuschlagen wäre sinnlos. Sie konnte nicht schreien, nur unverständliche Laute ausstoßen. Münter würde dem Techniker einfach erklären, sein Sohn hätte etwas kaputtgemacht.

Was dann?

Sofie lag reglos auf dem Bett, tief versunken in ihre Zurückgezogenheit. Sie wäre keine Hilfe. Überhaupt hätten sie sich gegenseitig nicht befreien können. Münter hatte selbst ihre Finger mit Isolierband umwickelt. Nora versuchte, es an der Kante des Kleiderschranks durchzuscheuern. Aber es waren zu viele Schichten und würde eine Ewigkeit dauern. Danach stünden sie vor der Herausforderung, aus dem abgeschlossenen Zimmer zu gelangen. Derweil tickte die Uhr. Was kann ich tun?, dachte Nora. Was, zum Teufel, kann ich …?

„Mami?"

Lukas' Stimme drang unsicher durch die dicke Tür. Wohlerzogen wie er war, klopfte er.

„Mami? Bist du da drin?"

Ja, wollte Nora rufen. Sie mühte sich, das Band über ihren Lippen zu zersprengen. Sie bekam ihren Mund keinen Millimeter auf.

„Mami, mir ist langweilig", quengelte er. „Willst du mit mir spielen?"

Wenn niemand antwortete, würde ihn seine kindliche Ungeduld bald von der Tür wegtreiben, runter zu seinem Vater, in der Hoffnung, in ihm einen Spielgefährten zu finden oder Ablenkung, indem er dem Techniker zusah.

Bei dem Versuch, ihren Knebel an der Wand abzureiben, scheuerte Nora sich nur die Wange an der rauen Tapete auf. Warte, Lukas, flehte sie ihn in Gedanken an. Geh nicht weg!

„Mamiiii!" Lukas rüttelte an der Klinke. „Warum sagst du nichts? Ich weiß, dass du da drin bist."

Die Fotos an der Wand! Nicht ihre Rahmen oder das Glas darin – Nora wäre nicht imstande gewesen, eine Scherbe aufzuheben –, sondern das, was sich hinter den Bildern befand. Sie kletterte auf das Bett, arbeitete sich auf den Knien über die Matratze zu ihnen vor. Mit der Stirn stieß sie das Hochzeitsfoto von Münter und Sofie herunter. Der Nagel, der aus der Wand ragte, war nicht besonders lang. Aber er musste reichen.

„Spielst du mit Tante Nora? Darf ich auch?"

Nora näherte ihr Gesicht der Wand. Den Nagelkopf unter das Band zu schieben, schaffte sie nicht. Sie presste die Lippen dagegen und schob den Mund von rechts nach links.

„Wenn ihr nicht mit mir spielen wollt", maulte Lukas, „könnt ihr es einfach sagen."

Da! Der Nagel stieß ein Loch in das Isolierband. Nora schmeckte Metall. Mit kurzen, ruckartigen Bewegungen zerrte sie den Nagel durch das Band. Widerwillig teilten sich die klebrigen Fasern. Der Nagel kratzte ihr die Lippen auf. Blut sickerte ihr auf die Zunge. Aus dem Loch wurde ein Spalt, groß genug, um Luft hinein-, nicht groß genug, um Worte hinauszulassen. Ein bisschen noch. Das Hin und Her weitete nicht nur das Loch im Isolierband, sondern auch das in der Wand. Der Nagel begann zu wackeln.

„Ihr seid gemein", sagte Lukas. „Ich spiel jetzt auch ohne euch, und ihr dürft nicht mitspielen."

Ruhig jetzt. Vorsichtig trennte Nora das Band weiter auf. Der Nagel löste sich aus der Wand und fiel auf die Matratze. Ihr Werkzeug war dahin. Lukas' Schritte entfernten sich von der Tür. War der Spalt groß genug? Sie musste es versuchen. Sie rollte sich vom Bett, schlug hart auf dem Boden auf und schleppte sich zur Tür.

„Lukas!" Angestrengt presste sie die Worte durch den Riss. „Komm zurück!"

Sie schlug mit ihrer Stirn gegen das Holz.

„Lukas!"

„Tante Nora?", kam es von der anderen Seite. Nachdem er ihr zuletzt die kalte Schulter gezeigt hatte, redete er nun immerhin mit ihr. Nora hätte erleichtert gelacht, wenn das Band es erlaubt hätte.

„Wir sind hier."

„Warum redest du so komisch?"

„Das gehört zum Spiel. Wir wollen, dass du mitmachst."

„Wirklich? Mami auch?"

„Ja, besonders Mami."

„Dann lasst mich rein!" Lukas drückte ein weiteres Mal die Klinke herunter. „Sonst können wir nicht spielen."

Sachte, ermahnte sich Nora. Lukas dazu zu bringen, die Tür zu öffnen, brauchte Feingefühl. Vor allem, weil sein

Vertrauen in seine Tante Nora seit der Hochzeit stark abgenommen hatte. Sie wünschte, Sofie hätte mit ihm reden können. Aber sie hatte keine Möglichkeit, ihren Knebel zu lösen.

„Wir können dich nicht reinlassen, wegen der Regeln."

„Was für Regeln?"

„Na, den Spielregeln. Die hat sich dein Papa ausgedacht."

Obwohl sie so laut sprach, wie sie konnte, damit Lukas sie durch die Tür verstand, klangen ihre Worte für sie wie Gemurmel. Wenigstens war es unwahrscheinlich, dass Münter sie draußen hörte. Hoffte sie jedenfalls.

„Was ist das für ein Spiel?", fragte Lukas.

Die Antwort war leicht. Nichts begeisterte ihn mehr als seine Burg.

„Wir spielen Prinzessinnen im Turm. Dein Papa ist der König, der uns eingesperrt hat. Du bist der Ritter, der uns befreien muss."

Bitte lass dich darauf ein. Bitte, bitte!

„Wie soll ich euch befreien?", fragte Lukas.

„Dazu brauchst du den magischen Schlüssel. Weißt du, wo er ist?"

Wenn Münter ihn bei sich trug oder er an Arturs Halsband hing, wäre ihr Kampf mit dem Isolierband umsonst gewesen.

„Er liegt in der Diele auf dem Tisch", sagte Lukas.

„Super." Nora bemühte sich, ihre Stimme gut gelaunt klingen zu lassen. „Der Ritter muss ihn holen, um die Prinzessinnen aus dem Turm zu befreien."

Schweigen hinter der Tür.

„Lukas?"

„Ich darf den Schlüssel nicht nehmen. Ich muss erst Papa fragen."

„Nein, nein!", rief Nora. Ihre Kiefer verkrampften sich. Es fiel ihr immer schwerer, mit halb zugeklebtem Mund zu sprechen. „Es ist okay. Mami sagt das auch. Der Ritter muss sich den Schlüssel erobern. Dabei muss er ganz vorsichtig sein, damit der König ihn nicht erwischt."

„Ich glaub, ich mag das nicht", sagte Lukas. „Ich gehe was anderes spielen."

„Nein, warte!"

Sie hörte nur noch das Tapsen seiner Füße, als er davonlief. Nora presste die Stirn an die Tür. Ein anderer Ausweg fiel ihr nicht ein. Falls es nicht schon egal war. Von draußen erklang gelegentliches Hundegebell. Vielleicht war der Techniker längst fertig und wieder gefahren. Nein, der Motor des Wagens war nicht angesprungen. Oder hatte sie es nicht mitgekriegt, während sie mit Lukas gesprochen hatte? Und wenn er noch da war, was nützte das? Sie saßen hier fest, und es würde nicht lange dauern, bis Münter zu ihnen kam.

Unaufhaltsam verrannen die Sekunden, die Minuten. Nora hätte nicht sagen können, wie lange sie vor der Tür kauerte. Da, war das nicht das Knarzen der Treppe? Ja. Es verkündete ihr, dass die Frist abgelaufen war. Nora stemmte sich auf die Beine, setzte sich aufs Bett. Wenn Münter sie tötete, wollte sie zumindest Sofie nah sein.

Der Schlüssel klackerte im Schloss.

46

Die Tür schwang auf. Nora hob nicht einmal den Kopf. Münters Gesicht war nicht das Letzte, was sie vor ihrem Tod sehen wollte. Schritte tappten. Füße erschienen in ihrem Blickfeld. Kleine Füße.

„Ich bin der tapfere Ritter!“, rief Lukas. „Ich bin auf meinem weißen Pferd herbeigeritten, um die Prinzessinnen aus dem Turm zu befreien.“

Nora wäre ihm um den Hals gefallen, wäre sie nicht gefesselt gewesen. Sie wünschte nur, er hätte nicht solchen Lärm veranstaltet.

„Ritter Lukas“, sagte sie durch das Isolierband. „Wir sind so froh, dass Ihr da seid. Bitte nehmt mir den Knebel ab.“

„Jawohl, Prinzessin.“

Mit einiger Mühe pulte er einen Zipfel des Isolierbands hoch und zog es von Noras Mund. Es brannte, war aber nichts gegen den Schmerz, der ansonsten in ihrem Körper tobte.

„Danke.“ Endlich konnte sie wieder ungehindert sprechen. „Nun schneidet meine Fesseln mit Eurem Schwert durch.“

„Ich habe kein Schwert.“

„Doch, habt Ihr“, sagte Nora. Bevor er rausrennen und sich irgendein Spielzeug aus seinem Zimmer holen konnte, wies sie mit dem Kinn auf den langen, breiten Schlüssel in seiner Hand. „Ihr müsst sie durchsägen."

„Okay."

Lukas ächzte, während er das Isolierband mit dem Schlüssel durchschabte. Nora behielt die Tür im Auge und lauschte nach unten. Sie wollte Lukas zur Eile anspornen, durfte ihn jedoch nicht unter Druck setzen. Es dauerte Minuten, bis sie ihre Hände voneinander lösen konnte. Lukas half ihr, das Band von den Fingern zu zerren. Sie knetete sie, bis das Gefühl in sie zurückkehrte.

„Das habt Ihr großartig gemacht, Ritter Lukas. Ihr seid ein wahrer Held."

Lukas lief vor Stolz rot an. Dass er Nora nicht mehr leiden konnte, hatte er über dem Spiel vergessen. Nora wickelte das Isolierband von ihren Füßen.

„Jetzt müssen wir Prinzessin Sofie befreien."

„Au ja!"

„Wir müssen es leise tun", sagte Nora. „Der König darf uns nicht hören. Wisst Ihr, wo er sich aufhält?"

„Er ist draußen", flüsterte Lukas. „Mit dem fremden Mann."

Gut, dachte Nora. Sie hatten noch Zeit.

„Darf ich mir Euer Schwert ausleihen?"

Lukas reichte ihr den Schlüssel. Nora zog Sofie den Knebel ab und sägte ihre Fesseln durch.

Sofie richtete sich benommen auf. „Was ist los?"

„Das erkläre ich dir später. Schnell, wir müssen hier weg."

„Kommt, Prinzessin Sofie." Lukas griff ihre Hand und half ihr aufzustehen. „Ich werde Euch retten."

„Lukas?", fragte Sofie verwirrt.

„Ritter Lukas", sagte Nora. „Er spielt bei unserem Spiel mit."

„Unserem Spiel?"

„Ja. Wartet kurz hier. Ich sehe nach, ob die Luft rein ist. Darf ich dafür Euer Schwert behalten, Ritter Lukas?"

Lukas nickte. „Natürlich, Prinzessin."

Nora schlich zur Tür. Von unten war nichts zu hören. Offenbar war Münter tatsächlich noch mit dem Techniker draußen. Hier oben hatten sie keine Möglichkeit, seine Aufmerksamkeit zu erregen. Vielleicht mussten sie das gar nicht. Der Schlüssel eröffnete neue Möglichkeiten. Vorsichtig ging sie den Flur hinab und schloss Münters Büro auf.

Der Raum, lange nicht gelüftet, stank so stark nach Münter, seinem Körpergeruch und seinem Aftershave, als säße er in dem Sessel hinter dem Schreibtisch, der umrahmt von Regalen voller Aktenordner und einem Schrank die Mitte des Zimmers einnahm. Auf dem Schreibtisch standen ein Computer, ein Drucker – und das Telefon! Ein altmodisches Telefon, an dem der Hörer mit einem geringelten Kabel befestigt war. Nora hätte beinahe vor Freude geschrien. Wie lange würde die Polizei brauchen? Zehn Minuten? Fünfzehn? Solange konnten sie sich wieder im Schlafzimmer einsperren. Wenn das wirklich der einzige Schlüssel war, konnte Münter nicht hinein. Im besten Fall traf die Polizei ein, bevor der Techniker weggefahren war und Münter überhaupt merkte, was vor sich ging.

Nora griff nach dem Hörer, stutzte. Neben dem Telefon lag ein Briefumschlag, adressiert an den *Elbkurier*. Er war offen, enthielt Geldscheine und ein Blatt Papier. Nora faltete es auseinander. Eine schwarze Rose war über einen kurzen Text gedruckt.

In tiefer Trauer verkünde ich, ein untröstlicher Ehemann, den tragischen Tod meiner geliebten Frau Sofie Siegel. Ich werde dich ewig vermissen.

Der Mistkerl hatte Sofies Todesanzeige vorbereitet, um sie an die Zeitung zu schicken. Er hatte also längst beschlossen, sie zu töten, und zwar bald.

„Das Porto kannst du dir sparen, Arschloch", murmelte Nora.

Sie knüllte die Anzeige zusammen, warf sie auf den Boden und hob den Telefonhörer ab. Sie befahl sich, deutlich zu erklären, worum es ging, damit die Person am anderen Ende der Leitung es sofort begriff. Sie wählte die 110 und hielt sich den Hörer ans Ohr.

Nichts.

Nora drückte die Taste, die beim Heben des Hörers aufgesprungen war. Noch immer kein Freizeichen. Mit düsterer Ahnung drehte sie das Telefon. Das Kabel fehlte, das es mit der Buchse in der Wand verbinden musste. Mit einem Fluch knallte Nora den Hörer auf. Auch das hatte Münter vorhergesehen. Der Computer war garantiert durch ein Passwort geschützt, das sie nicht mal eben erraten würde.

Vielleicht fand sich irgendwo das Telefonkabel. Nora durchsuchte die Schreibtischschubladen. Stifte, Druckerpapier, ein Locher, Büroklammern. Kein Kabel.

Sie öffnete den Schrank – und erstarrte.

47

In dem Schrank befanden sich keine Büromaterialien, Bücher oder Aktenordner. Er enthielt eine Reihe von Bildschirmen, die in Schwarz-Weiß den Hof und mehrere Räume im Haus zeigten. Im Hof parkte ein Lieferwagen. Sofie und Lukas saßen im Schlafzimmer auf dem Bett. Die Aufnahmen waren live.

Es traf Nora wie ein Schlag. Wie hatte ihr nicht einfallen können, dass Münter das Haus und den Hof mit Kameras überwachte? Sie hatte keine gesehen. Offensichtlich sollten sie nicht zur Abschreckung dienen. Im Gegenteil wollte er alles beobachten, ohne dass seine Gefangenen es ahnten. Wie einfältig war es gewesen zu glauben, er ließe sie unbeaufsichtigt allein? Natürlich wollte er für die komplette Kontrolle neben den Hunden und seinen übrigen Sicherheitsmaßnahmen immer selbst ein Auge auf sie haben. Von seinem Büro aus oder, wenn er unterwegs war, bestimmt über sein Handy.

Während sie auf die Bildschirme starrte, wurde Nora klar, was das bedeutete. Münter hatte alles mitbekommen, was sie und Sofie besprochen, was sie in seiner Abwesenheit unternommen hatten. Wann immer sie gedacht hatten, ihm etwas zu verheimlichen, war er ihnen einen Schritt voraus gewesen. Er musste Noras Versuch verfolgt haben, die Hunde zu vergiften, ihren Kampf mit Artur und ihr Bemühen, ihre Spuren zu beseitigen. Statt sie direkt zu bestrafen, hatte er sich einen Spaß daraus gemacht, dass Nora das zerbissene Steak gegessen hatte, hatte sie mit ihren Verletzungen gefoltert und sich an ihrem Schmerz und ihrer Angst ergötzt. Das hieß auch, er hätte Bodo retten können. Er hätte ihn sofort zum Tierarzt bringen und ihm erklären können, dass der Hund Rattengift gefressen hatte.

Nora kannte Münter inzwischen gut genug, um zu wissen, warum er es nicht getan hatte. Ganz gleich, welches Lob er am Grab über den Mastiff gesungen hatte, Bodo hatte ihn enttäuscht, ihn verraten. Er war schwach gewesen, hatte von dem Fleisch gefressen. Dieses Versagen hatte Münter ihn teuer bezahlen lassen. Da sich der Tierarzt geweigert hatte, Bodo einzuschläfern, hatte Münter ihn einfach krepieren lassen.

Wusste Münter, dass Lukas sie und Sofie befreit hatte? Nein. Sonst wäre er längst hier oben. Sie mussten hoffen, dass er nicht sein Handy checkte. Von dem beschädigten Kasten hatte er vermutlich ebenso wenig gewusst. Keiner der Monitore zeigte die Seite des Hauses. Warum auch? Wegen der Hunde durfte Münter davon ausgehen, dass keine der entführten Frauen dorthin gelangte.

Im Schrank lag eine Fernbedienung. Nora hatte keine Zeit. Sie musste handeln, solange der Techniker da war. Dennoch nahm sie von einer dunklen Faszination geleitet die Fernbedienung und drückte *Menü*. Auf dem größten

Bildschirm erschien eine Reihe von Optionen für die Kameraeinstellungen, außerdem ein *Archiv*-Button. Nora klickte darauf. Der Monitor zeigte Dateien, mit Namen bezeichnet. *Mareike, Carola, Doro, Katharina*. Dazu ihre eigenen. *Sofie* und *Nora*. Nora öffnete den Ordner zu Katharina. Der Bildschirm füllte sich mit Videoclips. Den Datumsanzeigen las Nora ab, dass Münters letztes Opfer mehr als fünf Monate in seiner Gewalt verbracht hatte. Eine unerträglich lange Zeit.

Nora startete den letzten Clip.

Und wünschte kurz darauf, sie hätte es nicht getan.

Die Kamera musste über der Haustür montiert sein. Auf der Schwarz-Weiß-Aufnahme rannte Katharina, gekleidet in Rock und Bluse, in den Hof. Die Hunde, am oberen Bildrand erkennbar, waren im Zwinger eingesperrt. Ton gab es nicht. Mit stummem Gebell warfen sie sich gegen die Gitter. Katharina stürzte zu Münters Passat, der in der Mitte des Hofs parkte. In der Hand hielt sie die Schlüssel. Sie fielen ihr herunter, als sie die Fahrertür aufschließen wollte. Sie hob sie auf und schaute voller Panik zum Haus.

Wie ein Berserker stürmte Münter auf den Hof. Katharina schaffte es, das Auto zu öffnen. Bevor sie sich hineinsetzen und die Tür zuziehen konnte, war Münter bei ihr, packte sie und schmetterte ihr seine Faust ins Gesicht. Obwohl sie sich mit aller Kraft wehrte, konnte sich Katharina nicht losreißen oder ausweichen, während er wieder und wieder zuschlug. Selbst als sie nur noch schlaff in seinem Griff hing, machte er weiter, bis er sie mit bloßen Händen totgeprügelt hatte.

Nora warf die Schranktür zu. Ihr Körper war wie von Eiswasser geflutet. Nicht mehr lange, und es würde auch von ihr und Sofie eine solche Aufnahme geben, einen Film ihres grausigen Todes.

In Münters Büro konnte Nora nichts weiter ausrichten. Sie musste den Techniker alarmieren. Bloß wie? Sie hastete in Lukas' Zimmer. Umgeben von seinen fröhlichen Familienbildern schnappte sie sich ein Blatt Papier und schrieb darauf mit Wachsmalstift: *Hartmut Münter hält Nora und Sofie Siegel gefangen. Rufen Sie die Polizei!*

Sie faltete das Blatt, steckte es in ihre Rocktasche und kehrte zu Lukas und Sofie zurück.

„Ritter Lukas." Kaum schaffte sie es, ihren Schock über das zu verbergen, was sie gerade gesehen hatte. „Die wilden Bestien des Königs, die seine Burg bewachen, sind sie frei oder eingesperrt?"

„Die Hunde … die wilden Bestien sind im Zwinger, Prinzessin Nora."

Nach dem Rückschlag mit dem Telefon immerhin ein Quäntchen Glück.

Lukas streckte die Hand aus. „Kann ich mein Schwert zurückhaben?"

Nora wollte den Schlüssel nicht hergeben, der ihr Zugang zu allen Räumen verschaffte und ihnen erlaubte, sich einzuschließen. Aber sie durfte Lukas nicht reizen und riskieren, dass er sie auffliegen ließ. Sie reichte ihm den Schlüssel. Er fasste ihn wie ein Schwert.

„Hier rumsitzen war langweilig", sagte er. „Wie geht es weiter?"

Am liebsten hätte Nora ihr Vorhaben allein umgesetzt. Leider würde sich Lukas nicht länger hinhalten lassen. Sie musste das Spiel am Laufen halten.

„Folgt mir", sagte sie, „und seid vorsichtig. Der König darf uns weder sehen noch hören."

Sie verließen das Zimmer. Dicht hintereinander, Nora vorneweg, dann Lukas und Sofie, schlichen sie die Treppe hinunter. Geduckt durchquerten sie die Diele. Die Haustür war nicht abgeschlossen. Vorsichtig zog Nora sie auf und spähte hinaus.

Der Lieferwagen, weiß-blau, stand mitten im Hof, ein Stück vor dem Passat. Auf der Seite prangte die Aufschrift *Hallbecks Technikdienst – Für starke Verbindungen*. Die Hunde kläfften im Zwinger. Nora checkte den Dielentisch. Wenn Münter auch seinen Autoschlüssel liegen gelassen hatte, konnten sie in den Passat steigen, Vollgas geben bis zum Tor und hoffen, dass sie es öffnen und hindurchfahren konnten, bevor Münter sie einholte.

Der Schlüssel war nicht da.

„Ritter Lukas", sagte Nora, „beschützt Prinzessin Sofie, bis ich zurück bin."

Lukas hielt den Schlüssel kampfbereit vor sich. „Wird gemacht."

Nora trat ins Freie. Von der Seite des Hauses sollte sie nicht zu sehen sein, wenn sie den Hof überquerte. Sie behielt die Hausecke im Auge und hinkte auf den Lieferwagen zu. Die Hunde bellten wie verrückt.

„Hey!"

Bei Münters Stimme fuhr Nora zusammen. Im nächsten Moment erschien er neben dem Haus. Ihr fehlte noch ein Meter zum Lieferwagen. Hätte er zu ihr rübergesehen, er hätte sie sofort entdeckt. Nora warf sich nach vorne und ging hinter dem Transporter in Deckung.

„Haltet gefälligst die Klappe!“, brüllte Münter.

Artur und Karla gaben Ruhe. Nora lugte hinter dem Wagen hervor. Münter war verschwunden. Sie holte das Blatt mit ihrer Nachricht aus der Tasche. Sie konnte es schlecht unter die Scheibenwischer klemmen. Die Fenster waren geschlossen. Sie fasste den Griff der Fahrertür.

Die Tür ging auf. Die Fahrerkabine roch nach strengem Käse. Auf dem Beifahrersitz lag ein Klemmbrett mit Dokumenten und darauf eine angebissene Stulle auf zerknittertem Wachspapier. Daneben lehnte eine Thermoskanne. Ein Handy konnte Nora nicht entdecken, auch den Zündschlüssel hatte der Techniker nicht stecken lassen.

Auf dem Klemmbrett konnte sie den Zettel nicht befestigen. Wenn Münter etwas unterschreiben musste, hätte er die Nachricht gleich vor Augen. Das Handschuhfach war ebenfalls keine Option. Wer wusste, wann der Techniker das nächste Mal hineinschaute? Nora faltete das Blatt so klein wie möglich und legte es unter das Käsebrot.

Sachte drückte sie die Tür zu und spähte um den Lieferwagen. Die Luft war rein. Sie wollte zum Haus zurückkehren, zögerte. Die eine Hintertür des Lieferwagens war nur angelehnt. Nora schaute durch den Spalt. Der Laderaum enthielt mehrere Koffer, vermutlich mit Messgeräten und Werkzeugen, außerdem festgeschraubte Schränke und Regale mit Schubladen, aus denen Kabel, Zangen und Schraubenzieher ragten. Dazwischen war Platz. Genug Platz für zwei Menschen.

Gedanken schossen durch Noras Kopf. Statt sich im Haus zu verschanzen und darauf zu setzen, dass der Techniker die Nachricht bald fand und danach handelte, könnten sie als blinde Passagierinnen mit ihm verschwinden. Die Entscheidung war leicht. Je länger sie in Münters Reichweite blieben, desto länger schwebten sie in Lebensgefahr. Sie mussten die Gelegenheit nutzen. Der Techniker war schon eine Weile da. Bestimmt war er bald fertig und würde aufbrechen. Wenn es klappte, würde er sie mit vom Hof nehmen.

Nora eilte zu Sofie und Lukas zurück.

„Sind wir vor dem König in Sicherheit?", fragte Lukas.

„Ich fürchte nicht, tapferer Ritter", sagte Nora, außer Atem von der Anstrengung. „Der König hat unseren Fluchtversuch bemerkt und sucht uns. Wir müssen uns vor ihm verstecken."

Ihre Aufregung übertrug sich auf Lukas. Im Gegensatz zu ihrer war es eine vergnügte.

„Und wo?"

Kurz dachte Nora daran, ihn mitzunehmen. Auch er musste so schnell wie möglich von seinem Vater weg. Doch wenn sie mit ihm in den Transporter stiegen, verriet er sie vielleicht, fing an zu schreien, sobald der Wagen losfuhr und er begriff, dass das kein Spiel war. Sie mussten ihn hier lassen. Die Polizei konnte ihn später mit Münter abholen.

„Wir müssen uns trennen", sagte sie. „Damit er uns nicht alle auf einmal erwischt. Ihr, edler Ritter, sucht Euch einen Unterschlupf oben im Turm. Prinzessin Sofie und ich verbergen uns unten. Sobald wir vor dem König sicher sind, geben wir Euch Bescheid."

„Soll ich nicht bleiben, um die Prinzessinnen zu beschützen?", fragte Lukas.

„Das ist sehr mutig von Euch", sagte Nora. „Aber noch ist nicht die Zeit zum Kampf. Übt Euch in Geduld."

Lukas sah zu Sofie auf. Seit sie das Schlafzimmer verlassen hatten, hatte sie kein Wort von sich gegeben. Jetzt lächelte sie Lukas zu.

„Prinzessin Nora spricht die Wahrheit. Das ist der beste Plan."

Nora war heilfroh, dass ihre Schwester aus ihrem Dämmerzustand aufgetaucht war, um ihr beizustehen.

Lukas lächelte zurück. „Okay. Ich habe ein tolles Versteck in meinem Zimmer. Da findet mich keiner."

Er stürmte die Treppe hinauf. Nora und Sofie warteten, bis seine Tür knallte.

„Los", sagte Nora. „Ich weiß, wie wir wegkommen."

Zu ihrer Erleichterung erhob Sofie keinen Einspruch. Nora nahm ihre Hand und führte sie über den Hof. Unbemerkt erreichten sie den Transporter.

Nora öffnete die Hintertür. „Hier rein."

Auch Sofie, obwohl unsicher, musste erkennen, dass das ihre beste Chance war. Sie stieg ein. Nora folgte ihr und zog die Tür zu. Im Halbdunkel des Lagerraums schob sie Sofie in eine Lücke zwischen den Regalen und der Trennwand zur Fahrerkabine. Sie selbst wuchtete einige Koffer übereinander und kauerte sich dahinter.

Jetzt konnten sie nur warten und hoffen.

48

Schritte. Stimmen. Unverständliches Gemurmel. Dann, als die Schritte lauter wurden, gewannen die Worte an Deutlichkeit.

„Wie gesagt, Hartmut, meld dich, wenn noch was ist." Die Stimme, die Nora im Haus gehört hatte, hell und ein wenig nasal. „Und pass auf, dass dein Junge nicht mehr an dem Kasten rumwerkelt. Man kann da ziemlichen Schaden anrichten."

Länger als ein paar Minuten hatten sie nicht gewartet, schätzte Nora. Immerhin lange genug, dass sich in der unbequemen Position ihre Beine verkrampft hatten.

„Ich werde drauf achten, Jochen. Den Übeltäter knöpfe ich mir gleich noch vor."

Unter Münters kumpelhaft-freundlichem Ton schwelte mühsam beherrschte Wut. Sobald Jochen weg war, würde er ihr freien Lauf lassen.

„Danke noch mal, dass du es so schnell hergeschafft hast."

„Für dich immer gern", sagte Jochen. „War ja auch in meinem Interesse. Ich will doch, dass dein Equipment für die Feier am Wochenende auf dem neuesten Stand ist."

„Ich freu mich darauf, euch ordentlich einzuheizen.“

Sie mussten jetzt dicht beim Transporter stehen. Sofie schaute Nora ängstlich an. Nora bedeutete ihr, keinen Mucks von sich zu geben, und machte sich hinter den Koffern klein.

„Claudia juckt es schon in den Füßen“, sagte Jochen. „Jetzt wo Markus und Lisa aus dem Haus sind, haben wir wieder mehr Zeit für gemeinsame Unternehmungen. Tanzen steht ganz oben auf Claudias Liste.“

Mit einem Quietschen öffnete sich die Hintertür des Transporters. Trübes Nachmittagslicht fiel herein. Durch eine Lücke zwischen den Koffern erspähte Nora den Techniker, um die fünfzig, schmal mit blondgrauem Haar und Brille. Gekleidet war er in blaue Jeans und ein blaues Hemd. Um die Hüfte hatte er einen Gürtel mit Werkzeugen geschnallt. In der Hand hielt er eine Ledertasche, die er nun in den Wagen stellte.

„Meine erste Wahl wäre das nicht. Du weißt ja, wie ungern ich …“

Als er verstummte, dachte Nora, er hätte sie bemerkt. Aber ihn verdutzten wohl bloß die gestapelten Koffer. Er fasste den obersten. Schräg hinter ihm sah Nora ein Stück von Münters Oberkörper. Noch verstellte Jochen ihm den Blick. Sobald er den Koffer herunternahm, hätte Münter freie Sicht auf sie. Nora hatte keine Wahl. Sie schob den Koffer ein Stück zur Seite und vergrößerte die Lücke. Jochens Augen weiteten sich. Sein Mund klappte auf, als er nun auch Sofie hinter dem Regal entdeckte. Nora legte einen Finger an die Lippen. Er schwieg fassungslos. Nicht allein wegen der Überraschung, in seinem Laderaum auf zwei Frauen zu stoßen. Er erkannte sie. Er musste ihre Fotos in der Zeitung gesehen haben.

„Alles in Ordnung, Jochen?“, fragte Münter.

„Was?“ Jochen bugsierte sich zwischen ihn und Nora.

Sie zog den Kopf ein.

„Oh ja, alles bestens.“ Er schloss die Tür. Härter, als nötig gewesen wäre. Der Laderaum fiel zurück in Dunkelheit. „Was ich sagen wollte: Du weißt, wie ungern ich tanze. Ich bin einfach zu ungelenk.“

Jochens Stimme zitterte. Wenn er wusste, wer Nora und Sofie waren, musste ihm auch klar sein, dass Münter der Bräutigam war. Aus seinem Bekannten, dem er gerade die Internetverbindung repariert hatte, war mit einem Schlag ein Serienmörder geworden.

Bleib ruhig, bat sie Jochen in Gedanken. Tu nichts Verdächtiges, und bring uns verdammt noch mal von hier weg.

„Du musst nur den Rhythmus spüren“, sagte Münter. „Der Rest geht dann von selbst.“

„Na hoffentlich“, sagte Jochen. „Sonst kriege ich wieder Claudias Klagen zu hören.“

Er lachte selbst für seine helle Stimme zu hoch. Münter fiel dröhnend ein.

„Also, ich muss los“, sagte Jochen.

Seine Schritte, etwas zu eilig, bewegten sich zur Seite. Die Fahrertür knarzte. Der Wagen schwankte leicht, als sich Jochen hinters Steuer setzte.

„Schließt du mir das Tor auf, Hartmut?“

„Klar.“

Ein Dröhnen, unmittelbar neben Noras Kopf. Münter, der mit der flachen Hand gegen den Transporter klopfte.

„Ich fahr dir hinterher. Bin grad zu faul, das ganze Stück zu laufen."

Fast musste Nora lächeln. Münter selbst würde sie vom Gelände lassen.

„Super. Wir sehen uns am Samstag."

Es klimperte, als Jochen den Zündschlüssel einsteckte. Nora hielt den Atem an. Gleich hätten sie es geschafft.

„Warte", sagte Münter.

„Was? Wieso?"

„Wo ich da deine Papiere sehe. Muss ich nicht was unterschreiben?"

„Ach nein", sagte Jochen. „Das berechne ich dir nicht. Spiel auf der Feier einfach nur Songs, auf die Claudia nicht tanzen will. Dann sind wir quitt."

„Einverstanden", sagte Münter.

Jochen startete den Motor. Der Wagen ruckelte. Brummen und Rumpeln füllten den Laderaum. Mit einem Krachen rastete der Gang ein. Nora konnte Sofie in der Dunkelheit kaum sehen. Aber sie musste die gleiche furchtsame Hoffnung fühlen wie sie.

„Wärst du so nett, Hartmut?", fragte Jochen. „Mit offener Tür fahre ich nicht so gern."

„Nein, das solltest du nicht." Münters Stimme gefiel Nora gar nicht. Alle Freundlichkeit war aus ihr verschwunden. „Wir wollen nicht, dass dir was zustößt, oder?"

Plötzlich schaukelte der Wagen. Jochen schrie.

„Was soll das, Hartmut? Lass mich los!"

„Raus mit dir!“, rief Münter über dem Motorengebrumm und Jochens Schreien. „Du verdammter Verräter!“

Hatte er Noras Nachricht gesehen? Oder war er durch Jochens Nervosität misstrauisch geworden? Jetzt versuchte Münter, ihn aus der Fahrerkabine zu ziehen. Der Motor jaulte auf, der Transporter machte einen Satz nach vorne. Nora betete, dass Jochen Münter abschütteln konnte. Wenn sie mit Vollgas gegen das Tor rasten, konnten sie es vielleicht durchbrechen.

Ihre Fahrt endete nach wenigen Metern mit einem metallischen Krachen. Ein heftiger Aufprall erschütterte den Transporter, schleuderte Nora und Sofie herum. Die Koffer polterten durch den Laderaum. Ruckartig kam der Wagen zum Stehen. Der Motor lief weiter. Der Aufruhr trieb die Hunde in Rage. Mit ihrem Gebell hallte Jochens panisches Gebrüll über den Hof.

„Bitte, Hartmut, hör auf!“

„Scheiße!“

Das Wort platzte heraus, bevor Nora es verhindern konnte. Egal. Münter wusste sowieso, dass sie hier waren. Nora ertastete den Türgriff und stieß die Hintertür auf.

„Nora, wo willst du hin?“, schrie Sofie.

Wenn sie Jochen half, war vielleicht nicht alles verloren. Außerdem konnte sie den Mann, der sie retten wollte, nicht einfach sterben lassen.

„Bleib hier“, sagte sie zu Sofie.

Nora schnappte sich einen Werkzeugkoffer. Ihr Bein knickte weg, als sie aus dem Laderaum sprang. Sie fasste sich, hastete zur Fahrerseite des Transporters, der in den Passat gekracht war. Münter hatte Jochen herausgezerrt. Er hielt ihn mit der linken Hand am Hemd. Aus der rechten ragte sein Messer. Unter Hilfeschreien umklammerte Jochen seinen Arm, um es von sich abzuhalten. Doch er war zu schwach. Mit einem wuchtigen Stoß versenkte Münter die Klinge in Jochens Bauch. Jochens Schreie brachen ab. Er ächzte. Ein Schwall Blut quoll aus ihm hervor, als Münter das Messer herausriss und es ihm in die Seite stieß. Sein Gesicht war eine Grimasse aus Hass, Wut und mörderischer Begierde.

Er bemerkte Nora nicht. Es schepperte in dem schweren Koffer, als sie mit ihrem gesunden Arm ausholte. Sie musste ihren ganzen Körper in den Schwung legen, um ihn Münter gegen die Schläfe zu schmettern. Münter grunzte. Das Messer blieb in Jochen stecken, während Münter von ihm wegtaumelte. Jochen starrte auf den Messergriff in seinem blutgetränkten Hemd.

„Helfen Sie mir!“, schrie Nora ihn an.

Münter war benommen. Zu zweit könnten sie ihn überwältigen. Aber Jochen konnte sich nicht vom Anblick des Messers lösen.

Nora schlug noch einmal zu. Sie stolperte auf dem verletzten Bein und erwischte Münter nur an der Schulter, nicht hart genug, um ihn niederzustrecken.

„Jochen!“, rief sie. „Steigen Sie ein!“

Der Transporter wirkte fahrtüchtig. Wenn Jochen ihr nicht beistand, musste er wenigstens flüchten, die Polizei alarmieren. Doch Münter versperrte ihm den Weg zur Fahrerkabine. Jochen schüttelte mit aufgerissenen Augen den Kopf. Dann drehte er sich um und rannte los. Er wankte, wäre mehrmals fast gestürzt, als er den Hof Richtung Tor überquerte. Von Todesangst getrieben, fiel ihm nicht ein, dass es verschlossen war und er schwer verletzt kaum darüber klettern könnte.

„Was machen Sie?“, schrie Nora. „Bleiben Sie hier!“

Im Laufen packte Jochen das Messer, zog es aus seiner Seite und ließ es fallen. Blut platzte aus der Wunde, sprenkelte das Pflaster. Nora schwang den Koffer erneut. Münter, obwohl wackelig auf den Beinen, wich aus. Noras Schlag ging ins Leere, der Schwung des Koffers wirbelte sie halb herum. Münter sprang vor und versetzte ihr einen Fausthieb, bei dem Noras Kopf nach hinten schnappte.

Der Koffer fiel ihr aus der Hand, ihre Beine gaben nach, und sie landete auf dem Pflaster. Alles drehte sich um sie. Münter, schwankend wie ein Betrunkener, stand schwer atmend über ihr. Nora hob die Hand, um die nächste Attacke abzuwehren, den Schlag oder Tritt, mit dem er sie in die Ohnmacht befördern würde.

Er blieb aus.

„Netter Versuch, Nora“, schnaufte Münter. „Knapp bito is ök vörbi.“

Ja, dachte Nora bitter. Knapp daneben ist auch vorbei. So verdammt knapp.

Jochen hatte die halbe Strecke zum Tor zurückgelegt, scherte taumelnd nach rechts und links aus. Statt ihm zu folgen, trat Münter zur Fahrerkabine und zog den Zündschlüssel ab. Der Motor erstarb. Ohne Eile ging Münter zum Zwinger, in dem die Hunde kurz vor dem Durchdrehen gegen das Gitter anrannten, und öffnete die Tür.

Artur und Karla schossen heraus. In wenigen Sekunden holten sie Jochen ein und rissen ihn um. Münter, eine Hand an der Zwingertür, schaute zu, wie der Techniker unter den tobenden Bestien um sich schlug und mit den Beinen strampelte. Nora konnte nicht hinsehen. Jochens Schreie erstarben in einem Gurgeln, als Artur ihm die Kehle durchbiss.

Während er und Karla sich über ihre Beute hermachten, kehrte Münter zu Nora zurück, die neben dem Transporter saß, benebelt von Münters Schlag und geschockt von der Attacke der Hunde. Unterwegs bückte sich Münter nach dem Messer. Nora versuchte nicht einmal, sich auf die Füße zu stemmen. Sie hatte keine Kraft mehr, sich zu wehren oder davonzulaufen. Es war sinnlos, Münter besänftigen zu wollen, und sie würde das Arschloch nicht um ihr Leben anflehen.

„Nora! Nora!" Sofie schlang ihre Arme um sie.

Nora drückte sie so fest sie konnte.

„Es ist okay, Sofie", sagte sie. „Es ist okay."

Münter zerrte Nora auf die Füße.

„Nein!" Sofie schlug nach ihm. „Lass sie!"

Münter stieß sie gegen den Lieferwagen. Weinend sank sie daran hinab.

„Clever, Nora, den Kasten aufzubrechen und die Verbindung zu stören. Den hatte ich ganz vergessen, als ich dich mit Bodo allein gelassen habe. Aber so ist das eben. Een ward so oolt as 'ne Koh un lihrt noch jümmer wat dorto."

Man wird so alt wie eine Kuh und lernt noch immer was dazu.

Ich nicht mehr, dachte Nora. Das war es für mich.

Die Gesichter ihrer Eltern und Großeltern tauchten vor ihr auf. Steffens Gesicht.

Es tut mir leid, dachte sie. Ich habe alles versucht. Ich habe es nicht geschafft.

„Dank dir wird mir das nicht noch einmal passieren. Allerdings", Münter rieb sich die Schläfe, „werde ich deinetwegen tierische Kopfschmerzen kriegen."

„Ich hoffe, du verreckst dran!", stieß Nora hervor.

Münter grinste. „Wahrscheinlich nicht. Jedenfalls nicht vor dir."

Nora wich seinem Blick nicht aus, als er ihr das blutige Messer an den Hals setzte.

49

„Mami!“

Lukas stand vor der Haustür, den Schlüssel wie ein Schwert gefasst. Münter hielt inne.

„Was macht ihr? Spielt ihr ohne mich weiter?“ Lukas sprang die Stufen herunter und rannte auf sie zu. „Warum habt ihr mir nicht Bescheid gesagt?“

Münter stieß ein Grollen aus. Das Messer, das schon Noras Haut geritzt hatte, verschwand von ihrem Hals.

„Geh wieder rein, Lukas“, sagte er. „Das ist nichts für dich.“

„Wieso?“ Der Junge schaute von seinem Vater zu Nora und dann zu Sofie. „Was ist los, Mami?“

Sofie nahm ihn in den Arm und hielt ihn fest. Zum einen, damit er nicht um den Lieferwagen herumlief und sah, woran die Hunde fraßen. Zum anderen, weil er allein Münter hinderte, Nora zu töten.

„Der König hat uns erwischt“, sagte Sofie. „Beschützt Ihr uns, Ritter Lukas?“

Lukas reckte Münter den Schlüssel entgegen. „Natürlich, Prinzessin.“

Münters Wut richtete sich nun auch gegen den Jungen, als er begriff, wie Nora und Sofie freigekommen waren.

„Was hast du dir dabei gedacht?“ Er schnappte ihm den Schlüssel weg. „Du sollst die Finger davon lassen, das weißt du genau.“ Er holte zum Schlag aus.

Der Junge klammerte sich an Sofie.

„Es tut mir leid, Papa. War nur ein Spiel.“

Münter schob die Lippe unter seinem Schnauzbart vor. Er nahm die Hand runter. Nora sah, wie es in ihm arbeitete. Wenn er versuchte, Lukas ins Haus zu schaffen, würden sie alle drei einen Aufstand veranstalten. Dafür hatte er keine Zeit. Nicht, während ein von Hunden zerfetzter Toter auf seinem Grundstück lag. Falls jemand auftauchte, um sich nach Jochen zu erkundigen, musste er sämtliche Spuren beseitigt haben, den Transporter, das viele Blut und vor allem Jochen selbst.

„In Ordnung“, sagte er. „Ihr zwei geht mit Lukas ins Haus. Sorgt dafür, dass er nichts von dem hier mitkriegt. Ich mache die Sauerei weg. Um euch kümmere ich mich später.“

Alle außer Lukas wussten, was das bedeutete. Nora war knapp mit dem Leben davongekommen. Aber Lukas hatte ihr lediglich einen Aufschub verschafft. Zusammen mit Sofie und dem Jungen zog sie sich zum Haus zurück. Sofie brachte Lukas nach drinnen. Nora blieb vor der Tür.

Münter ging in den Schuppen und kehrte in einer langen Regenjacke und Arbeitshandschuhen zurück. Er fuhr den Transporter dicht an die Leiche, stieg aus und beugte sich zu Artur hinab. Vermutlich um den Schlüssel wieder an seinem Halsband zu befestigen. Anschließend scheuchte er ihn und Karla fort. Sie wichen zurück, blieben jedoch in der Nähe und strichen um den Toten herum, als hofften sie, weitere Bissen zu ergattern.

Münter öffnete die Hintertüren des Lieferwagens, wuchtete den Leichnam hoch. Jochen war nur noch ein blutiges Etwas, sein Gesicht nicht mehr zu erkennen. Münter hievte ihn in den Laderaum wie ein Gepäckstück. Ohne Nora eines Blickes zu würdigen, wickelte Münter einen Gartenschlauch ab, der an der Seite des Schuppens hing, und spritzte das Blut vom Weg. Danach reinigte er die Jacke und die Handschuhe von Jochens Blut. Nachdem er alles verstaut hatte, setzte er sich wieder in den Transporter und fuhr zum Tor. Bestimmt hatte er schon einen Platz im Sinn, an dem er den Lieferwagen mit der Leiche abstellen konnte, sodass er nicht allzu bald entdeckt wurde, irgendwo in der Weite des Alten Landes.

Die Hunde streiften über den Hof. Ihre Schnauzen und ihr Fell glänzten vom Blut. Besonders Artur war anzusehen, dass es ihn nach mehr verlangte. Ein paar Stunden, schätzte Nora, würde Münter unterwegs sein. Dann würde er dem Wolfshund vielleicht seinen Wunsch erfüllen. Falls er nicht auf sein Messer zurückgriff. Dass er Nora und Sofie töten würde, ja, töten musste, stand außer Frage. Unabhängig davon, ob jemand Jochens Leiche fand, sobald er als vermisst gemeldet wurde, würde die Polizei Münter einen Besuch abstatten. Selbst wenn sie auf dem Hof keine Hinweise auf das fanden, was ihm widerfahren war, Münter konnte nicht riskieren, dass sie auch nur auf das geringste Zeichen von Nora und Sofie stießen, geschweige denn auf sie selbst.

Er musste sie ebenso beseitigen wie seinen Bekannten.

50

Sofie und Lukas saßen am Küchentisch. Lukas hatte einen Teller mit Keksen vor sich. Sein Mund war mit Schokolade verschmiert. Ein Becher Milch zitterte in seinen Händen. Seinem blassen Gesicht war anzusehen, wie sehr ihn die Anfuhr seines Vaters mitgenommen hatte. Nora zog sich einen Stuhl heran und setzte sich vor ihn.

„Lukas?"

Der Junge, die schmalen Schultern gekrümmt, sah sie ängstlich an, als fürchtete er auch von ihr eine Zurechtweisung.

„Hm?"

„Es tut mir leid, dass dein Papa dich so angemotzt hat."

„Wir haben ja nur gespielt", sagte er leise.

„Genau. Deshalb war es nicht in Ordnung, dass er so streng mit dir war."

Lukas schaute in seine Milch, auf die sachten Wellen, die über die weiße Oberfläche strichen.

„Manchmal wird Papa sauer. Dann macht er schlimme Dinge." Seine Stimme war kaum zu verstehen. „Ich fürchte mich vor ihm, wenn er so ist."

Auch wenn Münter ihn davon abzuschirmen versuchte, Nora hatte keinen Zweifel mehr, dass Lukas weitaus mehr von den Vorgängen im Haus verstand, als sein Vater wahrhaben wollte.

„Wir fürchten uns auch vor ihm."

Lukas blickte sie an. „Ja?"

„Ganz doll sogar. Jetzt ist er sauer auf uns. Wenn er wiederkommt, wird er schlimme Dinge mit Mami und mir machen."

Lukas schaute zu Sofie. Seine schmalen Finger krampften sich um den Becher. „Ich weiß."

„Das willst du nicht, oder?", fragte Nora.

Lukas schüttelte den Kopf.

„Dann brauchen wir deine Hilfe. Meinst du, du kannst uns helfen?"

Es gab nichts anderes mehr, keine andere Möglichkeit. Lukas war ihre einzige Hoffnung, diesen Abend zu überleben. Eine schwere Last für einen kleinen, dünnen Jungen.

„Ich darf nicht", murmelte er. „Sonst wird Papa böse auf mich."

Nora gab Sofie ein Zeichen. Ihre Schwester presste die Lippen zusammen, zögerlich, Lukas für ihre Zwecke einzuspannen. Aber sie musste einsehen, dass es der einzige Ausweg war und auch das Beste für Lukas selbst.

„Es ist sehr wichtig, Lukas. Du musst auch gar nicht viel tun. Du brauchst uns nur zu sagen, ob es ein Telefon im Haus gibt, das wir benutzen können."

Die Liebe, mit der er Sofie ansah, rührte Nora. Sie wirkte wie die echte, innige Liebe, die ein Kind für seine Mutter empfand.

„Das Telefon in Papas Büro funktioniert nicht. Sein Handy hat er bestimmt mitgenommen. Tut mir leid, Mami."

In seinem liebevollen Blick flackerte Sorge, Sofie enttäuscht zu haben. Sie lächelte und strich ihm über die Wange.

„Schon gut, Lukas. Du kannst nichts dafür."

„Lukas", sagte Nora. „Gibt es einen Weg, vom Hof zu kommen, ohne dass die Hunde uns etwas tun können?"

Ein weiteres Zittern durchfuhr Lukas, so heftig, dass Milch aus seinem Becher schwappte und auf den Boden klatschte.

„Willst du denn weggehen, Mami?", fragte er Sofie, Panik in den Augen. „Willst du uns verlassen?"

„Nein, Lukas", beruhigte sie ihn. Sie nahm ihm den Becher ab, stellte ihn auf den Tisch und fasste seine Hände. „Ich verlasse dich nicht."

„Wir müssen nur für kurze Zeit weg", sagte Nora. „Bald sind wir wieder da."

Lukas forschte in Sofies Gesicht. „Und dann bleibt ihr für immer bei mir und geht nie wieder weg?"

Sofie nickte.

„Versprochen?", fragte er.

„Versprochen."

„Versprechen …", sagte Lukas.

„… darf man nicht brechen", ergänzte sie.

Lukas rang mit sich. Seine Liebe zu Sofie stemmte sich gegen die Angst und den Gehorsam gegenüber seinem Vater. Die Liebe gewann.

„Es gibt einen Tunnel", sagte er. „Im Keller. Der führt unter der Erde durch bis hinter den Zaun. Papa hat mir verboten, da langzugehen. Es ist gefährlich, sagt er, weil der Tunnel einstürzen könnte."

Nora konnte es nicht glauben. Die ganze Zeit über hatte die Lösung buchstäblich unter ihren Füßen gelegen.

„Es ist okay, Lukas. Du musst nicht mit uns durch den Tunnel. Du musst ihn uns bloß zeigen. Kannst du das?"

Lukas nickte. Er zog die Brauen zusammen. „Die Kellertür ist zu. Wir brauchen den Schlüssel."

Der gottverdammte Schlüssel. Dieses Mal konnten sie ihn nicht einfach vom Tisch in der Diele nehmen. Münter hatte ihn zurück an Arturs Halsband gehängt.

Nora verließ die Küche. Sofie nahm Lukas an der Hand. Sie folgten Nora in die Diele und blieben oben stehen, als sie die Kellertreppe hinunterstieg. Ein Geländer hatte sie nicht. An die Wand gestützt, brachte Nora vorsichtig Stufe um Stufe hinter sich. Die Kellertür war so robust wie alle Türen im Haus. Ein eisiger Luftzug drang durch den Spalt darunter an ihre Füße. Obwohl Nora wusste, dass es sinnlos war, rüttelte sie an der Klinke. Die Tür gab keinen Millimeter nach. Sie hämmerte mit der Faust dagegen. Es donnerte dunkel.

„Die kriegst du nicht auf, Tante Nora", sagte Lukas.

Werkzeug, um die Scharniere abzuschrauben, hatten sie nicht. Im Schuppen war die Spitzhacke. Dazu müssten sie das Vorhängeschloss öffnen, und um überhaupt bis zum Schuppen zu gelangen, mussten sie an Artur vorbei. Da konnten sie genauso gut gleich versuchen, sich den Kellerschlüssel von ihm zu holen. Nur wie?

51

Die Dämmerung hatte eingesetzt. Regenschwere Wolken ballten sich am schwarzgrauen Himmel. Kalter Wind zerwehte Nebelschwaden. Die Hunde hatten den Hof nicht verlassen. Karla lag im Zwinger. Artur lief rastlos umher, als käme er nicht zur Ruhe, nachdem er Beute gerissen hatte. Wie ein Haustier hatte er sich nie benommen, allerdings auch nie so ungezähmt wie jetzt. Kein Hund mehr. Nur noch Wolf.

Karla regte sich nicht, als sie zu dritt aus dem Haus traten. Artur hielt in der Mitte des Hofs inne und wandte sich ihnen zu. Falls sich Karla raushielt, könnten sie ihn mit Stühlen überwältigen? Beides war zweifelhaft. Der Versuch hätte für sie wahrscheinlich geendet wie für Jochen. Der Schlüssel war unerreichbar.

Zumindest für Nora und Sofie.

„Artur hört nicht auf mich", sagte Lukas. „Ich kann ihm nicht befehlen, euch in Ruhe zu lassen. Aber wenn ich allein gehe, wird er mir bestimmt nichts tun."

Nora war nicht so sicher. Als Lukas Artur beim Füttern hatte streicheln wollen, hatte der Wolfshund nach ihm geschnappt, und das, obwohl Münter dabei gewesen war. Wie wahrscheinlich war es, dass er Lukas verschonte, wenn sein Herr nicht in der Nähe war?

„Was meint ihr?“ Lukas schaute von Sofie zu Nora. „Soll ich den Schlüssel für euch holen?“

Das konnten sie nicht zulassen. Dass ihr Leben auf dem Spiel stand, erlaubte ihnen nicht, einen kleinen Jungen in Gefahr zu bringen.

„Das brauchst du nicht, Lukas.“ Sofie drückte ihn an sich, strich ihm übers Haar. „Wir finden einen anderen Weg.“

Bloß welchen? Ohne den Schlüssel gelangten sie nicht in den Keller, und wenn sie nicht in den Keller gelangten, saßen sie fest.

„Doch, ich hole ihn euch.“

In Lukas’ Worten klang eine kindliche Aufregung und zugleich die Entschlossenheit eines Erwachsenen, der wusste, was zu tun war, und sich nicht scheute, es zu unternehmen.

„Nein, Lukas“, sagte Sofie. „Es ist zu gefährlich, wenn …“

Er machte sich von ihr los. „Ich will ein tapferer Ritter für die Prinzessinnen sein.“

„Lukas, nicht!“ Sofie streckte die Hand nach ihm aus.

Bevor sie ihn zu fassen kriegen konnte, war er die Stufen hinab in den Hof gelaufen. Artur stürzte sofort auf ihn zu.

„Lukas!“ Sofie wollte ihm nach.

Nora hielt sie fest. Vielleicht würde Artur Lukas nichts tun. Sofie würde er auf jeden Fall angreifen. „Nicht, sonst reizt du ihn noch mehr.“

Lukas war klug genug, jede hektische Bewegung zu vermeiden. Langsam ging er Artur entgegen.

„Ruhig“, sagte er. „Ich bin es, Lukas.“

Dicht vor ihm blieb Artur stehen. Neben dem schmächtigen Jungen nahm er sich gigantisch aus, als könnte er ihn mit einem einzigen Bissen verschlingen.

Sofie krallte ihre Finger in Noras Arm.

Im Zwinger hob Karla den Kopf, blieb jedoch liegen. Artur stieß ein dunkles Knurren aus. Die Ohren hatte er angelegt, sein Nackenfell stellte sich auf.

„Du bist ein braver Hund, Artur“, sagte Lukas. „Wir sind doch Freunde, oder?“

Artur fletschte die Zähne. Er schnappte nicht zu, als Lukas die Hand ausstreckte. Vorsichtig fasste er den Karabiner am Halsband, schaffte es allerdings nicht, ihn zu öffnen. Artur bellte Lukas an, wich ein paar Schritte zurück.

Nora und Sofie konnten nicht atmen.

Sachte, Lukas, dachte Nora. Ganz sachte.

Lukas ließ den Schlüssel nicht los, folgte dem riesigen Hund. Er nahm die zweite Hand zu Hilfe. Artur stieß ihm mit der Schnauze gegen die Brust, eine Warnung, aber es warf Lukas beinahe um. Er hielt den Schlüssel weiter fest, stolperte vorwärts, als Artur ihn nach hinten zerrte. Ein Ruck von Artur, und er wäre Lukas weggerutscht. Wenn Artur weglief und im Garten verschwand, konnten sie den Schlüssel vergessen. Er hing zwischen ihnen wie ein Spielzeug, um das sie balgten. Karla beobachtete ihr sonderbares Tauziehen, konnte sich jedoch noch nicht entscheiden, ob sie ihrem Leithund beistehen sollte.

Endlich gelang es Lukas, den Haken zu öffnen. Triumphierend reckte er Nora und Sofie den Schlüssel entgegen.

Zu schnell. Artur sprang vor, biss zu, erwischte den Ärmel von Lukas' Pullover. Erschrocken riss Lukas ihn zurück. Der Stoff ratschte.

„Aus, Artur!“, rief Lukas. „Böser Hund!“

Artur duckte sich knurrend. Karla erhob sich, lief bis zur Gittertür des Zwingers.

„Komm zu uns, Lukas!“, rief Nora. „Geh rückwärts, ganz langsam!“

Einen Schritt nach dem anderen näherte sich Lukas dem Haus, ohne die Augen von Artur zu lassen. Der Wolfshund pirschte ihm nach.

„Mami?“, rief Lukas ängstlich.

„Weiter so“, sagte Sofie. „Du schaffst das.“

Nur noch drei Meter bis zu den Stufen. Lukas stolperte über seine eigenen Füße. Er fiel mit einem Aufschrei und landete auf dem Rücken. Sofort war Artur über ihm. Lukas hob die Arme.

Schreiend eilten Nora und Sofie die Stufen hinab. Karla schoss aus dem Zwinger.

„Lass ihn in Ruhe!“ Nora streckte die Arme hoch, machte sich so groß wie möglich. „Verzieh dich!“

Es genügte, um Artur zu verwirren. Auch Karla stockte im Lauf. Lange genug, dass Sofie Lukas auf die Beine helfen konnte. Artur setzte ihnen nach, als sie zu dritt zur Tür flohen. Karla schlug einen Haken, um sie von der Seite anzugreifen. Doch sie schafften es die Stufen hoch, bevor die Hunde sie erreichten. Arturs wütendes Bellen folgte ihnen ins Haus. Sie knallten die Tür zu. Schwer atmend standen sie in der Diele.

„Alles okay, Lukas?“, fragte Sofie.

Lukas betrachtete seinen zerfetzten Ärmel.

„Alles okay.“ Mit einem stolzen Lächeln hielt er Sofie den Schlüssel hin. „Hier, Mami. Ich hab ja gesagt, ich schaffe das.“

Nora nahm ihm den Schlüssel ab und wühlte in seinem Wuschelhaar. „Spätestens jetzt verdienst du es, zum Ritter geschlagen zu werden. Jetzt zeigst du uns den Tunnel, ja?“

„Klar.“

Wieder stieg sie, dieses Mal mit Sofie und Lukas, die Kellertreppe hinab. Sie steckte den Schlüssel ins Schloss. Er drehte sich nicht.

„Fester, Tante Nora.“

Mit mehr Kraft gab das verkantete Schloss nach. Nora zog den Schlüssel ab und steckte ihn ein.

Dann öffnete sie die Kellertür.

52

Eine eisige Böe klatschte Nora den moderigen Geruch von kalter Erde ins Gesicht, von vergammelten Kartoffeln und schimmeligen Rüben. Der Gang, der vor ihr lag, verlor sich nach wenigen Metern im Dunkeln. Sie fand den Lichtschalter. Nichts tat sich.

„Das Licht ist kaputt", sagte Lukas.

Er schlüpfte an Nora vorbei und hob zwei Taschenlampen auf, die innen neben der Tür gestanden hatten. Die kleine Stablampe, die er selbst behielt, sandte einen kräftigen Strahl aus. Die kastenförmige Lampe mit Henkel, die er Nora reichte, gab ein breiteres, dafür dünneres Licht.

„Mir nach!", rief Lukas.

Nora und Sofie folgten ihm in die Kälte und den Muff des Kellers. Über nackten unebenen Beton und zwischen unverputzten Wänden folgten sie dem Gang, bis sie in einen Raum abbogen. Ihre Lampen beleuchteten Fässer, eine Kartoffelkiste und Regale voller Konservendosen mit vergilbten Etiketten. In Einmachgläsern trieben eingelegte Äpfel in trüber Flüssigkeit wie konservierte Organe oder missgebildete Föten in der Rechtsmedizin oder einem Kuriositätenkabinett.

Das Licht tanzte über die Wände und warf skurrile Schatten. Eine Tür auf der anderen Seite ließ sie auf einen weiteren Gang hinaus. Schon jetzt, nach wenigen Minuten, zeigte sich, wie weitläufig und unübersichtlich der Keller war. Sofie hielt sich dicht an Nora. Sie beeilten sich, mit Lukas mitzuhalten.

„Ihr dürft Papa nicht verraten, dass wir hier unten waren", sagte er. „Der Keller ist verboten. Ich komme manchmal heimlich her. Wenn er das rauskriegt, wird er böse."

„Keine Sorge", sagte Nora. „Wir verraten nichts."

Die Wände verliehen ihren Stimmen und Schritten einen hohlen Hall, wie ein Echo, das erstarb, bevor es sich ausbreiten konnte. Noras Lampe flackerte. Sie klopfte mit der flachen Hand dagegen. Der Lichtstrahl fing sich. Nora hoffte, dass er hielt, bis sie draußen waren.

In einem weiteren Raum waren ausrangierte Möbel versammelt, zerlegte Regale, zerbrochene Stühle, ein Sofa mit durchlöchertem Polster, dazu ein Fahrrad ohne Reifen, ein schiefer Standventilator, ein verbogener Vogelkäfig, Kisten und Kartons, alles von Spinnweben eingesponnen. Fenster gab es keine. Hin und wieder raschelte und fiepte es um sie. Der stechende Gestank von Rattenscheiße vermischte sich mit dem von verrottetem Fleisch. Wie viele tote Nager lagen wohl hier herum, verreckt an dem Gift, das Münter streute? Immerhin hielten sich die Biester von ihnen fern, wahrscheinlich abgeschreckt von dem Licht.

Noras Hand, mit der sie Sofies fasste, war feucht von kaltem Schweiß. Hitzeschübe durchwallten sie, wechselten sich mit Schüttelfrost ab. Ihr war schummrig, und bohrender Kopfschmerz hatte sich hinter ihren Augen festgesetzt. Ihr Fieber war schlimmer geworden.

Durchhalten, sagte sie sich. Schlappmachen kannst du, wenn wir hier raus sind.

Lukas führte sie über weitere Gänge und durch weitere Räume, ehemalige Waschküchen oder Kohlenkeller, jetzt vollgestellt mit Gerümpel. Der Gestank verdichtete sich. Je größer die Entfernung zur Treppe, desto mehr Nester hatten die Ratten offenbar angelegt. Nora gab den Versuch auf, sich den Weg zu merken. Sie würde ihn sowieso nicht noch einmal nehmen.

„Ist es noch weit?“, fragte sie.

„Nein“, antwortete der Junge über die Schulter. „Wir sind gleich da.“

Eine weitere Abzweigung, ein weiterer Gang. An seinem Ende erhob sich eine bogenförmige Doppeltür, die eher aussah, als führte sie in einen Ballsaal statt in einen Kellertunnel.

„Hier rein.“ Lukas trat zur Seite.

Nora drückte die Klinke herab und stieß die Tür auf.

Der Gestank überrollte sie wie eine Welle, dick und schwer, fast greifbar. Mit ihm drang lautes, auf- und abschwellendes Brummen auf sie ein. Woher es stammte, konnte Nora nicht ergründen. Im schwachen Schein ihrer Lampe erahnte sie lediglich Schemen im Dunkeln.

Lukas richtete sein Licht durch die Tür. Sofie schrie. Noras Kehle schnürte sich zu. Was sie rochen, war Menschenfleisch. Nora hoffte, es wäre nur eine Wahnvorstellung, ein grausiger Fiebertraum. Aber es war echt.

Vor ihr, in einer gewölbeartigen Halle, glitt der Lampenstrahl über Leichen. Achtlos hingeworfen, lagen sie auf dem Rücken, der Seite oder dem Bauch, manche mit verdrehten Gliedern. Tote Frauen, entsorgt wie der übrige Unrat in den Kellerräumen.

Auch wenn sich alles in Nora dagegen sträubte, trat sie ein und zog Sofie an der Hand mit sich.

„Schau nicht hin", sagte sie.

Sie selbst konnte nicht anders.

Die Leichen, in einigem Abstand voneinander, waren angezogen, ihre Röcke und Blusen verdreckt und zerfetzt. Ihre Körper waren noch übler zugerichtet, ihre Gesichter entstellt, Arme und Beine, Hände und Füße zerschmettert, als hätte Münter im Mordrausch mit einem Hammer auf sie eingeschlagen.

Nicht mit einem Hammer, dachte Nora. Mit einer Spitzhacke.

Die Toten befanden sich in unterschiedlichen Verwesungszuständen. Maden krochen in ihrem aufgeweichten Fleisch, Fliegen umschwirrten sie in dichten Wolken. Ihr Brummen umschloss Nora von allen Seiten, ebenso wie der unerträgliche Gestank. Nora hob die Hand, in der sie die Lampe hielt, und drückte Mund und Nase in ihre Ellenbogenbeuge.

Keine der Frauen war vollständig zum Skelett verwest. Dass hier und da blanke Knochen schimmerten, an Oberschenkeln und Wangen, Unterarmen und Fingern, rührte nicht allein von ihrem Verfall her. Bissspuren verrieten, dass die Ratten an ihnen fraßen. Quiekend huschten sie zwischen den Leichen umher. Ihre Pfoten trappelten unter dem Fliegengesumm, ihre Augen schimmerten im Licht.

Die Tote, die sich der Tür am nächsten befand, ruhte auf dem Rücken, ihr Kopf zur Seite gedreht. Nora erkannte Katharina, die Münter im Hof totgeprügelt hatte. Die anderen hätte Nora nicht mehr den Fotos in den Zeitungen zuordnen, hätte nicht sagen können, welche von ihnen Carola, Doro oder Mareike gewesen war.

Zu Übelkeit und Schwindel brach Wut in Nora aus. Die ganzen Tage über waren die Toten mit ihnen in diesem Haus gewesen. Münter hatte sie nicht durch die Brautpforte nach draußen getragen. Diese zweifelhafte Ehre hatte er seinem Hund erwiesen, nicht jedoch seinen Opfern. Er hatte sich nicht einmal die Mühe gemacht, sie im Garten zu vergraben. Er hatte sie nur in diesen zugigen Keller voller Ratten geschleppt.

Es gab nicht viel, was Nora für sie tun konnte. Aber eines versprach sie ihnen. Wenn Münter verhaftet oder von der Polizei erschossen worden war, würden diese vier Frauen endlich eine angemessene Bestattung erhalten. Nach ihrem schrecklichen Verlust und der belastenden Ungewissheit würden ihre Angehörigen zumindest von ihnen Abschied nehmen können, vier Familien, die …

Nora stutzte. Nicht vier Frauen. Dort hinten, am weitesten von der Tür entfernt, wo der wankende Lichtschein sie kaum erreichte, befand sich eine fünfte. Ohne Sofie loszulassen, trat Nora auf sie zu und richtete die Lampe auf sie. Sie lag nicht auf dem Boden, sondern saß, schief gegen die Armlehnen gesackt, in einem Stuhl, wie die Königin der Toten auf ihrem Thron. Sie trug das passende Gewand. Glitzern und Schimmern sprangen Nora entgegen, als die Perlenketten um ihren Hals das Licht zurückspielten, die silbernen Knöpfe an ihren Ärmeln, die goldene Brosche unter ihrem Hals, das Brautherz mit den Edelsteinen. Von den Blumen, die einst die Krone geschmückt hatten, war nichts mehr übrig.

Astrids Kopf ruhte an ihrer Schulter. Beinahe ein Totenkopf. Zerzauste Haarsträhnen fielen unter ihrer Haube hervor. Reste von Fleisch und Haut klebten in sehnigen Lappen an Stirn und Wangen. Schwarze Löcher klafften dort, wo ihre braunen Augen gewesen waren. Spinnen hatten ihre Netze darin gewebt und sie zwischen ihrer Schläfe und dem Stuhl gespannt. Ihr Mund bleckte gelbliche Zähne. Auch ihre Unterarme und Hände, bis auf die Knochen verwest oder abgenagt, zeugten davon, dass sie lange vor den anderen hierhergelangt war, als hätte sie in diesem düster-kalten Thronsaal auf ihr Gefolge gewartet.

Nora fragte sich, ob Münter sie gezwungen hatte, die Tracht ein letztes Mal anzulegen, bevor er sie getötet hatte, oder ob er selbst sie nach ihrer Ermordung als Blütenkönigin verkleidet hatte.

Um Astrid waren weitere Kleidungsstücke und Gegenstände verstreut, die Münter nicht in seinem Schrein haben wollte, weil er sie vermutlich nicht mit angenehmen Erinnerungen verknüpfte. Schmuckstücke, zerrissene Fotos, eine Handtasche. Bücher fanden sich ebenfalls auf diesem Haufen Andenken, die Münter zusammen mit Astrids

Leben vernichtet hatte, darunter einige der unbeschrifteten, Astrids Tagebücher.

Sofie hielt den Blick gesenkt. Ihre Hand fiel schlaff herab, als Nora sie losließ und die Lampe abstellte. Sie kniete sich hin, als wollte sie der Königin ihre Demut beweisen, schlug eines der Bücher auf und hielt es ans Licht. Das Papier war verblasst und feucht, die Tinte verschmiert. Doch während sie durch die Seiten blätterte, konnte sie einzelne Worte und Sätze entziffern.

... Unser Wunsch wahr geworden ... Schwangerschaftstest positiv ... Wir lachen darüber, freuen uns ... Es währt nicht lange ... Hartmut ist anders geworden, nicht mehr fürsorglich und rücksichtsvoll ... lässt mich nicht mehr aus dem Haus ... Wie eine Gefangene ... Er sperrt das Tor zu, kappt die Telefonleitung, lässt mich nicht an den Computer ... Ich gehöre ihm, sagt er, das Kind gehört ihm ...

Nora war, als hörte sie Astrid sprechen.

... Gestern hat er mich zum ersten Mal geschlagen ... ich habe Schmerzen, Angst um das Baby ... Ich flehe ihn an, mich zum Arzt zu bringen, vergeblich ... habe versucht, vom Hof zu kommen, er hat mich erwischt ... wenn ich so was noch mal versuche, sagt er, würde es mir ergehen wie meinen Eltern ... begreife ich, das Feuer, in dem sie gestorben sind, kein Unfall, er hat sie getötet, um mich ganz für sich zu haben ... zwingt mich, Nachrichten an Freundinnen und Freunde zu schicken, dass ich nichts mehr mit ihnen zu tun haben will, es nur noch

meine Familie für mich gibt … Geburt im Wohnzimmer, so viel Blut … trotz allem Glücksgefühl, meinen Sohn in den Armen zu halten … Ich liebe ihn mehr als alles auf der Welt … lange halte ich es hier nicht mehr aus … wenn ich bleibe, weiß ich nicht, ob ich es überlebe …

Nora blätterte zum letzten Eintrag, den Astrid niedergeschrieben hatte.

Ich habe mich entschieden. Ich werde fliehen und nehme Lukas mit. Ich habe meine Vorbereitungen getroffen. Ein paar Tage noch, dann sind wir weg von hier, von diesem gottverdammten Hof und vor allem von ihm. Ich spiele ihm die glückliche Ehefrau und Mutter vor, damit er nichts merkt. Gott, bitte lass ihn nichts merken. Manchmal fürchte ich, er ahnt etwas.

Das Buch rutschte Nora aus der Hand. Ein dunkler Schwindel durchfuhr sie. Sie musste sich auf dem Boden abstützen.

Ja, Münter hatte etwas geahnt. Astrids Fluchtversuch war in diesem Keller geendet. Der Polizei hatte er ein Märchen aufgetischt, hatte Briefe gefälscht und alle glauben lassen, Astrid lebte in einer anderen Stadt. Sie hatten es ihm abgekauft. Warum auch nicht? Damals hatte es noch keinen Serienmörder im Alten Land gegeben.

Nora, auf den Knien vor der Toten, schaute zu ihr auf, dem ersten Opfer des Bräutigams. Jetzt mussten sie und Sofie schaffen, was Astrid nicht gelungen war. Auch um ihretwillen, damit ihr und den anderen zumindest eine gewisse Gerechtigkeit widerfuhr. Und noch etwas konnten sie für Astrid tun. Sie konnten Lukas in Sicherheit bringen. Nora beschloss, nicht zurückzukehren, um ihn zu holen. Sie würden ihn direkt mitnehmen. Astrid hätte es so gewollt.

„Ich verspreche es dir", murmelte sie.

In diesem Moment hob Astrid den Kopf. Nora erstarrte. Es musste Einbildung sein. Aber es war keine. Astrids Haarsträhnen fielen ihr über die leeren Augen, mit denen sie auf Nora niederblickte. Sie neigte den Kopf, als wollte sie ihr mitteilen, dass sie ihren Entschluss guthieß. Ihr Kinn klappte nach unten. Doch statt Worten quetschte sich eine buschige Ratte mit langem Schwanz zwischen ihren Zähnen hindurch und landete auf Astrids Schoß. Gleichzeitig fiel etwas Glänzendes hinab und landete klirrend neben Nora. Die Ratte kreischte. Nora riss die Hände vors Gesicht, als sie mit einem Sprung von der Leiche setzte und im Dunkeln der Halle verschwand.

Neben Nora funkelte Astrids Brosche. Nora hob sie auf. Astrids Schädel sackte auf ihre Brust, wie ein Nicken, eine Aufforderung an Nora, das Brautherz einzustecken, als Lohn für Lukas' Rettung, als Mahnung, diese Pflicht zu erfüllen, ein Pfand, mit dem sie Nora in ihre Dienste nahm. Nora schob es in ihre Tasche, stand auf und zog Sofie an sich.

Sie mussten hier raus!

Schlimm genug, dass sie dieses grausige Mausoleum durchqueren mussten, um zum Tunnel zu gelangen. Wie hatte ihr einfallen können, auch nur eine einzige Sekunde länger als nötig zwischen den Toten zu verbringen?

„Lukas?" Sie sah sich nach einer weiteren Tür um, einem Durchgang, irgendeiner Öffnung im Mauerwerk. „Wie geht es von hier weiter?"

Lukas war mitten in der Halle stehen geblieben, umringt von den Leichen. Er zeigte keinen Schrecken, keine Angst oder Verstörung, während er seine Lampe über die ermordeten Frauen schwenkte.

„Das sind meine Mamis", sagte er. „Papa hat sie bestraft, weil sie böse waren. Weil sie uns verlassen wollten. Darum müssen sie jetzt im Keller liegen."

Lukas lachte, ein helles, kindliches Lachen, das sich über den misshandelten Körpern, dem Summen der Fliegen und dem Rascheln und Quieken der Ratten ausbreitete.

„Papa darf es nicht wissen. Aber manchmal besuche ich sie. Obwohl sie ganz doll stinken. Meine Stinkmamis. Bäh!"

Er hielt sich die Nase zu. Sein Lachen bekam einen zerquetschten Klang. Er drehte sich im Kreis. Der Lampenstrahl erhellte die Gesichter der Toten, die Grausamkeit, die ihnen widerfahren war, und Nora begriff. Es war nicht leichtsinnig von Münter gewesen, den Schlüssel an Arturs Halsband zu hängen. Er öffnete die Türen im Haus. Doch dahinter befand sich nichts, das ihnen half. Er war nichts als ein Ablenkungsmanöver gewesen, eine falsche Fährte, ein weiterer von Münters cleveren Schachzügen.

Wie sein Vater hatte auch Lukas sie zum Narren gehalten. Sein Gerangel mit Artur war nur ein Spiel gewesen, bei dem er nie in Gefahr geschwebt hatte. Es gab keinen Tunnel. Die Wanderung durch den Keller, das Versprechen von Freiheit waren nichts als ein Trick gewesen, mit dem Lukas sie hinhalten wollte, bis sein Vater zurückkehrte, oder ein Scherz, den er mit ihnen trieb und den er vielleicht auch mit den anderen Frauen getrieben hatte. Sie war darauf hereingefallen. Wie hatte sie so dumm sein können zu glauben, dass sich wie aus dem Nichts der rettende Ausweg auftun würde? So kindlich und unschuldig sich dieser Junge gegeben, so lieb und hilfsbereit er sich gezeigt hatte, er war genauso krank wie sein Vater.

Sofie streckte die Hand nach ihm aus.

„Lukas, was …?"

Er blendete sie mit der Lampe, sodass Sofie blinzelte.

„Du warst böse, Mami. Du auch, Tante Nora. Ihr habt gelogen. Ihr wolltet uns verlassen." Ein Grinsen breitete sich über sein schmales Jungengesicht. „Papa wird euch bestrafen wie die anderen bösen Mamis. Bald liegt ihr auch hier und stinkt. Das habt ihr davon."

Voller Bestürzung wich Sofie vor ihm zurück und wäre über eine der Toten gestolpert, wenn Nora sie nicht festgehalten hätte.

„Mein Papa wird mir eine bessere Mami holen!", rief Lukas. „Eine, die für immer bei uns bleibt!" Mit diesen Worten machte er auf dem Absatz kehrt und marschierte aus der Halle. Dabei fing er an zu singen. *„Häschen in der Grube sitzt und schläft, sitzt und schläft."*

Das Kinderlied schwebte fröhlich über die Leichname. Ein Abschiedslied, meinte Nora. Ein letzter Spott von Blaubarts Sohn.

„Armes Häschen, bist du krank, dass du nicht mehr hüpfen kannst?"

Sofie sank zu Boden und verbarg das Gesicht in den Händen. Was Münter ihr angetan hatte, hatte sie kaum verkraftet. Nur Lukas hatte ihr noch Halt gegeben. Sein Verrat musste sie zerschmettern.

Die Lampe flackerte.

Auch Nora war wie betäubt von dieser Offenbarung. Doch sie würde nicht freiwillig das Schicksal dieser Frauen teilen. Den Schlüssel hatte sie in ihrer Tasche. Lukas konnte sie nicht einschließen. Allerdings spielte das keine Rolle, wenn sie ihn verloren und dann noch ihre Lampe den Geist aufgab. Allein und im Dunkeln würden sie niemals aus diesem unterirdischen Labyrinth finden. Sie würden herumirren, bis Münter kam, sie ermordete und in seine private Leichenhalle schleppte. So leicht würden sie es ihm nicht machen.

„Häschen, hüpf, Häschen, hüpf, Häschen, hüpf."

Schon drang Lukas' Gesang bloß noch gedämpft zu ihnen. Nora hob die Lampe auf. Mit der anderen Hand half sie ihrer Schwester auf die Beine.

„Wir müssen ihm nach. Schnell, bevor er zu weit weg ist."

Sofie ließ sich ohne Widerstand mitziehen.

Lukas war flink. Als sie die Halle verließen, sahen sie gerade noch, wie das Licht seiner Taschenlampe am Ende des Gangs über die Wände zuckte. Das Lied trieb um die Ecke zu ihnen.

„Häschen in der Grube nickt und weint, nickt und weint."

Sie hasteten weiter, bogen ab. Lukas war verschwunden, seine Stimme leiser geworden.

„Doktor kommt geschwind vorbei und verschreibt ihm Arzenei."

Nora konnte nicht bestimmen, wie weit sie entfernt war oder in welcher Richtung sie erklang. Sie konnte sich nur von ihrer Intuition leiten lassen. Hatten sie diese Abzweigung genommen? Oder bewegten sie sich tiefer hinein in das Gewirr?

„Häschen, schluck. Häschen, schluck. Häschen, schluck."

Nora zerrte Sofie mit sich, die hinter ihr herstolperte. Durch die nächste Tür in den nächsten Raum voller Gerümpel. Kein Licht zu sehen außer dem ihrer Lampe. Es flackerte heftiger. Nora schüttelte sie. Das Licht erholte sich, leuchtete aber deutlich schwächer, kurz vor dem Erlöschen. Keine Spur, kein Laut von Lukas. Durch den Raum in den nächsten Gang. Und jetzt? Nach rechts oder nach links?

Sofie schluchzte. „Wir haben uns verlaufen. Wir finden niemals wieder raus."

„Sch", wies Nora sie an. „Du musst jetzt ganz still sein."

Sofie wimmerte leise. Nora lauschte. Über dem Rascheln und Quieken meinte sie, das Klappern von Perlenketten zu hören, das Rascheln eines langen Rocks, schlurfende Schritte. Astrid, dachte sie. Die Königin der Toten hatte sich von ihrem Thron erhoben und folgte ihnen mit ihren Untertaninnen. Vielleicht wollte sie ihren Schatz zurück, das Brautherz. Oder sie wollte Nora und Sofie zu ihren neuesten Hofdamen küren.

Unsinn, sagte sie sich. Das waren Fieberfantasien. Was sie hörte, waren nur die Ratten oder Geräusche, wie es sie in allen Kellern gab.

Da!

„Häschen in der Grube hüpft und springt, hüpft und springt."

Als verwaschene Melodie waberte das Lied durch das Dunkel. Sie eilten darauf zu. Nora rechnete damit, dass Münter hinter der nächsten Ecke lauerte, um die Spitzhacke nach ihnen zu schwingen. Doch weder stellte er sich ihnen in den Weg, noch holten sie die Toten ein. Sie schlossen weit genug zu Lukas auf, dass die einzelnen Worte wieder verständlich wurden.

„Häschen, bist du schon kuriert? Hey, das hüpft und galoppiert!“

Bald mussten sie es geschafft haben. Der Raum mit dem Fahrrad, hier waren sie gewesen. Oder war es ein anderer Raum, ein anderes Rad?

„Häschen, hopp. Häschen, hopp. Häschen, hopp.“

Sie traten aus der Tür. Stille. Wahrscheinlich hatte Lukas den Keller verlassen und war die Treppe hinaufgestiegen, sodass sein Gesang sie nicht mehr erreichte.

„Weißt du, wo es langgeht?“, fragte Nora.

Sofie schüttelte den Kopf. Nora schwenkte die Lampe nach rechts und links über den Gang. Die Lampe flackerte.

Dann erlosch das Licht.

Finsternis hüllte sie ein. Sofie konnte ihre Tränen nicht länger unterdrücken. Nora hielt ihre Hand fest. Auf keinen Fall durften sie einander loslassen.

„Bleib ruhig“, sagte sie zu Sofie ebenso wie zu sich selbst. „Wir kommen hier raus. Irgendwie kommen wir hier raus.“

Nur wie sollten sie den Weg finden, ohne etwas zu sehen, ohne etwas zu hören? Nora atmete tief ein. In den Gestank von Verwesung und Rattenscheiße, viel dünner als in der Halle, mischte sich etwas anderes. Der Geruch von vergammelten Kartoffeln und verrotteten Rüben. Der Vorratskeller! Wenn sie den fanden, hatten sie es so gut wie geschafft.

Sie warf die Lampe weg. Mit der einen Hand hielt sie Sofie fest, mit der anderen tastete sie sich dem Geruch nach durch die Schwärze. Vorsichtig setzte sie einen Fuß vor den anderen. Etwas strich über ihre Wange. Skelettfinger, die sie streichelten, sie dazu bringen wollten zu bleiben, für immer zu bleiben. Nora schlug blindlings um sich, zerfetzte die Spinnenweben, die sich an ihr verfangen hatten.

Der Geruch wurde stärker. Nora schob sich weiter an der rauen Wand entlang, griff ins Nichts, als sich eine Tür neben ihr auftat. Kurz darauf fühlte sie Regale, Gläser und Konservenbüchsen. Sie fuhr zusammen, als etwas auf den Boden schepperte. Es waren nur Dosen, die Sofie heruntergerissen hatte.

Meter für Meter arbeiteten sie sich voran, raus aus dem Vorratskeller. Nora wandte den Kopf. Rechts Dunkelheit, links jedoch ein gelblicher Streifen, der sie senkrecht durchschnitt. Ein Spalt in der Tür zur Treppe.

„Da vorne“, sagte Nora. „Gleich sind wir draußen.“

Sie durchquerten den Gang, stießen die Tür auf und stürzten hindurch. Das matte Dielenlicht kam Nora blendend hell vor wie Sonnenschein. So schnell sie konnte, wuchtete sie sich mit Sofies Hilfe die Stufen hoch. Erst oben auf der Treppe blieben sie stehen. Sofies bleiches Gesicht war nass von Tränen. Sie zitterte. Nora schloss sie in ihre Arme.

„Wir haben es geschafft“, flüsterte sie.

Über Sofies Schulter blickte sie zurück auf die offene Tür und die dahinterliegende Dunkelheit. Jeden Moment würde sich eine halb verweste Hand, die aus einem Ärmel mit Silberkugeln ragte, daraus hervor ins Licht recken. Am liebsten hätte Nora die Tür abgeschlossen und die Dunkelheit, die Ratten und die Toten im Keller eingesperrt. Aber sie konnte sich nicht überwinden, die Treppe noch einmal hinabzusteigen. Überhaupt drohte ihnen eine größere Gefahr, und die war nicht eingebildet.

„Münter wird bald wieder da sein", sagte Sofie.

53

„Schatz, ich bin zu Hause." Münter drückte die Haustür zu und schloss sie ab. „Sofie? Nora? Seid ihr da?"

Nora kauerte im ersten Stock hinter dem Treppengeländer. Sie wagte nicht zu atmen. Durch die Streben sah sie im matten Schein der Dielenlampe Teile von Münters Schultern. Anders als sonst zog er die Schuhe nicht aus. Seine Schritte dröhnten auf dem Parkett, als er zur Küche und von dort ins Wohnzimmer ging.

„Wo steckt ihr? Wir haben miteinander zu reden."

Nora umklammerte den Stiel der Pfanne. Ein Baseballschläger oder eine Brechstange wären ihr lieber gewesen. Aber die hatte sie genauso wenig zur Hand wie ein Messer.

Nachdem sie den Keller verlassen hatten, waren Sofie und sie nach oben gegangen. Lukas spielte mit seiner Ritterburg, schaute nicht einmal auf, als wären sie beide schon so tot wie seine vorherigen erzwungenen Mütter. Nora sperrte seine Tür zu. Dann schloss sie Sofie im Gästezimmer ein. Nora hatte sie ungern allein gelassen. Doch in ihrem aufgelösten Zustand wäre Sofie ihr keine Hilfe.

Wie sie jetzt hier hockte, kam sich Nora vor wie in einem Zeichentrickfilm oder einer schlechten Komödie, in der die Heldin dem Bösewicht eine Bratpfanne über den Schädel hämmerte.

Münter hatte die Durchsuchung des Erdgeschosses beendet und kehrte in die Diele zurück. „Oh, habt ihr euch im Keller umgesehen?"

Wenn er ihn nicht an Arturs Halsband vermisst hatte, musste er spätestens durch die offene Kellertür erkennen, dass sie an den Schlüssel gekommen waren.

„Diese Frauen vorher, das waren keine gesunden Beziehungen", sagte er. „Sie waren nicht bereit, mit mir an unseren Problemen zu arbeiten. Bei uns ist das anders, oder, Sofie? Ihr braucht keine Angst zu haben. Ich tu euch nichts."

Er blieb am Fuß der Treppe stehen. In seiner Faust glänzte sein Messer.

„Seid ihr oben?"

Nora glaubte nicht, dass er sie von unten sehen konnte. Dennoch machte sie sich klein.

„Das heute Nachmittag tut mir leid. Ich habe überreagiert."

Er stieg die Treppe hoch. Die Stufen knarzten. Noch drei oder vier, dann war er in Reichweite. Nora krampfte ihre Finger fester um den Pfannenstiel. Der erste Schlag musste sitzen. Sie wusste nicht, ob sie die Chance auf einen weiteren erhielt.

„Ich nehme euch nichts übel. Versprochen."

Münters Haar tauchte über dem Treppengeländer auf.

„Wir können alles klären wie Erwachs…"

Nora sprang auf und schwang die Pfanne. Münter duckte sich weg. Nicht schnell genug. Er grunzte, als Nora ihn voll im Gesicht traf. Blut schoss aus seiner Nase, die mit einem Mal schief stand. Seine Augen verdrehten sich. Er schwankte.

Nora schlug ein weiteres Mal zu. Er packte ihren Arm, zog sie halb über das Treppengeländer, wollte zustechen. Nora konnte sich nicht befreien. Statt Gegenwehr zu leisten, warf sie sich über das Geländer. Sie landete auf Münter und brachte ihn aus dem Gleichgewicht. Das Messer verfehlte sie haarscharf. Münter fiel rückwärts, riss Nora mit sich. Sie polterten über die Stufen. Noras Schulter krachte gegen eine der Kanten. Es fühlte sich an, als würde sie bersten. Nora schrie, hielt die Pfanne jedoch weiter fest. Münter dämpfte ihren Aufprall, als sie in der Diele landeten. Das Messer fiel ihm aus der Hand, schlitterte über das Parkett.

Nora lag halb auf, halb neben ihm. Er regte sich nicht. Seine Augen waren geschlossen. Der Blutstrom aus seiner Nase färbte sein Gesicht rot. Röchelnder Atem drang aus seinem Mund, bildete Blutbläschen unter seinem Schnauzbart. Stöhnend stemmte sich Nora auf die Knie und hob die Pfanne.

Münters Lider schnappten auf. Sein Blick war wirr. Aber er schaffte es, den Hieb abzufangen. Er erwischte Nora mit einem wilden Schwinger, schleuderte sie nach hinten. Ihre Lippe platzte auf, die Pfanne schepperte auf den Boden. Benommen kroch Nora von Münter weg auf das Messer zur. Er klammerte sich an ihr fest, krallte seine Finger in ihre Wade, mitten hinein in die entzündete Wunde.

Der Schmerz war wie eine Explosion in Noras Kopf. Sie schrie, bäumte sich auf.

Nora trat nach ihm, erwischte seine gebrochene Nase. Münter brüllte. Sie zerrte ihr Bein frei, wuchtete sich auf die Füße und wollte sich das Messer schnappen. Münter war schneller. Seine Finger schlossen sich um den Griff. Er reckte es ihr entgegen. Auch wenn er noch benebelt war, gegen ihn und sein Messer würde Nora nicht gewinnen.

Sie wandte sich um. Halb rennend, halb stolpernd flüchtete sie den Flur hinab. Über die Schulter sah sie, wie sich Münter schwankend erhob, sein Gesicht eine blutige Fratze, sein Bart wie ein in roter Farbe getränkter Pinsel.

„Nora!", rief er. „Bleib hier, Nora! Wir können über alles reden."

Nora erreichte das Wohnzimmer. In das konnte Münter von außen durch die Brautpforte eindringen. Weiter zur nächsten Tür. Sie war verschlossen. Nora fasste den Schlüssel in ihrer Tasche. Gott sei Dank hatte sie ihn in dem Kampf nicht verloren.

Münter folgte ihr mit wackeligen Schritten. Er fletschte die Zähne, keuchte gurgelnd durch sein Blut. Mit ihren zitternden Fingern brauchte Nora zwei Versuche, um den Schlüssel ins Schloss zu stecken. Sie drehte ihn um, zog ihn ab, stieß die Tür auf.

Münter hatte sie fast erreicht. Er schwang das Messer, verfehlte sie um Zentimeter, als sie sich durch den Spalt warf. Sie wollte die Tür zuknallen. Doch seine Hand mit dem Messer war dazwischen. Nora rammte die Tür gegen seinen Unterarm. Er schrie vor Schmerz und Wut, riss die

Hand zurück. Die Tür rastete ein. Nora schloss sie ab. Unter Zorngebrüll rüttelte Münter an der Klinke. Die Tür bebte, als er gegen sie anrannte. Einmal, dann ein weiteres Mal. Staub und Holzspäne rieselten herab. Die Tür hielt stand.

Nora schaltete das Licht ein. Jetzt erst begriff sie, dass sie in Astrids Zimmer war. Von den zahlreichen Fotos schaute Münters erste Frau ihr entgegen.

Ich weiß, wie du dich fühlst, sagten ihre Blicke. Ich habe das Gleiche erlebt, als er mich umgebracht hat. Jetzt bist du an der Reihe. Aus diesem Zimmer kommst du nicht mehr raus.

Eine weitere Tür gab es nicht, aus dem Fenster konnte Nora nicht klettern, weil Artur im Hof war. Fürs Erste war sie gerettet. Doch sie war eingesperrt. Seine Bemühungen, die Tür mit bloßer Körperkraft aufzubrechen, hatte Münter aufgegeben. Stille herrschte im Flur. Sie war fast schlimmer als der vorherige Krach. Nora konnte nicht orten, wo Münter war, was er tat.

Waren das Schritte? Wo ging er hin? Hatte er einen weiteren Schlüssel?

Die Haustür knallte. Verschwitzt und außer Atem eilte Nora zum Fenster. Ihr ganzer Körper fühlte sich an wie durch den Fleischwolf gedreht. Das Fieber kochte sie in ihrem eigenen Schweiß. Immerhin minderte das Adrenalin ihren Schmerz.

Sie öffnete das Fenster. Das Bellen der Hunde hallte ihr entgegen. Münter war nicht zu sehen. Die Büsche am Haus würden ihn daran hindern, zu ihr hereinzuklettern. Aber wenn er eine Leiter holte, konnte er sie nutzen, um darüberzusteigen. Nora wollte die Fensterläden schließen, als sie Münter entdeckte.

Er stapfte zum Schuppen, entriegelte das Vorhängeschloss und verschwand im Inneren. Eine Leiter holte er nicht. Als er wieder nach draußen trat, hielt er die Spitzhacke. Er grinste Nora mit seinem blutigen Gesicht an. Die Hacke über der Schulter, marschierte er über den Hof. Wieder das Knallen der Haustür, gefolgt von Münters Schritten im Flur.

„Mach sofort auf, Nora! Sonst werde ich richtig sauer."

Nora schloss das Fenster. Sie saß in der Falle. Es gab nichts, was sie als Waffe verwenden konnte, nur die Besitztümer einer toten Frau. Wenn ihr nichts einfiel, wäre sie bald genauso tot.

„Nein?", fragte Münter. „Okay, wie du willst."

Mit einem Donnern krachte die Spitzhacke gegen die Tür, brachte sie zum Wackeln. Nora hörte Holz splittern.

„Ich war zu nachsichtig!", rief Münter. „Ich habe euch zu viel durchgehen lassen, und wie dankt ihr es mir? Ihr nutzt meine Güte schamlos aus, greift mich sogar heimtückisch an. Jetzt ist das Maß voll, hörst du? Du wirst mich in meinem eigenen Heim nicht zum Narren halten!"

Ein weiteres Mal schmetterte er die Hacke gegen die Tür. Ein Riss klaffte darin auf. Lange würde sie nicht halten. Nora musste sie verbarrikadieren. Sie stemmte sich gegen die Kommode, hatte jedoch nicht mehr genügend Kraft, sie zu bewegen. Lediglich die Fotos darauf fielen unter ihrer Anstrengung um. Jenes, das Astrid in ihrer Tracht zeigte, blieb als einziges stehen. Astrid, die Blütenkönigin, die ihr Leben noch vor sich hatte.

„Ich werde nicht hier sterben", schwor Nora ihr, während Tränen der Verzweiflung über ihre Wangen liefen. „Ich werde nicht bei dir in dem verdammten Keller landen und Sofie auch nicht."

Astrid lächelte.

Jeder Einschlag der Spitzhacke dröhnte wie eine Bombenexplosion, erschütterte das ganze Zimmer. Mit jedem von ihnen wich Nora weiter rückwärts, als würden Schockwellen sie nach hinten werfen. Sie stieß gegen die Schaufensterpuppe, die neben dem Schrank Astrids Lieblingskleid trug. Nora erschrak, wäre selbst fast gestürzt, als die Puppe umkippte. Nora drückte sich mit dem Rücken gegen das Regal.

Weiter zurück konnte sie nicht.

„Eine treuherzige Ehefrau und eine fürsorgliche Mutter für meinen Sohn", rief Münter in seiner Raserei, „das ist alles, was ich wollte! Sofie und ich waren so glücklich. Dann hast du dich bei mir eingeschmeichelt, damit ich dich einlade. Du warst von Anfang an gegen unsere Beziehung, wolltest uns auseinanderbringen. Das wirst du büßen!"

Das nächste Holzstück brach aus der Tür, gleich darauf noch eins.

„Ich werde dir jeden Knochen einzeln zertrümmern, Nora. Ich werde Artur und Karla von dir fressen lassen, und wenn du kurz vor dem Verrecken bist, werfe ich dich in den Keller zu den anderen Verräterinnen. In dem Gestank und bei den Ratten kannst du in deinen letzten Minuten darüber nachdenken, was du getan hast."

Je weiter die Tür nachgab, desto schneller traf die Hacke, wieder und wieder.

„Anschließend werde ich mir Sofie vornehmen. Strafe muss sein. Wenn sie Einsicht zeigt und verspricht, sich zu bessern, können wir unsere Ehe bestimmt retten. Sobald du weg bist, wird alles wie vorher."

Ein letzter Schwung mit der Spitzhacke, ein letztes Beben und Bersten. Die Tür war zerstört.

Münter stürmte ins Zimmer.

54

„Hallo, Schatz.“ Nora streckte Münter die Hand entgegen. „Da bist du ja endlich. Ich habe auf dich gewartet.“

Münter blieb so plötzlich stehen, als hätte ein Faustschlag auf die Nase seinen Ansturm gestoppt. Alle Wut und alle Mordlust wichen aus seinen Zügen. Stattdessen breitete sich Fassungslosigkeit darauf aus.

„Aber … was?“, stammelte er. „Wie …?“

Die Spitzhacke rutschte ihm aus der Hand und fiel mit metallischem Knall auf das Parkett. Er wischte sich mit dem Ärmel Schweiß und Blut vom Gesicht, als hätte er eine optische Täuschung vor sich, die verschwinden würde, sobald er wieder deutlich sah.

Sie blieb. Astrid, wie die vielen Fotos sie zeigten, stand in Fleisch und Blut vor ihm. Sie hatte ihr Lieblingskleid angezogen und ihren schönsten Schmuck angelegt. Ihre braunen Haare hatte sie hochgesteckt. Der betörende Duft von Apfelblüten und Maiglöckchen schwebte ihm entgegen, umhüllte ihn wie die Musik, Dolly Parton, die *I Will Always Love You* sang, während sich auf dem Fernseher ein Brautpaar dazu im Tanz wiegte.

„Du machst einen Heidenlärm", sagte Nora. „Wat hest du för Hummeln in 'n Moors?"

Sie bemühte sich, Astrids Stimme nachzuahmen, wie sie es beim Vorlesen aus ihrem Tagebuch getan hatte. Sie hoffte, dass der Kloß in ihrem Hals nicht die Worte zerquetschte und sie verriet.

In der kurzen Zeit, die sie gehabt hatte, hatte sie sich so weit wie möglich in Astrids Abbild verwandelt. Astrids Kleid und die Frisur, ihr Parfüm und der Schmuck unterstrichen die Ähnlichkeit, die sie miteinander verband. In dem schummrigen Licht war es einfach, Nora für die Frau auf den Bildern zu halten.

„Das ist unmöglich." Münter blinzelte das Blut aus den Augen. „Du bist doch …"

Nora lächelte, wie Astrid gelächelt hatte. „Was bin ich, Liebling?"

Er hob eine Hand, um sich zu vergewissern, dass sie echt war und sich nicht bei der kleinsten Berührung in Luft auflösen würde.

„Beruhig dich erst mal", sagte sie. „Du Armer bist ja ganz außer Atem."

Nora war es zuwider, ihn anzufassen. Doch sie durfte ihm keine Gelegenheit geben, seine Verblüffung zu überwinden. Sie versuchte, ihn nicht ihr Zittern merken zu lassen, als sie ihre Finger in seine schlang und ihn näher an sich zog – und tiefer in die Wahnvorstellung, die sie für ihn lebendig werden ließ.

„Astrid?", fragte er. „Bist du es wirklich, Astrid?"

Nora schaute ihm unentwegt in die Augen. Sie versuchte, Münter in ihren nichts als Liebe und Vertrauen sehen zu lassen statt der Angst, die sie empfand.

„Natürlich bin ich es.“ Sie lachte. „Wer sollte ich sonst sein?“

Ein Teil von ihm, spürte Nora, blieb skeptisch, durchschaute die Täuschung vielleicht sogar. Ein anderer jedoch, mindestens genauso mächtig, wollte ihr glauben, wollte, dass er niemand anderes als Astrid vor sich hatte, die Frau, die er über alles geliebt und deren Verlust er nie verwunden hatte, auch wenn er selbst schuld an diesem Verlust war. Diesen Teil musste sie stärken.

„Ich freue mich so sehr, dich bei mir zu haben. Ich habe dich vermisst, Hartmut.“

Sie schaffte es, nicht zusammenzuzucken, als er ihr übers Haar strich.

„Mein Gott, Astrid. Meine Astrid.“

Er lächelte unter seinem blutigen Schnauzbart. Nora streichelte seine blutverschmierte Wange. Er war wie in den Bann geschlagen. Nora hatte ihn. Sie wusste nicht, wie lange. Aber sie hatte ihn.

„Mein lieber Hartmut.“

Sie blickten einander an wie zwei Menschen, die in ewiger Liebe zusammengefunden hatten. Dolly Parton sang nur für sie.

Dann verging Münters Lächeln. Er schüttelte den Kopf, als wollte er einen unliebsamen Gedanken verdrängen.

„Was hast du, Schatz?“, fragte Nora. „Ist etwas nicht in Ordnung?“

Die Zuneigung in Münters Augen erlosch. Etwas Dunkles trat an ihre Stelle.

„Du wolltest weggehen." Sein Zorn drohte wieder aufzuflammen, Zorn über Astrids Verrat. „Du wolltest uns verlassen."

Seine Finger schlossen sich so fest um Noras, dass es wehtat. Sie unterdrückte einen Aufschrei.

„Ich dich verlassen?", fragte sie. „Wie kommst du auf solchen Unsinn? Ich war die ganze Zeit über hier."

„Nein." Münter griff sich an die Schläfe, ohne ihre Hand freizugeben. „Du bist gegangen. Du wolltest Lukas mitnehmen."

„So etwas Schreckliches würde ich niemals tun." Nora wies auf den Fernseher, auf das tanzende Paar. „Wir haben ein Gelübde abgelegt. Um nichts in der Welt würde ich das brechen. Außerdem sind wir so glücklich miteinander. Du bist so ein fürsorglicher Ehemann und Vater."

Sie durchsuchte ihr Gedächtnis nach den Sätzen in Astrids Tagebuch.

„Unser Hof ist wunderschön. Ich hätte nie gedacht, dass ich mal ein Leben wie aus dem Bilderbuch führen würde, mit dem perfekten Mann an meiner Seite."

Red weiter, sagte sie sich. Solange du redest, hast du eine Chance.

„Und unser Lukas! Er ist das größte Geschenk, das wir einander machen konnten. Er schlägt ganz nach dir aus. Es stimmt eben, de Appel fallt nich wiet von 'n Stamm."

Münters Widerstand weichte auf. Ein Rest Zweifel jedoch hielt sich beharrlich.

„Ich bin jeden Tag froh, dich gefunden zu haben", fuhr Nora fort. „Mein Liebling, du weißt ja, was ich immer sage." Sie tippte ihm an die Stirn. „Een beten Grütt ünner de Mütz is veel nütz." Sie legte ihm die Hand auf die Brust. „Obers een goodes Hart ünner de West is dat Best. Du hast so ein gutes Herz, Hartmut. Du und Lukas, ihr seid mein ganzes Glück."

Münters Griff lockerte sich.

„Und ihr seid meins!", stieß er hervor. Tränen quollen aus Münters Augen. „Ich will dich nie verlieren, Astrid. Ich will nie ohne dich sein."

Nora nahm seinen Kopf in beide Hände. „Und ich nicht ohne dich. Niemals."

Sie hatte ihn eingesponnen. Aber sie durfte nicht nachlassen. Sie wusste nicht, wie lange sie die Täuschung aufrechterhalten konnte. Würde sie noch wirken, wenn die Musik verstummte? Oder würde er, wenn das Lied ihn nicht mehr einlullte, wieder zu sich kommen, sie erkennen und töten?

„Schon gar nicht heute. Schließlich ist unser Hochzeitstag."

Münter schaute zum Fernseher. „Unser Hochzeitstag?"

Nora zog einen Flunsch. „Sag nicht, du hast ihn vergessen?"

Er presste die Lippen aufeinander. Blut rann ihm aus der Nase über den Mund und tropfte von seinem Kinn. Dann lächelte er. „Nein, natürlich nicht."

„Das hätte ich auch nie gedacht."

Münter strahlte sie an. „Lass uns feiern."

Er schlang die Arme um sie. Nora überwand ihren Ekel, schmiegte sich an ihn. Einen Moment standen sie in inniger

Umarmung, bevor sie zu tanzen begannen. Dolly Parton setzte zur letzten Strophe an.

Nora brauchte all ihre Selbstbeherrschung, um nicht nur Münters Nähe zu ertragen, sondern auch den Schmerz, der bei jedem Schritt durch ihr Bein schoss. Sie durfte nicht hinken oder stolpern und die Illusion zerstören. Sie stützte sich an Münter ab, um das Bein zu entlasten. Jede Drehung verstärkte den Schwindel, den das Fieber in ihr auslöste. Münter summte mit, während er sie über das Parkett führte, sie zu blutigen Abbildern des Paars auf dem Hochzeitsvideo wurden. Lange würde das Lied nicht mehr dauern.

„Astrid", murmelte er. „Wir gehören zusammen, Astrid."

Er ließ sie eine Pirouette vollführen. Noras Bein knickte weg. Sie konnte sich gerade noch an Münter festhalten, um nicht zu fallen.

„Hoppla", sagte er. „Keine Sorge, mein Schatz. Ich habe dich und lasse dich nie wieder los." Er strich ihr mit der Nase über die Wange. „Ich liebe dich, Astrid. Ich habe dich immer geliebt, und ich werde dich immer lieben."

Nora fuhr ihm durchs Haar, strich über seinen Rücken. Sie gab acht, nicht aus dem Rhythmus zu geraten, als sie ihre Hand in die Tasche ihres Kleids steckte.

„Ich liebe dich auch, Hartmut." Sie ertastete das Brautherz, krampfte die Finger darum. „Für immer."

Sie zog die Brosche hervor. Ihre Hand wanderte über Münters Rücken, dicht an seinen Hals. Er presste sie fester an sich, neigte den Kopf und schloss die Augen. Voller Leidenschaft sang Dolly Parton den Refrain. Münters blutiger Mund näherte sich Noras, öffnete sich zum Kuss. In jenem

Moment, in dem sich ihre Lippen berührten, rammte sie ihm die Spitze der Brosche in den Hals.

Münter röchelte. Verdutzt taumelte er von Nora weg und betastete das goldene Herz, das in ihm stecken geblieben war. Er gab ein Gurgeln von sich. Seine Hand fiel von der kleinen Krone mit den Edelsteinen ab, die aus seinem Hals ragte. Er hustete einen Blutschwall. In seine aufgerissenen Augen trat Bestürzung darüber, wie die innige Romantik mit seiner geliebten Frau so plötzlich umschlagen konnte. Enttäuschung folgte. Wut. Erkenntnis. Er sah nicht mehr Astrid vor sich. Er sah Nora.

Der Bann war gebrochen.

„Du dreckiges Miststück!", stieß er durch das Blut hervor. „Du verdammte Lügnerin!"

Der Stich hatte ihn schwer verwundet und geschwächt. Sein Zorn verlieh ihm neue Kraft. Mit einem Aufschrei ging er auf Nora los. Sie wollte aus dem Zimmer rennen, schaffte jedoch nur zwei humpelnde Schritte, bevor Münter sie zurückriss. Noras Haar löste sich, fiel ihr in Strähnen ins Gesicht, als er sie durch den Raum schleuderte. Sie krachte gegen die Regale. Bücher und Dekorationsgegenstände fielen heraus. Der Aufprall trieb ihr die Luft aus den Lungen. Sie ächzte. Schon war Münter bei ihr, schmetterte ihr seine Faust ins Gesicht. Blitze explodierten vor Noras Augen.

„Du Schlampe!" Seine Worte waren kaum verständlich, ein blutiges Gegurgel. „Du Verräterin!"

Nora hob die Arme, konnte aber nicht verhindern, dass ein Schwinger ihr Auge traf. Schwärze brach über sie herein, nahende Ohnmacht, während Münters Hiebe auf sie einprasselten. Die Welt wurde ein gewaltiges Dröhnen voller Schmerz. Nora sackte zusammen. Drei, vier weitere Schläge, dann erschien das Messer in Münters Faust. Er beugte sich über sie, packte ihr Haar. Nora streckte die Hand aus, wollte ihn von sich schieben. Sie war zu schwach.

„Gib es auf, Nora", röchelte er. „Bei dir sind … Hoppen un Malt … verloren."

Durch die Dunkelheit, die immer dichter um sie wurde, spürte sie Münters blutiges Gesicht unter ihren Fingern, seinen Schnauzbart. Seinen Hals. In seinem Hals etwas Hartes. Sie versuchte, es zu fassen. Doch es war glitschig vom Blut, und sie rutschte ab.

Münter holte mit dem Messer aus.

Ein weiteres Mal griff sie zu, kriegte Astrids Brautherz zu fassen. Mit letzter Anstrengung riss sie es heraus, bevor sie die Kräfte verließen und sie erschlaffte.

Alles war wirbelnde Finsternis, ein Strudel, der sie in immer tiefere Schwärze ziehen wollte. Ein winziger Rest Bewusstsein blieb ihr, wie ein einziger, schwach flackernder Lichtpunkt im Dunkeln. Nora wartete auf den Stich, den Schnitt durch ihre Kehle, der ihn auslöschen würde. Er kam nicht. Mit unsagbarer Mühe zwang sie die Augen auf. Das eine war zugeschwollen. Mit dem anderen schaute sie zu Münter hoch.

Er wich zurück. Blut platzte in einer Fontäne aus seinem Hals, klatschte gegen die Regale und die Fotos von Münter und Astrid, regnete auf den Boden, spritzte auf den Fernseher, auf dem das Brautpaar tanzte. Münter schwankte, das Messer fiel herab. Er presste die Hand auf die Wunde, konnte die Flut jedoch nicht stoppen. Mehr und mehr Blut schoss aus ihm heraus. Sein Hemd war vollkommen damit durchtränkt, eine rote Pfütze bildete sich um ihn.

Er starrte Nora an, versuchte zu sprechen, und brachte nur nasses Lallen heraus. Er stolperte auf sie zu, glitt auf seinem Blut aus und landete auf den Knien. Er reckte Nora die Hände entgegen, als wollte er ihr einen Antrag machen. Wie in Zeitlupe kippte er und landete in der Lache, die sich um ihn ausbreitete. Er gab ein letztes Gurgeln von sich. Der Blutstrom aus seinem Hals versiegte. Ein Zucken lief durch seine Beine, bevor er reglos dalag.

Nora wäre am liebsten einfach sitzen geblieben, hätte die Ohnmacht über sich hereinbrechen lassen. Aber sie musste sichergehen. Auf allen vieren schleppte sie sich zu Münter. Sie nahm das Messer, richtete sich auf und hielt es hoch, die Spitze auf sein Herz gerichtet. Kein Atem hob und senkte seine Brust. Seine Augen waren offen, sein Blick leer.

Erschöpft sank Nora neben ihn. Das Messer rutschte ihr aus den Fingern. Sie spürte keine Erleichterung. Sie spürte gar nichts außer dem Schmerz. Das Dröhnen in ihrem Schädel hielt an. Um sie in dem rot gesprenkelten Zimmer herrschte Stille. Der Fernseher zeigte nur noch flimmernden Schnee. Dolly Parton hatte aufgehört zu singen. Etwas stach Nora in die Hand. Sie hielt noch immer das blutige Brautherz. Ihr Blick fiel auf das Foto von Astrid als Blütenkönigin. Als einziges hatte es wenig Blut abbekommen. Astrids Lächeln, meinte Nora, galt ihr.

55

Endlich waren sie da. Blaulichter flackerten über den Weg, der vom Tor zum Haus führte. Kein Großaufgebot, nicht einmal ein Mannschaftstransporter. Ein einziger Streifenwagen rollte auf den Hof, ohne Sirenengeheul. Nora, eine Decke über den Schultern, stand auf. Sie und Sofie hatten draußen auf den Stufen gewartet.

Nachdem Nora Sofie aus ihrem Versteck geholt hatte, hatte keine von ihnen auch nur eine Sekunde länger als nötig in dem verfluchten Haus bleiben wollen. Während sie Sofie die Treppe hinunter und durch die Diele führte, achtete Nora darauf, dass Sofie keinen Blick in Astrids Zimmer warf. Die Hunde streunten über den Hof, bellten oder knurrten jedoch nicht, als sie aus dem Haus traten. Sie machten einen verwirrten Eindruck, besonders Artur, als ahnten sie, dass ihr Herr nicht mehr da war.

Nora und Sofie setzten sich. In der Hand hielt Nora das Handy, das sie aus Münters Hosentasche gezogen und mit seinem blutigen Zeigefinger entsperrt hatte, um noch in Astrids Zimmer den Notruf zu wählen. Ein anderes Handy als jenes, das er ihr auf der Hochzeitsfeier gegeben hatte.

Ihre Befürchtung, es könnte kaputt sein, keinen Empfang oder einen leeren Akku haben, hatte sich nicht bestätigt.

„Sie kommen", flüsterte sie Sofie zu, während sie sich unter den Decken aneinanderschmiegten. „Bald sind wir gerettet."

Sofie sagte nichts, bettete ihren Kopf auf Noras Schulter. Die Nachtluft tat Nora gut, kühlte ihre Wunden, klärte ihren Verstand. Allerdings konnte sie nicht verhindern, dass Nora während des Wartens immer wieder einnickte und kurz darauf hochschreckte. Sie hätte nicht sagen können, wie lange sie dort gesessen hatten, bis die Hunde Alarm schlugen. Das Eintreffen des fremden Wagens erinnerte sie an ihre Rolle. Kläffend sprangen sie um ihn herum, als er auf das Haus zufuhr.

Nora lotste die Beamten an die Stufen heran. Bei allem, was sie erlebt hatten, fand sie es unpassend, dass nur so wenige anrückten. Wahrscheinlich wollten sie prüfen, ob es sich nicht um einen Scherzanruf gehandelt hatte. Immerhin hatten sie ihn ernst genug genommen, um das Tor aufzubrechen.

Der Wagen hielt neben Nora und Sofie. Das Blaulicht flackerte über ihre Gesichter und das Haus. Auf der Beifahrerseite glitt das Fenster herunter. Der junge Mann dahinter sah trotz seiner Uniform kaum alt genug für den Polizeidienst aus. Er starrte Nora mit großen Augen an.

„Scheiße!", rief er. „Sie sind es wirklich!"

Der Fahrer beugte sich an ihm vorbei zu Nora herüber. Er war ein älterer Mann mit buschigen grauen Brauen, der die Abgeklärtheit des erfahrenen Polizisten ausstrahlte. Dennoch brauchte auch er einen Augenblick, um seine Verwunderung zu überwinden.

„Nora Siegel?", fragte er. „Sofie Siegel?"

Sofie hob den Kopf, als sie ihren Namen hörte. Was vor sich ging, dass sie gerettet waren, drang jedoch nicht vollends zu ihr durch.

Nora legte ihr eine Hand auf die Schulter und nickte. „Das sind wir."

Der Jüngere erholte sich von seinem Erstaunen und gab die Meldung über Funk durch. Der Ältere stieg aus und, auf Noras Warnung vor den Hunden, beeilte sich, die Stufen zu erreichen. Bereit, seine Waffe zu ziehen, behielt er Artur im Auge.

„Wo ist der Täter?", fragte er.

„Drinnen", antwortete Nora. „Er ist tot."

Er spähte durch das Fenster in der Haustür.

„In Ordnung, Frau Siegel. Wir warten trotzdem auf Verstärkung."

Nora konnte es ihnen nicht verübeln, dass keiner von ihnen allein das Haus eines Serienmörders betreten wollte. Zu zweit ging es nicht, weil es bedeutet hätte, Nora und Sofie ohne Schutz zu lassen.

Dieses Mal mussten sie nicht lange warten. Bald näherten sich Sirenen. Weitere Polizei- und ein Krankenwagen rasten auf den Hof. Ihre Blaulichter und Scheinwerfer erhellten den Zwinger, Teile des Gartens und das Haus. Mit einer Stange, an der sich eine Schlaufe befand, fingen die Beamten Karla ein. Sie wehrte sich kaum. Artur hingegen bellte, fletschte die Zähne und schnappte nach ihnen. Erst nachdem sie ihn betäubt und in einem Käfig in einem der Wagen untergebracht hatten, wagten sich zwei Sanitäter und eine Ärztin aus dem Krankenwagen. Gemeinsam mit Lasker und Reckert, die aus einem zivilen Wagen stiegen, eilten sie auf Nora und

Sofie zu. Nora hatte keine Ahnung, wie spät es war. Aber die beiden Mordermittler sahen aus, als wären sie aus dem Bett gesprungen und hätten sich hastig etwas übergeworfen.

„Gott sei Dank sind Sie am Leben", begrüßte Lasker sie, verschwendete aber keine weitere Zeit mit Freundlichkeiten. „Frau Siegel, Sie haben den Kollegen mitgeteilt, der Täter sei verstorben."

„Sein Name ist Hartmut Münter", sagte Nora. „Die Frauen, die er ermordet hat, liegen im Keller. Heute Nachmittag hat er noch jemanden umgebracht, einen Techniker, den er in seinem Transporter irgendwo versteckt hat."

„Eins nach dem anderen, Frau Siegel", sagte Reckert. „Erst mal kümmern wir uns um diesen Münter. Wo im Haus befindet sich seine Leiche?"

„Hinten im Erdgeschoss."

Nora beschrieb ihnen den Weg zu Astrids Zimmer.

„Mitkommen!", befahl Lasker drei Polizisten.

Mit gezogenen Waffen betraten sie das Haus. Ein Polizist nahm Nora das Handy ab und verstaute es in einem Beweismittelbeutel. Die Ärztin und die Sanitäter führten Nora und Sofie zum Krankenwagen. Sofie nahm alles teilnahmslos hin. Die Ärztin untersuchte sie, bettete sie mithilfe der Sanitäter auf eine Liege und verabreichte ihr eine Spritze. Das Medikament versetzte sie in einen Dämmerzustand, in dem sie sich sichtlich entspannte. Ein Sanitäter kümmerte sich derweil um Nora, die sich auf die Kante des Krankenwagens gesetzt hatte, versorgte die Wunden in ihrem Gesicht, reinigte und verband die entzündeten Bisse. Die Ärztin spritzte ihr eine Dosis Antibiotikum und ein Schmerzmittel.

„Das war gerade noch rechtzeitig", sagte sie. „Nicht mehr lange, und wir hätten Ihr Bein und Ihren Arm nicht mehr retten können. Sie beide werden auf jeden Fall einige Tage im Krankenhaus verbringen müssen."

Lasker kam wieder nach draußen und überquerte den Hof mit eiligen Schritten. Ihre Miene verhieß nichts Gutes.

„Frau Siegel, ich möchte Sie nicht beunruhigen."

Nora stand auf. „Aber?"

Nora ahnte, was Lasker antworten würde. Sie schaute nach Sofie. Ihre Augen waren geschlossen, ihr Atem ging gleichmäßig. Nora bedeutete der Kommissarin, ihre Stimme zu senken.

„Wir haben das Zimmer gefunden", erklärte Lasker, „allerdings keine Leiche."

Ein kalter Schauer lief Nora über den Rücken. Sie war sicher gewesen, dass Münter gestorben war. Eine solche Verletzung und einen so starken Blutverlust hatte er nicht überleben können. Oder doch? Sie verfluchte sich, dass sie ihm nicht das Messer ins Herz gestoßen hatte.

„Er ist auch sonst nirgendwo im Erdgeschoss", fuhr Lasker fort, „zumindest nicht in den Zimmern, deren Türen offen sind. Wir durchkämmen jetzt den Rest des Hauses."

Das Messer, fiel Nora ein, hatte sie liegen lassen. Sie sah Münter vor sich, wie er den Polizisten blutüberströmt in einem Versteck auflauerte, entschlossen, möglichst viele von ihnen umzubringen, bevor sie ihn zur Strecke bringen konnten.

„Seien Sie vorsichtig. Er ist verdammt gefährlich und hat vielleicht eine Waffe." Nora fand den Schlüssel, den sie noch bei sich trug, und reichte ihn Lasker. „Damit können

Sie überall rein. Im Obergeschoss ist ein kleiner Junge in einem der Zimmer eingesperrt. Münters Sohn. Passen Sie auf mit ihm. Er kommt ganz nach seinem Vater."

Lasker nahm den Schlüssel. „Machen Sie sich keine Sorgen. Niemand kann Ihnen und Ihrer Schwester mehr schaden."

Außer den Beamten im Haus waren bestimmt zehn weitere auf dem Hof, alle bewaffnet, alle achtsam. Trotzdem konnte Nora ihre Angst nicht ablegen. Jeden Moment rechnete sie damit, dass Münter mit der Spitzhacke aus dem Haus stürmen würde, um wie ein Berserker auf die uniformierten Frauen und Männer einzuschlagen. Nora hätte ihm zugetraut, es zu ihr und Sofie zu schaffen, bis die Polizisten ihn mit Salven aus ihren Dienstpistolen niederstreckten.

„Sie", wies Lasker zwei ihrer Leute an. „Bewachen Sie die beiden."

Während sie, ihre Hände auf den Pistolen, neben dem Krankenwagen Stellung bezogen, kehrte Lasker ins Haus zurück. Kein Geräusch drang heraus, keine Schreie, keine Schüsse. In Nora wuchs die Befürchtung, Münter könnte aus einem Fenster geklettert und in der Finsternis geflüchtet sein. Es wäre unerträglich, das Gehöft zu verlassen und niemals zu wissen, wo er steckte, ob er sie heimsuchen würde, um Nora zu töten oder sich Sofie als seine Ehefrau zurückzuholen. Nie würde Nora eine Nacht ruhig schlafen. Sie fasste Sofies Hand, die schlaff in ihrer lag, und drückte sie.

„Hoffen wir, dass der Mistkerl tot ist", flüsterte Nora. „Gott, er muss tot sein."

Weitere quälende Minuten vergingen, bis Reckert in der Tür erschien und Entwarnung gab. Eine Blutspur, die sich durch die Diele und die Treppe hinunterzog, hatte die Beamten in den Keller geführt. Mit ihren Taschenlampen, die Waffen im Anschlag, hatten sie das Labyrinth durchquert. Geleitet von dem Blut, hatten sie die Halle mit den Leichen erreicht. Dort hatten sie Münter gefunden. Er hatte sich an seinen Entführungsopfern vorbei bis zu der letzten Toten geschleppt, zu Astrid im Gewand der Blütenkönigin. Vor ihrem Stuhl, die Hand nach ihr ausgestreckt, war er liegen geblieben. Die Ratten hatten schon an ihm gefressen.

Unendliche Erleichterung durchflutete Nora. Der Bräutigam war tot. Wenn die Beamten ihn später hinausschafften, würden sie ihn durch die Vordertür tragen, statt ihm die traditionelle Ehre der Altländer Toten zu erweisen. Für Hartmut Münter würde die Brautpforte geschlossen bleiben.

Nora fiel ein, dass Sofie noch immer Astrids Ring trug. Sie zog ihn von Sofies Finger und übergab ihn einem der Uniformierten.

Kurz darauf führten eine Polizistin und ein Polizist Lukas aus dem Haus. Sie hielten ihn zwischen sich an den Armen. Er hatte seinen blauen Schlafanzug mit den Sternen an. Weinend wand er sich in ihrem Griff.

„Mami!“, schrie er. „Ich will meine Mami!“ Als er Nora und hinter ihr Sofie im Krankenwagen entdeckte, wollte er zu ihnen rennen. „Lasst mich zu meiner Mami!“

Er strampelte und stemmte sich gegen die Beamtin und den Beamten, die ihn zu einem der Wagen brachten und auf der Rückbank einsperrten. Eine Hand an das Fenster gepresst, starrte er Nora mit tränennassem Gesicht an. Nora schloss die eine Hintertür des Krankenwagens, sodass Sofie von Lukas abgeschirmt war.

Obwohl er sich so grausam verhalten hatte, tat er Nora leid. Er war ein Waisenkind, seine Mutter ermordet von seinem eigenen Vater. Er war noch so jung. Aber die Zukunft, die ihm bevorstand, war düster. Vermutlich würde er auf gerichtliche Anordnung hin in einem Heim oder einer Anstalt untergebracht und psychologisch betreut werden. Falls es überhaupt jemals gelang, würde es viele Jahre und intensive Therapie brauchen, um ihn aus der Wahnwelt zu befreien, die Münter geschaffen und in der er Lukas ebenso gefangen gehalten hatte wie seine Opfer.

„Nora!", rief eine Stimme hinter ihr. Eine Stimme, nach der sie sich gesehnt hatte, voller Angst, sie nie wieder zu hören.

Sie wandte sich um.

Ein weiterer Polizeiwagen fuhr auf den Hof, die Beifahrertür halb geöffnet. Noch bevor er komplett zum Stehen gekommen war, sprang Steffen heraus. Er war blass und abgemagert, wohl weniger ausgezehrt von seinem Krankenhausaufenthalt als von den Sorgen um Nora und Sofie.

„Steffen!"

Tränen quollen aus Noras Augen, als sie einander in die Arme fielen.

„Ich dachte, ich hätte dich verloren!", stieß Steffen hervor und bedeckte ihre Wangen, ihre Stirn und ihren Mund mit Küssen.

„Ich bin hier", sagte sie. „Wir beide sind hier."

Ohne sich von ihr zu lösen, schaute Steffen in den Krankenwagen. „Wie geht es Sofie?"

„Das wissen wir noch nicht. Sie hat viel durchgemacht."

Steffen fasste sie an den Händen, blickte auf das Haus und schüttelte den Kopf. „Ihr wart die ganze Zeit nicht weit weg. Weniger als eine halbe Stunde Fahrt vom Hotel. Aber wir hatten keine Ahnung. Haben sie den Kerl verhaftet?"

Er ging einen Schritt auf das Haus zu. Nora hielt ihn zurück. „Er ist tot. Und ich habe viel zu viel Zeit auf diesem verfluchten Gehöft verbracht. Frau Kommissarin!", rief sie Lasker zu, die mit Reckert und einigen anderen im Gespräch zusammenstand. „Wir wollen von hier weg."

„In Ordnung, Frau Siegel", sagte Lasker. „Der Rettungswagen bringt Sie und Ihre Schwester ins Krankenhaus. Ihr Verlobter kann mitfahren. Ruhen Sie sich aus. Lange können wir Ihnen dafür leider nicht geben. Wir haben viel zu besprechen."

„Ich verstehe. Wir warten auf Sie."

Sie sah dem Gespräch nicht mit Freude entgegen. Auch wenn sie wusste, dass es unmöglich war, am liebsten hätte sie alles vergessen, was sich in den vergangenen Tagen ereignet hatte, und nie wieder ein Sterbenswort darüber verloren.

„Lass uns verschwinden, Steffen", sagte sie.

Ein Sanitäter half ihr in den Krankenwagen. Steffen stieg hinter ihr ein. Er blieb stehen. Nora setzte sich neben Sofies Liege. Sie schaute nicht zurück zum Haus. Sie wollte nicht mehr hier sein, wenn sie Münter herausbrachten, wollte ihn nie wieder sehen, nicht einmal im Leichensack. Der Sanitäter schloss die Tür. Der Krankenwagen setzte sich in Bewegung. Zwischen den Polizeiautos mit ihrem Blaulicht hindurch fuhr er vom Hof, vorbei am Hundezwinger, zum Tor.

Epilog

Die breite Doppeltür schwang knarrend auf. Der *Hochzeitsmarsch* setzte ein. Kraftvoll hallten die Orgelklänge durch die Kirche mit ihren steinernen Säulen, der holzgeschnitzten Kanzel und der mit Himmelsdarstellungen bemalten Decke. Frauen, Männer und Kinder in festlicher Kleidung erhoben sich. Die Braut trat ein. Ihr strahlend weißes Kleid erhellte das gesamte Kirchenschiff. Bewundernde Laute mischten sich mit der Musik, als Nora am Arm ihres Vaters über den Teppich schritt, der auf den Altar zuführte.

Noras Wunden waren in den letzten sechs Monaten verheilt. Breite gezackte Narben waren geblieben, und manchmal, wenn sie beim Gehen nicht achtgab, knickte ihr das Bein weg. Dass sie gerade ein wenig wackelig ging, lag allerdings weder daran noch an ihren Stöckelschuhen, sondern an ihren weichen Knien. Sie war froh, sich an ihrem Vater festhalten zu können.

Nach ihrem Krankenhausaufenthalt und den zahlreichen endlosen Befragungen durch die Polizei hatten sie und Steffen mehrfach über ihre Hochzeit gesprochen. Steffen verstand, dass alles, was mit Heirat zu tun hatte, für Nora mit ihren Erlebnissen auf Münters Gehöft verknüpft war. Er war einverstanden, die Hochzeit aufzuschieben oder auf eine kleine Zeremonie im engen Freundes- und Familienkreis zu beschränken.

Zunächst war Nora froh über diese Entscheidung. Dann ging sie auf Astrids Beerdigung. Es kostete sie enorme Überwindung, ins Alte Land zurückzukehren. Aber sie fühlte sich verpflichtet, Astrid die letzte Ehre zu erweisen. Familie hatte Astrid nicht mehr. Doch fanden sich viele ihrer früheren Freunde und zahlreiche andere Einwohner der Gegend zu ihrem Begräbnis ein, wie auch zu jenen der anderen Mordopfer. Bevor Astrids Sarg in die Erde gesenkt wurde, legte Nora das Brautherz darauf, das sie sich nach Abschluss der Ermittlungen erbeten hatte. Golden glänzend, gereinigt vom Blut, war es keine Erinnerung mehr an Astrids Leiden, sondern an den herrlichen Tag, an dem sie zur Blütenkönigin gekrönt worden war.

Nach der Zeremonie besuchte Nora Monika Beuss, Martin Beuss' Witwe. Carina spielte auf dem Teppich, Beuss' kleine Tochter, die nicht begriff, was mit ihrem Vater geschehen war. Stundenlang sprachen und weinten Nora und Monika miteinander. Auch wenn Monika den Verlust ihres Mannes nie verwinden würde, fand sie ein wenig Trost darin, dass er sein Leben bei dem Versuch gegeben hatte, Nora und damit auch Sofie aus den Händen des Serienkillers zu befreien.

Auf diese Weise die Folgen von Münters grausigen Taten noch einmal zu erleben, wühlte Nora auf. Aber unter ihrer Trauer, dem Schmerz und dem Mitgefühl, das sie für Astrid und die anderen getöteten Frauen, für Monika und Carina empfand, regte sich Entschlossenheit. Münter hatte genug Leid verursacht. Sie würde nicht zulassen, dass er selbst nach seinem Tod darin fortfuhr. Auf ihre Hochzeit zu verzichten, hätte bedeutet, ihm immer noch Macht über sie zuzugestehen. Allein aus Trotz würde sie ihm diese nicht gewähren. Stattdessen würde ihre Hochzeit umso herrlicher werden. Steffen und sie würden nicht nur ihre Liebe feiern, sondern auch die Leben der verstorbenen Frauen, das Leben von Martin Beuss, den Sieg des Guten über das Böse.

Nora hatte keinen Schleier angelegt. Lächelnd blickte sie in die freudigen und gerührten Gesichter, darunter auch das von Monika Beuss, die Nora eingeladen hatte und die Carina auf dem Arm hielt. Tränen benetzten Noras Augen, als sie ihre Großeltern und ihre Mutter weinen sah. Im nächsten Moment lachte sie, weil Andi ihr den hochgereckten Daumen zeigte. Hinter dem Brautstrauß aus weißen Lilien und Nelken, den sie an die Brust drückte, pochte ihr Herz vor Aufregung und Glück. Es schlug desto heftiger und lauter, je näher sie dem Altar kam, wo der Pastor und Steffen sie erwarteten.

Plötzlich verrutschte einer der Orgeltöne, verzerrte das Lied. Es dauerte bloß einen Moment. Doch es genügte, um Nora aus der Fassung zu bringen. Sie strauchelte, wäre beinahe gestürzt, hätte ihr Vater sie nicht gehalten. Das Kirchenschiff schwankte, die Kerzen auf dem Altar flackerten, kurz vor dem Erlöschen. Alles wurde dunkler um sie, als dränge ein grauer Nebel durch die bunten Fenster, durch die vorhin noch Sonnenlicht gefallen war. Die Menschen um sie verschwammen, aus ihren lächelnden Gesichtern wurden bedrohliche Fratzen. Nora blieb stehen. Der Bräutigam beim Altar war nicht Steffen. Es war Hartmut Münter, blutüberströmt, der ihr sein Jawort geben wollte.

Geraune erhob sich um sie, Getuschel, geflüsterte Fragen.

„Nora?", fragte ihr Vater leise. „Ist etwas nicht in Ordnung?"

Auch er war nicht mehr echt. Nichts hier war echt, es war alles Einbildung, eine Fantasie des Fiebers, unter dem sie wegen ihrer entzündeten Wunden litt. Sie war noch immer auf dem Gehöft, noch immer in Münters Gewalt, und sein Tod und ihre Rettung waren nur ein Hirngespinst gewesen. Der Mann neben ihr wollte sie sachte mit sich ziehen. Sie stemmte sich dagegen. Der graue Nebel, durch den der Hochzeitsmarsch wie eine groteske Jahrmarktsversion dröhnte, umhüllte sie dichter und dichter. Alles in ihr verlangte danach, sich loszureißen, den Brautstrauß fallen zu lassen und aus der Kirche zu rennen.

„Nora?" Eine helle Stimme drang wie aus weiter Ferne zu ihr. „Nora."

Eine Gestalt, hellblau schimmernd, tauchte vor ihr im Nebel auf. Nora wollte zurückweichen. Dann erkannte sie Sofie, die in ihrem Brautjungfernkleid auf sie zueilte. Ihr Gesicht war keine Fratze, sondern das mädchenhafte, hübsche Gesicht ihrer kleinen Schwester. Sie legte ihre Hände auf Noras Wangen, drückte ihre Stirn gegen Noras.

„Es ist alles gut", sagte Sofie. „Wir sind in Sicherheit."

Nora fühlte die Berührung, hörte die Worte und wusste, sie waren echt. Alles hier war echt. Sie waren dem Mörder entkommen. Ihre Anspannung wich. Der Nebel lichtete sich. Das Lied floss wieder in feierlichem Klang. Die Menschen erhielten ihre Gesichter zurück, die Gesichter ihrer Familie, ihrer Verwandten und Freunde. Ihre Blicke waren voller Sorge und Mitgefühl. Sie wussten, was Nora und Sofie durchgemacht hatten. Verstehen, wirklich verstehen, konnten es nur sie beide. Nora blickte an Sofie vorbei. Nicht Münter erwartete sie dort vorne. Es war Steffen, den sie über alles liebte. Ihr Bräutigam. Er setzte dazu an, zu ihr zu laufen. Sie bedeutete ihm zu bleiben.

„Wir können", sagte sie zu ihrem Vater.

Sofie fasste ihren anderen Arm. Gemeinsam schritten sie zum Altar. Keine weiteren Hindernisse störten die Zeremonie. Als der Pastor Nora fragte, ob sie Steffen zu ihrem rechtmäßig angetrauten Ehemann nehmen, ihn lieben und ehren wolle in guten wie in schlechten Zeiten, bis dass der Tod sie scheide, gab Nora ihr Jawort ohne Zögern. Sie steckten einander die Ringe an und küssten sich als Mann und Frau.

Unter dem Beifall der Gäste verließ das frisch vermählte Ehepaar die Kirche. Nachdem sie für den Fotografen posiert hatten, warf Nora den Brautstrauß. In weitem Bogen segelte er auf die Gruppe lediger Frauen zu, die sich hinter ihr aufgestellt hatte. Seiner Flugbahn nach wäre er genau in Sofies Armen gelandet.

Im letzten Moment wich Sofie aus. Der Brautstrauß klatschte auf den Asphalt. Blüten fielen ab, Stängel knickten. Alle schauten Sofie verdutzt an.

Sofie lachte aus vollem Hals. Nora lief zu ihr, griff sie an den Händen und fiel mit ein. Für sie war Sofies Lachen das schönste Hochzeitsgeschenk. Eine Weile hatte sie gefürchtet, es nie wieder zu hören. Obwohl Sofie weniger, zumindest weniger sichtbare Verletzungen davongetragen hatte als Nora, war sie weitaus länger im Krankenhaus geblieben. Die ersten Tage verbrachte sie in katatonischem Zustand. Da er sich nicht besserte, wurde sie in eine Klinik für psychologische Behandlung verlegt. Durch intensive Therapie und starke Medikamente erholte sie sich nach und nach. Doch litt sie weiterhin unter Panikattacken und einer schweren Angststörung. Es dauerte vier Monate, bis sich ihr Zustand stabilisierte. Ob sie die traumatischen Erlebnisse jemals vollends verarbeiten könnte, war fraglich. Immerhin fand sie zurück ins Leben, konnte wieder Freunde treffen, Spaß haben, auch wenn sie auf Tabletten angewiesen blieb. Ihre Fröhlichkeit war brüchig, leicht zu erschüttern. Manchmal verstummte sie urplötzlich und zog sich in sich selbst zurück. Doch diese Vorfälle wurden seltener, und sie fand schneller wieder aus dieser Versunkenheit heraus.

Heute konnte nichts ihre Freude trüben. Auf der Feier nach der Trauung tanzte sie ausgelassen und sang zu den Liedern, mit denen eine junge DJane den angemieteten Saal beschallte. Der Anblick ihrer kleinen Schwester, die im Getümmel herumwirbelte, erfüllte Nora mit Zuversicht. Sofie würde es schaffen, ihre Erlebnisse hinter sich zu lassen. Und sie auch.

Nach den Reden, die ihre Eltern und Trauzeugen auf sie gehalten, und den Trinksprüchen, die sie auf sie ausgebracht hatten, nach dem Anschneiden der Torte und zahlreichen Beglückwünschungen brauchte Nora eine Verschnaufpause.

Sie gab Steffen ein Zeichen, für eine Weile allein die Stellung zu halten, wühlte sich durch die tanzende, plaudernde und lachende Gästeschar und zog sich an den Tisch zurück, der im hinteren Teil des Saals mit Hochzeitsgeschenken beladen war. Zwischen den gestapelten Paketen und Schachteln in glänzendem Geschenkpapier, die sicher Mixer, Salatschleudern und andere Haushaltsutensilien enthielten, standen etliche Glückwunschkarten. Einige, vor allem von Leuten, die nicht persönlich hatten kommen können, hatten Nora und Steffen schon geöffnet. Die übrigen befanden sich noch in ihren Umschlägen, die meisten weiß, manche rot, silber- oder goldfarben. Einer stach heraus. Nicht nur wegen seiner knallgelben Farbe. Im Gegensatz zu den anderen, die mit Füller oder Kugelschreiber in sorgfältiger Schreibschrift adressiert waren, waren darauf krakelige, mit grünem Wachsmalstift mehr gemalte als geschriebene Buchstaben nebeneinandergesetzt. Und während die übrigen mit Noras und Steffens Namen versehen waren, war dieser allein an sie gerichtet.

Für Tante Nora

Nora stockte der Atem. Gänsehaut spross auf ihren Armen. Sie schaute sich um. Beinahe erwartete sie, in der Menge das Gesicht eines kleinen, dünnen Jungen mit braunem Wuschelkopf zu entdecken, der reglos unter den Feiernden stand und sie anblickte. Natürlich war das unmöglich.

Lukas konnte das Heim, in dem er untergebracht war, nicht verlassen. Vielleicht hatte eine fehlgeleitete Therapeutin es als förderlich für seine Behandlung angesehen, wenn er Nora zur Hochzeit gratulierte. Oder ein einfältiger Pfleger, der die Hintergründe nicht kannte oder nicht glaubte, dass einem Kind etwas so Dunkles innewohnen konnte, hatte den Umschlag rausgeschmuggelt. Wie könnte ein so süßer Junge schließlich Schaden anrichten?

Nora überlegte, den Umschlag einfach wegzuwerfen und zu vergessen, dass es ihn gab. Doch sie wusste, es würde ihr nicht gelingen. Sie musste erfahren, was darin war.

Sie atmete tief durch und öffnete ihn.

Er enthielt keine Karte, sondern ein Blatt Papier. Nora faltete es auseinander. Es zitterte in ihren Händen, als sie das mit Wachsmalstiften angefertigte Bild sah. Der Umschlag rutschte ihr aus den Fingern und segelte zu Boden. Beinahe hätte sie das Blatt ebenfalls fallen lassen. Sie drehte es um. Die Rückseite war mit den gleichen schiefen Buchstaben besetzt wie der Umschlag. Nora meinte, Lukas' Stimme zu hören, während sie seine Worte las.

Liebe Tante Nora,

ich wünsche dir alles Gute zu deiner Hochzeit. Du wirst bestimmt eine tolle Ehefrau, und wenn du bald Kinder hast, bist du eine sehr glückliche Mutter. Ich vermisse dich und Mami ganz schlimm. Ich bin euch nicht mehr böse, weil ihr weggehen wolltet. Die Leute hier sind nett, aber sie lassen mich nicht raus. Ich frage jeden Tag, wann ich zu dir und Mami darf.

Sie sagen immer nur, dass das nicht geht und ihr mich auch nicht besuchen könnt. Das macht mich sehr traurig. Wenn ich größer bin, lassen sie mich bestimmt raus. Dann komme ich zu dir und Mami. Ich freue mich schon ganz doll, weil ich dich und Mami so lieb habe. Wartet auf mich, ich komme bestimmt. Das verspreche ich euch. Und Versprechen darf man nicht brechen.

Euer Lukas

Das Zittern in Noras Händen wurde heftiger. Die Buchstaben kreisten vor ihren Augen umeinander. Das Gehöft, die toten Frauen im Keller, Lukas' Lachen und Gesang, all das wirbelte wie ein Strudel in ihrem Verstand.

„Hey, Schwester!"

Nora fuhr zusammen, als Sofie sie von hinten an der Schulter fasste.

„Was treibst du Verbotenes?"

Nora zerknüllte das Blatt. Sofie durfte es auf keinen Fall sehen. Sie war auf dem Weg der Besserung. Lukas' Brief hätte sie zurück in tiefste Verstörung geworfen. Nora verbarg ihn in der Faust.

„Wieso verboten? Was meinst du?"

Sofie lachte. „Die Geschenke darfst du erst nach der Hochzeit auspacken."

„Oh, ja klar." Sie zwang sich zu lächeln. „Ich wollte nur mal spinksen."

Der gelbe Umschlag vor Sofies Schuhen war auf der Vorderseite gelandet, sodass die Schrift nicht zu sehen war. Nora schob ihn mit dem Fuß zur Seite.

„Die Ausbeute checken, logo", sagte Sofie. „Muss sich ja lohnen, so eine Heirat." Sie griff Noras Hand. „Los, die Hochzeitsfeier kann schlecht ohne Braut stattfinden."

Bevor Sofie sie mit sich zog, warf Nora das Papier unauffällig unter den Geschenketisch. Wenn das Fest vorbei und alle Gäste gegangen waren, wurde es hoffentlich mit dem anderen Müll zusammengekehrt und weggeworfen.

Steffen, der sie auf der Tanzfläche erwartete, schloss sie in seine Arme und küsste sie. Jemand drückte ihr ein Glas Sekt in die Hand. Nora leerte es in einem Zug und schüttelte ihre Beklemmung ab. Alles war gut. Der Brief hatte nichts zu bedeuten. Lukas war nur ein Kind. Außerdem war er eingesperrt, würde für Jahre eingesperrt bleiben. Ihr Mann und ihre Schwester waren bei ihr. Ihre Familie. Das war das Einzige, was zählte. Überhaupt waren sie nicht hier, um sich zu sorgen, sondern um zu feiern. Zusammen mit Sofie und Steffen tanzte sie und sang aus vollem Hals zur Musik. Nichts, entschied sie, würde ihr die gute Laune verderben.

Schließlich war heute ihr Hochzeitstag.

Abseits der Fröhlichkeit, unter dem Geschenketisch, regte sich das zerknüllte Papier. Zwischen Staub und Flusen faltete es sich knisternd ein wenig auseinander wie etwas Lebendiges, das schwer verwundet mit letzter Kraft versuchte, sich aufzurichten. Halb öffnete sich das Bild auf der Vorderseite. Es zeigte vier menschliche Figuren, einen Mann mit breitem Schnauzbart, zwei Frauen in Blusen und langen Röcken und einen Jungen mit wuscheligem Haar.

Ihre Augen waren dunkle Kreise, ihre Münder Striche. Durch das zerknitterte Papier waren sie wie von Falten oder Schnitten überzogen, ihr Lächeln zerrissen. Vor einem braunen Haus, auf einer sattgrünen Wiese mit Bäumen voller Äpfel und Kirschen, hielten sie einander an den Händen. Fast verborgen von den Knicken und Wölbungen des Papiers ließen sich die Hunde erahnen, die um sie herumsprangen. Vom blauen Himmel sandte eine lachende Sonne ihre Strahlen auf die glückliche Familie.

Danksagung

Bei der Entstehung dieses Buchs haben mich viele großartige Menschen unterstützt. Ein riesiges Dankeschön geht an meine Agentinnen Gesa und Kristina von Langenbuch & Weiß für jahrelange vertrauensvolle Zusammenarbeit, an das ganze Team von SAGA Egmont, ganz besonders an Johanna Voetlause für unsere vielseitige Bücherkreuzfahrt, an Nadine Buranaseda für ein klarsichtiges Lektorat und eine Meisterinnenleistung im Kürzen, an Karsten Deicke für den hilfreichen Input und den gestohlenen Kindernamen, an Rolf-Dietrich Wahlen für die Beratung zum Altländer Platt, an Hanna und Sebastian für die tollen Fotos, an meine Eltern und meine Geschwister Nicolas und Constanze (schön, dass wir uns wiedergefunden haben), an Tina, Fränky und Buri (meine beiden Flaschenbrüder), die mich so warmherzig aufgenommen haben, und an Anna, vor allem an Anna, für so viel mehr, als ich hier aufführen könnte.